모빌리티와
생활세계의 생산

KB079662

이 저서는 2018년 대한민국 교육부와 한국연구재단의 지원을 받아 수행된 연구임 (NRF—2018S1A6A3A03043497)

모빌리티와
생활세계의 생산

김수철 윤신희 전규찬 박성우 김한상 이광석 이희영 방희경 류지현 이용균

앨피

모빌리티인문학은 기차, 자동차, 비행기, 인터넷, 모바일 기기 등 모빌리티 테크놀로지의 발전에 따른 인간, 사물, 관계의 실재적·가상적 이동을 인간과 테크놀로지의 공-진화co-evolution라는 관점에서 사유하고, 모빌리티가 고도화됨에 따라 발생하는 현재와 미래의 문제들에 대한 해법을 인문학적 관점에서 제안함으로써 생명, 사유, 문화가 생동하는 인문-모빌리티 사회 형성에 기여하는 학문이다.

모빌리티는 기차, 자동차, 비행기, 인터넷, 모바일 기기 같은 모빌리티 테크놀로지에 기초한 사람, 사물, 정보의 이동과 이를 가능하게 하는 테크놀로지를 의미한다. 그리고 이에 수반하는 것으로서 공간(도시) 구성과 인구 배치의 변화, 노동과 자본의 변형, 권력 또는 통치성의 변용 등을 통칭하는 사회적 관계의 이동까지도 포함한다.

오늘날 모빌리티 테크놀로지는 인간, 사물, 관계의 이동에 시간적·공간적 제약을 거의 남겨 두지 않을 정도로 발전해 왔다. 개별 국가와 지역을 연결하는 항공로와 무선 통신망의 구축은 사람, 물류, 데이터의 무제약적 이동 가능성을 증명하는 물질적 지표들이다. 특히 전 세계에 무료 인터넷을 보급하겠다는 구글Google의 프로젝트 룬Project Loon이 현실화되고 우주 유영과 화성 식민지 건설이 본격화될 경우 모빌리티는 지구라는 행성의 경계까지도 초월하게 될 것이다. 이 점에서 오늘날은 모빌리티 테크놀로지가 인간의 삶을 위한 단순한 조건이나 수단이 아닌 인간의 또 다른 본성이 된 시대, 즉 고-모빌리티high-mobilities 시대라고 말할 수 있다. 말하자면, 인간과 테크놀로지의 상호보완적·상호구성적 공-진화가 고도화된 시대인 것이다.

고-모빌리티 시대를 사유하기 위해서는 우선 과거 '영토'와 '정주' 중심 사유의 극복이 필요하다. 지난 시기 글로컬화, 탈중심화, 혼종화, 탈영토화, 액체화에 대한 주장은 글로벌과 로컬, 중심과 주변, 동질성과 이질성, 질서와 혼돈 같은 이분법에 기초한 영토주의 또는 정주주의 패러다임을 극복하려는 중요한 시도였다. 하지만 그 역시 모빌리티 테크놀로지의 의의를 적극적으로 사유하지 못했다는 점에서, 그와 동시에 모빌리티 테크놀로지를 단순한 수단으로 간주했다는 점에서 고-모빌리티 시대를 사유하는 데 한계를 지니고 있었다. 말하자면, 글로컬화, 탈중심화, 혼종화, 탈영토화, 액체화를 추동하는 실재적·물질적 행위자agency로서의 모빌리티 테크놀로지를 인문학적 사유의 대상으로서 충분히 고려하지 못했던 것이다. 게다가 첨단 웨어러블 기기에 의한 인간의 능력 향상과 인간과 기계의 경계 소멸을 추구하는 포스트-휴먼 프로젝트, 또한 사물 인터넷과 사이버 물리 시스템 같은 첨단 모빌리티 테크놀로지에 기초한 스마트 도시 건설은 오늘날 모빌리티 테크놀로지를 인간과 사회, 심지어는 자연의 본질적 요소로 만들고 있다. 이를 사유하기 위해서는 인문학 패러다임의 근본적 전환이 필요하다.

그러므로 모빌리티인문학은 '모빌리티' 개념으로 '영토'와 '정주'를 대체하는 동시에 인간과 모빌리티 테크놀로지의 공-진화라는 관점에서 미래세계를 설계하기 위한 사유 패러다임을 정립한다.

차례

● 모빌리티와 미디어 테크놀로지의 진화 ●

모빌리티 사회이론과 생활세계

_ 김수철

이 연구총서《모빌리티와 생활세계의 생산》은 모빌리티에 대한 인문학적 성찰을 위해서 모빌리티의 사회이론과 사회과학 분야에서의 연구들을 다루고 있다. 먼저 이 총서는 모빌리티를 모빌리티의 대상, 매개 그리고 행위성이라는 측면에서 함께 살펴보기 위해서 도시 공간, 미디어 테크놀로지, 인적 모빌리티라는 세 가지 분야로 나누어 접근하고 있다. 이를 통해 세 가지 주제에 대한 기존 사회이론에서의 이해 방식을 모빌리티의 시각에서 더욱 복잡화시키고 공간, 테크놀로지, 이주에 대한 기존의 접근 방식들을 비판적으로 재검토하면서 동시에 모빌리티에 대한 새로운 이해 방식과 새로운 변화를 위한 이론적이고 실천적인 전략을 모색하고자 하는 목적을 가지고 있다.

또 다른 이 총서의 목적은 모빌리티 사회이론에 대한 인문학적 성찰을 통해서 모빌리티인문학의 개념과 영역을 더욱 풍부하게 하는 것이다. 이를 위해서 기존의 사회와 생활세계에 대한 이해와 논의들의 한계를 명확히 하고, 모빌리티 시각에서 생활세계에 대해 연구하는 것이 어떻게 유용한 접근이 될 수 있는지를 보여 주고자 한다. 생활세계 개념은 에드문트 후설Edmund Husserl과 마르틴 하이데거Martin Heidegger가 발전시킨 현상학에서 기원하고 있다. 하지만 여기에서는 다양한 모빌리티의 경험이 축적되고 변형되며 또한 모빌리티를 둘러싼 권력의 작동과 영향력이 실현되기도 하면서 이에 대한 대안적 실천들과 행위들이 끊임없이 펼쳐지는 자리라는 의미를 가진다. 이러한 측면에서 이 총서는 모빌리티에 대한 다양한 성찰을 담은 연구들을 통해서 비판적인 모빌리티인문학적 접근 방식을 모색하고자 한다. 하지만 이러한 비판적 접근 방식의 방향은 곧바로 드러나지 않을 것이다. 다양한 우회로를 통한 치열한 이론적 토론과 개념에 대한 철저한 검토가 요구된다. 그 과정에서 학제적 접근도 요구되며 기존 학문분과의 견고한 틀과 한계를 넘어서기 위한 토론도 요구된다. 이 연구총서에 실린 글들은 이러한 치열한 고민과 토론들을 담고 있다.

모빌리티란 존 어리John Urry가 주장하듯이 공간적, 시간적, 물질적인 개념으로, 이는 단지 사람들이 어떤 주어진 환경에서 한 장소에서 다른 장소로 움직이는 방식에 관여될 뿐만 아니라 이러한 이동을 통해서 자연, 풍광, 도시, 공동체와 같은 환경들이 세워지고 사용되며 동시에 미학적으로도 인식되고 감상되는 방식과도 연관된다(Urry 2000). 모빌리티가 변형되고 패턴화되고 또한 가속화되거나 저지되는 과정에서 다양한 사회문화적 규범들도 형성된다. 따라서 모빌리티 개념은 한 지역의 자연환경적, 물리적 특성뿐만 아니라 고유한 사회문화적인 규범과 질서의 형성 과정을 역사적으로 조명해 줄 수 있는 개념이다.

하지만 모빌리티에 대한 인문학적 성찰인 모빌리티인문학 연구는 사회과학과 인문학에서의 또 다른 고급 이론이나 세련된 개념을 주조하는 것으로 끝나서는 안 된다. 고-모빌리티 시대에 새로운 사회상과 미디어 테크놀로지의 변화에 대한 기존의 논의에서 나타나는 이분법(공/사, 이동/정주, 글로벌/로컬, 현존/부재, 질서/혼돈, 중심/주변, 거시/미시)을 넘어서 모빌리티의 체현 과정과 역동성에 천착하는 새로운 사회이론 및 미디어 테크놀로지에 대한 인문학적 성찰과 사회적 문제 해결의 대안을 담을 수 있어야 한다. 일찍이 존 어리는 사회학자 게오르그 짐멜George Simmel의 근대성 이론과 복잡계 이론에 대한 재고찰을 통해 기존의 이분법적이고 정주주의적 사고를 넘어서는 모빌리티 사회이론을 정초했다(Urry, 2007). 이 연구총서는 인문학적 성찰과 사회적 대안 담론에 대한 토론을 위하여 그동안 사회학이론, 이주(디아스포라) 연구, 도시 공간 연구, 미디어 테크놀로지 연구 분야에서 다소 불균등하게 전개되었던 모빌리티 사회와 테크놀로지에 대한 논의들을 재검토하고자 한다.

이 총서는 1부 '모빌리티와 사회적 공간의 생산', 2부 '모빌리티와 미디어 테크놀로지의 진화', 3부 '모빌리티와 인간의 이동'으로 구성되어 있다. 먼저, 1부에서는 '공간적 전회spatial turn' 이후 활성화된 도시 공간 이론을 비판적으로 살펴본다. 모빌리티 연구는 인문학과 사회과학의 학문 경계를 넘어서 모빌리티 패러다임이라고 할 수 있는 복합적인 지적 체계를 형성하고 있다. 모빌리티 패러다임으로의 이론적 전환은 주로 영국의 랭캐스터 학파Lancaster School로 알려진 일련의 사회학자들에 의해서 주도되었다고 볼 수 있다. 모빌리티로의 이론적 패러다임 전환은 사실 80년대에 나타난 인문사회과학계에서의 '공간적 전환'의 확장과 깊이 연관되어 있다. 그동안 세계에 대한 해석에서 시간과 역사, 사회와 사회적 관계에 전통적으로 부여해 온 비판적 통찰과 해석적 힘을 "인간 삶의 실제 공간과 공간성에서도 발견하는 것이 가능하다는 자각이 이 전환의 인식론적 토대"라고 볼 수 있다(장세용 2012, 276). 1부에서는 도시 공간 이론에 대한 비판적 조명을 통해 다양한 방식과 스케일scale로 생산, 소비되고 있는 사회적 공간의 생산 과정에 대한 비판적 분석과 접근 방식이 맺을 수 있는 모빌리티 연구와의 연관성을 비판적으로 검토한다.

2부에서는 모빌리티 연구와 미디어 테크놀로지와의 관계에 주목한다. 오늘날 모빌리티 테크놀로지는 무인자동차, 스마트시티, 사물인터넷, 그리고 인공지능 테크놀로지에 이르기까지 이른바 최첨단 테크놀로지와 밀접하게 연관되어 있다. 모빌리티와 연관된 미디어 테크놀로지에 대한 연구는 주로 미디어 커뮤니케이션 연구, 과학기술학 등과 같은 사회과학 영역에서 이루어져 왔다. 2부에서는 교통수단을 포함한 모바일 커뮤니케이션 기술 및 사물-인간 네트워크에 대한 기존의 기술결정론/사회결정론의 이분법을 뛰어넘어 고-모빌리티 시대에 사회와 테크놀로지의 관계에 대한 성찰들을 비판적으로 검토한다. 또한 4차 산업혁명에서의 디지털 테크놀로지, 자동주의, 사물인터넷, 빅데이터, 모바일미디어와 연관되어 우리 사회의 노동문제, 미디어 환경, 도시 교통체계 등의 구체적 현실에 맥락화된 경험적 논의들을 통해서 모빌리티 테크놀로지에 대한 비판적 접근 방식에 대하여 살펴본다.

3부에서는 인적 모빌리티에 대한 논의들을 살펴본다. 이주 · 난민 · 여행 등 초국가적 맥락에서 이루어지고 있는 이주 문제와, 다양한 교통수단을 통해서 일상적인 맥락에서 이루어지고 있는 모빌리티의 문제들을 함께 다룬다. 기존의 이주, 탈북민, 디아스포라, 여행에 대한 연구들이 초국가적 이주가 일상화되고 극도로 다양화되고 불균등한 형태의 인간 이동이 일상화되고 있는 현대사회에서 인간

관계의 성격 및 불균등한 권력관계를 파악하는 데 어떠한 한계와 가능성을 가지고 있는지 검토한다. 이를 통해 오늘날의 인적 모빌리티 연구에 있어서 계층 · 젠더에 따른 불평등 문제, 이주 궤적의 분화에 따른 갈등과 감시 통제의 심화와 같은 변화들이 어떻게 다루어져 왔으며 이러한 논의들은 모빌리티인문학의 관점에서의 인적 모빌리티 연구에서 어떠한 함의를 지니고 있는지에 대하여 살펴본다.

◆ ◆ ◆

1부 첫 장을 여는 윤신희의 글은 모빌리티 개념과 그 이론적 배경에 대한 소개글로서, 다소 생소하고 혼란스럽게 보일 수 있는 모빌리티 개념을 알기 쉽게 설명하고 있다. 윤신희에 따르면, 모빌리티는 한국 사회에서 일반적으로 이동성移動性이라는 용어로 번역되어 이동 과정의 수월성 내지는 편의성을 가리키는 것으로 이해된다. 하지만 영국의 사회학자 존 어리에 의해서 주도되었으며 일부 사회학과 지리학에서 이루어졌던 모빌리티 개념 및 다양한 사회공간이론에 대한 활발한 논의들은, 이러한 일반적인 의미의 이동성 개념을 넘어서 사람 · 사물 · 정보 등의 이동만이 아니라 이러한 이동들을 가능하게 하는 시설들, 즉 인프라infrastructure를 포함한다. 뿐만 아니라 저자에게 있어서 다양한 이동들, 즉 모빌리티스mobilities는 단순히 이동의 편의성 · 수월성에만 그치는 것이 아니라 이동 과정에 내재된 의미와 경험, 그리고 이동의 활동이 발생하는 장소, 그리고 개인들의 차별적인 이동 능력 및 네트워크 능력을 포함하는 다양한 공간에 대한 담론들과 연관된다. 즉, 모빌리티에 대한 논의는 공간 속에 사회적 관계들이 배치되고 작동되는 방식에 대한 논의와 필연적으로 연관된다는 것이다. 윤신희에 따르면, 모빌리티스가 다양한 공간에 관한 담론들과 연관되는 방식은 공간권력, 정치경제, 근대적 시공간, 포스트모던 공간성 등 '공간적 전환'을 통해서 등장했던 다양한 공간 이론들과 연관된다. 미셸 푸코, 앙리 르페브르, 데이비드 하비, 마누엘 카스텔, 게오르그 짐멜, 마르크 오제, 지그문트 바우만 등과 같은 학자들의 공간 이론을 통해서 모빌리티가 물리적 공간에서 관계적 연결 공간으로 전환되는 과정, 방식에 대한 다양한 설명 방식들을 보여 주고 있다.

이러한 측면에서 보면 이동, 즉 모빌리티는 시간과 공간을 가로질러 맺어지는 다양한 연결, 즉 네트워크를 통해서 그리고 이를 목적으로 이루어지는 것으로 이해될 수 있다. 네트워크의 형성과 재형성 과정이야말로 현대사회에서 모빌리티를 둘러싼 불평등 현상, 권력 관계 작동의 중요한 요인으로 작용하고 있는 것이다. 이것이 윤신희의 글이 모빌리티스 사회의 네트워크 공간에 주목하는 이유다. 여기서 모빌리티 패러다임 논의는 모빌리티를 통한 연결성과 관계성을 기존에 물질세계와 독립된 인간에 대한 인본주의적 가정을 넘어서 인간과 기계의 결합과 혼종성, 그리고 다양한 사물 및 테크놀로지(도구, 건물, 통로, 자동차, 정보기기 등)와 새로운 형태로 결합되어 확장될 수 있는 인간의 능력에 주목하고 있음이 강조된다. 더 나아가 오늘날의 모빌리티 역량은 범지구적인 사회조직에서 나타나는 새로운 네트워크 자본에 의해서 표출되며, 또한 새로운 형태의 불평등을 낳게 되는 요인으로서 향후의 고-모빌리티 사회에 대한 논의에서 핵심적인 분석 대상이 된다.

윤신희는 로버트 퍼트넘의 사회적 자본 개념을 모빌리티 자본으로 확장하여 설명하고 있는 카우만의 논의와 어리의 네트워크 자본에 대한 논의를 통해서 현대의 고-모빌리티 사회에서의 불평등 문제에 대한 설명의 가능성을 타진하고 있다. 먼저, 카푸만에게 있어서 모빌리티 자본이란 장소와 시간에 제한받지 않는 접근 능력과 커뮤니케이션 능력을 말하며 이는 다른 종류의 자본(경제적, 상징적, 문화적 자본)을 보완하고 증강시킬 수 있는 자본으로 이해될 수 있다. 반면, 어리의 네트워크 자본은 모빌리티 자본을 더욱 확장시킨 개념으로 각 요소가 개별적으로 존재하기보다는 상호 연결을 통해서 총체적인 자본력으로 나타나며 또한 개인과 타인, 개인과 환경, 기술 등의 여러 요소들이 함께 결합되는 방식으로 나타난다. 이러한 측면에서 지리학 분야에서 모빌리티에 주목해 온 윤신희는 모빌리티 패러다임에서의 새로운 모빌리티 연구가 지리학의 한 분야인 교통지리학이 주로 계량적인 데이터를 전제로 한 경험적 연구에만 치중했던 편향성을 극복할 수 있는 계기를 마련해 주고 있음을 강조한다. 또한 동시에 교통지리학이 모빌리티 연구에 풍부하고 다양한 경험적 연구를 제공해 줄 수 있는 잠재성을 지니고 있음을 강조하면서 글을 맺고 있다.

1부의 두 번째 글은 미디어문화연구 분야에서 도시 공간 연구에 관심을 갖고 지속적으로 작업해 온 전규찬의 글이다. 전규찬은 미디어문화연구가 현실문화의 장이자 대중생활의 무대라고 할 수 있는 도시 공간으로부터 분리된 채 대중매체라는 협소한 틀 안에 머물러온 경향을 지적하면서 이를 미디어문화연구의 위기로 규정한다. 세월호 재난 사태, 촛불 혁명, 젠트리피케이션 현상과 같은 최근 일련의 우리 사회의 재난적 · 위기적 상황에 대한 미디어문화연구에서의 불충분한 대응과 임무 방기에 대한 대안으로서, 전규찬은 발터 벤야민에 의해서 발전된 산책이라는 방법과 도시 공간의 현실에 천착하는 문화연구를 탈문맥화와 탈정치화의 위기에 빠진 미디어문화연구의 대안으로 제시한다.

전규찬은 이 과정에서 존 피스크라는 미국의 미디어문화연구자의 이론적 궤적을 추적하는 하나의 우회로를 거치고 있다. 피스크는 미디어문화연구에서 소위 '능동적 수용자론'이라는 유산을 논의할 때 가장 대표적으로 언급되는 학자다. 전규찬은 한국 사회의 미디어문화연구가 도시 공간에서 펼쳐지는 신자유주의의 지배와 통제의 현실, 훈육과 감시라는 도시 공간 현실에 천착하지 못하고 "텔레비전/문화/텍스트"의 내부에 머무르곤 했던 경향의 원초적인 이론적 배경이자 요인 중 하나로 자주 지목되는 피스크의 이론적 관심사의 변천 과정에 주목한다. 전규찬에 따르면, 미디어문화연구의 위기 혹은 탈맥락화, 탈정치화된 텍스트 분석 위주 경향의 이론적 근원을 제공했다고 평가되는 피스크의 후기 저작에서 나타나는 경향은 매우 역설적이다. 피스크는 후기 저작에서 텔레비전 문화 현상이라는 텍스트에서 벗어나 컨텍스트에 주목하고 있다. 피스크는 텔레비전 텍스트 분석에서 나와서 국가적 감시장치로서의 텔레비전, 국가의 시각화 권력이 감시와 독재의 전체주의적 국가를 도래시킬 수 있는 위험성에 주목하면서 테크놀로지 통제와 일상적 감시 활동, 치안국가가 융합된 악몽의 미디어 공간으로서 미국의 대도시에 주목하고 있었다. 또한 인종갈등과 계급 모순, 국가 감시, 미디어 통제로 점철된 일상의 문화와 도시 대중문화의 현실에 주목하고 있다. 이러한 측면에서 보면 피스크에게 있어서 미국 대도시의 광장과 거리는 치안권력에 의해 폐쇄되고 감시카메라에 의해 장악된 채, 일방적 교통의 빈 공간으로 쇠퇴했으며 감시의 테크닉과 테크놀로지들이 분리된 이웃들의 생활세계를 황폐화시킨 것으로 이해된다.

피스크라는 미디어문화연구자의 이론적 궤적의 변화라는 우회로를 거쳐 전규찬은 마샬 버만과 미셸 드 세르토라는 도시 공간 연구자들을 호명함으로써 미디어문화연구와 도시문화연구와의 간극을 채우고자 한다. 전유^{appropriation}의 실천적 사유가로서 세르토의 논의에 주목하면서, 전규찬은 그가 위로부터의 지배전략에 맞서는 아래로부터의 대항전술에 주목했음을 강조하고 있다. 세르토가 "산책^{散策}이라는 말이 그대로 표현하고 있듯이 흩어져 은밀히 정세를 파악하고 차분히 정황을 살펴보며 또한 면밀히 빈틈을 찾아내는 테크닉을 통해 도시정치에 개입하는 글쓰기 전략, 의미화 실천 방식에 주목했던 점에 착안한다. 또한 마르크스주의 전통에서 도시문화에 대한 연구를 수행하고 있는 버만의 연구도, 자본주의 국가에 의한 도시 공간 개발의 폭력성과 역사성에 주목하면서 끊임없이 희망의 단서를 찾고자 했다는 점에서 도시문화연구의 중요한 자산으로 삼을 만하다.

　　미디어 텍스트에 매몰되어 탈맥락화되어 가고 있는 미디어문화연구 경향에 대한 비판과 이에 대한 대안적 시각의 모색 과정에서 제시된 전규찬의 도시문화연구의 접근 방식에 대한 논의는 모빌리티 연구가 어떻게 대도시 현실에서의 불평등, 감시, 훈육, 통제 문제에 비판적으로 개입할 수 있는지에 대한 비판적 토론으로서도 손색이 없다. 현대의 도시는 이미 모빌리티의 공간이다. 또한 모빌리티의 공간으로서 현대의 도시 공간은 모빌리티를 둘러싸고 수많은 정치경제적 이해관계와 사건, 그리고 재해가 유발되며 동시에 삶을 보존하고 인명을 구하기 위한 필사적인 노력이 진행되는 투쟁의 지점이자 저항의 포인트이기도 하다.

　　왜 모빌리티를 연구하는가? 이러한 측면에서 본다면 모빌리티 연구도 결코 현실 도시 공간을 꽉 채우고 있는 소외와 사물화, 멸절과 실종, 선전과 지배는 물론이고 저항과 전복, 희망과 생성의 온갖 기호들을 동시에 읽어 내야 한다는 도시 미디어문화연구에 대한 전규찬의 요구에서 전혀 자유롭지 않다. 비록 이름과 호칭은 다를지언정 모빌리티 연구의 필요성 문제는 도시 공간에서의 치열한 현실에 천착하고 이에 대한 대안적 시각을 제시하는 데 있어서 결코 분리되어 사유될 수 없다. 오늘날 대도시에서처럼 대형 재난, 테러, 불평등 그리고 테크놀로지에 의한 감시와 통제의 작동이 어떤 면에서는 모두 사람, 사물, 정보 데이터의 모빌리티를 둘러싼 인프라 및 모빌리티 역량과 밀접하게 연관되어 있다는 점만 착안해 보더라도 모빌리티 연구가 얼마나 도시 공간에 대한 미디어문화연구와 밀접하게 연관될 수 있는지 이해하는 것은 어렵지 않다.

1부의 마지막 글은 타자와의 공생이라는 화두를 통해서 도시 공간이론을 비판적으로 재검토하고 있는 김수철의 글이다. 이 글은 이주와 같은 초국적 모빌리티가 일상화되어 가고 있는 현실에서 모빌리티의 증대와 이로 인한 타자와의 마주침이 일상화되는 현실로 인해 새롭게 생성되는 도시의 모습, 생활세계 공간의 특성에 대한 논의를 살펴보고 있다. 모빌리티 연구에서 이주, 난민, 여행과 같은 인적 모빌리티에 대한 논의는 3부에서 본격적으로 다루고 있다. 김수철의 논의에서 주목할 점은, 초국적 모빌리티가 일상화되어 가고 있는 도시 현실에서 새롭게 생성되는 도시 공간, 즉 생활세계 공간의 특징에 주목하고 있다는 것이다. 폴 길로이, 마이클 하트와 안토니오 네그리, 리처드 세넷의 최근 이론에서 나타나고 있는 현대 도시의 문제에 대한 진단과 대안적 도시 공간에 대한 논의들은 초국적 모빌리티로 인해 생성되고 있는 생활세계 공간에 대한 논의에서 가장 핵심적인 문제들을 다룰 수 있는 기회를 제공한다.

김수철에 따르면 초국적 모빌리티의 증대로 인해 변화하고 있는 도시 생활세계의 모습에 대한 논의에서 핵심은 타자의 문제, 즉 타자와의 마주침을 어떻게 조직화할 것인지의 문제로 요약될 수 있다. 공생에 관한 논의에서 길로이는 초국적 모빌리티가 일상화된 현실에서 고정된 정체성과 문화 관념에 기반을 둔 정체성의 정치의 한계를 인식하면서, 일상생활과 대중문화 영역에서 나타나는 보다 역동적이고 활발한 상호작용을 활성화시켜 분리적이고 코드화된 정태적 상호작용을 넘어설 수 있는 도시문화를 강조한다. 네그리와 하트 역시 그들의 공통체론에서 정체성의 정치가 정체성과 문화에 대한 정태적 접근으로 인해 가지는 한계를 지적하면서 현대의 메트로폴리스라는 장소를 다양한 공유자원, 즉 공통적인 것the common들의 저장고로 바라볼 것을 주문한다. 네그리와 하트에게 있어서 메트로폴리스는 건물, 도로, 지하철, 커뮤니케이션 인프라 등 모빌리티의 물리적 환경과 시설들이 집적해 있는 공간일 뿐만 아니라 문화적 실천, 지식, 제도, 다양한 정동affect의 네트워크들이 살아 움직이는 역동체로 자리매김되고 있다. 결국, 네그리와 하트는 초국적 모빌리티 시대의 새로운 사회정치적 대안으로 메트로폴리스에 집적되어 있는 모빌리티의 물질적 그리고 비물질적 자산을 통해서 소유의 문제를 넘어서는 새로운 주체의 구성과 사회관계의 형성을 위한 프로그램을 주문하고 있다.

정태적인 정체성의 정치의 한계, 기존의 도시 공간에 대한 기능적인 접근이 가지고 있는 한계에 대한 인식과 이에 대한 비판은 세넷의 투과도시porous city 개념에도 이어지고 있다. 세넷은 투과도시라는 개념을 통해서 기존의 도시 공간과 공동체에 대한 정태적이고 결정주의적인 접근을 비판한다. 그리고 도시 일상생활 공간의 조직화에 있어서 분리와 배제에 바탕을 두면서 무질서와 비공식적 협력 관계에 무감한 접근을 벗어나 활발한 상호작용을 통해 형성되는 생성적 공간의 윤리와 정치에 주목하는 새로운 장소 만들기의 기획을 주장한다.

이상의 도시 공간에 대한 새로운 접근들은 모두 초국적 모빌리티 시대에 고도화된 모빌리티로 인해 등장하는 새로운 사회적 관계 및 주체 형성의 조건들을 나름대로의 방식으로 인식하면서 이 새로운 현실 조건에서 가능할 수 있는 도시 공동체와 도시문화에 대한 논의들이라고 할 수 있다. 그 핵심에는 모빌리티의 고도화로 인해 타자와의 마주침이 일상화된 도시 현실에서 공간, 공동체, 문화, 정체성에 대한 기존의 정태적 접근의 한계를 넘어서 어떤 종류의 사회적 관계와 주체 형성의 정치와 윤리가 요구되는지에 대한 논의들이 담겨 있다.

◆ ◆ ◆

2부에는 모빌리티와 미디어 테크놀로지와의 관계를 핵심 논의 대상으로 삼고 있는 세 편의 글이 실려 있다. 오늘날 모빌리티 테크놀로지는 소위 4차 산업혁명과 같은 최첨단 테크놀로지의 변화와 이에 대한 담론들과 가장 밀접하게 연관되어 있다고 해도 무리가 아니다. 무인자동차, 스마트시티, 사물인터넷, 그리고 모바일미디어 테크놀로지 등이 그 예시들이다. 사실 모빌리티에 대한 담론은 테크놀로지에 대한 담론이었다고 해도 무리가 아니다. 자전거, 기차, 자동차와 같은 교통수단에서부터 전신telegraph, 오늘날의 스마트폰과 같은 모바일미디어 기기 등 미디어 커뮤니케이션 테크놀로지에 이르기까지 모빌리티 테크놀로지의 진화와 이에 대한 담론들은 모빌리티 자체에 대한 담론들과 분리시켜 논의하기 힘들 정도로 밀접하게 얽혀 있다. 모빌리티와 테크놀로지—커뮤니케이션communication 테크놀로지와 교통transport 테크놀로지를 모두 포함하여—와의 관계를 논의할 때 인간과 테크놀로지의 관계, 테크놀로지와 사회와의 관계에 대한 근본적 시각과 입장들이 문제가 되는 이유도 여기에 있다.

2부의 첫 번째 박성우의 글은 모빌리티 시대의 테크놀로지, 인간, 환경을 어떻게 바라볼 것인지에 대한 매우 근본적인 성찰을 담고 있다. 자동화사회 등 오늘날 테크놀로지에 대한 철학적 담론을 주도하고 있는 프랑스의 철학자 베르나르 스티글러의 테크놀로지에 대한 철학적 논의, 특히 자동주의에 대한 기술철학적 논의들을 검토하고 있다. 박성우의 논의에서 나타나고 있는 스티글러의 테크놀로지와 인간의 관계에 대한 새로운 시각은 최근 4차 산업혁명, 특히 무인자동차, 빅데이터, 인공지능 등과 같이 모빌리티 테크놀로지의 자동화와 이로 인한 인간 소외 문제에 대한 새로운 접근 방식에 시사하는 바가 크다. 특히 자동성, 자동주의를 인간의 자율성에 정반대되는 것으로 보기보다는 인간 생명 작용의 기본으로 보고 오히려 자동성의 충분한 내면화(탈자동화를 포함하여)와 토대 위에서 진정한 자율성이 생성되는 것으로 보는 급진적 시각은 기존에 테크놀로지, 특히 모빌리티 자동화 테크놀로지의 변화 및 발전에서 인간 소외 문제를 색다른 시각에서 바라보게 한다.

박성우가 보기에 스티글러의 시각은 현대 테크놀로지 환경의 발전에 대한 인간 소외 문제가 단지 테크놀로지, 기계들이 사용자보다 더 똑똑해서 생긴다고 보기보다는 사용자들이 그 작동을 점점 이해하지 못하게 되면서 기술적 환경—여기에는 무인자동차 시스

템, 빅데이터, 소셜미디어에 의한 가짜fake 뉴스의 확산 등이 포함된
다—으로부터 점점 소외되어 가고 있는 데서 연유한다고 본다. 따라
서 이에 대한 대안도 단지 인간중심주의로의 복귀나 단순한 기술 도
구적(중립적) 시각이 아닌 현재의 '프로그래밍 기록 문화산업'에 대
한 비판, 즉 시장·자본에 의한 지배와 권력의 역사성에 대한 비판
적 사유가 강조된다. 또한 테크놀로지를 선과 동시에 악, 즉 파르마
콘pharmacon으로 보는 스티글러의 시각은 모빌리티 체제의 진화 과정
에서 등장하게 될 인간과 테크놀로지의 새로운 역사적, 물질적 관계
형성에 있어서 보다 생산적이고 긍정적인 구조화의 틀을 사유하고
또한 우리가 채택할 수 있는 기회를 제공하고 있다.

박성우의 글 마지막에 강조되고 있는 스티글러의 자동화 테크놀
로지, 미디어 테크놀로지에 대한 비판적 사유라는 맥락에서 두 번째
김한상의 글은 보다 구체적인 맥락에서의 자동화 테크놀로지 담론
분석을 제공하고 있다. 김한상은 80년대에 나타났던 한국 사회에서
의 자동화 열풍에 주목한다. 제조업과 사무직 분야에서의 포드주의
생산 시스템 담론에서부터 편리한 자동성을 강조하는 세탁기·텔레
비전 등과 같은 전자제품 광고, 자동판매기, 그리고 가장 중요하게
는 엘리베이터와 지하철의 자동문, 시민자율버스 등의 모빌리티 체
계mobility system에 대한 사회적 담론에 이르기까지 김한상의 80년대
자동화와 관련된 테크노 담론의 대상들은 매우 다양한 만큼 또한 흥
미롭다.

80년대 한국 사회에 불었던 자동화 열풍에 대한 김한상의 날카로
운 사회문화적 분석은, 1997년 IMF 외환위기 이후 본격화되었다고
흔히 알려진 (국가정책과 경제 분야에서의) 신자유주의화의 단초를 80
년대 자동화 담론에서 찾고 있다. 즉. 거시경제 교리나 정리해고, 비

정규직 양산의 구조 조정 등의 국가정책이 아니라 사회적 에토스의 측면에서 자동화를 통한 자율성 획득, 자기규율, 혁신과 효율이라는 신자유주의적 통치성governmentality의 신화들이라는 측면에서 말이다.

김한상의 80년대 자동화 담론에 대한 분석은 우리 사회에 자동화 테크놀로지 도입으로 형성된 인간 주체(사용자, 혹은 노동자)와 테크놀로지 사이에 형성된 구조적 틀의 역사적·물질적 관계에 대한 분석의 모범적 사례로서, 모빌리티 테크놀로지와 이와 관련된 사회적 담론에 대한 비판적 인문사회 연구에서 더욱 발전·확대될 필요가 있다. 특히 저자의 자동화 담론에 대한 접근은 테크놀로지에 대한 논의들이 지나치게 산업적 가치나 의미, 혹은 새로운 기술의 출현에 의한 특정 사회적 효과에만 일면적으로 주목하는 경향과는 구분된다. 즉, 자동화 테크놀로지가 어떠한 사회문화적 경로와 담론 체계를 통해서 생활세계 속에서 소개되고 적응되고 혹은 거부되었는지 그리고 이러한 사회적 채택과 진화의 과정에서 한국 사회에서 모빌리티에 대한 사회역사적 담론의 특징과 자동화 기계 및 테크놀로지에 대한 일상적 의미들이 어떠한 방식으로 자리 잡게 되었는지에 대한 분석들을 제시하고 있다. 이러한 분석들은 상대적으로 흔치 않은 미디어 테크놀로지의 사회문화사적 접근이나 일상적 테크노 문화에 대한 접근의 한 사례로서 모빌리티 테크놀로지에 대한 계보학적 연구로 더욱 확장될 필요가 있다.

2부의 마지막을 장식하고 있는 이광석의 글은 모빌리티 테크놀로지에서도 모바일미디어 기기, 스마트폰을 매개로 나타나고 있는 사회문화적 현상에 주목하고 있다. 이광석은 우리 사회에서 청년 알바라는 특유의 노동 현실에 천착하여 휴대폰이라는 모바일미디어 테크놀로지가 어떠한 형태의 노동문화—노동 형태와 휴식 문화 등을 포함―형성에 이바지하고 있는지에 대한 질적 현장연구를 수행하고 있다.

모빌리티 테크놀로지는 교통수단 기술에 직접적으로 연관되어 새로운 모빌리티 체계 형성에 영향을 주기도 하지만, 또한 미디어 테크놀로지의 발전에도 연관되어 그 사회에서의 커뮤니케이션 방식에 영향을 미치기도 한다. 오늘날 인공지능, 자동화 테크놀로지로 인해서 과거의 일자리가 사라질 것이라는 예측들에는 미래 사회에서의 핵심 테크놀로지로 인해 나타나는 인간 소외의 문제와 노동의 질적 변화에 대한 전제가 핵심적으로 존재한다. 알바 청년들에게서 나타나는 모바일 노동문화의 특성에 대한 저자의 연구는 넓게는 테크놀로지와 사회의 관계, 좁게는 모바일미디어 테크놀로지의 변화와 노동의 변화 사이에 어떤 단선적이거나 일면적인 인과관계나 효과를 손쉽게 상정하지 않는다. 오히려 생활세계에서의 모바일 테크놀로지 사용이 어떠한 사회적 현실과 제도에 결합되어 사용자들의 현실에 개입하고, 또한 사용자들은 어떻게 이러한 현실에 대응하는지에 대하여 차분하게 주목하고 있다.

이광석에 따르면 청년 알바노동 현실의 현주소를 볼 때, 모바일 기기는 이제 분리될 수 없을 정도로 청년들의 노동문화와 생활세계에 깊숙이 관련되어 있다. 그것은 한때는 노동시간 외의 휴식 시간에 대한 뚜렷한 규정이 없는 알바노동 문화에서 순간순간, 찰나의 휴식과 자유, 탈주의 기회를 제공해 준다. 하지만 스마트폰과 같은 모바일 기기의 사용은 어느 순간 시공간과 온/오프라인, 노동/휴식 시간의 모든 경계들을 무너뜨리면서 노동 속박의 연장을 실현시키는 가장 중요한 통제장치로서 돌변해 버렸다. '카톡 감옥', '메신저 감옥'이라는 말들이 알바노동 현장에서 작동하고 있는 고용인과 피고용인 사이에 존재하는 유연한 노동 통제 및 관리의 현실들을 드러내 준다.

◆ ◆ ◆

3부는 인간의 이동을 분석 대상으로 하는 글로 구성되었다. 여기에 실린 글들은 오늘날 인적 모빌리티와 관련된 인간의 이동, 즉 이주와 같은 국가 간 경계를 넘어서는 이동만이 아니라 일상생활에서 벌어지는 여행이나 출퇴근과 같이 일상적으로 이루어지는 이동을 포함하고 있다. 이러한 이동은 때로는 특정한 목적, 곧 출퇴근이나 일자리와 같은 경제적 이유, 혹은 난민의 경우처럼 정치적 배경을 가지고 이루어지기도 하며, 또 다른 경우에는 레저 활동의 일환으로 이루어지는 등 다양하다. 또한 인적 모빌리티는 국민국가에 의해 통제되는 이민이나 출입국 절차, UN 난민기구와 같은 국제기구의 규약, (지자체) 정부의 교통정책 등과 연관되기도 한다. 더 나아가 인적 모빌리티는 한 사회, 공동체 내에서의 공적 공간과 사적 공간에서의 역사적 분리에 따라 형성된 사회문화적 관습, 여성·어린이·장애인·외국인 등과 같이 한 사회의 소수자들이 차지하고 있는 공적 공간에서의 권리나 이를 보장, 지원할 수 있는 테크놀로지나 인프라 시설 그리고 도시문화 등 이동 주체의 모빌리티 역량에 영향을 주는 요인들에 의해서 제각기 다양한 모습으로 존재하고 있다.

첫 번째 이희영의 글은 국가 간 경계를 넘어서 독일로 이주한 북한이탈주민의 난민으로서의 재현 과정 그리고 정착 과정을 포함하는 모빌리티의 과정을 난민에 대한 국제 '인권장치dispositive of human rights'라는 맥락에서 살펴보고 있다. 여기서 '인권장치'란 인권과 직간접적으로 연관된 담론, 제도, 법규, 행정조치, 과학적·경제적 언표 등을 포괄하는 것으로 다양한 인권 담론들뿐만 아니라 각종 조치들, 신체적·정서적 경험들을 모두 포함한다. 구체적으로 이 글은 저자의 독일 지역에 거주하는 탈북 난민과의 인터뷰와 개인적 교류 및 관찰 경험을 바탕으로 북한-(중국)-남한-독일로 이어지는 이들의 이주 과정에 개입되어 있는 자본주의 이주 중개 체제―사적 중개조직, 국가 지원정책, 금융대출, 각종 인권 침해적인 경험 등으로 구성된―에 대한 탈북 난민의 경험을 분석 대상으로 하고 있다. 이를 통해서 저자는 명시적으로 밝히지는 않고 있지만 '행위자 네트워크론actor-network theory'의 방법을 능숙하게 적용하여 기존의 북한이탈주민의 남한 사회 정착이나 제3국으로 탈남한 북한이탈주민에 대한 연구에서는 흔히 볼 수 없는 방식으로 탈북 난민의 이주, 모빌리티 과정을 인간/비인간 행위자들로 구성된 매우 복잡하고 혼종적인 네트워크 안에 위치시키고 있다. 이를 통해서 이희영은 탈북 난민의 형성 과정, 그리고 이들의 이주 네트워크에서 한국 정부에 의한 북한이탈주민 지원이 사실은 시민권과 국제 이주를 위한 비용 대출 자금을 제공해 주는 매개 역할을 담당함으로써 탈북 난민에 대한 이른바 '초국적 네트워크' 형성 과정에 연계되어 있음을 설득력 있게 밝히고 있다.

인적 모빌리티의 관점이라는 측면에서 이 연구의 가장 흥미로운 점은―'행위자 네트워크론'을 효과적으로 적용하고 있다는 점 외에도―저자가 주목하고 있듯이 탈북 난민들이 일상에서 반복하게 되는 그들의 '원형적 탈북 경험'에 대한 서사의 성격이다. 저자는 탈북 난민의 이 비극적 서사가 단지 고정되어 있는 것이 아니라 자신이 머물게 되는 국가들에서 필요한 권리 요구를 위해서 반복적으로 그리고 때로는 전략적으로 변형되고 있음을 지적한다. 또한 탈북 난민의 신체도 언제나 동일하지 않음을 보여 준다. 즉, 북한 주민의 신체는 북한-중국-남한이라는 경계 넘기 이동의 궤적에서는 물리적 폭력, 죽음에의 위협에 직접적으로 노출된 '벌거벗은 생명'으로 위치지어지기도 하지만, 대한민국에 입국한 뒤에는 국가의 보호를 받는 탈북자이자 시민으로 등록됨으로써 자신의 손으로 서명을 할 수 있고 이를 통해 자본을 대출받을 수 있는 투기/투자자이자 자본주의 금융체제의 소비자로 재규정된다.

　모빌리티 연구뿐만 아니라 이주 연구들에서 우리는 종종 고정되고 이상화된 정체성—그것이 정주적이든 노마드적이든—을 상정하거나 혹은 명확한 경계를 가진 불변하는 신체를 가정하는 사유 방식과 접근 방식을 관찰하곤 한다. 하지만 에린 매닝Erin Manning(2009)이 지적하고 있듯이, 우리는 이상화된 정체성이나 불변하는 신체가 아니라 운동 속에서 그리고 이동의 과정에서 변화하는 운동의 역량motility이라는 관점에서 모빌리티를 사고할 필요성이 있다. 즉, 모빌리티를 어떤 정체성이나 본질의 단순한 실현이 아니라 주어진 환경, 공간의 제약, 권력의 작동 그리고 이동의 과정 속에서 다양한 사건들과의 조우를 통해서 변화하는 운동 역량의 결과로 바라볼 필요성이 있는 것이다(Bissell, 2018, p. xviii). 이희영의 연구에서 나타나고 있는 탈북 난민들의 변화하는 비극의 서사, 그리고 상이한 국경과 국가들을 거치는 이주 과정에서 탈북 난민들의 신체적 위치와 지위가 새롭게 규정되는 상황에 대한 분석은 단지 이주 연구에서만이 아니라 모빌리티 연구에서도 매우 중요한 모빌리티, 운동의 개념과 접근이 가지고 있는 뉘앙스를 구체적인 경험적 맥락에서 잘 드러내 주고 있다는 점에서 이 연구의 가치를 한층 더 높이고 있다.

방희경·류지현의 연구는 오늘날 서울 지하철이라는 매우 일상적인 공간에서 여성의 일상적 모빌리티 경험에 대한 자기기술지적 연구auto-ethnography를 통해서 한국 사회의 근대적 모빌리티 형성 과정에 각인되어 있는 젠더적 권력관계의 문제점을 비판적으로 들여다보고 있다. 서울의 지하철은 저자들이 밝히고 있듯이 60년대에서 70년대 경제 발전을 주도하던 국가의 기획으로 탄생한 국가주도적 모빌리티 시스템이다. 또한 지하철 공간은 다양한 소비 공간이나 상권의 형성에 매개 역할을 수행하면서 그 자체로 상업적 광고 등 소비 자본주의의 혈맥 역할을 수행해 왔다. 각각 20대와 40대의 저자들에게 지하철 공간이라는 생활세계 공간은 수많은 규칙과 규율이 이동하는 주체들의 신체적 움직임에 내재화되는 통제의 공간이기도 하다.

그러나 무엇보다도 이 글의 가장 중요한 초점이자 그 가치를 가장 빛내 주는 것은, 지하철이라는 공간을 젠더적 불평등의 공간으로 바라보고 있는 점일 것이다. 저자들에게 있어서 서울의 지하철 공간은 한편으로는 개인의 특성을 아랑곳하지 않는 '비장소'(Auge, 1995)의 특성을 지니고 있는 가운데, 다른 한편으로 남성중심적 가부장제적 질서가 강력하게 작동하고 있는 명백한 젠더 정치의 공간이다. 저자들은 출근길 지하철 공간에서 발생하는 성범죄, 남성중심적 가부장제 담론 등이 어떻게 서울의 가장 일상적인 이동 수단인 지하철이라는 공간을 가장 차별적이고 억압적이며 불쾌한 공간으로 만들고 있는지를 일상생활에서 저자 자신들의 신체적·정서적 경험을 통해서 드러내고 있다.

지하철 공간과 같은 근대적 공적 공간에서 여성 모빌리티의 문제는 이것이 가지고 있는 사회성과 그 중요성에 비해서 인적 모빌리티에 대한 연구에서 상대적으로 많은 주목을 받지 못한 연구 주제이다. 여성학자 김은실이 말하고 있듯이 60년대와 70년대에 걸친 한국의 근대화에 대한 연구에서 결여된 것은 '젠더'라는 의제다(김은실, 1999, pp. 99-100, 김원 2005, p. 726에서 재인용). 여성의 모빌리티라는 주제는 거리와 지하철과 같이 도시의 공적 공간에서 여성의 위치와 이동 권리 및 능력을 포함하는 모빌리티 역량이라는 문제와 직접적으로 연관되는 중대한 사회적 이슈로 그 사회의 성숙 정도를 알려주는 척도이기도 하다. 이러한 측면에서 방희경·류지현의 연구는 일상 공간에서 여성의 모빌리티에 대한 본격적인 연구의 좋은 출발점이자 오늘날 한국 사회의 일상 공간에서 나타나고 있는 여성 모빌리티의 현주소에 대한 가치 있는 기록이기도 하다.

마지막으로 이용균의 연구는 여행이라는 경험을 '모빌리티 렌즈 mobility lens'를 통해 조망하고 있다. 여기서 '모빌리티 렌즈'란 저자가 말하고 있듯이 사회의 현상과 관계를 서로 독립적으로 작용하는 것으로 이해하는 것이 아니라 다양하고 상호교차하는 관계로 이해하려는 시각을 말한다. 주로 영국의 사회학, 지리학 분야를 중심으로 발전되어 온 모빌리티 패러다임에서의 논의들에 대한 깊은 이해를 바탕으로 저자는 한국의 광주에서 일본의 오키나와까지의 항공여행에 대한 경험 사례를 통해서 오늘날 여행, 관광을 통한 모빌리티가 복합적으로 지니고 있는 그 관계적 성격을 드러내고 있다.

현대사회에서 가장 일상화된 모빌리티의 경험 중 하나인 여행에 주목해서 저자는 여행지 도시들의 장소적 특징(특히 연결성, 개방성, 개별성, 매력 등)에 대하여 논의한다. 또한 실제 여행(여기서는 주로 항공여행)에서의 이동 과정에 직접적으로 개입되는 모빌리티 체제 mobility regime라 불릴 수 있는 장치에 대한 통제 감시 체계 및 테크놀로지에 민감하게 주목하고 있다. 여기에는 자동차, 도로망의 확충과 발전에 영향을 주는 경제 성장 및 국가 통치권의 문제가 있으며 공항과 같은 현대 도시의 대표적인 모빌리티 공공공간과 그 주변 부대시설 및 이를 통제·관리하는 다양한 제도적 시스템들과 신체 식별 테크놀로지 등이 존재한다.

이 글은 또한 한국 사회의 맥락에서 공중 모빌리티aerial mobility에 대한 인문사회과학적 연구(Adey, 2010)로도 읽힐 수 있다. 공항이라는 장소를 구성하고 있는 인간적 요소만이 아니라 물질적 요소, 즉 비-인간적 요소들을 함께 살펴보면서 공항이라는 장소(여기서는 인천공항)가 지니고 있는 불균등하면서도 복합적인 층위를 흥미롭게 드러내고 있다. 모빌리티의 복잡성과 불균등성에 대한 모빌리티 사회이론의 시각을 통한 분석은 때때로 지나치게 기술적인 요소들에 대한 정량적 분석에 집중하거나 그 효과에 대한 논의에 그치는 경우가 있다. 이글은 테크놀로지를 비롯한 비-인간적 요소에 대한 인문사회과학적 논의가 어떻게 모빌리티의 일상적이고 정동적인affective이며 또한 신체적이고 인지적인 경험들을 적절하게 다룰 수 있는지를 보여 주고 있다.

이 연구총서에 실린 9편의 글들은 사회학, 지리학, 문화연구, 미디어연구 등의 분야에서 각기 상이한 주제와 접근 방식 그리고 연구 방법을 통해서 수행된 연구들이다. 하지만 이 연구들이 한 가지 공통적으로 동의하고 있는 지점이 있다면, 그것은 오늘날 현대사회에서 증대하고 있는 모빌리티를 둘러싼 다양한 사회적, 정치적, 그리고 기술문화적 의미와 실천의 중요성일 것이다. 또한 모빌리티를 둘러싼 다양한 사회적 불평등 현상과 통제권력의 작동 결과들이 나타나고 있는 생활세계의 모습을 날카롭게 분석하면서 이에 대한 대안을 찾고자 치열하게 고민한다는 점에서도 이 논문들은 비판적 모빌리티 연구의 소중한 사례들로 자리매김될 수 있을 것이다. 앞으로도 이 연구총서를 계기로 더 많은 연관 분야에서 모빌리티와 생활세계의 관계에 대한 다양한 시각에서의 비판적 논의들이 더욱 풍성하게 제시되길 기대해 본다.

1부

모빌리티와
사회적 공간의 생산

모빌리티스 개념에 관한
지리학적 성찰

윤신희

이 글은 《국토지리학회지》 49(4)(2015)에 게재된 원고를 수정 및 보완하여 재수록한 것이다.

전통적으로 이동이란 장소와 장소들 간의 공간적 격리를 극복하기 위한 물리적 행위로서 간주되어 왔다. 그러나 고도의 이동성을 전제로 조성된 현 시대에서 이동이란 단순히 공간적 격리를 극복하기 위한 물리적 현상으로서의 의미를 넘어 매우 중요한 사회적 의미를 내포하고 있다. 오늘날 인간의 이동은 그 빈도가 증가하였을 뿐만 아니라 거리는 더욱 확장되었고 목적 또한 매우 다양화되었으며 특히 세계화의 경제구조 속에서 영역 내 이동이 아닌 탈영역적, 초국가적 이동이 급속히 증가하고 있다. 또한 인간의 물리적 이동뿐만 아니라 화물, 금융, 정보, 통신 등의 이동 역시 탈영역적으로 시공간을 넘나들며 가로지르고 있고 이러한 과정 속에서 사람들은 이동의 흐름에 맞추어 유동적인 삶을 살아가고 있다.

과거 카스텔Manuel Castells은 정보통신의 발달이 인간의 물리적인 이동을 감소시킬 것이라고 주장하였다(Castells, 1996). 그는 정보사회 내 지배세력(정보접근집단)과 종속세력(정보비접근집단)의 양극화에 따른 사회계층의 이중적 구조에 대해 설명하면서, 정보사회는 사이버 공간 내 실시간 다양한 정보의 교류에 의하여 정보 공간을 통한 네트워킹이 더욱 활성화되고 따라서 물리적 이동은 크게 감소할 것이라고 예상하였다. 그러나 현 시대는 이와 정반대의 현상을 보이고 있다. 특히 많은 사람들은 정보화 사회를 기반으로 더욱 확장된 사회적 교류와 네트워크를 형성하고 유지하기 위하여 노력하고 있으며, 이러한 네트워크화된 정보화 사회 속에서 사람들은 좀 더 자유롭게 만남을 조직할 수 있어 오히려 공현존co-presence의 만남을 위한 이동은 더욱 증가하고 있다(Urry, 2007).

한편, 물리적 그리고 가상적 이동이 크게 증가한 현대사회는 이전에 경험하지 못한 새로운 위험을 초래하기도 한다. 이는 지난 2015년 여름 우리나라를 시끄럽게 했던 메르스 전염질병의 전파 사건과 최근 전 세계에서 발생하는 테러 등이 대표적인 예라고 할 수 있다. 특히 테러의 경우 물리적 이동성의 증진은 테러의 동시다발적 발생을 가능하게 하였으며, 특히 정보통신기술의 발달에 따른 정보의 실시간적 접근 가능성은 테러 행위가 즉시 전 세계적으로 전파되는 결과를 유발할 수 있으므로, 역설적으로 이동성이 증진된 현대사회는 '효과적'인 테러를 위한 이상적인 조건을 제공하는 공간이라고 할 수 있다.

또한 고이동성을 전제로 조성된 현대사회에서 정상적인 삶을 유지하기 위해서는 적절한 수준의 이동 능력은 필수적이다. 그러나 개인이나 집단의 이동 능력은 이들의 특성에 따라 많은 차이를 보이며, 이러한 과정에서 이동의 제약으로 인하여 필요한 시설이나 활동에 접근할 수 없는 개인이나 집단은 공간적으로 고립될 수 있는 가능성이 매우 높다. 그리고 이러한 공간적 고립은 단순히 공간적인 차원을 넘어 특정 개인이나 집단이 거주하는 사회의 정치, 경제, 사회, 그리고 문화적 주류에서 배제되는 사회적 배제social exclusion의 결과를 유발할 수 있다(Kenyon et al. 2002).

그러나 다른 한편으로 현대의 고이동 정보사회에서 이동 및 정보 획득 능력이 상대적으로 우월하고 이를 기반으로 사회적 네트워크 social network를 적극적으로 구성하고 유지할 수 있는 개인이나 집단은 사회의 상위계층으로 진입할 수 있는 기회가 확장되기도 한다. 그리고 지역적으로는 물리적 이동과 가상적 이동의 통제 능력에 따른 지역 간 차이가 발생하기도 한다. 즉, 현대사회에서 이동이란 개인과 개인, 집단과 집단, 그리고 지역 과 지역의 차이를 조장하는 또 다른 요인이 되기도 한다.

이렇게 현대사회에서 이동이란 단순히 물리적이며 공간적인 영역을 넘어 매우 다층적인 사회적 의미를 내포하고 있다. 그리고 최근 일부 사회학자 및 지리학자들이 '새로운 모빌리티스new mobilities'라는 개념을 중심으로 이동의 전통적인 개념에서 벗어나 이동을 사회적 과정과 연계하여 조망하려는 새로운 시도가 대두되고 있다. 그러나 우리나라 사회과학 또는 인문학 분야에서는 이에 대한 논의가 아직은 미미한 실정이다.

뉴 모빌리티스Mobilities 개념의 선행 이론

전통적으로 우리나라에서 모빌리티Mobility는 이동성移動性이라는 용어로 사용되고 있으며 일반적으로 물리적인 이동 과정의 수월성 내지는 편의성의 정도를 의미한다. 그리고 여기서 이동이란 주로 사람의 물리적인 이동을 의미하며, 화물이나 정보의 이동은 운송 또는 전송 등의 용어로 구분하여 사용하고 있다. 그러나 영국의 사회학자 존 어리John Urry를 중심으로 새롭게 전개되는 '모빌리티스mobilities' 개념은 사람, 화물, 정보 등의 이동뿐만 아니라 이러한 이동들을 가능하게 하는 시설들도 포괄적으로 포함한다.

새로운 모빌리티스 개념을 체계적으로 이해하기 위해서는 근대의 시공간에 대한 논의부터 포스트모던 공간성 개념, 공간적 전환이라는 시대적인 패러다임을 토대로 물리적 공간에서 어떻게 이동사회의 관계적 연결 공간으로 전환되는지 그 과정을 이해할 필요가 있다. 새로운 모빌리티스 개념은 1980년대 출현한 공간적 전환의 확장으로 평가될 수 있으며(Sheller and Urry, 2006), 공간적 담론은 후기 근대 사상의 핵심 중 하나이다. 공간적 담론은 공간을 권력적으로, 정치경제적으로, 사회적 공간으로 접근하여 설명하며 어떻게 공간 속에서 사회적 관계가 배치되고 작동되는지를 설명하고 있다. 공간적 담론에서 모빌리티스 담론으로 넘어오며 그 논의의 중심엔 공간의 권력이 모빌리티스의 권리와 권력으로, 자본의 지배력이 모빌리티스 자본과 네트워크 자본 개념으로 확장된다. 모빌리티스로의 전환은 물리적 공간에서 사회적 공간으로의 변화, 그리고 사회적 공간의 모빌리티스 네트워크 공간으로의 전환을 말하며, 모빌리티스는 포스트모던 공간성 개념에서 출발해 게오르그 짐멜Georg Simmel의 이론을 초석으로 이후 카푸만, 크로셸, 존 어리에 이르기까지 여러 담론들이 모여 오늘날의 모빌리티스 담론에 이르게 된다.

권력의 공간

공간적 담론은 후기 근대부터 시작하였다. 그동안 인문사회학자들은 시간중심적 사고로 인간의 삶을 역사라는 시간의 흐름 속에서 이해해 왔다. 그러나 1980년 이후 후기 근대로 접어들며 인간이 실제로 생활하고 그 삶 속에서 소통하는 방식들을 공간적 개념을 중심으로 발전시켜 왔으며 그 공간적 전환의 시작은 공간을 권력의 장으로 이해한 푸코Michel Foucault와 르페브르Henry Lefebvre에 의해 시작되었다.

푸코와 르페브르는 공간을 권력의 속성이 지배한다고 주장하였다. 푸코는 공간을 통한 권력의 배치와 작동을 통치술 개념을 통해 설명하고 있으며, 르페브르 역시 기존의 시간중심적 사고가 아닌 사회 갈등의 공간적 배치에 대해 주목해 공간을 설명하고 있다. 푸코는 중심지가 갖는 중요성과 그 안의 정치권력 시설물(왕궁 등)이 갖는 상징성 등을, 공간을 통한 복종이 공간정치로 표출된다고 주장한다. 그러면서 공간을 권력적인 질서, 권력적인 입지의 대상으로 보아 그가 이전에 논의했던 규율권력[1] 개념이 갖고 있는 문제점을 개선해, 통치성 개념을 제시하며 공간을 설명하고 있다(심성보 외 역, 2014).

르페브르 역시 공간을 통하여 사회 전체의 지배력을 관찰하였고 권력 표출의 장으로서 공간을 설명하였다. 그는 1968년부터 1974년에 이르기까지 도시화 혹은 사회 공간 연구에 몰두하였으며,[2] 일상적인 사회생활과 연관성 속에서 공간을 이해하려고 노력하였다. 그는 '리듬 분석'[3] 개념을 토대로 공간과 시간, 일상성, 공간의 정치학 등을 종합적으로 연결시키고 의미들을 재해석하였으며(송영민, 2013), 인간의 몸을 중심으로 도시의 건물, 도로, 통행, 사람들의 이동을 공간과 연결시켜 관찰하였고 이러한 공간의 연결성을 인간의 생활과 연결시켜 설명하고 있다(정기헌 역, 2013).

정치경제의 공간

공간을 정치경제적으로 분석한 대표적 학자는 하비David Harvey와 카스텔이다. 하비는 1970년대 이후 서구 도시 연구에 자본주의에 대한 정치경제학적 연구를 결합시켜 정치경제학적 공간론을 발전시켰다. 그는 잉여자본들이 건조환경bult-environment 으로 이동해 오며 과잉축적을 통해 도시화가 형성된다고 주장하며, 자본은 스스로 지속적으

---

1 푸코는 판옵티콘 즉, 원형감옥과 같은 고정적 공간을 통한 규율discilpine사회를 주장한다.
2 르페브르의 대표적인 저작들은 《도시혁명》(1970), 《자본주의의 생존》(1973), 《공간의 생산》(1974) 등이 있다.
3 르페브르(1986)의 《리듬분석rhythmanalysis》은 캐서린 레귤리에Catherine Régulier와 함께 지중해 도시 지역에 대한 시론적인 관찰을 통해 일상생활을 분석한 책이다. 이는 사회과학을 넘어 미디어 분석 등 다양한 분야에 이르기까지 그 이해의 폭이 넓다. 또 르페브르의 《리듬분석》은 선험적 시공간 속에서 오감을 통해 살아가는 인간을 통해 자본주의를 분석하고 비판하고 있다.

로 확장하기 위해 이동(수송) 시스템과 정보통신기술의 혁신이 필요하며 이러한 것은 모두 자본의 지배력을 받게 된다고 설명하고 있다 (초의수 역, 1996: 유승호, 2013). 반면 카스텔 역시 자본의 지배력을 통한 이중 사회(지배-종속) 공간에 대해 설명하며 정보화를 통한 네트워크 사회를 강조하였다. 그의 이러한 주장은 정보화 사회를 통해 네트워크가 출현하였으며 정보 접근 능력에 따른 네트워크 사회의 지배집단(정보 접근이 높은 집단)과 종속집단(정보 접근이 낮은 집단)에 대해 집중하여 설명하고 있다. 그의 정보 사회와 네트워크 사회 이론은 점차 공간을 정치적 공간이자 사회적 공간으로 이해하기 시작하는 계기가 되었다.

유동의 사회 공간

물리적 공간을 사회적 공간으로 이해하는 데 초석을 마련한 학자는 뒤르켐Emile Durkheim이다.[4] 뒤르켐은 정보경제 및 시공간 구조의 변화를 통한 정보네트워크 사회에서 공간은 더 이상 사람들의 삶과 활동을 거주지에 고정시키지 않으며 개인들의 움직임에 따라 변모하는 대상이 된다고 설명하고 있다(박창호, 2008). 공간을 사회적 공간이자 연결(네트워크)과 유동의 공간으로 인식하여 인간의 상호작용 형식과 패턴을 설명한 학자는 짐멜이다.

짐멜은 자본화가 도시 공간에 확산되면서 도시는 점차 소도시에서 대도시로 확장되고 이를 통해 인간의 사회생활은 더 광범위해져 기존의 소지역 커뮤니티를 벗어나 더 넓은 관계의 커뮤니티를 형성하게 된다고 보았다(김덕영, 2007). 그러나 더 넓어진 커뮤니티의 형성과

---

4 에밀 뒤르켐, 《사회학적 방법의 규칙들》, 윤병철 옮김, 새물결, 2001. (Durkheim, Emile, *Les Regles de La Methode Sociologique*, Forgotten Books, 1895)

더불어 정보통신기술이 함께 발달하여 사람들의 이동은 확연히 줄어들 것이라고 주장하였다. 그러나 현재 기술, 정보, 매체, 통신 등의 발달과 더불어 인간의 이동은 줄어든 것이 아니라 오히려 이동의 요구는 더욱 높아졌고 이를 통한 인간의 이동은 더욱 빈번해지고 다양해졌다. 특히 장거리 항공시스템의 지속적 발전으로 인하여 더 많은 나라와 도시로의 이동을 위한 항공노선과 운항 횟수는 획기적으로 증가하였다. 이러한 과정에서 오늘날의 공항은 과거 마르크 오제Marc Auge가 구분한 비장소[5]의 개념이 아닌 모빌리티스의 공간으로서 수많은 사람들의 이동과 만남이 교차하는 공간으로 업무, 경험, 소비, 휴식 등이 가능한 이동의 사이공간이자 공항만의 상징성을 가지고 있는 오늘날 도시의 일부인 장소가 되고 있다.

짐멜의 연구는 근대적인 모빌리티의 형태에 대한 초기 연구로 근대적 삶의 일부와 다양함을 분석했으며 이동, 자극의 다양성, 장소의 시각적 전유가 삶에서 중요한 의미를 가지고 있음을 보여 주고 있다(Urry, 2007). 짐멜은 이동을 통한 시각 · 후각 · 청각의 감각을 중시했으며 그중에서도 시각에 대해 특히 강조하였고, 시각적 감각으로 이동을 통한 사람들과의 직접 만남, 즉 눈을 맞추고 대화를 하는 과정에 큰 의미를 두어 직접적인 대면 만남을 통한 상호작용이 인간의 교류와 사회화에 미친 영향에 대해 설명하고 있다(Boden and Molotch, 1994). 짐멜은 인간의 도시생활을 도시의 공간적 형태 측면에서 설명하기보다는 움직임, 다양한 자극들, 장소를 통한 시각적 전유가 새

---

5 마르크 오제는 고정성의 장소와 이동성의 공간을 구분하여 이동성의 공간을 비장소 non-place라고 정의하며 비장소는 관계적, 역사적으로 정의될 수 없는 공간을 의미하며 때로는 장소적 정체성으로 설명할 수 없는 공간을 의미하기도 한다.

로운 도시 경험에서 매우 중요한 특징이라는 것을 보여 주고 있다. 더 나아가 짐멜은 이동을 흐름이 아닌 유동의 개념으로 보아 이동성과 부동성의 상호 복합적 관계를 설명하고 있다(김덕영·윤미애, 2006). 즉, 그는 이동을 단순한 흐름이 아닌 다양한 부동성과 이동성의 복잡한 교차개념으로 인식하였다.

공간을 유동적 관점으로 접근한 또 다른 학자는 바우만Zygmunt Bauman이다. 바우만은 근대 이후를 액체근대로 규정하면서 공간을 가장 적극적으로 사회적·관계적 관점에서 분석한 학자 중 하나다(이수일 역, 2009). 그는 이동 속도와 더 빠른 이동수단의 발달은 근대에 접어들면서 이동의 즉시성을 중요한 권력의 도구로 격상시켰으며, 공간은 점차 유동성과 확장성의 지배를 받는다고 보았다(Bauman, 2005). 즉 이동 능력이 우월한 사람들이 사회적 우위를 점하면서 더 빨리 움직이고 행동하는 사람들, 즉 이동의 즉시성(순간성)에 가장 근접한 이들이 이제 사회의 지배계층이 된다는 것이다.

또한 들뢰즈Gilles Deleuze는 공간을 유동적이고 탈중심적인 권력을 갖고 있는 통제사회로 명명했다. 이러한 들뢰즈의 주장은 앞서 푸코가 주장한 공간을 통치사회로 설명했던 이론을 넘어선 주장으로, 공간을 연결의 공간으로 이해하며 이러한 네트워크로 연결된 이동적 공간을 통한 통제사회를 주목하고 있다(Deleuze, 1995).

이러한 연구들은 인문사회과학에서 이동에 대한 새로운 인식을 유발하는 동기로 작용하였으며, 최근 이러한 변화와 관련하여 가장 관심이 집중되고 있는 분야는 바로 이동과 사회적 과정 간의 연관성에 대하여 새로운 접근을 시도하고 있는 새로운 모빌리티스 개념을 중심으로 한 연구들이라고 할 수 있다.

새로운 모빌리티스 개념 및 네트워크 공간

모빌리티스mobilities 개념

새로운 모빌리티스 담론에서 '모빌리티스mobilities'라는 개념은 지리학이나 교통 분야에서 전통적으로 사용한 이동성mobility 개념과는 차별화되는 개념이다. 우선 용어상으로 '모빌리티스'라는 용어는 사람의 힘에 의한 이동, 즉 걷기 등과 더불어 자전거 · 버스 · 열차 · 선박 · 비행기 등 기술에 의존한 사람의 이동과 화물의 운송 등을 포함할 뿐만 아니라 로컬, 국가 그리고 글로벌 차원의 미디어를 통한 이미지와 정보의 이동도 포함한다. 또한 모빌리티스는 네트워크로 연결된 컴퓨터를 통한 개인-대-다자 또는 다자-대-다자 커뮤니케이션 및 전보 · 팩스 · 전화 · 휴대폰 등을 통한 개인-대-개인 커뮤니케이션뿐만 아니라, 사람과 정보 그리고 이미지 등의 흐름을 조직하는 고정적 하부시설과 경계 또는 게이트 등과 같이 실제적 이동이나 잠재적 이동을 제한하고 조정하고 규제하는 것들까지도 포함한다. 그리고 이러한 모빌리티스에 포함되는 요소들은 각각 독립적이고 분리된 영역들이 아니라 상호 의존적인 관계를 유지한다(Sheller and Urry, 2006).

이러한 모빌리티스라는 용어에 대한 기본 개념을 전제로 모빌리티스 연구는 인간의 이동에 관한 전통적인 연구들과는 달리 사람의 이동 과정을 단순히 목적지에서 목적을 수행하기 위하여 소비된 낭비가 아니라 하나의 '활동activity'으로 간주하며, 구체적으로 이러한 활동들은 이동 중의 대화, 일, 정보 수집 등을 포함한다. 따라서 새로운 모빌리티스에 관련된 연구들은 다양한 이동수단에 의한 이동 과정에 내재된 의미와 경험을 탐구하며, 이동 과정을 이러한 활동들이 발생하는 '장소'라는 개념으로 접근하기도 한다. 이러한 점에서 볼 때 모빌리티스 연구는 공간성spatiality과 스케일에 대한 우리의 전통적인 관념을 버리도록 하는 동시에 행위자는 특정한 시간에 한 가지 행동만을 할 수 있으며 이러한 활동들은 연속적인 관계로 진행된다고 가정하는 기존 인식을 부정한다(Urry, 2007).

또한 모빌리티스 연구는 사회적 관계가 개인의 물리적 또는 가상적 이동을 통한 다양한 연결고리를 전제로 진행되고 있다는 점에 초점을 두어 사회적 네트워크의 형성 과정 및 기능에 관심을 둔다. 그리고 네트워크의 형성 및 확대 그리고 유지 과정 등에는 개인의 물리적 그리고 가상적 이동 능력이 매우 중요한 역할을 수행하며, 이러한 능력은 곧 개인의 사회계층 간 이동성의 향상 기여에 중요한 요인이 되므로 개인의 이동 및 네트워크 능력을 모빌리티 자본 또는 네트워크 자본 등의 개념으로 접근한다. 이렇게 모빌리티스 연구에서는 인간의 이동을 단일 차원의 개념이 아닌 인간의 역량, 즉 이동 능력과 조직력을 통한 사회적 관계를 이해할 수 있는 수단으로 매우 다층적이고 유동적인 개념으로 인식한다.

이러한 배경에서 어리는 '모빌리티스는 다양한 종류의 사람, 아이디어, 정보, 사물의 이동을 수반하고 유발하는 경제적·사회적·정치적 실천이자 이데올로기이며 인간의 좀 더 나은 삶을 영위하기 위한 권리이자 역량으로 현 시대의 새로운 인간 유형을 구분하는 또 하나의 자본'이라고 정의한다(Urry, 2007).

네트워크 공간

이동movement은 그 자체가 가지는 의미와 더불어 시간과 공간을 가로질러 사람과 사람을 연결connection한다. 즉, 이동은 연결을 만들고 이러한 연결은 네트워크network를 조성하며 이러한 네트워크는 현대

사회에서 매우 중요한 기능을 수행한다. 따라서 많은 이동들은 새로운 네트워크를 만드는 동시에 자신의 네트워크를 확장하고 기존의 네트워크를 유지 관리하기 위한 목적으로 발생한다.

그러나 이동에 의하여 조성된 연결의 형태와 정도는 개인의 특성에 따라 상당한 차이를 유발한다. 즉, 네트워크 형성 과정에는 많은 비용과 노력 그리고 시간 등의 자원이 필요하다. 그리고 이러한 자원을 충분히 확보한 이른바 높은 수준의 '네트워크 자본'을 보유하고 있는 사람들은 그들이 이미 소유하고 있는 경제적 그리고 문화적 자본이 유발하는 이익보다 훨씬 많은 이익을 네트워크 자본을 통하여 얻을 수 있는 가능성이 매우 높다. 이러한 배경에서 많은 이동들은 새로운 연결을 만들고 자신의 네트워크를 더 확산하거나 유지하기 위한 목적으로 발생한다. 이러한 점에서 볼 때 네트워크의 형성과 재형성 과정은 현대사회에서 힘의 관계에 핵심적인 역할을 하며, 이는 곧 사회 구성원 간 불평등성 발생의 중요한 요인으로 작용할 수 있음을 시사한다(Urry, 2012).

모빌리티스 사회의 네트워크 공간은 고정된 절대적인 물리적인 공간이 아니라 연결에 의한 비선형적 움직임으로 생성되는 관계적 공간이다. 또한 이동을 통한 연결성과 관계성은 인간과 기계의 결합, 즉 혼종성과 물질성을 강조하는 것으로 인간이 물질세계로부터 독립된 방식으로 생각하고 행동할 수 있는 인간 주체에 중심을 두던 인본주의와는 달리 인간의 능력은 다양한 사물 및 기술(도구, 건물, 통로, 자동차, 정보기기, 사물 등)과 새로운 형태로 결합하여 그 능력이 크게 확장될 수 있다는 점을 강조하고 있다(Urry, 2007).

기존 사회학에서 중요시하였던 네트워크 사회는 구성원 사이의 권력관계와 영향력 즉 우세성, 계층성, 중심성 등에 초점을 두어 전개되어 왔다. 그러나 모빌리티스 사회에서의 네트워크는 넓게 흩어져 존재하는 구성원들 간의 상호 연결성과 유지성에 초점을 두고 있다. 다시 말해 네트워크 구성원들 간의 상하 위계적 관계에 중심을 두는 것이 아닌 교류와 연결의 장, 참여의 장으로 네트워크를 개념화하고 있다. 특히 현 시대 사람들은 거주지와 직장, 그리고 여가 장소들이 서로 멀리 분산하여 존재하는 경향이 크며 세계화 시대 속에서 국경을 넘나드는 이동의 증가로 인해 네트워크 형성도 더 먼 거리의 국제적인 관계로 확산되고 있다. 또한 한 장소에 모여 살던 기존의 가족관계는 개개인의 생활에 맞추어 흩어져 존재하게 되는 분산형 가족관계로 확산되고 있다. 따라서 사람들의 네트워크는 과거와 달리 인접 지역에서 형성되는 것이 아니라 상대적으로 멀리 떨어져 형성되는 것이 현 시대 네트워크의 실상이다.

이러한 상황에서 사람들은 지속적인 만남을 유지하기 위해 더 먼 거리를 이동하고 더 많은 시간과 비용을 소비해야만 하며 이러한 네트워크 교류는 네트워크 자본에 의존하게 된다. 모빌리티스 네트워크 사회는 인접 지역에서 항상 유지되고 연결되던 공동체적 네트워크 집단을 점점 약화시키는 반면, 더 먼 거리로의 네트워크 연결성을 확대시켜 다양하고 폭넓은 네트워크를 형성해 가는 특성을 가지고 있다. 따라서 이러한 개인화되어 넓게 흩어져 있는 네트워크 사회에서 구성원들 간의 지속적인 교류와 관계 유지를 위한 대면 만남의 중요성이 강조되기도 한다.

지금까지 살펴본 네트워크 공간은 모빌리티스의 사회 공간적 접근성 정도와 인간의 모빌리티 역량 차이에 따른 사회적 갈등과 불평등이 새로운 형태로 표출되는 네트워크 사회 공간을 말한다. 이러한 모빌리티로 인한 불평등은 모빌리티와 네트워크 자본에 의한 것으로, 높은 네트워크 자본을 확보한 사람은 모빌리티 역량을 네트워크 형성 및 유지에 잘 활용할 수 있는 사람을 말한다. 따라서 오늘날의 모빌리티 역량은 범지구적인 사회의 재조직 속에서 나타나게 되는 새로운 형태의 자본이자 새로운 유형의 불평등 사회를 말하며, 더 나아가 향후의 모빌리티 사회는 기존의 시민권 개념을 새로이 정립하여 모빌리티 시민권 사회로 설명될 수 있어야 한다. 〈표 1〉은 앞에서 논의한 근대 후기 이후 공간적 담론의 변화 과정을 간략히 보여 주고 있다.

〈표 1〉 모빌리티스 네트워크 공간으로의 전환

시대	이론	학자	핵심 주제	담론 내용
19 후반 ~20 세기	권력의 공간	푸코	통치성	· 권력의 배치와 작동을 보여 주는 통치성을 시간보다 공간에서 더욱 가시화시킴
		르페브르	리듬분석	· 사회 갈등의 공간적 배치에 주목 · 중심부와 주변부의 공간 서열화(권력) · 리듬분석을 통해 공간 속의 인간의 일상생활을 분석
	정치경제의 공간	하비	자본의 지배력	· 자본의 지배력이 모든 건조 환경에 침투하여 도시 인프라 구성 및 공간의 양극화
		카스텔	정보사회의 지배와 종속	· 정보적 접근을 통한 네트워크 사회의 이중 공간 분석 · 물리적 이동 감소 주장
후기 근대	사회적 공간	짐멜	모빌리티스 이론의 기초 배경	· 이주, 이동, 유동성, 관계성, 연결성, 시각주의 중시 · 공간적으로 고정된 집단과 반대로 유량집단의 사회화 형태 분석 · 각 사회적 요소가 분리된 구조가 아니라 사회적 상호 작용, 관계, 연결에 의해 사회화 · 물리적 신체적 이동이 다른 모빌리티와 상호 연결되는 방식 강조
		부르디외	사회소통, 사회적 자본, 구별짓기	· 사람들은 그들의 고유한 경제적, 문화적, 사회적 자본에 따라서 도시 공간을 소유 · 사회자본과 문화자본의 많고 적음에 따라 계급 간의 구별 짓기를 위한 자원으로 계급적 경계를 설정하고 계급의 재생산을 강화
		바우만	액체도시, 유동성	· 공간은 유동성과 확장성에 의해 점점 지배됨 · 사람, 화폐, 이미지, 정보의 이동 속도 중요
		들뢰즈	유목주의	· 네트워크로 연결된 이동적 공간을 통한 통제 사회를 강조

		카푸만	사회적 자본의 모빌리티 자본으로의 확장	· 공간은 물리적이기보다 유동적, 사회적, 교류적이기 때문에 모빌리티에 의해 사회적 관계가 규명
21 세기	모빌리티스 네트워크 공간			· 공적 영역의 무력화, 개인이 영역이 확장되어 관계의 공간, 네트워크 공간으로 확장
		팀 크로셀	이동의 정치성	· 고이동성의 지배 시대, 이동의 사유화로 공현존 대면 만남과 이동 중 사이공간 개념 중시
현대	연결의 이동 공간	셀러	모빌리티 역량과 네트워크 자본의 중요성	· 정보화 시대는 카스텔의 주장과 반대로 대면 만남의 횟수를 증가시킴
		존 어리		· 모빌리티 역량에 따라 새롭게 구별되는 계층 발생 및 사회적 배제 발생
				· 높은 모빌리티스는 높은 네트워크 자본을 형성
				· 향후의 이동사회는 모빌리티 시민권 확보가 중요

출처 : 저자 구성

고—이동성 사회의 새로운 자본 출현

모빌리티스 사회의 네트워크에 대한 논의에서 중요하게 대두되는 개념들은 모빌리티 자본과 네트워크 자본이다. 따라서 여기서는 모빌리티 자본과 네트워크 자본 개념의 형성 과정에 대해 살펴본다.

모빌리티 자본

모빌리티 자본은 본래 사회적 자본에서부터 그 개념이 출발한다. 사회적 자본은 프랑스 사회학자 부르디외Pierre Bourdieu가 공산주의의 실패와 지배계층의 공고화 현상을 설명하기 위해 처음 사용한 개념이다(Bourdieu, 1997). 부르디외는 마르크스가 주장한 경제 자본 외에 다른 자본들의 중요성을 지적하는데 그것이 문화적 자본과 사회적 자본이다. 문화적 자본은 지배계급의 헤게모니를 확고히 하고 정당화하는 상징적 자산으로 지식이나 관념 등의 형태를 취한다. 한편 사회적 자본은 네트워크 자본이다. 즉, 연결망 자본을 의미하고 사회 지배계층은 네트워크 자본을 통해 부를 재생산한다. 그러나 이러한 사회적 자본의 개념은 미국으로 넘어오면서 그 의미가 변화된다.

자본주의 사회에서의 사회적 자본은 사회적 참여와 신뢰의 개념으로 사용된다. 이렇게 사회적 자본 개념의 변화를 이끈 사람은 미국의 정치사회학자 퍼트넘Robert Putnam이다. 그는 부르디외의 사회적 자본 개념을 개인들 사이의 연계를 통한 사회적 네트워크로 이해하였으며 그 안에서의 호혜성과 신뢰를 통한 규범으로 변화시켰다. 그는 미국사회가 점점 사회적 유대감과 소속감이 해체되면서 개인주의가 늘어나게 되었고, 이를 통한 개인적인 고립 또한 증가하였다고 설명하고 있다(Putnam, 2001). 퍼트넘이 설명하는 미국 사회는 시민들의 교육 수준은 향상되었고 여러 사회적 활동에 필요한 제반 비용은 감소되었고 사회경제적 지표의 결과도 좋아졌지만, 역설적이게도 정치적 참여와 개인 삶의 만족도는 낮아지고 자살률은 오히려 늘어나고 있다. 퍼트넘은 이러한 문제를 사회적 자본 개념으로 접근하여 설명한다.

　퍼트넘은 사회적 유대의 해체를 정치 참여, 시민단체, 종교적 참여, 직장 등 공적인 영역에서 사적이고 일상적인 영역인 교류, 어울림, 정직, 신뢰 등의 태도에 이르기까지 살펴보았다. 그리고 왜 사회적 자본이 하락했는지, 또 사회적 자본이 공적·사적으로 어떻게 중요하며 왜 증대시켜야 하는지를 설명한다. 퍼트넘은 사회적 자본은 시민의 사회적 참여를 북돋우며 삶의 모든 영역에서 인간을 더 건강하고 행복하게 만드는 핵심이라고 이야기하며, 사회적 자본이 다시 강화되어야만 개개인으로 파편화된 미국 사회가 다시 하나의 공동체로 소생할 수 있다고 주장한다.

　또한 사회적 자본은 지역사회에 토대를 두고 발생하는 것으로 지금과 같은 개인화되고 파편화된 네트워크는 사회적 자본을 오히려 약화시키는 주요 원인이 된다고 보았다. 이는 사적인 사회적 자본보다 공적인 사회적 자본을 중요시한 주장으로, 오늘날과 같이 개인적인 활동과 교류가 늘어나고 그에 대한 가치가 높아지는 추세에서 퍼트넘의 이러한 주장은 모빌리티스 사회를 이해하는 데 다소 불충분한 측면이 있다.

이러한 배경에서 카푸만Vincent Kaufmann은 퍼트넘의 사회적 자본 개념을 모빌리티 자본으로 확장시켜 새롭게 설명하고 있다(Kaufmann et al. 2004). 그는 'movement capital' 또는 'motility capital'이라는 용어로 모빌리티 자본을 설명하고 있다. 그의 주장에 따르면 모빌리티 중심의 고이동성 사회에는 과거와 달리 새로운 형태의 자본이 존재하는데 그것은 경제적 자본, 사회적 자본, 문화적 자본으로부터 상대적으로 자율적인 모빌리티 자본mobility capital이라는 것이다. 모빌리티 자본이란 광범위한 시간적·공간적 제약이 따르는 현대사회에서 사람들이 자신들을 묶어 놓는 많은 시간적·공간적 제약을 벗어날 수 있는 자원 또는 능력을 의미하며, 현대사회에서 개인의 삶을 정상적으로 영위하고 확장하기 위한 필수 자원으로 간주된다.

카푸만은 모빌리티 자본을 구성하는 자원 중 장소와 시간에 구애받지 않는 접근 능력과 사람들과의 커뮤니케이션 능력을 강조하고 있다. 또한 개인의 기술력(자격증 등) 등을 모빌리티 자원에 포함시키고 있다. 그는 모빌리티 시스템과 정보 시스템에 대한 접근성 그리고 사회적 기회와 참여에 대한 접근성을 강조하고 있으며, 이를 통한 사람들과의 커뮤니케이션이 중요하다고 주장하고 있다. 또한 모빌리티 자본은 다른 자본을 보완하고 증강시킬 수 있는 자본으로 이해되어야 하며, 이것은 이후 어리가 주장하는 네트워크 자본으로 확장된다. 어리는 네트워크 자본의 구성 요소에 모빌리티 자원을 포함시켜 설명하였고, 네트워크 자본을 현 시대의 또 다른 유형의 자본으로 발전시켜 사회 공간적 불균등 문제를 모빌리티 사회와 연결하여 분석하였다.

네트워크 자본과 모빌리티 역량

네트워크 자본 역시 사회적 자본에서 출발한 개념이지만 퍼트넘이 주장한 개념과는 다소 차이를 보이며 앞서 논의한 카푸만의 모빌리티 자본에 대한 확장 개념으로 이해될 수 있다. 카푸만의 모빌리티 자본이 이동을 통한 접근 능력에 초점을 두었다면, 네트워크 자본은 사회적 관계에 좀 더 중심을 두고 있는 개념이다. 퍼트넘 역시 사회적 자본 개념을 설명하며 사회적 관계와 연대를 중요시 강조하였다. 그러나 퍼트넘과 어리의 주장이 다소 상반되는 점은 퍼트넘은 공적인 활동과 관계를 중요시한 반면, 어리는 사적인 활동과 관계를 더욱 중요시하며 사회적 자본을 네트워크 자본으로 개념화하여 설명하고 있다는 점이다. 어리는 네트워크 자본을 순환의 사회관계라 주장하며 이는 반드시 인접해 있지는 않지만 감정적 · 재정적 · 실제적인 혜택을 가져다주는 사람들과의 사회관계를 만들고 유지하는 역량이라고 정의하고 있다(Urry, 2007). 퍼트넘은 지역사회 내부에서 발생되고 개인화되고 파편화된 네트워크는 오히려 사회적 자본을 약화시킨다고 주장하고 있다. 그러나 현 시대는 과거와 달리 실질적으로 지역사회의 공동체 모임이 점점 쇠퇴한 상태이며 정보통신의 발달로 다양한 그룹과의 연결 그리고 만남을 통한 공동체가 형성되는 사회이다.

이러한 배경에서 어리는 퍼트넘의 사회적 자본 개념의 전제 일부를 비판하며 네트워크 자본을 설명하고 있다. 퍼트넘이 주장한 사회적 자본은 신뢰와 호혜가 근접한 공동체 내부에서만 형성되는 것이라 주장하였으며, 소규모 지역 공동체만이 대면 접촉의 근접성과 신뢰 관계를 창출할 수 있다고 하였다(Putnam, 2001). 그러나 신뢰와 호혜는 근접한 공동체 내부에서만 형성되는 것이 아니기에 이러한 그의 주장은 오늘날의 사회에서 받아들여지기 어려운 주장이다. 오늘날 인간의 활동 범위는 점차 넓어지고 다양해졌으며 글로벌화되었다. 이에 맞추어 이동을 위한 시스템과 정보통신 시스템들이 발달하였고 이러한 시스템들은 인간의 이동 욕구에 자유와 즉시성을 부여하였다. 이러한 배경에서 오늘날의 사회적 자본은 모빌리티 자본으로 이해되어야 하며 모빌리티 자본은 모빌리티의 범위, 정도, 양식에 따라 달라지는 개념이지만 모든 것을 포괄하는 개념이 바로 네트워크 자본이다. 따라서 네트워크 자본은 지역사회 공동체의 의미가 상당히 희석된 현 시대의 사회적 자본의 새로운 형태라 할 수 있는 것이다.

어리가 전개한 네트워크 자본은 카푸만이 주장한 모빌리티 자본과 유사한 맥락을 가지고 있는 또 다른 자본의 한 형태로 이해될 수 있다. 네트워크 자본은 개인과 타인 사이의 산물이다. 이동이 점차 자유롭고 빈번해지는 현 시대의 사람들은 보다 개인화되고, 보다 특화되어 자신들만의 독특한 방식으로 자신들의 사회적 네트워크를 확대하고 정교화시키고 있다. 또한 사람들 간의 깊지 않은 적당한 거리가 유지되는 관계들까지 모두 네트워크 자본에 포함되어 새로운 사회적 자본이 창출된다. 즉, 오랫동안 연락이 되지 않던 친구, 동료들과 SNS나 트위터 등 커뮤니케이션 기술을 통해 지속적으로 관계를 연결시키고 간헐적인 만남을 통해 관계를 유지할 수 있다는 것이다. 따라서 어리가 주장하는 네트워크 자본은 물리적으로 가까이 있지 않은 사람들과도 사회적 관계 즉, 네트워크를 형성하고 유지할 수 있는 능력을 말하며 모빌리티 사회에서의 네트워크 형성과 유지를 위해서는 상당한 노력과 비용이 든다는 것을 강조하고 있다(Urry, 2007). 결국 어리의 네트워크 자본 개념은 기존의 사회적 자본 개념이 고이동성 모빌리티스 사회로 넘어오면서 모빌리티 자본과 네트워크 자본이라는 새로운 자본 개념으로 확장된 것이다(〈그림 1〉 참조).

이러한 네트워크 자본은 개인마다 집단마다 차이를 보이게 되며 이것은 이동의 사유화[6]와 인간의 역량과도 깊은 관계를 보이는 개념으로 네트워크 자본의 차이는 개인의 모빌리티 역량 차이로 이해될 수 있다. 이러한 모빌리티 역량은 "사회적 관계 속에서 네트워

〈그림 1〉 모빌리티스 핵심 자본의 확장 과정 및 요소

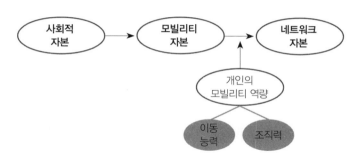

출처 : 저자 구성

---

6 이동의 사유화Mobile Privatization라는 용어는 레이먼드 윌리엄스Raymond williams 의 개념으로 현대사회에 이동 개념 모빌리티와 정주 개념의 집이라는 서로 다른 개체들이 어떻게 연결되는지를 TV를 통해 설명한다. 그에 따르면 TV를 통해 집의 역할과 의미가 변화하고 있다는 것이다. TV는 공적인 영역이 사적인 집안으로의 유입을 의미하여, 이로 인해 기존의 집이 갖던 사적 개념을 모호하게 만들었다고 주장한다. 지금의 이동적 사유화를 수반하는 모빌리티 기계는 TV외에도 자동차, 핸드폰, 노트북, PDF, 내비게이션 등 다양한 정보통신 이동 매체가 이에 해당된다.

크의 형성과 유지를 위한 개인의 이동 능력과 조직력"을 말한다. 본래 인간의 역량에 대한 연구는 센Amartya Sen에 의해 이루어졌고(Sen, 1999), 이후 인간의 역량을 열 가지로 구분한 학자는 누스바움Martha Nussbaum이다(Nussbaum, 2006). 네트워크 자본과 모빌리티 역량은 누스바움이 구분한 열 가지 인간의 핵심 역량 중 '사람들과의 관계 맺기'라는 역량에 초점을 두고 설명될 수 있다. 즉, 네트워크 자본이 사람들과 교류 관계를 만들고 유지하는 역량이라면, 모빌리티 역량은 이동을 위한 개인의 이동 능력과 개인의 조직 능력을 말한다. 개인의 이동 능력은 이동수단의 활용 능력 및 이동에 필요한 정보 접근 능력 등이 해당되며 개인의 조직력은 이동 능력을 갖추지 못한 개인이 자신이 속한 조직(가정, 직장, 모임 단체 등)의 이동수단 및 이동 능력을 활용할 수 있는 정도를 말한다. 따라서 모빌리티 역량은 네트워크 자본 형성 과정에 중요한 필수 요소가 되며 네트워크 자본을 높이기 위해서는 모빌리티 역량이 높아야만 한다. 다시 말해 모빌리티 역량은 자유롭게 언제 어디서든 이동할 수 있는 이동 능력을 말하며, 여기에는 경제적 · 물리적 · 신체적 등의 이유로 이동에 제한을 받는 개인이 타인의 이동 능력을 활용할 수 있는 능력까지도 모빌리티 역량에 포함되는 것이다.

우리가 살고 있는 오늘날은 앞서 언급한 이동의 사유화가 폭넓게 확대된 사회로, 이동은 개인의 능력과 자본으로 표출되어 기존의 개인을 구별하고 특정하던 지표에 모빌리티 역량이라는 새로운 지표가 추가되어야 한다. 네트워크 자본은 모빌리티 역량을 포함한 개념으로 오늘날의 사회적 계급, 사회적 신분과는 또 다른 형태로 우리 삶에 자리 잡고 있는 특유의 유형화, 계층화에 해당되며 이를 구성하는 요소는 〈표 2〉와 같다.

〈표 2〉 네트워크 자본의 구성 요소

구성 요소	내용
문서, 비자, 돈, 자격증 등	사람의 신체를 안전하게 이동하게 해 줌
먼 거리에 떨어져 있는 타인들	직장 동료, 친구, 가족 구성원과의 커뮤니케이션, 방문, 만남, 모임 초대 등
모빌리티역량(이동 능력 및 조직력)	이동할 수 있는 다양한 인간의 역량 예) 다양한 모빌리티를 이용할 수 있는 역량, 조직 역량, 정보 접근 역량 등
위치에 구속받지 않는 정보와 접촉 지점	정보통신이 도달하고 저장되고 검색될 수 있는 고정된 또는 이동하는 지점 예) 휴대폰, 노트북, 이메일 등 장소와 무관한 정보 접촉 지점
개인 통신장비	이동 중 약속을 조정할 수 있는 통신장비 예) 휴대폰 등
개인 자동차	현 시대에 가장 중요한 모빌리티 시스템으로 언제든 이동의 즉시성과 편의성을 제공
적합하고 안전한 모임 장소	이동 중에도 도착 후에도 안전하고 보호되는 공간 예) 사무실, 카페, 호텔, 가정 등
접근성	다양한 모빌리티 시스템으로의 접근성과 정보접근성 예) 교통시스템 기차, 항공, 버스 등, 정보 시스템 인터넷, 이메일, 팩스 등 접근성
관리 및 조율을 위한 시간	위의 요소들을 관리하고 조율하는 시간

출처 : Urry(2007), 저자 구성 요소 추가 재구성

네트워크 자본은 각 요소가 개별적인 속성으로 존재하기보다는 요소 간의 상호 연결 속에서 총체적인 자본력으로 나타나게 되며 개인과 타인, 개인과 환경, 기술 등의 여러 요소들이 모여 결합되는 방식으로 표출된다. 네트워크 자본은 이 영역에서 다른 영역으로 확산되어 가는 것이며, 특히 개인화된 네트워크의 형태들이 성장해 가며 나타나는 결과인 것이다. 따라서 멀리 흩어져 있는 개인화된 네트워크 구성원들 사이에는 높은 수준의 모빌리티 역량이 요구되며 네트워크 자본의 영향력은 점차 커지게 된다. 〈표 3〉은 앞에서 논의한 모빌리티스 사회의 새로운 자본 개념 및 이러한 개념들의 형성 과정을 요약하여 보여 주고 있다.

〈표 3〉 모빌리티스 사회의 새로운 자본 개념 및 형성 과정

주요 개념	주요 학자	핵심 내용
사회적 자본	부르디외	· 사회적 자본은 네트워크 자본(연결망 자본) · 친근감이나 상호 인지적 관계의 제도화 또는 지속적인 연결망으로 개인이나 집단이 실제적으로, 혹은 가상적으로 얻게 되는 이점이나 기회의 총합 · 사회 지배계층은 네트워크 자본을 통해 부를 재생산
	퍼트넘	· 사회적 자본을 참여와 신뢰의 개념으로 이해 · 호혜성의 규범으로 개인들 사이의 연계를 통한 사회적 네트워크 · 사회적 자본은 지역사회에 토대를 두고 발생하는 것으로 소규모 지역 공동체만이 대면 접촉의 근접성과 신뢰 관계를 창출한다고 주장 · 공적인 사회적 활동과 관계를 중시하며 개인화되고 파편화된 네트워크는 오히려 사회적 자본을 약화시킨다고 주장
모빌리티 자본	카우만	· 사회적 자본 개념을 모빌리티 자본mobility capital으로 확장시킴 · 시간적/공간적 제약을 벗어날 수 있는 자원 또는 능력을 의미 · 장소 및 시간 제약을 받지 않는 정보 접근 및 활용 능력, 타인들과의 커뮤니케이션 능력을 강조
네트워크 자본	존 어리	· 모빌리티 자본을 네트워크 자본network capital으로 보강시킴 · 퍼트넘의 주장을 비판하며 네트워크 자본은 멀리 흩어져 존재하는 네트워크 구성원들과의 관계를 형성하고 유지하는 능력으로 고이동성 사회의 새로운 자본 · 공적 영역의 이동보다 사적 영역의 이동과 관계에 초점 · 네트워크 자본은 개인의 이동 능력과 조직력이 필수 요소로 작용됨 · 네트워크 자본은 다른 자본을 보완하고 증강시킬 수 있는 자본

출처 : 저자 구성

　지금까지 논의한 새로운 모빌리티스의 이론에 대한 연구는 서구 국가를 중심으로 진행되어 왔고 그 이론 전개의 중심에는 영국의 사회학자 존 어리가 있다. 어리는 이동을 포괄적인 사회적 과정에 영향을 미치는 매우 중요한 요인으로 인식하여 이동 현상을 접근하고 있다. 그러나 보다 근본적으로 어리가 주장하는 모빌리티스 담론은 그동안 인문지리학 및 사회학 등 사회현상을 연구하는 대부분의 학문들이 사회현상을 정주 또는 정착적 개념을 전제로 인식한 것에 대한 근본적인 의문을 제기하고 있다. 즉, 물리적 그리고 가상적 이동이 급속히 증가하고 이에 관련된 기술들이 적극적으로 개발되고 있는 현대사회는 더 이상 전통적인 정주 개념으로 설명될 수 없으며 이동을 중심으로 한 유동적 사회로 인식하여야 한다는 것이다. 이것

은 곧 사회현상에 대한 이론과 방법론의 근본적인 변화를 유발할 수 있는 혁신적인 주장이며 특히 장소 또는 지역에 대한 연구를 학문적 근간으로 하는 인문지리학 전반에도 매우 중요한 영향을 미칠 수 있는 획기적인 사건이기도 하다.

특히 모빌리티스 담론은 그동안 인문지리학 내에서 지속적인 연구 주제였던 장소에 대한 개념을 새롭게 재해석 할 수 있는 계기가 된다. 근대주의적 관점에서 보면 장소는 고정적 부동의 존재인 반면 이동은 그와 반대인 유동적 개념을 가지고 있다. 또한 장소는 영역적 개념을 전제로 하는데 반하여 이동은 탈영역적 개념으로 간주되었다. 따라서 장소와 모빌리티스는 서로 이율배반적인 사고 속에서 다루어질 수 있다. 그러나 지금까지 논의한 새로운 모빌리티스 담론은 영역적 범주에 속한 장소 개념을 탈영역으로 확장시킨다. 모빌리티스는 이동 중의 활동에 의미를 부여하며 이동과 정주의 개념이 공존하는 사이공간을 주목하고 장소가 탈장소화하여 재장소화되는 과정을 강조한다. 이렇게 장소는 새로운 시공간의 경험과 움직임을 통해 또 다른 개념으로 변화하고 있으며 이러한 배경에서 볼 때 장소에 대한 전통적인 개념들이 이제는 모빌리티스의 장소 개념으로 범위가 확대되어 연구되어야 할 필요성이 제기된다고 할 수 있다.

전통적으로 교통이나 지리학 분야에서 인간의 이동에 대한 연구는 개인 또는 특정 집단의 이동 패턴, 특히 수단의 선택, 화물 운송 그리고 이동과 공간 조직 변화 간의 상호작용 등에 대한 연구가 주를 이르고 있다. 최근 교통 소외계층에 대한 연구와 교통과 사회적 배제 등 교통의 사회적 측면에 대한 연구가 소수 진행되고 있기는 하지만, 포괄적 의미로서 이동 현상을 사회적 과정과 연계시켜 분석한 연구는 소수의 연구를 제외하고는(Cresswell, 2001, 2006a, 2006b) 거의 없는 실정이다.

그러나 모빌리티스 연구는 사회과학 내에서 더욱 폭넓은 연구 주제를 개척해 나아갈 수 있게 해 주는 사고의 틀로서, 특히 교통지리학 내에서는 기존의 연구 주제들과 서로 상호 보완적인 연관성을 가지고 발전할 수 있는 가능성이 매우 높은 분야라고 할 수 있다. 예를 들어 그동안 교통지리학에서 이동에 대한 연구는 이론적으로 인문지리학 및 사회과학의 주류에서 다소 벗어나 주로 계량적 데이터를 전제로 한 경험적 연구에 치중한 경향이 있다. 그러나 모빌리티스에 관한 연구의 경우 이와는 반대로 주로 이론적인 면에 치우쳐 실증적인 경험적 연구는 상대적으로 취약한 실정이다. 따라서 이러한 점들을 감안할 때 현재 대두되고 있는 새로운 모빌리티스 개념이 교통지리학 분야에 적절히 적용된다면, 이는 곧 교통지리학의 위상을 재정립할 수 있는 좋은 기회가 될 수 있을 것으로 기대된다.

더 나아가 모빌리티스는 인문학적 관점에서도 새롭게 접근해 볼 필요가 있는 연구 주제로, 모빌리티스의 인문학적 전환을 토대로 새로운 텍스트 연구 및 사상 연구 역시 필요하다. 모빌리티스에 대한 연구의 출발이 사회과학에서 시작되었지만 인문학적 가능성을 가지고 모빌리티스에 대한 비판적, 대안적 관점 제시도 병행되어야 하겠다.

참고문헌

김덕영,《게오르그 짐멜의 모더니티 풍경 11가지》, 길, 2007.

김덕영·윤미애,《게오르그 짐멜의 모더니티 일기》, 새물결, 2006.

노시학, 〈교통이 사회적 배제에 미치는 영향〉,《국토지리학회지》41(4), 2007, 457-467쪽.

노시학, 〈교통의 사회적 영향에 관한 이론적 고찰: 형평성과 사회적 배제 개념을 중심으로〉,《교통연구》21(4), 2014, 22~36쪽.

로버트 퍼트넘,《나 홀로 볼링: 볼링 얼론, 사회적 커뮤니티의 붕괴와 소생》, 정승현 옮김, 페이퍼로드, 2009.(Putnam, D., Bowling Alone: *The Collapse and Revival of American Community*, New York: Simon and Schuster, 2001.)

마누엘 카스텔,《정보도시 : 정보기술의 정치경제학》, 최병두 옮김, 한울, 2001. (Castells, M. 1989. *The informational city information technology: economic restructuring, and the urban-regional process*. Cambridge: Blackwell).

박창호, 〈뒤르케임의 사회인식론과 사이버공간의 이해〉,《사회와 이론》, 34, 2008, 163~188쪽.

송영민, 〈사회적 공간 담론에 기초한 공간실천 연구〉,《한국실내디자인학회지》22(4), 2013, 63~64쪽.

안영진, 〈농촌의 인구유입과 지역변화: 전라남도 장흥군의 귀촌을 사례로〉,《국토지리학회지》48(4), 2014, 479~492쪽.

앙리 르페브르,《리듬분석》, 정기헌 옮김, 갈무리, 2013.(Lefebvre, H., *Rhythmanalysis Space: Time and Everyday Life*, Continuum, 2004.)

유승호, 〈후기 근대와 공간적 전환〉,《사회와 이론》23(2), 2013, 75~104쪽.

이자원·권용우, 〈우리나라 인구이동의 공간적 패턴에 관한 연구〉,《국토지리학회지》34(3), 2000, 151-165쪽.

존 어리,《사회를 넘어선 사회학》, 윤여일 옮김, 휴머니스트, 2012.(Urry, J., *Sociology Beyond Societies*, Lodon: Routledge, 2000.)

지그문트 바우만,《액체근대》, 이수일 옮김, 강, 2009.(Bauman, Z., *Liquid*

Modernity, Cambridge: Polity Press, 2000.)

초의수 옮김, 《도시의 정치경제학》, 한울, 1996.(Harvey, D., *The urban experience, Baltimore*. Johns Hopkins University Press, 1989).

토마스 험프리 마셜 · 톰 보토모어, 《시민권》, 조성은 옮김, 나눔의 집, 2014. (Marshall, T.H. and bottomore, T., *Citizenship and social class*. Pluto Press, 1992).

콜린 고든 외,《푸코 효과: 통치성에 관한 연구》, 심성보 · 유진 · 이규원 옮김, 난장, 2014.(Graham, B., Peter, M., and Colin, G. (eds.), *The Foucault effect: studies in governmentality*. Chicago: University of Chicago Press 1991.)

피에르 부르디외,《구별짓기: 문화와 취향의 사회학》(상, 하), 최종철 옮김, 새물결, 2005.(Bourdieu, p., *Distinction A Social Critique of the Judgement of Taste*. Harvard University Press, 1987).

Bauman, Z. *work, Consumerism and the New Poor*. Open University Press, 2005.

Castells, M. *The urban question a Marxist approach*. London: Edward Arnold, 1979.

Castells, M. *The Rise of the Network Society*. Oxford: Blackwell, 1996

Castells, M. *The internet Galaxy, Rise of the Network Society*. Oxford University Press, 2001.

Cresswell, T. "The Production of Mobilities," *New Formations*, 43, 2001, pp.11-25.

Cresswell, T ."The Right to Mobility: The Production of Mobility in the Courtroom," *Antipode* 38(4), 2006a, pp. 735-754.

Cresswell, T. *On the move*. London: Routledge. 2006b.

Deleuze, G. "Postscript on control societies, in G. Deleuze(ed.)," *Negotiations*, 1972-1990. New York: Columbia University Press. 1995.

Farrington, "new narrative of accessibility: its potential contribution to discourses in (transport) geography," *Journal of Transport Geography* 15, 2007, pp.319 - 30.

Foucault, M. "*Governmentality*, in Graham Burchell et al. (eds.)," *The*

Foucault Effect:Studies in Governmentality, Chicago: 1991, pp.87-104.

Frisby, D. and Mike, F. *Simmel on culture:selected writings*, London: Sage Publications, 1997.

Jan van Dijk, *The network society social aspects of new media*, London Sage Publications Ltd. 2006.

Jaworski, Gary D. "Simmel on culture: Selected writings," *Journal of the History of the Behavioral Sciences* 34(3), 1998, pp.325.

Kaufamann, V. *Re-thinking Mobility: contemporary Sociology*. Aldershot: Ashgate. 2002.

Kaufmann, V., Bergman, M. and joye, D. "Motility: mobility as capital," *International Journal of Urban and Regional Research*, 28(4), 2004, pp.745-756.

Kenyon, S., Lyonsa, G. and Rafferty, J. "Transport and social exclusion: investigating the possibility of promoting inclusion through virtual mobility," *Journal of Transport Geography*, 10, 2002, pp.207-219.

Kitchin, R. and Thrift, N. *Encyclopedia of human geography Elsevier*. Oxford University Press, 2009.

Lefebvre, H. and Régulier, C. *Rhythmanalysis of Mediterranean Cities*. Peoples Mediterranéens, 1986, pp.37.

Lefebvre, H., *The production of Space*, Oxford: Blackwell, 1991.

Lefebvre, H., *Writings on Cities*. Oxford: Blackwell, 1996, pp.228-240.

Marx, K., *Capital*, Lodon: Lawrence and Wishart, 1965.

Marshall, T.H. and bottomore, T., *Citizenship and social class*. London: Pluto Press, 1992.

Nussbaum, M., *Frontiers of Justice*. Cambridge, Mass : The Belknap Press, 2006.

Putnam, D., *Bowling Alone: The Collapse and Revival of American Community*, New York: Simon and Schuster, 2001.

Sen, A., *Development as freedom*, Oxford: Oxford University Press, 1999.

Shaw, J. and Markus, H. Transport, "geography and the 'new'mobilities," *Transactions of the Institute of British Geographers* 35(3), 2010, pp.305-

312

Sheller, M. and Urry, J., "The new mobilities paradigm", *Environment and Planning A* 38, 2006, pp.207-226.

Urry, J., *Sociology Beyond Societies*, Lodon: Routledge, 2000.

Urry, J., "Social networks, travel and talk," *British Journal of Sociology*, 54, 2003, pp.155-175.

Urry, J., "Connections," *Environment and Planning D: Society and Space*, 22, 2004, pp.27-38.

Urry, J., *Mobilities*, Polity Press, Cambridge: United Kingdom, 2007.

Urry, J., "Social networks, mobile lives and social inequalities," *Journal of Transport Geography*, 21, 2012, pp.24-30.

위기의 도시 공간에서 문화연구하기:

존 피스크의 비판적 공간사유를 다시 읽기

전규찬

이 글은 《언론과 사회》 18(1)(2010)에 게재된 원고를 수정 및 보완하여 재수록한 것이다.

재난의 도시 공간 현실과 문화연구의 탈문맥화[1] 위기

도시는 역사가 만들어지고 사회가 구성되는 공간이다. 또한 미래를 조망하는 포인트가 된다. 위기의 생애가 노출되고 생명의 역능이 발견되는 다의적 공간이기도 한 도시. 지배와 저항, 착취와 억압, 봉쇄와 점령, 우울과 희망의 다양한 실천들이 시시각각 이 공간을 교차한다. 빈번하게 재난이 발생하고, 잇달아 죽음이 초래된다. 다행스레 구조가 진행된다. 혹은 그러하지 못할 수도 있다.

현실의 도시는 그렇듯 우리가 살아가는 후기자본주의 위기 국면을 공간적으로 표현한다. 바로 그러한 측면에서, 비판과 생성을 책임진 현실 문화연구의 필수적 개입 지점, 결정적 착지점이 된다. 현실을 관찰하는 일종의 망루라고나 할까? 문화정치가 착종할 표면이라고 부를 수도 있겠다. 당대 지배 현실을 징후적으로 독해하고 모순 현실에서 변화 가능성까지 발굴해 내는 문화연구가 도심을 집요하게 파고들지 않으면 안 되는 이유가 바로 여기에 있다. 도시 공간의 산책은 이론을 구성하는 트랙이자 연구·조사를 펼치는 경로이며 정치를 실천하는 방도가 된다. 도시에 펼쳐진 위기의 삶이 문화연구를 요구할 때, 문화연구는 그 현실의 요청에 당연하게 응대한다.

---

1 문화연구의 탈문맥화에 대해, 필자는 문화연구자가 글쓰기를 실천하고 학술적 텍스트를 구성하는 한국이라는 사회 조건과 자본주의 정치경제, 현대사라는 역사 문맥을 간과하는 문제적 경향성으로 정의한다. 텍스트의 세계만 반복해 말하면서 이를 둘러싼 컨텍스트의 문제로는 나아가길 불편해하는 무기력, 무능력을 가리킨다. 도시 공간에서 벌어지는 대중들의 삶, 즉 대중문화의 위기 현상에 적극적이고 비판적으로, 구제救濟적으로 가담하지 않는 정치적 무감각을 포함한다. 세월호라는 재난 상황이 발생한 이후에도 문화연구는 현실에 다가가지 못한다. 필자는 이를 문화연구 탈문맥화의 핵심 문제로 지적코자 하는 것이다.

이 글에서 '산책'이라는 말은 특별한 의미를 갖는다. 결코 복고적인 의미로 쓰이지 않는다. 전술적 개념에 가깝다. 다소 한가롭게 들릴 수 있는 '산보'라는 용어 대신에 이 말을 선택한 이유다. 산책은 한가로운 행보가 아니다. 위기의 순간에 섬광처럼 반짝이는 이미지와 스치는 기억, 돌출한 현상을 낚아채 붙드는 인식적이고 행위적인 모험이다. 역사 기록, 현실 채굴의 공간실천적 기술로 풀이될 것이다. 소설가와 시인, 역사가, 저널리스트, 민속지학자, 고현학자, 현실 문화연구자가 개발하여 각자의 자취를 남기는, 사유와 현실 사이의 인터코스intercourse, 즉 교통의 행위로 정리될 수 있겠다.

산책을 통해 우리는 시중 잡인들의 삶이 펼쳐지는 일상성으로 나아간다. 거기서 현실의 모순과 모순을 현실을 직시하게 된다. 나아가 타개의 방법까지도 고심하지 않을 수 없게 되고, 참여의 정치윤리를 다지게 될 것이다. 그러한 점에서 산책은 현실과의 적극적 교전, 현재와의 능동적인 관여에 다름 아니다. 모순/현실과 작가/연구자의 자발적 엮임 활동이라고 하겠으며, 필자는 바로 이런 산책이 피스크John Fiske와 버먼Marshall Berman 그리고 세르토Michel de Certeau를 위시하여 여러 문화연구자들에 의해 어떻게 수용되고 실천되었는지를 이 글에서 살펴보고자 한다.

문제는 당위와 실재 사이의 현저한 편차다. 지금까지의 문화연구는 도시 공간에서 표출되는 생명 위기의 현상에 솔직히 제대로 대응하지 않는다. 오직 일시적으로, 소극적으로, 부차적으로만 답해 왔을 따름이다. 한 마디로, 움직임이 약했다. 기동력이 딸렸다. 그리고 신자유주의 자본국가의 프로그램이 도심에 집중되고 위기/위험의 문화가 도처에 산재한 상태에서, 이러한 괴리와 간극은 심각한 문제를 초래한다. 자본국가에 의한 문화 살해를 방임하면서, 위험 상태로부터 현저히 유리된다.

미디어문화연구 분야에서 특히 두드러지는 특징이라 하겠다. 미디어문화연구는 사실상 현실 문화의 장이자 대중 생활의 무대인 도시로부터 격리되어 있다. 도시 공간을 자본국가의 문제, 카스텔Manuel Castells이 말한, 삶 즉 문화의 주제와 결부된 '사회의 근본적 물질 중 하나'로 천착하지 않는다.[2] 결국, 기존의 미디어문화연구자들은 지배와 적대의 모순이 빚어지고 죽음과 생존의 재난이 펼쳐지는 현실 맥락으로부터 등 돌린다. 도시를 미디어로 인식하지 못한 채, 텔레비전 등 대중매체의 문화라는 협의한 영토에 스스로를 유폐시킨다.

사회적 대파국이자 문화적 대형 재난인 세월호 사건 이후에도 상황에는 큰 변화가 없었다. 성찰과 각오의 담론이 일회적으로 오갔지만, 결과는 몇 개의 논문이나 책 발표로 수렴되면서 미동에 그치고 말았다. 여전히 텍스트에 머무는 미디어문화연구였다. 현실의 위기 · 재해의 삶이 지속되는 도시라는 미디어, 컨텍스트로서의 도시로 연구자들은 나서지 못한다. 비극이 끊이지 않고 목숨이 줄줄이 유실되며 구원의 아우성이 난무하는 삶의 무대, 일상의 전경인 도심으로 쑥 들어가지 않았다. 무능력. 시대가 행동을 요구하는 상황에서, 철저하게 무응답으로 침묵하는 지적 · 정치적인 무책임성의 상태. 미디어/텍스트/재현/담론/분석이라는 요새 내부에 연구의 거처를 정하는 안이함. 테러라는 대형 재난 이후 미국 문화연구자들이 보여 준 현실 대면의 긴장감과 크게 대비되는 모습이다.

이에 대해 촛불혁명은 새로운 실천을 요구한다. 생명들의 안전을

---

2   M. Castells, M. *The City and the Grassroots: A Crosscultural History of Urban Social Movements*. Berkeley, CA: University of California Press, 1983.

책임지는 문화연구로의 변신을 명령했으며, 문화연구는 그 시대의 부름을 더 이상 회피할 수 없게 되었다. 삶과 죽음이 교차하는 도시 공간으로 걸음을 해 삶의 재난 상태를 목도하고, 파국을 초래한 정치경제적 요인들을 조망하며 삶의 희망과 가능성까지도 찾아내는, 이를 기록과 예표prefiguration의 글쓰기로 옮겨 내는 문화연구의 실천적 재구성이 불가피하게 되었다. 이게 지금 문화연구가 과제로서 맞닥뜨리게 된 상황이다.

이 글은 이러한 조건을 명철하게 인식하고 겸허하게 받아들이는 관점에서 준비되었다. 삶의 문맥 속으로 걸음을 해 대중들과의 접촉면을 넓히고, 산책자의 예리한 감각과 안목으로 위기의 표면을 짚어 보는 문화연구로의 변화를 요청하는 제안문이다. 관찰과 경험의 원료를 갖고, 자타가 공유할 수 있는, 위기의 생애와 희망의 삶을 이야기로 옮겨 내는 문화연구의 희망. 벤야민Walter Benjamin은 이야기한다는 것이 영혼과 눈과 손의 동일한 상관관계로 구성되는 "결코 목소리만의 일이 아닌 것이 분명하다"고 썼다.[3] 필자는 여기에다가 발걸음footage이라는 걸 덧붙인다. 이 시대 진정한 의미의 이야기를 (전)하기 위해서는, 위험이 발생하고 희망이 건조되는 일상의 공간인 도시를 활보하는 걸음이 필수적이다.

많은 삶들이 쫓겨 나가는 부동산 재개발 지역으로의 산책. 자본주의 스펙터클이 지배하는 물신 공간으로의 산책. 예술 재생의 희망이 자본 재생산의 절망으로 뒤바뀌는 젠트리피케이션gentrification 현지로의 산책. 국가권력의 지배와 감시, 방관의 구역으로의 산책. 혹은 이 모든 지배에 대항하고 적대하는 다양한 실천 영역들로의 산책. 다기한

---

3 반성완 편역, 《발터 벤야민의 문예이론》, 민음사, 1983, 193쪽.

현장으로 흩어져 상태를 점검하고 방도를 강구하며 대책을 의논하는 분주한 걸음이 문화연구라는 이야기, 글쓰기에도 필수적인 것이다.

이런 마음가짐을 다지면서, 우리는 이제 다시 냉정하게 자문하게 된다. 성찰해 본다. 이 땅의 미디어문화연구자들은 왜 재난의 시간에도 도시(문화연구)로 나서지 않는가? 그럼으로써 재난의 조건을 방기하며, 탈문맥화의 한계를 강화하고 마는가? 미디어문화연구가 지닌 구조화된 습속의 단면인가? 그렇다면, 그 기원은 어디에 있는가? 미국 미디어문화연구의 지탄받을 만한 폐해인가?

기실, 미국 문화연구와 미국에서 수학한 국내 미디어문화연구자들은 처음부터 자본주의 위험 현실로부터 유리된 채 텍스트와 수용자의 기호학적 민주성, 능동적 저항성에 몰두한다는 혐의를 받았다. 특히 피스크는 영국 문화연구의 연성화, 개량화, 협의화의 비난을 잔뜩 덮어썼다. 문화연구를 탈정치화시킨 주범으로 꼽혔다. 그는 탈문맥화의 시비에서 벗어나지 못하는 한국 문화연구가 늘 불편하게 도망치고자 하지만 결코 벗어날 수 없는 일종의 트라우마와 같은 존재였다. 피스크류 문화연구의 망령을 극복하는 게 탈문맥화의 길이라는 도식이 자리 잡았다.

과연 그러한가? 피스크가 문제인가? 일방적 평가와 고착된 인상에 맞서, 이 글은 도심 재난 상황에 대한 피스크의 의외의 비판적인 관심을 새롭게 조명해 볼 것이다. 후반의 그는 TV문화의 좁은 경계를 넘어 위기의 삶으로 다가가고자 했음을 밝힌다. 자본국가 지배와 대중문화 위기의 영토인 도시 공간 문제에 천착한 피스크다. 왜 피스크는 도시로 나갔고, 거기서 무엇을 목도했는가? 그가 지속했어야 할 작업은 무엇이며, 우리가 발전·승계할 과제는 또 어떤 것이었나? 피스크는 어디서 멈췄고, 우리는 어디에서 그와 어긋났는가?

이 글은 이런 질문들에 자답하는 형식을 취한다. 여기서 피스크를 특별하게 재론하는 것은, 탈문맥화를 피스크류 미국 문화연구의 탓으로 돌리는 기존 공리가 유효하지 않음을 밝히는 동시에, 그에게서 문화연구 재맥락화의 단서를 찾기 위해서다. 피스크가 TV문화연구에 주력한 것은 틀림없는 사실이다. 그렇지만, 어느 시점, 의식의 전환을 겪은 그는 그 너머 도시 공간 산책에 나선다. 그 결과를 새로운 통찰력이 돋보이는 에세이로 남긴다. 그러고는 문화연구 학술의 장에서 미스터리하게 은퇴해 버릴 것이다. 매우 극적인 경로 전환이다.

그런 그를 우리는 미디어문화연구의 한계와 가능성을 반사하는 이중거울과 같은 존재로 새롭게 주목한다. 특히 피스크가 보인 후자의 측면, 즉 도심 산책의 실천에 우리는 이제 새롭게 주의할 것이다. 그러면서, 피스크적 전통과의 단절적 극복이 아닌 비판적 지속이 오히려 재난의 시대 미디어문화연구 현실화의 길이라는 논지를 과감하게 펼쳐 볼 것이다. 미디어문화연구의 도시 공간 연구로의 이동 가능성을 피스크의 이야기에서 재발견하는 것, 그것이 이 글의 목적이자 의도다.

도시 공간의 문제 설정과 한국 미디어문화연구의 궤적

단도직입적으로 말하자면, 삶 즉 문화의 공간인 도시는 미디어문화연구의 작업 내용과 연구 방식, 실천 목표를 공간적으로 조직하는 중대한 정의적definitive 조건이다.[4] 도시는 문화연구가 그 존재 기반을

---

4 그레고리 스미스사이먼, 《9·12: 9·11 이후 뉴욕 엘리트들의 도시재개발 전쟁September 12: Community and Neighborhood at Ground Zero》, 권민정 옮김, 글항아리, 2013.

둔 근본적 물질성 바로 그것이다. 맥락을 중시하는 문화연구는 도시라는 주제, 공간이라는 조건에 대한 관심으로부터 결코 면제될 수 없다. 도시가 일상과 대중, 문화를 키워드로 한 문화연구의 일차적 관심사이자 핵심적 문제가 되는 것은 너무나 마땅한 일이다.

도시가 곧 미디어다. 미디어를 공부하는 문화연구자는 따라서 친숙한 혹은 낯선 도시생활의 다양한 지점, 지역들에 관한 공간분석가topoanalyst가 되지 않으면 안 된다. 바슐라르Gaston Bachelard의 표현을 빌리자면, 위기의 도시/도시의 위기는 문화연구의 존재성을 둘러싼 "근원적이고 확실하며 직접적인 기원"이 된다. 빠져나갈 수 없는 문맥, 탈피 불가능한 "원천적 껍질"이다.[5]

사실, 초기 구성 단계의 한국 문화연구는 도심으로 걸어 들어갔다. 도시 공간을 관통하는 자본의 축적 양식, 도심에 펼쳐지는 문화의 구성 양상에 천착했다. 1992년에 출간된 《압구정동: 유토피아 디스토피아》는 새로운 소비/자본/공간/문화의 형성 과정을 비판적으로 탐구한 대표적 산물이다. 본격적 신자유주의 시대의 다양한 문화실천을 공간적으로 짚어 내는 독해 시도로서, 관찰자의 시선은 이후 압구정과 구로, 청계천과 신사동, 용산과 신촌 사이를 오간다.[6] 자본의 도시가 계발하는 새로운 감각에 조응하는 문화주의 글쓰기의 감수성을 싹 틔웠다.

역사의 주제와 교차하는 '공간의 문화정치'가 새로운 글쓰기의 흐름으로 자리를 잡는다.[7] 예컨대, 강내희는 잠실 롯데월드를 독점자

5 G. Bachelard, G, *The Poetics of Space*. Boston: Beacon Press, 1969, p.4.
6 김진송 · 엄혁 · 조봉진 편, 《압구정동: 유토피아 디스토피아》, 현실문화연구, 1992.
7 김진송 · 엄혁 편, 《공간의 문화정치》, 현실문화연구, 1995.

본의 문화 공간으로 읽어 낸, 비판적 색깔이 뚜렷한 에세이를 선보였다. 자본이 도시를 장악하고, 자본주의가 공간적으로 관철된다. 자본주의 소비 주체가 상품논리 지배의 도시 공간에서 탄생한다. 새로운 풍경의 탄생이다. 소비자본에 갇힌 (룸펜)프롤레타리아트들 사이에서 '새로운 만보객' 문화연구자는 깊은 좌절을 맛보고 심한 우울증에 빠지지 않을 수 없다.

벤야민 견해가 맞다면 우리는 지금 현재 단계로서는 미래에 대한 전망을 가질 수가 없다. 왜냐하면 우리는 지금 서울 거리를 점유당하고 있기 때문이다. 도시는 소수 자본이 장악했고, 서울의 주요 공간은 독점 자본 논리에 따라 관리 유지되고 있다. 우리는 길마저 자본에게 빼앗겨 조용하게 산책할 곳조차 없다. 오늘 만보객은 거의 반드시 롯데월드와 같은 독점자본이 지배하는 공간에 들어가야만 만보객이 될 수 있다.[8]

한국의 중심 도시, 거대 수도인 서울에 공간문화연구의 관심이 집중된다. 서울 도시 공간에서의 자본의 지배력에 주목하면서 동시에 저항과 변용, 자율의 실천성을 모색하는 임동근, 홍성태 등의 작업이 이어진다.[9] 그중 서울의 주택양식을 모듈module 형태로 표기하고 산책을 도시 생존적 유목으로 재해석한 임동근의 시선은 매우 흥미로웠다. 자본의 지배에 반하는 공간 점령의 테크닉이자 예술 실험의 전술인 스쾃squat에 관한 김강의 서평, 빈민 주거양식으로의 수렴을

8 강내희, 《공간, 육체, 권력》, 문화과학사, 1995, 133쪽.
9 임동근, 《서울에서 유목하기》, 문화과학사, 1999; 홍성태, 《서울에서 서울을 찾는다》, 궁리, 2004.

통한 가난의 비가시화 문제를 짚은 남원석의 논문도 신선하긴 마찬가지였다.[10]

이들 문화연구자에게 서울을 비롯한 도시는 자본국가의 지배와 생활 대중의 항거 사이에 불가피하게 모순이 빚어지고 적대가 펼쳐지는 문화정치의 공간으로 파악된다. 한편 일부는 한국사회 내 공간 구성의 과정을 역사적으로 탐색하는데, 앞서 언급한 이들과 밀접히 교류한 이성욱이 대표적이다. 그는 근대문학을 근대도시에서 읽어낸다. 도시라는 공간에서 문학의 탄생을 포착하고자 했다. 도시 공간과 소설문학의 변증법적 연관성에 주목하면서, 그는 식민지 근대 도시 공간 연구의 최근 경향성을 선취했다.[11]

그런데 2008년 신보수·신자유주의 국가가 출현하면서 이러한 흐름에 큰 변화가 나타난다. 국내 문화연구자들의 도시 공간에 관한 관심사가 자본주의 당대성에 대한 급진적 비판으로부터 크게 탈락해 버린다. 신자유주의 자본의 공(적공)간 탈취 현상에 관한 정치경제학적 비판, 국가 통치 및 치안 상황에 관한 국면 분석과 같은 비판적 글쓰기는 좀체 찾아보기 힘들어진다. 전규찬이 드물게 이명박 정권의 출범을 폭력적 신자유주의 '치안스테이트' 구축의 시간으로 풀

---

10 김강, 〈삶과 예술의 실험실 SQUAT〉, 《문화과학》 53권 봄호, 2008, 493~496쪽; 남원석, 〈도시빈민 거주지의 공간적 재편과 함의〉, 《문화과학》 39권 가을호, 2004, 85~101쪽.

11 이성욱, 《한국 근대문학과 도시문화》, 문화과학사, 2004. 근대 도시는 근대문학 성립의 불가피한 요소라는 저자의 테제에 대해, 강내희는 이 책 서문을 통해 박태원의 계보를 잇는 고현학考現學의 전통이라 정의한 바 있다. 이를 연장시켜 보자면, (탈)현대의 도시는 (탈)현대 대중문학의 현성과 변환을 조건 짓는 결정적 요소가 된다는 또 다른 테제가 자연스럽게 도출된다. 즉, 문화연구는 (포스트)자본주의 도시 공간의 (포스트주의)고현학이 되지 않으면 안 되는 것이다.

이하고 있을 것이다.[12] 그리고 같은 입장을 박근혜 정권 들어서도 계속 견지하면서 파시즘 비판의 논지로 발전시킨다.

　도시에 산재한 빈곤계급의 삶에 관한 문화연구도 마찬가지다. 2012년에 나온 조은의 책《사당동 더하기 25》가 큰 반향을 얻은 것도, 빈난한 도시 공간의 문화를 민속지학으로써 두텁게 기술한 노고의 진정성에 덧붙여, 이러한 연구가 태부족인 수적 희소성을 일정 부분 반증한다.[13] 도시 프롤레타리아트가 공통으로 처한 재난 상황은 비판적 사회학이나 문화연구에서 일종의 공백 상태로 남는다. 하비David Harvey가 우려한 대로, 한국 문화연구에서의 '공간적 선회spatial turn'는 자본국가라는 정치경제, 사회문화적인 주요 맥락으로부터의 '등 돌림turning away'이라는 치명적 대가를 톡톡히 치른다.[14]

　제어되지 않은 자본국가가 초래한 생명의 위기, 인명의 위험 공간인 자본주의 도시를 문제적으로 바라보는 시선이 희소해진다. 문화연구 글쓰기는 암울한 현상, 절망적인 현실로부터 눈을 돌린다. 국면, 정세, 조건으로부터의 회피다. 대신에 과거의 도시, 도시의 과거

12　전규찬, 〈치안의 스테이트와 저항의 스테이트, 그 사이〉,《문화과학》56권 겨울호, 2008, 277~291쪽.
13　같은 시기 최협은《판자촌 읽기》를 내놓았다.《사당동 더하기 25》가 부족하지만 사당동에서 옮겨 간 상계동 임대아파트 내부 빈민의 현재적 삶에도 주목한 반면, 이 책은 40년 전 청계천 빈민문화를 필드노트 등에 기초해 복기한다. 과거의 삶을 현재적 시각에서, 비판적 이론에 기초해 풀어내거나, 과거지사를 현실의 문화와 연결시키지는 않는다. 그리하여, 이들 연구에서 과거로부터 이어지는, 구조화되고 밀폐된 도시 빈민 공간의 현실문화에 관한 체계적 이해를 얻기는 불가능하다. 이에 비춰 볼 때, 고시원이라는 청년의 주거 공간을 참여관찰한 정민우의《자기만의 방》(2011), 서울역 앞 노숙자들의 공간실천 전략을 탐색한 김준호의 석사논문 〈거리 노숙인이 생산하는 '차이의 공간'에 대한 연구〉는 현실 공간의 문화주의적인 이해라는 측면에서 상당한 의의를 갖는다.
14　D. Harvey, D, *Spaces of Global Capitalism: Towards a Theory of Uneven Geographical Development*, London & New York: Verso, 2006.

로 시선을 돌려 해석하고 이야기하려는 다분히 낭만주의적인 경향이 득세한다. 식민지 근대 경성의 탄생과 그 공간을 배회한 모던보이와 신여성 주체들에게 주목하는 회고조의 글쓰기가 역사문화연구, 문화사라는 이름으로 유행하게 된다.

1999년에 나온 김진송의 《서울에 딴스홀을 허하라》, 2003년에 출간된 신명직의 《모던뽀이, 경성을 거닐다》를 잇는 경향성이다. 2005년 조이담이 박태원과 함께 가상의 산책을 즐기며 《구보씨와 더불어 경성을 가다》를 썼다면, 8년 후 서지영은 여성의 시선에서 식민지 근대 공간을 체험한 《경성의 모던걸》 이야기를 기술하고 있을 것이다. 이들은 공히 일제 식민지를 정치적 통제, 경제적 착취의 시간으로만 바라보지 않는다. 제국의 도시를 지배와 저항의 공간으로만 접근하지 않는다. 그럼으로써 사회·문화·정치적 실천의 상대적 자율성에 주목한 식민지 근대성 연구와 자연스럽게 겹친다. 국내에서도 제2의 르네상스를 맞은 벤야민의 역사철학, 공간 프로젝트, 산책자 개념을 이론적 기초로 삼은 공간역사문화연구의 조류다. 이런 논의들은 오늘날 자본주의 현실로부터 빠져나와 과거 식민지 근대 공간의 현상을 회고조로 반추한다.

모든 문화연구가 오늘의 도시 공간으로부터 눈을 돌린 것은 물론 아니다. 그러나 설혹 당대성에 천착하는 경우에도, 도시 공간은 더 이상 비판적 관찰 대상이 아니다. 그보다는 관조적 해석, 이해의 표적으로 남는다. 기억의 발굴 현장, 즉 과거를 회고하고 기록을 남기며 이야기를 펼칠 창작의 장소에 가깝다. 끊임없는 개발과 빠른 변화의 현장에서, 삶의 흔적을 더듬고 공간의 잔해를 되짚으며 이를 추억으로 남기는 글쓰기 노력이 이어진다.

근현대 서울 명동을 소비여성주체 회집의 공간이자 출현의 장소로 읽어 낸 김미선의 작업,[15] 소설가이자 시인이었던 이상의 삶과 소설을 공간적 문맥과 연결시켜 과감하게 해석코자 한 김민수의 글,[16] 유년기 자신이 살던 서울 노량진의 잃어버린 기억을 쫓는 김진송의 소설 에세이[17] 등이 모두 여기에 해당한다. 이들 텍스트는 도시를 과거의 기억이 묻혀 있는 공간으로 다가가며, 그곳에서 발견하는 건 삶의 향수이자 자취이며 실종의 슬픔이다. 그 미세한 글쓰기에 자본 국가에 의한 생명 위협이라는 현재의 거대한 모순 현실이 비집고 들어올 여지는 없다.

도시를 텍스트로 간주해 새롭게 읽는 노력, 현상학적이고 해석학적인 관점에서 흥미롭게 들여다보고 다르게 그려 내는 시도가 도드라진다. 2008년 광우병 촛불시위를 별자리 흐름으로 그려내고 서울 지하철과 아케이드의 지하 세계를 시각적으로 구현하거나,[18] 서울 강변북로의 "흐름을 떠받치고 있으면서 흐르거나 흔들리면 안 된다는 운명을 '감내'하고" 있는 콘크리트 교각을 사진으로 형상화하고 글로써 부연한 작업[19]들이 나온다. 벤야민과 구보라는 도시 관상학자의 모범을 좇아 포스트모던 서울 거리를 산책하며 채굴한 인상을 단편적 텍스트로 옮긴 프로젝트[20]도 글쓰기의 완성도나 감각의 세련미 측면에서 이들에게 뒤지지 않는다. 공적으로는 냉소적이지만 사적으로는 정열적인 '콘크리트 유토피아', 아파트 공간문화에 관한 박

---

15 김미선, 《명동 아가씨》, 마음산책, 2012.
16 김민수, 《이상평전》, 그린비, 2012.
17 김진송, 《기억을 읽어버린 도시》, 세미콜론, 2008.
18 정진열 · 김형재, 《이면의 도시》, 자음과 모음, 2011.
19 이영준, 《초조한 도시》, 안그라픽스, 2011, 209쪽.
20 류신, 《서울 아케이드 프로젝트》, 민음사, 2013.

해천과 박철수 등의 연구도 빠뜨릴 수 없다.[21]

이들에게는 '문화연구'라는 이름은 더 이상 큰 의미 구속력을 갖지 못한다. 실제로 이들의 전공은 (시각)디자인에서 건축학, 미술비평, 사진/이미지비평, 문학비평, 여성학 등으로 다양하다. 인문학과 예술 계열에 쏠려 있음을 금방 알 수 있다. 그렇다고 해서 벤야민이나 들뢰즈, 아감벤 등의 최신 이론과 개념, 사유에 기대는 이들의 해석적 글쓰기가 사회학적 각도, 비판적 의식을 완전히 결여한 것은 아니다. "자본이 우리의 삶을 온전히 지배하는 신화가 이렇게 형성되"어 버린 도시 공간을 사뭇 비탄조로 언급한다.[22]

강내희가 방문했던 롯데월드의 유리 돔에서 "현실 세계로부터 동화 나라와 신화 왕국을 보호하는 유리벽이자 현실에서 억압된 환상과 실현할 수 없는 소망을 투시하는 거대한 스크린", '욕망의 천체'를 예리하게 식별해 내기도 한다.[23] 그러나 비판적 탐색은 거기서 딱 멈추고 만다. 래디컬radical하게 자본국가 모순 현실 그 근원으로 내려가지는 않는다. 결국 기술과 해설은 파편적이고 표피적인 수준에 그치며, 심층 근원의 분석은 미제로 남는다. 좀 더 정확하게 말하자면, 자본국가의 토대는 더 이상 부인·부정할 수 없는 현실로서 슬그머니 수용·인정된다.

그러한 점에서, 최근의 문화주의 연구들은 현상status quo 지향적인 게 맞다. 도시 공간의 정치경제적 배치와 이를 주조하는 권력의 편성, 자본의 공간 축적과 국가에 의한 공간 사유화, 공적 공간 탈취와

---

21 박해천, 《콘크리트 유토피아》, 자음과 모음, 2011; 박해천, 《아파트 게임》, 휴머니스트, 2013; 박철수, 《아파트: 공적 냉소와 사적 정열이 지배하는 사회》, 마티, 2013.
22 정진열·김형재, 《이면의 도시》, 196쪽.
23 류신, 《서울 아케이드 프로젝트》, 207쪽.

프롤레타리아트 생활공간 해체 등에 관해 진지하게 접근하지 않는다. 저항과 적대, 변용의 다양한 공간실천들에 관해서도 마찬가지다. 최근 저자들의 관심은 사라진 혹은 사라지게 될 장소를 방문하고 이면의 공간을 발굴·발견해 새롭게 사유하며 이를 이미지로 표출하는 데 기울여진다.

"텍스트의 편린들을 집요하게 선별하고 섬세하게 분류해서 새로운 맥락과 구도 속에서 독창적으로 재배치하는" '비평가로서의 수집가'라는 역할이다.[24] 특정 공간에 의미를 부여하고 이야기되지 않은 걸 서사로 활성화하는 해석적 개입. 도시에 대한 이들의 인식은 꿈결같이 내뱉어지는 이미지들을 독해하는 데 그친다. 그런 작업에 몰두하는 일련의 문화주의자들은 도시의 시적이고 미학적인 해독자로서 자신의 신분을 정확히 인지하고 있다. 도시에서 출현하고 도심에서 그 부재가 입증되기도 하는 자본국가는 수사학적인 차원에서 짧게 언급될 따름이다.[25]

말했듯, 이렇듯 시류를 주도하는 예술·인문학 글쓰기와 달리 자본국가의 도시 공간 지배를 비판적으로 탐색하는 문화연구는 흔치

---

24 류신, 《서울 아케이드 프로젝트》, 185쪽.
25 새로운 글쓰기로 주목을 끈 박해천을 좀 더 살펴보면, 그는 아파트 단지를 참신한 스타일의 미시사로 적는다. 독점자본주의의 핵심 개발물이자 건축·주거양식인 아파트를 비판적으로 접근하는 대신에, 비판하면서도 여전히 욕망하는 (중산층)주체의 뒤틀린 내면을 묘사하는 데 초점을 맞춘다. 이런 식으로, 박해천은 문화주의 입장을 적극 견지한다. 아파트 생활과 아파트 욕망의 습속 확산을 설명하기 위해 아감벤의 장치 개념을 활용할 때, 아파트가 비록 자본주의가 출산했지만 여전히 대중들의 소비 욕망이 집중된 표면의 현상/문화적 현실로서 매우 중요하다는 점을 강조하기 위해 크라카우어의 대중장식 개념을 전용할 때, 이런 입장이 확연해진다. 예술·인문학의 적극적 문화주의 인수. 이것이 바로 박해천으로 대변되는 도시 공간 연구의 최근 대세라 할 수 있겠다.

않다. 정치경제학적 심층 연구와 인문학적 현상 분석의 사이에서 도시 공간 생활문화의 진상 파악에 주력하는 문화정치학이 사실 부재하다. 특히 도시 공간이라는 문맥과 미디어문화연구의 격리는 가히 놀랄 만하다. 미디어문화연구는 도시 공간의 문제 설정으로부터 사실상 소외되다시피해 있다. 도시 공간의 현실, 도시 공간 문화라는 현상을 제대로 취급하지 않기 때문이다.

도시라는 생활매체에 관해 사유하고 분석하지 않으며, 도심의 불안(전)과 파국의 제 조건들을 주시하지 못한다. 그런 현실을 조건 짓는 자본국가의 메커니즘에 관해 분석해 내려가지 않는다. 밸런스가 급격하게 무너졌다. 결국 자본국가가 초래하는 위험 현실을 회피하는 맹목의 글쓰기가 문화연구 탈문맥화의 내적 위기를 심화시킨다. 앞서 언급한 박해천은 비판에 그치는, 욕망의 문제를 간과한, 그래서 백전백패하고 말 '좌파 담론'의 한계를 조롱했다. 그런 냉소에 앞서 그는 비판이 결여된 문화주의 글쓰기의 과도한 낭만주의도 함께 시비했어야 했다. 오늘의 도시 공간 문화연구는 자본국가에 대해 너무 말이 없어서도 큰 문제이기 때문이다.

이렇듯 문학을 위시한 다양한 (인)문학 계열들이 이미지와 텍스트의 영역을 탈피해 도시라는 컨텍스트로 성큼 다가서고 있다. 도시 공간을 연구의 핵심 주제로 삼았다. 그런데 막상 급진적 문맥주의를 주창하던 (미디어)문화연구는 도심의 현실 조건으로부터 한참 떨어져 있다. 텍스트/담론/이미지의 감옥에 여전히 자신을 가둔다. 전자가 텍스트/컨텍스트를 교차하는 문화연구의 태도를 능동적으로 지향할 때, 후자는 오히려 탈역사주의 인문·예술의 소극적 퇴행성을 닮아 가고 있다고 말할 수도 있겠다. '계급으로부터의 퇴거'와 맞물린 자본주의 도시 현실문화로부터의 탈락.

텍스트 담론 분석 중심의 요새화. 물론 이런 탈문맥화의 한계를 반성하고 텍스트 외부 도시 공간의 실재계에 천착코자 한 노력이 전혀 없었던 건 아니다. 그러나 이런 시도는 문헌 정리와 참여관찰의 방법론, 벤야민의 산책자 개념, 하위주체들의 역사학을 기반으로 특정 공간을 살피거나 도시 공간 연구의 의의를 설파하는 간헐적인 작업에 그친다.[26] 도시에서 펼쳐지는 다양한 삶의 위기 전경, 복잡한 생명 위협의 양상들을 추적하기에는 턱없이 부족한 분량이고 역량이다.

바다에서는 세월호 참사가, 도심에서는 재개발과 젠트리피케이션 재난 상황이 초래되었다. 그 파국의 국면에서 문화연구는 인문학자들을 중심으로 과거를 복고풍으로 호출하거나 현상을 미학적으로 해설하는 도시 공간의 글쓰기에 관심을 갖는다. 그런데 그런 선택적 집중은 참변이 야기되는 도심 현실, 참사를 조장하는 자본국가에 대한 배제를 수반한다. 말했듯, 밸런스가 무너진다. 이런 와중에, 미디어문화연구는 도시라는 미디어 속 삶의 위기에 관심이 없다. 그럼으로써 도시 대중문화가 처한 위험 상태를 의도와 상관없이 방기하는 데 동참하게 된다. 문화연구 탈문맥화/탈정치화의 내재적 위기를 자초하면서다.

도시를 미디어로 간주하고 대중문화/일상문화의 핵심 처소로 파

---

26 이 드문 목록에는 다음과 같은 것들이 포함될 수 있다. 이기형, 〈홍대 앞 "인디음악문화"에 대한 문화연구적인 분석〉, 《언론과 사회》 15권 1호, 2007, 41~85쪽; 이기형 · 임도경, 〈문화연구를 위한 제언: 현장연구와 민속지학적 상상력을 재점화하기〉, 《언론과 사회》 15권 4호, 2007, 156~201쪽; 이기형, 〈문화연구와 공간: 도시공간과 장소를 둘러싼 정치학과 시학을 지리학적 상상력으로 그리고 자전적으로 표출하기〉, 《언론과 사회》 16권 3호, 2008, 2~49쪽; 전규찬, 〈촛불집회, 민주적 · 자율적 대중교통의 빅뱅〉, 《문화과학》 55권 가을호, 2008, 110~129쪽; 전규찬, 〈지하철이라는 현대적 대중교통의 탄생〉, 《언론과 사회》 18권 1호, 2010, 153~188쪽; 전규찬, 〈남산, 숨겨진 살인과 범죄의 공간〉, 《언론과 사회》 22권 1호, 2014, 5~53쪽.

악하자는 데 이의를 제기할 미디어문화연구자는 아무도 없을 것이다. 그런데 실제로 왜 우리는 도시 공간의 주제, 도시 공간문화의 문제를 등한시하는가? 이런 무관심은 미디어를 신문과 방송 등 주류 매체에 국한시키는 관념의 협의성과 시선의 폐쇄성 탓인가? 아니면, 대중의 삶과 유리된 미디어문화연구자들의 계급적 위치, 이데올로기적 성향 혹은 정치적 무의식 탓인가? 한국 미디어문화연구는 도시 공간을 보고 말하지 못하는 문맹의 장애를 어떻게 갖게 되었는가? 빠른 시간 내 논문을 양산하고 그래서 대학 세계에서 생존해야하는 당대 학술 생산의 지배적 구조가 낳은 풍토병인가? 혹, 미디어문화연구는 원래 그러한 것이었나?

피스크, 도시 공간의 위기 스테이트state를 절망적으로 응시하다

한국 미디어문화연구의 형성과 직접적이고 밀접하게 연루된 미국 미디어문화연구가 탈맥락, 탈도심의 한계를 갖고 있었던가? 보다 구체적으로, 한국 문화연구의 탈도시공간화, 탈문맥화는 미국 문화연구를 선도한 존 피스크에게서 이미 전조적으로 감지할 수 있었던 것인가? 달리 말해, 한국 미디어문화연구 내 도시 공간의 문제의식 부재는 텔레비전문화의 주제의식에 밀폐된 소위 피스크류 미국 문화연구의 구조적 결과라고 볼 수 있지 않은가? 그런데, 만약 피스크가 현실로부터 분리되어 있었다는 게 오해와 편견에 불과하다면, 그렇다면 한국 미디어문화연구(자)의 현실 공간으로부터의 이상한 소격 현상은 어떻게 설명할 것인가?

이 장에서 필자는 피스크가 TV/텍스트/문화의 이해에만 몰두한 게 아님을 밝혀 나갈 것이다. 이 미국 문화연구자는 학문 실천의 시간을 텔레비전 바깥 도시 공간 컨텍스트의 위험 상황을 비판하면서 마감했음을 적시코자 한다. 따라서 '피스크 때문'에 미디어문화연구가 도시 공간 주제를 도외시하게 되었다는 논리는 통하지 않는다. '피스크'라는 알리바이는 깨진다.[27]

많은 논란을 남긴 채, 피스크는 2000년에 홀연히 교수직을 그만두었다. 미국 동부 시골에서 골동품 수집가가 되었다는 소문만 무성하나, 이후 그의 행적은 거의 수수께끼로 남는다. 많은 이들을 당혹케 한 자발적 실종이었다. 공적인 흔적을 지워 버리고 사회로부터 삶을 절연시키는 일종의 능동적 퇴거다. 대체 그는 왜 문화연구는 물론이고 현실 문화, 대중사회와 완전히 단절하고 철저히 퇴거해 버렸는가?

---

[27] 왜 하필 피스크인가 재차 반문할 수 있다. 그 해답은 (미국) 문화연구에서 피스크가 차지하는 중요성 및 대표성에 덧붙여, 그에게 덧씌워진 비난성 평가에 있다. 그로스버그Grossberg가 견지하고 있(다)는 역사적 · 급진적 문맥주의와 대비하여 미국문화연구의 탈문맥화 흐름을 지적할 때 거의 예외 없이 언급되는 게 피스크이기 때문이다.

피스크는 원래는 신좌파, (네오)마르크스주의적인 영국 문화연구를 호주를 경유 미국으로 이식하면서 타락시킨 주범으로 꼽힌다. 문화연구를 연성화 · 개량화하고 제도화시킨 장본인으로 지탄받았다. 훨씬 더 광폭인 문화연구를 텔레비전미디어연구로 축소시켰으며, 기본적으로 자본주의에 적대하는 문화정치를 수용자/능동성과 즐거움/저항의 개념에 기반을 둔 자유주의적 다원주의로 대치시켜 버린 주범. 돌이켜 보건데, 피스크를 필두/중심으로 한 80~90년대 미국 문화연구의 부상은, 신자유주의 자본의 지배체제 내부로 포섭된 퇴보적 상대주의의 유행에 다름 아닌 것으로 평가된다.

이러한 지적은 비판커뮤니케이션 전통이 뚜렷했던 국내에서 특히 뚜렷했다. 90년대 초반 쏟아진 비난은, 비단 피스크와 그가 이끈 미국 문화연구에만 그치지 않았다. 소위 '피스크류'의 미국 문화연구를 이식한 것으로 지목된 원용진과 전규찬 등에게도 탈정치, 비실천, 반진보의 혐의가 씌워진다. 요컨대 '피스크식'의 문화연구는 한국에서 애당초 극복의 대상으로 자리 잡았다. 비판의 상대로 소개되었다. 이에 조응하여, 이후 한국의 미디어문화연구자들은 소위 '피스크식'의 극복을 실천적 약점에 관한 반성, 탈문맥주의적인 경향에 대한 성찰의 시발점으로 가져가는 경향을 보인다.

비밀스러운 행적을 남긴 이 원로 문화연구자가 마지막으로 본 세계는 어떤 모습이었나? 피스크는 '능동적 수용자'들이 펼치는 '기호학적 실천' 외에 혹 다른 무엇인가를 보았는가? 그래서 떠나기로 결심을 했는가? 결심을 하고 글을 썼는가? 어디에서? 1994년에 피스크는 《Media Matters: Everyday Culture and Political Change》를 쓴다. 이전 것들에 비해 미디어문화연구자들에게 별반 주목을 받지 못한 책이다. 그런데 바로 이 저작에 수수께끼 같은 사회적 퇴거의 이유와 자발적 실종의 의미를 파악할 단서가 내포해 있다. 우리는 이제 그 책을 다시 꺼내 차분히 읽어 내려가야 한다.

TV문화 현상에 초점이 맞춰져 왔던 그의 시각과 문제의식이 급변하고 있음을 알 수 있다. 그는 이제 텍스트에서 빠져나와 컨텍스트로 걸어 들어가고 있다. TV 읽기를 멈추고 도시 공간 산책에 나선다. 그는 텔레비전이라는 기술 장치에 관해서도 훨씬 더 비판적인 태도를 보인다. 미디어 기술을 통한 담론 투쟁 개입의 가능성을 완전히 포기하지 않으면서도, 그는 이제 감시 능력의 확장을 통해 특정한 사회지식을 생성·유포할 권력의 실제성에 주목하기 시작한다.

국가가 시각화 권력을 비대칭적으로 배치·행사할 수 있다는 사실, 의미를 둔 투쟁은 결국 보는 행위 자체를 둘러싼 싸움으로 이행해야 한다는 점 등을 강조한다. 텔레비전은 이제 감시 장치로 간주된다. 감시와 독재의 전체주의 스테이트state[28]를 도래시킬 수 있는 위험한 도구다. 시청각 장치의 증산은 민주적 다원성의 증대를 가져오지 않는다.

시청각 감시 장치의 발전과 이에 조응하는 경찰무력의 극대화 및

---

28 여기서 스테이트는 국가와 상태라는 두 가지 뜻을 함께 지닌 단어로 쓰인다.

테러의 효과성을 경고하면서, 그는 군이 치안을 빌미로 도심에 투입되는 예외 상황마저 배제하지 않는다. 피스크에게 미국 대도시는 통제 테크놀로지와 일상적 감시 활동, 치안의 스테이트가 융합된 악몽의 미디어 공간에 다름 아니다. 2001년 이른바 '9·11 테러'라는 충격적인 사건이 뉴욕과 워싱턴 DC 한복판에서 발생하기 한참 전인 1994년 그는 이런 섬뜩한, 미래 통찰적인 아이디어를 내놓고 있었다.

기존에 우리가 알던 피스크의 이야기가 아니다. 그는 변화에 대한 희망이 강력하게 투사된 낙관적인, 혹은 낭만적인, 텔레비전 문화연구에서 빠져나와 있다. 피스크는 인종갈등과 계급 모순, 국가 감시, 미디어 통제로 점철된 일상문화, 도시의 대중문화 현실로 걸어 들어간다. 그가 목도하는 미국의 대도시는 계급과 인종적으로 나뉜, 체계적 소외와 절망의 공간이다. 다수 프롤레타리아트와 소수 부르주아의 고립되고 차단된 거주지들로 구성된 구조적 분할과 배제의 장소다.[29]

그 사이의 광장과 거리는 치안권력에 의해 폐쇄되고 감시카메라에 의해 장악된 채, 일방적 교통의 빈 공간으로 퇴락한다. 감시의 테크닉과 테크놀로지들이 분리된 이웃들의 (사)생활세계를 황폐화시켜 버렸다. "우리 삶의 모든 영역들—생산과 소비라는 경제적 영역, 거리와 공원 그리고 이웃이라는 공적인 영역, 가정 내 생활이라는 사적인 영역—을 모니터하기 위한 감시의 빠른 확장이 우리가 처한 사회질서의 성격과 그 안에 거주한다는 것의 느낌까지도 변모시키

---

29 M. Davis, *City of Quartz: Excavating the Future in Los Angeles*. London & New York: Verso, 1990.

고 있다."[30]

자유로운 시민들이 자율적이고 공개적으로 조우할 공통 공간과 공적 공간, 사회적 공간들이 국가권력이 조장하는 공포감에 의해 폐쇄된다. 도시는 상호 경계의 악몽 공간으로 타락하며, 특히 낯선 타자를 혐오·분리·차별하는 묵시록적 악몽의 장소로 변질된다. 텔레비전이 구현하는 듯 보이던 기호학적, 민주적 개방성은 현실 세계에서는 전혀 실현되지 않는다. 피스크가 목도한 것은 거꾸로 절망적인 현실, 파국적인 컨텍스트로서의 신자유주다. 신자유주의 감시체제다.

도시 공간을 관통하는 공공성 실종, 공적 영역 살해가 피스크의 눈에는 자본국가의 결정적이고 현저한 문제로 두드러진다. 인종화된 저계급underclass의 위험 요소들을 게토로 봉쇄·격리하는 인구 통제의 권력기술, 치안사회의 테크닉이 시민 사생활 일반, 즉 일상문화의 위험에서 나아가 정치사회 전반, 민주주의의 위기를 초래하고 있다. 자신의 최종 저작물에서 피스크는 바로 이런 위기의 현실 문맥과 정확하게 대면하면서, 미디어문화연구를 자본주의 도시 공간이라는 주제와 일체시킨다. LA에서 바로 직전 폭발한 인종폭동, 그로 인한 도시의 파멸, 그 배후에 깔린 인종 간 모순과 계급 간 적대가 초래한 입장의 변경이라 하겠다.

도심에 표출된 일련의 재앙 상태들은 미국 미디어문화연구를 대표하는 학자의 시선을 크게 바꾸어 놓는다. 피스크는 이제 레이건과 부시로 대표되는 신보수주의 레짐regime의 통치 메커니즘을 정확히

---

30 J. Fiske, *Media Matters: Everyday Culture and Political Change*. Minneapolis & London: University of Minnesota Press, 1994, p. 246.

간파하면서, 그 이전 영국 대처의 신자유주의 문화정치를 분석적으로 폭로한 스튜어트 홀Stuart Hall 등 좌파 문화연구자들의 초기 테마로 급선회한다. 홀 등과 마찬가지로, 그도 이제 도시 공간이라는 조건 속에서 신자유주의/신보수주의 자본국가가 펼치는 미디어 이데올로기장치를 통한 헤게모니 통치 국면을 폭로하고 비판코자 한다.

추상적이고 당위적이라는 한계가 뚜렷하지만, 피스크는 우리가 무엇을 해야 할 것인지도 대략적으로 제시할 것이다. 삶의 공간을 위협하는 전체주의 독재에 맞서 사회를 보호하고 민주주의 다원성을 사수해야 한다. 그러기 위해, 우리는 주류 미디어를 적대적으로 읽는 것에서 한참 나아가야 한다. 대안매체의 소수자적 목소리를 경청해야 한다. 그러하지 않으면, 우익이 조성하는 공포감에 휘말린 채, 대중들은 자신만의 고립된 처소에 칩거할 공산이 커진다. 그러면 세계는 더욱 폐쇄되고, 사회는 훨씬 더 황폐화될 것이다.

디스토피아의 불길한 전망. 파국의 예상. "이게 우리가 원하는 모습인가?"[31] 피스크는 이런 윤리적인 질문으로 자신이 출간한 최종 저술의 마지막 챕터를 접는다. 답은 무엇일까? 그는 단지 독자들에게 질문만 툭 던지고는 현실로부터 재빨리 퇴장해 버린다. 그래서 답은 남은 우리의 몫이다. 물론 '노!'일 것이다, 누가 감시 통제사회의 출현, 치안 스테이트의 도래, 국가 통치체제의 완성을 원하겠는가?

피스크는 이렇듯 도시라는 결정적 미디어가 펼치는 신자유주의 파국의 컨텍스트, 자본국가 재난의 현실을 읽고 그에 관한 반론을 제출하면서 학자의 시간을 마감했다. 그의 말년은 미디어/텍스트/의미/문화의 영토 내 즐거움/기호학/민주주의를 중심으로 돌아가지

---

31 J. Fiske, *Media Matters: Everyday Culture and Political Change*, p. 253.

않았다. TV문화로부터 급진적으로 탈피해, 재해의 불길한 기운이 서린 도심으로 걸음을 옮겼다. 민주주의를 기호학적 의미 실천에서 한참 나아간, 국가 통제/통치권력에 대항하는 사회정치적 실천 과제로 재귀시키면서다. 피스크는 그렇게 텍스트에서 컨텍스트로 빠져나갔으며, 현실에 관한 비관의 글쓰기를 마감하고는 그 문맥으로부터도 퇴장해 버렸다.

이런 점에 비춰 볼 때, 문화연구 탈문맥화와 탈정치화의 책임을 전적으로 그에게 전가시키는 것은 옳지 않다. 명백히 불충분하고 아쉽게도 지속되지 않은 것이지만, 피스크는 TV문화연구자라는 통념적으로 기억되는 뚜렷한 족적 외에 도시현실 문화연구자로서의 의외의 흔적을 희미하게나마 남겼다. 피스크의 좌파적 자취라고 할 수 있으며, 그 반성적 각성을 그가 도시라는 미디어에의 참여관찰로부터 얻어 냈다는 사실은 의미심장하다.

관심사를 협의한 미디어문화에 국한시킨 여타 연구자들과 달리, 미국 미디어문화연구를 이끈 피스크는 도시를 자본주의의 미디어로 꼽으면서, 그것이 표현하고 거기서 표출되는 현실 세계의 위기를 묵시록적으로 읽어 내고자 했다. 기껏해야 문화적 자유주의로서 자본주의 대중문화를 긍정하고 합리화시키는 데 부역했다는 오명을 덮어쓴 피스크는, 최소한 말년에 이르러 자본주의를 정면으로 대면하고 있었던 것이다. 이 위험 세계로의 산책을 피스크가 결정한 좌로의 변침이라 할 수 있겠는데, 지금까지 국내에서는 거의 소개되거나 언급되지 않은 측면이다. 그러면서 피스크를 비난하고, 피스크류의 미디어문화연구를 거부했다. 이상한 비판이다.

미국 문화연구는 근본적으로 텍스트에 폐쇄된 탈문맥주의의 한계를 가지고 있으며, 그 원흉인 피스크의 사유에 기댄 한국의 미디어문화연구자들은 애당초 자본주의 현실 문제에 대해 소원할 수밖에 없었다는 정형화된 논리, 그 고정관념은 더 이상 유효하지 않다. 영국 문화연구의 신좌파/네오마르크스주의 전통과 달리, 한국 문화연구가 처음부터 (그리고 지금처럼) 현실 개입적인 태도를 멀리한 것을 피스크의 탓으로만 돌릴 수도 없다. 피스크는 한국 미디어문화연구의 탈맥락화의 원흉이 아니다.

이제 우리는 우리가 간과해 왔던 그의 새로운 면모를 재발견해 내야 한다. 그는 마침내 텍스트의 울타리를 넘어 도심이라는 문맥에서 자본국가 비판의 문제의식을 되찾았다. 재난의 현실로 산책을 나서면서다. 그 체험이 위기의 도시/도시의 위기에 관한 새로운 글쓰기를 산출케 한다. 이런 실천적 측면이 제대로 부각되었더라면, 말년의 피스크가 택한 도시 산책을 더욱 집요하게 좇았더라면, 한국 미디어문화연구는 지금처럼 도시 문제로부터 완전히 소원해지지 않았을지 모른다. 신자유주의 생명 위기의 현실에 개입하는, 말 그대로의 '래디컬 문맥주의'를 일정하게 견지할 수 있었을 것이다.

문제는 오히려 우리의 오독, 오해에 있었다. 물론 피스크는 비난으로부터 완전히 자유롭지 않다. 그의 이론은 대체적으로 미디어 중심적이고 텍스트 환원적이었다. 텔레비전이라는 매체에 경도되어 있었으며, 대중의 미디어 수용 및 문화 소비의 실천이라는 소재에 치우쳐 있었다. 그렇지만 최소한 말년에 이르러 피스크는 상당한 태도 변화를 보인다. 문제의식의 심화와 확장. 텍스트이자 컨텍스트이며 표현 매체인 동시에 실제 세계인 도시를 첨예한 모순 지점으로 정확하게 포착해 냈다. 국가 통치/통제의 핵심 공간으로 주목한 것이다.

텔레비전은 이제 단순한 미디어/문화가 아니다. 국가/권력의 원격 광학적 활동으로 재정립된다. 그로 인해 초래될 사회 위기와 생활 위험, 민주주의 위협에 문화연구는 보다 문맥적으로 개입했어야 했다. 보다 중요한 것은, 미디어문화연구가 TV 바깥의 도시 혹은 TV가 배치된 도심으로 걸어 나가는 행위이다. 산책의 실천이며, 그에 따른 글쓰기의 실행이다. 피스크와 접촉한 한국의 미디어문화연구자들과 그 비판자들은 이러한 지점에 전혀 주목하지 않았다. 피스크가 전송코자 한 전체주의 도래, 재난의 도시에 관한 경고 메시지를 접수하는 데 실패한다. 그 실패가 우리의 책임이다.

그가 지닌 보다 심각한 문제, 더욱 중요한 한계도 제대로 짚어 내지 못한다. 말했듯이, 피스크는 전체주의 그늘이 진 도시를 악몽과 같은 현실감으로 주시하면서, 그곳에서 펼쳐지는 불안한 생활 양상과 공포의 통치 양식에 경악한다. 민주주의의 파국을 두려워한다. 사회가 위험하다! 도시가 위태롭고, 삶이 위태롭다! 피스크는 사태를 정확하게 파악하고 문제를 명철히 간파했다. 보다 정확히 말해, 현실에 절망했다. 환멸이다. 사실상 그는 희망을 포기해 버린다.

그는 변화의 가능성을 더 이상 확신하지 않는다. 모순에 개입할 실천의 필요성에 관해 주저한다. 회의다. 냉소다. 그는 결국 은퇴라는 소극적 행동을 택하고 만다. 도시 공간을 지배하고 일상문화를 장악한 국가권력의 감시 기술을 걷어 내고, 공포 조장의 미디어에 적대하고 일방 모니터의 CCTV를 철거하며, 그럼으로써 다원성이라는 민주주의의 최소 가치가 보호되는 대항적·전복적·적대적 문화 실천의 가능성을 더 이상 고집하지 않는다. 그와 밀접하게 연동된 급진적 정치 변화의 가능성에 관해서도 피스크는 비관적인 입장을 띠게 된다.

결국, 피스크는 현실을 고발하고 문제를 폭로하며 변화가 필요하다는 의견을 제출하는 데 멈추고 만다. 현실 변화의 실천을 스스로 자임하진 않는다. 문제 현실을 해소하는 정치, 위험 현실의 조건 속에서 일상을 영위하는 대중들과 더불어 희망을 찾고 가능성을 구현하는 운동으로 나가지 못한다. 대항의 전략과 적대의 전술, 변화의 테크닉을 모색하는 좌파의 사역을 함께 짊어지지 않는다. 절망의 현실로부터 서둘러 등 돌리며, 구체적인 답을 갖고 문제를 푸는 정치적 실천의 책무를 놓아 버린다. 이게 그의 한계다.

우리가 정확히 비판한 지점이다. 영민한 기호학자 피스크는 90년대 중반 미국 도심의 표정에서 더 이상 쉽게 바뀌지 않을 것 같고 한참은 지속될 신자유주의/신보수주의의 풍경을 발견했다. 전체주의 위기의 조짐이다. 이러한 상황에 대해, 그가 선택한 것은 프라이버시를 침해하고 삶을 지배하는 국가 감시권력에 의해 완전히 장악된 공적 영역으로부터의 완전한 퇴거였다. 현실에서 자취를 감추는 방식이었다.[32] 그런 실천적 소극주의가 능동적 수용자론보다 더 아쉬운 피스크의 한계로 꼽혀야 한다. 왜냐하면, 우리는 대부분 재난에 처한 도시생활을 접고 편안하고 안전한 전원생활을 택해 은퇴할 수

---

32 사실 피스크는 완전히 사라지지 않았다. 2000년 은퇴해 골동품 수집가로 변신한 그는 2010년 6월 잠깐 세상에 다시 모습을 보인다. 흥미롭게도 '피스크의 유효성 Fiske Matters'이라는 제목이 붙은 '문화연구에 대한 피스크의 지속적 유산을 기리는 회의A Conference on John Fiske's Continuing Legacy for Cultural Studies'가 위스콘신대학에서 열렸다. 젠킨스Jenkins가 '기술투쟁의 재방문: 참여, 저항, 디지털 미디어 그리고 문화정치Technostruggles Revisited: Participation, Resistance, Digital Media & Cultural Politics'라는 제목의 키노트 스피치를 했다. 흥미로운 것은 '초기 근대 유럽에서의 개인의 성장The Rise of Individual in Early Modern Europe'이라는 제목이 붙은 피스크의 키노트 연설이었다. 그는 개인의 중요성을 강조한다. 자본주의가 압살하는 개인의 가치, 개인의 의미, 개인의 문제에 천착한다. 그리고 그 해답을 사회적인 활동, 정치적인 개입, 문화적인 실천이 아닌 개인의 결단, 개인주의적인 처신에서 찾는다. 키노트 부제는 상징적으로 '문화연구와 골동품의 얽힘Cultural Studies Tangles Antiques'이었다. 현실의 문화연구에서 벗어나 과거의 수집품 수집으로 나선 자신의 선택을 그렇게 해명하고 있었다.

없기 때문이다. 위험한 도시에서 삶, 즉 문화의 가능성을 모색하지
않을 수 없기 때문이다. 도심에 남아 희망을 만들어 내야 한다. 그러
기 위한 산책을 회피할 수 없다.

산책의 가능성과 위기 시대 도시 변용의 문화주의 전술

요컨대, 말년의 피스크는 텔레비전/문화/텍스트 외부로 나가 도
시 공간에 펼쳐지는 신자유주의 자본국가 지배 및 통제의 현실에 눈
떴지만, 그 위기의 정세에 뛰어들고 위험한 국면을 뛰어넘으려 하진
않았다. 감시 통제체제 하 위기의 삶을 개인적 도피, 각자도생의 탈
주로 지켜 내고자 했다고 말할 수 있다. 인간적인, 너무나 인간적인
선택이다. 스스로를 감시 · 응시의 자본권력으로부터 빼내는 적극적
소극주의, 래디컬한 개인주의, 과연 그것은 온갖 위기들로 가득찬
도시 문제를 풀어 나갈 실천적 대안이 되는가?

피스크의 한계는 지금까지 다수가 말해 온 미디어 활용 및 대중의
해독에 대한 과도한 낙관주의, 기껏해야 다원적 민주주의에 머물 문
화주의에 있지 않다. 더 큰 아쉬움은, 위기의 상황과 감시 및 통제의
상태에 구속된 대중을 버린 채 도시 공간 현실의 지배적 문맥, 삶의
주도적 조건으로부터 홀연히 빠져나가 은닉해 버린 지적 · 실천적
비관주의에 있다. 능동적이라 했던 다중들과 결별해 골동품들로 가
득 찬 자택 내부로 단신 기피해 버린 소극적 일신주의. 그것은 결코
구조화된 현실을 변화시킬 대안이 될 수 없다.

대중적인 것을 정치적인 것인 양 설파하던 문화연구자가 도시 대
중의 문화, 즉 삶이 위급에 처한 그 비상한 위험 상황에 갑자기 대중
들로부터 결별해 은거해 버린다? 글쓰기를 멈춘다? 그러면 어떻게

되는가? 그러면 뭐가 어떻게 될까? 이런 모습은 사회 변화를 회의하는 지식인 계급의 전형적인 의지적 비관주의를 떠올리게 한다. 1960년대 국제상황주의를 주도한 급진적 도시연구자의 행적을 돌아보게 한다. "평생에 걸쳐 문제적 시간과 극단적 사회 분리, 엄청난 파괴만을 지켜보았다"는 기 드보르Guy Debord.[33]

그는 옥죄어 오고 전 지구적으로 통합되어 가는 자본주의 분리 체제, 전지적 감시 구조, 독백선전의 스펙터클 시스템에 절망한다. 상황의 정치는 그 시스템 앞에 무력하다. 결국, 외양적 자본(주의)의 지배에 대한 그의 최종 선택이 내려진다. 대중과 함께 하는 행동주의나 건축가들과 공모하는 상황주의, 다큐멘터리스트로 변신해 내놓는 영상 작업이 더 이상 아니다. 견고하게 구축된 사적인 거주지, '요새'로의 퇴거다. 사회로부터 완전 격리된 거처에서 기 드보르는 과연 평안을 얻었을까? 아이러니하게도 그는 자신이 아끼던 골동품 권총들 중 하나로 목숨을 끊고 만다. 자결自決.

피스크의 행적은 물론 이 비극적인 행보와 한참 다르다. 노학자인 그는 말년에 이르러 의외지만 이해할 수도 있는 거취를 택했다. 감시 통제로 점철된 권력의 장과는 한참 차이가 나는 작은 이웃, 지역 공동체로의 자발적이고 능동적인 퇴거. 미래가 불투명한 민주주의를 대신한 친밀한 주민주의의 채택. 국가 통치의 공간 및 공안公安의 시간과 절연하기 위한 극(단)적인 자기배려의 조처라 볼 수 있겠다.

우리는 TV문화연구 분야에서 빼어난 족적을 남겼고 도시문화연구와 관련해서도 중요한 자취를 새긴 그의 이런 급작스러운 퇴거, 그 은퇴의 방식에 대해 이런저런 안타까움을 표시하고 아쉬움을 피

---

33 G. Debord, *Panegyric*. London & New York: Verso, 2004, p.3

력할 수 있다. 각자도생의 개인주의적 처신에 대해서는 보다 강력히 비판해야 한다. 그렇다고 피스크의 선택에 관해 비난만 늘어놓는 게 남은 우리가 택할 정답일까? 오히려 더 많은 비판받고 재고되어야 할 것은, 피스크의 장점과 취약점, 고민 지점을 깊이 이해·사유·극복하면서 그의 산책(술)을 지속·승계·극복·발전시켜 내지 못한 이후 (한국) 미디어문화연구자, 즉 우리의 관습적 행보는 아닌가?

피스크로부터 한 발도 더 나아가지 못한 미디어문화연구가 더 큰 문제로 남는다. 그게 남은 우리가 풀 문제다. 피스크로부터 '능동적 수용자론'의 유산을 불만스럽게 전수받으면서, 미국에서 옮겨 온 한국의 미디어문화연구는 피스크가 말년에 발신한 절망적 도시주의의 메시지에는 전혀 주의하지 않았다. 그를 이어 위기의 도시 공간으로 다가가지 않았고, 그를 뛰어넘어 공적 공간 재구성의 사업을 책임감 있게 고민하지 않았다. 산책의 (글쓰기) 방법론에 전혀 주목하지 못했다.

삶의 복원, 보호, 재생을 위한 공간문화정치의 가능성을 구체적으로 모색하지 못한 것이다. 신자유주의 자본국가 내 도시 공간과 권력 통치, 미디어문화정치의 중대한 연결고리를 변화하는 컨텍스트, 변동하는 정세 속에서 정치하게 풀어 내는 일이 드물었다. 피스크가 간파한 모순과 적대하는 이론적 실천, 실천적 이론의 결여. 모순 현장에서 대중들과 더불어 가능성을 찾고 희망을 발견하는 행동주의의 부재는 놀라운 일이 결코 아니다. 현실로부터 분리된 채 피스크가 초기에 설파한 과장된 수용자론을 시비할 뿐, 피스크를 좇아 위기에 처한 도시생활의 문제로 나아가지 못했다. 감시와 훈육, 테러와 죽음, 젠트리피케이션과 재개발 등 한국의 도시를 관통하고 있는 현실적인 주제들은 철저하게 배제된다.

그래서 한국 미디어문화연구자들과 도시 공간 비판의 분리, 신자유주의가 초래한 삶의 비상사태 하 문화연구의 불구적 탈현실화를 피스크의 탓으로 돌리는 것은 더 이상 유효하지 않다. 올바르지도 못하다. 우리는 피스크의 전통을 극복하지 못한 게 아니다. 피스크의 산책(술)을 래디컬하게 진화시키지 못한 데 우리의 더 큰 책임이 있다. 문화연구의 시급한 역사적 재맥락화를 위해서, 삶을 위협하는 각종 위험 요소들이 도사린 도시 공간 현실에 실천적으로 개입하는 진보적 문화이론을 재구성하기 위해, 반드시 복기할 지점이다.

자본국가 도시 공간 내 위기의 일상생활, 그 주체인 대중들의 위험 상황을 회피하지 않는 현실 문화연구의 재편성을 위해, 우리는 피스크가 남긴 메시지를 좇아 자본주의의 결정적 모순 공간인 도시로 다가가 봐야 한다. 그가 걸음을 멈춘 지점에서 더욱 깊이 나아가 도시 공간의 제 위기들을 체험하고 그 원인과 해법을 고민해야 한다. 위기와 위험의 요인들을 추적하면서 변화의 경로를 모색하는 변증법적 미디어문화연구의 재구성. 오직 그 모색만이 정답이다. 우리가 이 글에서 피스크의 텍스트를 되짚는 까닭이다. 그의 메시지를 길게 재론하는 이유다.

우리가 버만과 드 세르토의 사유를 돌아보고 이들의 행적과 다시 접속해야 하는 이유도 된다. 피스크를 넘어 도시문화연구를 개진하기 위해 우리는 여러 이론가들을 새롭게 만나야 하는데, 그중 특별히 이 두 사람을 거명하면서 그들의 작업에 주목하는 데는 다음과 같은 이유가 있다.

우선, 첫 번째로, 그들은 피스크와 우리 사이의 끊어진 선을 새로 잇는 데 매우 중요하다. 사실, 두 사람은 문화연구의 역사를 언급할 때 빠지지 않는 두 가지 흐름, 즉 홀을 중심으로 한 영국 문화연구 전통과 알튀세Louis Althusser나 바르트Roland Barthes로 정리되는 프랑스 구조조의 전통에서 일정하게 벗어나 있다. 그런 두 사람을 피스크는 자신의 문화이론을 직조하고 사유 체계를 구성함에 있어 중대한 참고인으로 삼았다.

두 번째로, 이와 관련 있는 내용인데, 이들은 실제로 피스크와 마찬가지로 도시 공간의 문제에 천착한 현실의 문화연구자들이다. 피스크에 앞서 혹은 피스크보다 한참 나아가 도시 공간 미디어문화연구의 계보를 이어 간, 그럼에도 한국 미디어문화연구에서 그 공적이 제대로 부각되지 않은 결정적 이론가·연구자들이다. 그렇다면 두 사람은 도시 공간의 문제에 관해 어떠한 점을 피스크와 생각을 공유했으며 어떠한 지점에서 그와 차이를 보였나? 이들로부터 우리는 문화연구의 도시 공간적 배치와 문화연구의 현장 개입적 재구성과 관련하여, 어떤 교훈을 얻을 수 있을까?

우선, 버만과 세르토는 피스크가 앞 장에서 제기한 '이게 우리가 원하는 세계인가?'라는 질문에 마찬가지로 '아니오!'라 동의한다. 다만, 피스크가 질문의 공개 이후 학문 실천 자체를 포기하고 행적을 감춘 데 반해, 두 사람은 모순 현장에 남아 또 다른 질문을 제기한다. '그렇다면 이제 무엇을 할 것인가?'라는 질문이며, 두 사람은 각자 성실한 사유와 실천으로서 이 질문의 답을 찾고자 했다. 구체적으로, 세르토가 피스크에 앞서 저항의 전략적 의미에 천착했다면, 버만은 이후 오랫동안 신자유주의 자본국가의 지배 통제 하 저항의 가능성을 인간주의적이고 변증법적인 마르크스주의 관점에서 찾아가고 있다.

우선 세르토의 경우, 피스크가 수행한 자본주의 도시 문제 정찰의 활동을 앞서 실행하고 있었다. 그가 일찌감치 관심을 둔 것은, 피스크가 말년에 일시적으로 떠맡을 도심의 위기 상황 독해, 모순의 공간 현실 표기의 세부 기술이다. 체제 변화와 운동, 실천의 구체적 전술이다. 지역 네트워크 차원에서만 가능한, 그가 '관계적 전술relational tactics'이라고 명명한 삶, 즉 문화 보호를 위한 투쟁과 자율적 이니셔티브를 위한 아이디어다.

지배적 자본주의 정치경제 내에서 그 변형을 시도하고, 전유를 창의하는 이용자 대중들과 더불어 집합적 행동의 가능성을 모색하며, 이를 전술로써 실행에 옮기는 게 중요하다. 이론과 변증법적으로 맞물린 실천이 핵심이다. 그러기 위해서는 희망의 끈을 놓치지 않는 게 관건이라는 생각을 세르토는 견지했다. 즉, 일상생활 위기의 동정 하에서도 다중의 전술은 여전히 가능하다는 믿음이다. 문화연구(자)는 현실의 도심에서 삶의 주체인 대중들과 더불어 그 가능성을 만들어 내는 일종의 예술(가)이 되어야 한다.

전유의 실천적 사유가로서 세르토는 '전략'과 구분되는 '전술' 개념을 강조했다.[34] 도시는 복수의 서사를 제약하고 대중의 체험을 통

---

34 우선, 전략strategies은 자원의 배치와 관계의 편성, 주체의 활동을 획정할 수 있는, 소수가 보유한 계산된 관계이자 합리화된 구조이며 이를 획정할 위력을 가리킨다. 신자유주의 정치경제는 정확히 후기자본주의가 이윤의 축적과 체제의 재생산을 위해 계산적·합리적으로 채택한 전략이라고 할 수 있다. 도시 공간이 바로 이 자본의 전략과 이를 후원하는 국가의 정책에 따라 급격하게 변모되고 있다. 사회적 공간이 통제되고, 공적인 영역이 사유화되며, 사이공간에서의 정치적 자유에 재갈이 물리고 있다. 스펙터클의 지배, 감시카메라의 증대, 사생활의 침해는 자본국가가 추구하는 전략의 목표이자 내용이며 효과다. 이 지배권력의 통치전략에 개입하기란 사실상 불가능하다. 대의체제가 붕괴된 상태에서 국가 법제도 정비 과정에 대중 참여의 기회는 거의 배제되기 때문이다.
이에 반해, 전술tactics은 지배권력의 시각에서 보자면 소수자들에게 속하는 것이다. 획정하는 경계 바깥에서 활용될 수 있는 것으로서, 특정한 소유권이나 특수한 장소성을 갖지 않는다. 특정한 시공간적 상황에서 누구에 의해서나 발명·발휘될 수 있는, 기회를 발견하고 상황을 유리하게 전유해 내며 그리하여 자신의 이해관계

제하며 "여러 많은 실질적 주체, 집단, 연합 혹은 개인들"의 사회역사적 특이성을 배제한 채 보편화된 익명의 주체성을 창출한다.[35] 푸코가 《감시와 처벌》에서 설파한 판옵티콘의 통치행정 메커니즘이 현대 자본주의 도시 공간에서 상시적으로 실현된다. 사회생활을 훈육·통제하는 권력의 작동 공간인 대도시다. 그렇지만 지배전략은 반드시 성공하지 않는다. 지배에 맞서는 저항이 가능하다.

요컨대, 지배의 온갖 기술들은 일상생활의 현실에서 다양한 '전술적 급습tactical raids'에 노출된다. 전술로써 도시 대중은 자본국가의 지배전략에 맞설 수 있다. 피스크도 정확히 이런 세르토를 따라 "도시 거주자들은 훈육 메커니즘을 자기 자신의 자유로 변환할 수 있고 또한 그렇게 하고" 있다고 쓴 바 있다.[36] 결국 이런 희망을 포기해 버리지만. 세르토가 보기에 도시는 양가적 혼합체다. 자본과 법질서의 힘에 의해 (재)생산되는 컨텍스트이지만, 통제와 처벌로부터 벗어날 수 있는 무질서의 텍스트가 될 수도 있다. 그게 전략 구사의 공간이면서 동시에 전술 구현의 공간이 되기도 하는 도시의 이중적 성격이다.

위로부터의 (지배)전략에 맞서는 아래로부터의 (대항)전술에 주목하면서, 세르토는 그것을 대중문화의 공간인 대도시에서 당장 실천

를 관철시키는 특이성the singularity의 활동 계획이다. 푸코식의 표현을 따르자면, 전술은 누가 영원히 소유하는 게 아니라 수시로 행사되는 것이다. 전략이 시스템에 속하는 것이고 자본국가 등 권력을 가진 집단의 통치적 기술자원에 해당한다면, 전술은 시스템 내 전략으로 배치된 권력에 따라 삶/생계/문화를 영위하도록 강제된 개인이나 집단이 채택할 수 있는 예술·무기가 된다. 특정한 상황이 제공하는 기회를 낚아챔으로써 체제에 저항하고 변화를 모색하는, 약자·소수자 하위주체의 문화정치적 테크놀로지다.

35 M. de Certeau, *The Practice of Everyday Life*. Berkeley & London: University of California Press, 1988, p.94.

36 J. Fiske, *Reading the Popular*. Boston: Unwin Hyman, 1989, p.205.

할 것을 제안한다. 도시 거주자들이 주어진 조건과 상황 속에서 '뭔가를 만들어 내야making do'한다고 주창한다. 그가 보기에 도시 대중들은 약자, 피해자만이 아니다. 강제된 규칙 속에서도, 이를 회피하거나 새로운 자원으로 활용하는 전술 테크닉을 구가하는 존재, 주체들이다. 자본국가의 공간 지배력을 조작·회피·이용함으로써 삶과 놀이, 즐거움과 의미를 새롭게 발견·구성하는 '약자의 기예an art of the weak' 혹은 '협잡trickery'이 가능하다.

거기에 희망이 있다. 자본주의 대도시는, 사회경제적 통치 구조와 자본국가의 지배전략에도 불구하고, 시스템화한 권력에 장악되고 어두운 절망이 판을 치는 재난의 공간만이 아니다. 모든 것을 꿰뚫어 보고 많은 삶을 위험에 빠뜨리는 자본국가 권력에 대항하는 적대적 움직임들이 활성화되는 이상한 희망의 공간이 되기도 한다. 권력은 도시에서 저항을 완전히 삭제시키지 못한다. 도시는 통치력의 규제적 작동프로그램에도 불구하고 (혹은 바로 그러하기 때문에) 억압된 것들의 귀환 장소가 된다.

공간적 실천들을 통한 약자(적 삶)의 귀환 포인트, 소수자 정치의 출몰 지점이 되는 도시다. 도시는 규율하고 훈육하는 자본국가의 의지와 통치권력의 억압에 개별적인 기예와 떼거리swarming 전술로 맞서는 약자, 소수자의 정치적 실천 공간이다. 그 도심 다중들의 공간 실천을 보고 읽어 내는 일, 지배를 간파하고 적대를 파악하며 그 배치 및 편성의 그림을 그려 내는 일, 변혁 및 변환의 미세한 기운과 가능성 그리고 그 구체적 전개의 방향을 짚어 내고 제시하는 일. 바로 이게 도시 시스템 내부를 걷는 행위로서 산책이 갖는 의미이자 발걸음이 내는 효과이며 문화연구자가 할 일이다.

이와 같이, 세르토는 산책散策이라는 말 그대로 흩어져 은밀히 정세를 파악하고 차분히 정황을 살펴보며 면밀히 빈틈을 찾아내는 테크닉을 통해 도시에 개입할 것을 주장했다. 도심 내 발성의 공간을 읽어 내고, 이를 텍스트와 이론의 공간 안에서 다시 발음하는 작업이다. 세르토는 걸으며 들은 소리를 텍스트 형태로 번역하는 게 문화연구자의 글쓰기 전략이라고 보면서, 이를 도시 공간에서 직접 실행코자 했다. 의미화 실천, 즉 의미를 찾아내고 의미 있는 행동을 만들어 내는 다양한 전략이 곧 도시 공간을 창안하는 실천이 된다.

세르토가 도시를 떠날 수 없는 까닭이다. 문화연구자는 이야기, 글쓰기 실천의 주체다. 현실 자본주의 경제 위기의 진앙 지점, 그 한복판에서 위험과 기회, 절망과 희망을 동시에 내포한 대중들의 삶을 변증법적으로 읽어 내야 한다. 그러면서 그들과 대화할 것이며, 그 교통의 행위가 힘을 낳는다. 그러기 위해 연구자가 (대)도시에 거주하거나 그곳을 빈번히 출입하는 것은 필수적이다. 도시에서 벗어나면 안 된다. 직접 걸어가 보는 산책자와 감상자의 이중 역을 동시에 자임하면서, 위기의 현실을 인식하고 위험의 사태를 직면해야 한다. 그게 현실 문화연구의 책임이며, 피스크가 포기해 버린 게 바로 이 실천의 자세다.

도시라는 이상한 희망의 공간에서 지속하는 변증법적 문화연구

여기 머물면서, 도시 공간의 현실 속에서 변화 가능성을 모색하자는 이런 제안은 과연 전혀 새로운 것인가? 그렇지 않다. 푸코Michel Foucault의 생각을 잠깐 살펴보자. 그는 이 세계에 존재하지 않는 이상적 시공간, 유토피아를 논구하지 않았다. 구체적인 장소, 지도 위에 실재하는 장소에 관심이 많았다. 현실의 좌표로 위치하면서 여전히 그 현실과는 차이 나는 위상을 가지며 그럼으로써 일정한 이의 제기와 정체성 반성, 존재감의 성찰 기회를 제공하는 생산적 위치들. 푸코가 말하는 복수複數로서의 헤테로토피아heterotopias는 현실 속 가능성의 공간에 다름 아니다.

'다른 시간heterochronia'으로 구성되는 이런 반공간counter space은 우리의 생활과 거리가 먼, 의외의 곳에서나 마주칠 수 있는 낯선 장소들이 결코 아니다. 요양소와 매음굴, 묘지, 극장, 시장, 술판, 멋진 공터, 휴양촌, 모텔이 모두 '장소 바깥의 장소'가 될 수 있다. 자기 이외의 모든 장소들에 맞서고, 맞설 수 있게끔 해 주는 장소들. 우리가 수시로 오르내리는 계단이나 잠시 스쳐 지나가는 통로, 거리 주변의 카페들, 잠깐 들른 영화관 등에서 푸코는 바슐라르의 글쓰기를 연상시키는 '헤테로토폴로지heterotopology'를 수행한다.[37] 공간이 다르게 실천될 가능성, 공간을 차이 나게 읽을 희망을 찾는다.

푸코의 이런 공간적 사유와 세르토의 방법론은 크게 차이가 나지 않는다. 세르토가 뉴욕 세계무역센터에 오른 이유다. 그는 9·11로 사라져 버린 이 빌딩 꼭대기를 일종의 헤테로토피아로 취한다. 새로운 도시 조망, 색다른 의견 산출의 장소로 가져간다. 관광에 반하는 전망의 헤테로토피아로 체험하는 것이다.

고층빌딩 꼭대기에 오르는 것은 그에게 개인적으로는 도시의 손아귀로부터 벗어날 기회가 된다. 상승은 그를 바라보는 주체, 생각하는 존재로 재변모시킨다. 복잡한 도심으로부터 일정하게 거리를 두게 해 준다. 110층 전망대에 선 그는 자신만의 시선으로 현혹적인

---

37 미셸 푸코, 《헤테로토피아Le Corpes Utopique》, 이상길 옮김, 문학과지성사, 2014.

자본의 월 스트리트를 내려다본다. 말 그대로 낮추어 보며, 원근법적 안목을 갖게 되는 것이며, 그의 시야에 들어오는 것은 공간을 지배하는 자본국가의 권력이다. 그 사이에서 분투하는 대중의 삶을 상상하면서, 그는 눈 아래 펼쳐지는 풍경을 환상적 스펙터클이 아닌 현실의 텍스트로 읽어 내는 것이다.

마르크스는 유럽을 공포에 빠뜨린 코뮤니즘이라는 '유령'의 실상을 《공산당 선언》에서 그 특유의 모던한 글쓰기로써 풍자적으로 소개한 바 있다. 이 소책자에서 그는 '자유무역'을 다른 수많은 자유들을 밀어내는 자본주의 최종의 자유로 꼽았다. 그 자유무역의 자유를 상징하는 자본의 심장부에 올라, 세르토는 말 그대로 엠파이어스테이트의 전경을 조감한다. 뉴욕이라는 도시에서 자본주의라는 끊임없이 폭발하는 우주를 읽어 내고자 했다. 이게 바로 실천, 공간의 실천이다. 도시에서 여전히 가능한 비평적 사유의 산책이다.

피스크는 이러한 세르토를 답습하면서 동시에 그로부터 크게 벗어나 버렸다. 세르토에게 있어 도시 공간을 걷고 건물에 오르는 것은 자본주의의 지배적 일상문화로부터 거리를 두고 비판적이고 자율적인 사유의 조망권을 얻어 내기 위한 일종의 공간실천이다. 전복적 기호학의 전술이었다.[38] 자본의 지배체제가 잘 보여 주지 않으려

---

[38] 최근 한국 사회에서 두드러진 건물 옥상이나 굴뚝, 전광판에서의 고공농성은 '건물 오르기'의 또 다른 전술적 양상이다. 문화연구자가 상업적 스펙터클의 타워에 올라 시가지를 조망하면서 현실을 감지하고 사유를 개진한다면, 신자유주의 시대 자본국가에 의해 내몰리고 선전매체에 의해 차단된 노동자들은 이러한 시설물을 직접현시의 장치로 변용시킨다. 재현되지 않은 현실을 보게끔 만들며, 드러나지 않은 현상을 공공연히 표출시킨다. 분명히 자본주의 사회 대다수의 건물들은 상업적 한계를 갖는다. 스펙터클이다. 그럼에도 불구하고, 그에 맞서는 문화연구자와 노동자들은 사유와 행동으로써 그 축적과 외양의 건축을 정치적 사유 및 저항적 행위의 장치로 일시 점유한다. 정확하게 세르토가 말하는, 전략에 반하는 전술이다. 문화자본에 맞

는 것을 직접 가 봄으로써 투명하게 인식하려는 특이한 전술로서의 산책.

물론, 일시적으로 조망권을 행사한 후 산책자는 다시 거리로 내려가야 한다. 마천루 사이의 복잡한 도로와 지저분한 골목, 감시의 시선들로 직조된 광장에서 산책자는 작동하는 권력과 지배하는 시선, 저항하는 희망들을 구체적으로 읽어 낸다. 그리고 다시 총체적 정리를 위해 높은 데를 찾아 오르는, 고공과 지상 사이의 왕복달리기를 반복할 것이다. 미시/거시, 상승/하강의 변증법. 그러하기 위해, 그는 도시를 빈번하게 출입하거나 그곳에 거주하지 않으면 안 된다.

피스크 또한 시스템 전유·구조 변용의 즐거움을 빚어 내기 위해서는 "체제 내부에 거주해야 한다"는 데 동의를 표한다.[39] 도시를 가끔씩 방문하고 타워를 드물게만 올랐을 때에도, 피스크는 대도시 초고층건물이 제공하는 즐거움을 금방 간파할 수 있다. 그 즐거움을 '대중적인 것'으로 간주하고 나아가 '정치적인 것'으로 해석해 낸다.[40] 세르토가 지금은 테러로 해체된 세계무역센터에 올라 자본주의 제국의 도시를 독해할 공간적 실천으로서의 산책을 사유했다면,

---

선 문화정치다. 이게 저항의 모든 것이 될 수는 없겠지만 표현 전술로서 갖는 의미는 여전히 크다는 사실을 우리는 2014년 '씨앤엠 사태'에서 체험한 바 있다.

39 J. Fiske, *Reading the Popular*, p.204.

40 명백히 세르토를 좇아, 피스크는 미국의 세 번째 대도시인 시카고의 시어즈 타워 Sears Tower에 오른다. 그곳에 서서 그 또한 도시에 관해 사유하고 세르토를 떠올리며 '대중적인 것'에 관해 사유한다. 자본주의 도시 문제를 지배권력과 연관시키고 대중문화의 관점에서 읽어 낸다. 시어즈 타워는 명백하게 소비자본주의, 스펙터클 선전 그 자체다. 동시에 이 타워는 대중들에게 상승과 하강의 즐거움, 조망의 재미를 제공하는 건축물이 되기도 한다. 자본(주의)의 망루에 오늘 때 도시 조망의 권능을 시민 대중들은 갖게 된다고 피스크는 믿는다. '고도 상승이 지닌 해방적 체험이다. 누구나 접근 가능한 엘리베이터를 타고 오르며 다중이 즐기는 도시생활의 재미다.

피스크는 자본주의 마천루에서조차 가능한 대중적 향유와 대항적 즐거움에 주목했다. 동행은 딱 거기까지다. 세르토가 거리로 다시 내려가 수행할 의미화 실천을 고민했다면, 대중들에게 낙관하고 도심에서도 가능한 재미와 변용을 강조하던 피스크는 갑자기 산책을 포기한다. 도시 공간에서 사라진다.[41]

낭만주의는 그렇게 과장된 낙관주의와 극단적 패배주의를 동시에 내포하고 있는가? 피스크의 급작스러운 퇴거는 자본주의 현실로부터 분리된 감상적 조울증 환자의 불가피한 행동인 셈인가?

세르토가 자본주의 도시 연구를 지속·심화시켰다는 증거는 없다. 따지고 보면, 도시 공간 문화연구에 있어 세르토의 공적은 말했듯 산책의 가능성을 이론적으로 제시한 데 그친다. 피스크는 그 책략 개념을 전수받아 현실에 적용코자 했다. 다만, 그 시선은 과잉된 낙관주의에 머물다 급작스레 과장된 비관주의로 역전되고 만다. 산책으로써는 극복 불가능해 보이는 체제에 절망한 그는 후배지로의 사적인 퇴거를 결행하면서 의도치 않게 세르토가 틔운 도시 공간 문화연구 실천의 중요한 선을 끊어 버리고 만다.

---

[41] 사실, 피스크의 한계는 세르토의 산책술을 이론적으로 심화시키고 실천적으로 진척시키지 못한 80년대 말의 저작물에서 이미 드러나고 있었다. 피스크는 세르토를 낭만적인 방식으로 응용하고 포퓰리즘적으로 접수했다. 세르토의 사유를 연성화해 누드 해변과 쇼핑몰의 게임아케이드를 읽어 냈다. 그럼으로써 세르토의 전술 개념이 내포한 반자본의 래디컬한 뉘앙스를 크게 해소시켜 버린다. 즐거움에 기초한 대중들의 공간실천 기술, 재미를 통한 다중의 공간참여 테크닉에 관심을 모은다. 대항의 가능성과 전복의 희망을 찾아내는 문화연구자, 기호학자의 도시 산책 전술은 결국 특정 장소 대중의 소비와 재미를 독해하는 작업으로 환원되고 만다. 피스크의 글쓰기는 나이브한 도시 공간 에세이로 전락한다. 그렇게 타워 관광을 '대중적인 것＝정치적인 것'으로 풀이하던 그의 낭만적 시선은 불과 몇 해가 지나지 않아 감시 통제 메커니즘에 대한 분개, 도시 공간에 대한 묵시적 비관으로 뒤바뀐다.

문제의 도시에 오롯이 남은 문화연구자들은 어떻게 떠난 피스크를 대신해 세르토와의 끈을 새롭게 잇고, 그럼으로써 절망의 자본주의 도시 공간을 희망의 산책 전술을 갖고 변증법적으로 개입해 들어갈 것인가? 피스크와 달리 일관되게 도심의 거주자로 살고 있으며, 세르토와 차이 나게 대중의 공간실천에 참여한, 마샬 버만을 다시 읽어야 하는 이유가 바로 여기에 있다.

버만은 자본주의 문제를 정확히 마르크스(주의)의 시선에 따라 좇는다. 마르크스를 모더니스트로 간주하는 그는 마르크스처럼 자본주의를 혁명적 역동성을 배태한 놀라운 혁신의 체제로 파악한다. 그의 책 제목이 말하듯이, 자본주의는 '현대성의 경험'에 다름 아니다. 그리고 이때의 자본주의 현대성의 경험이란, 마르크스가 《공산당 선언》에 적은 '견고한 모든 것은 대기 속에 녹아 버린다'는 문구로 집약된다. 물론, 그 유동적 변화 능력은 자본의 축적을 위한 것이지만, 구질서 해체라는 측면에서 해방의 기회와 전복적 희망을 파생할 수도 있다. 요컨대, 반동과 혁신의 양가적 가치를 지닌 자본주의다. 버만은 그 양의성을 놓치지 않고 제대로 간파하기 위한 중요한 태도 혹은 입장으로서 변증법적 마르크스주의를 주창한다.[42]

급변하는 자본주의 현실의 양가성을 제대로 파악하기 위해 마르크스주의자는 이론의 세계에서 나와 현실의 세상으로 걸어 나가야 한다. 텍스트를 접고 컨텍스트를 직접 체험하며, 그 실증의 결과를 글쓰기로 구체화시켜야 한다. 그렇게 자본주의를 이론이 아닌 실제

---

42 마샬 버만, 《현대성의 경험: 견고한 모든 것은 대기 속에 녹아버린다All That Solid Melts Into Air: The Experience of Modernity》, 윤호병 · 이만식 옮김, 현대미학사, 1994.

로서 근접한다. 이 과업을 게을리하면 마르크스주의자조차 자본주의 현실로부터 도태될 것이다. 자본주의 내 저항의 조건, 상황들로부터 분리되고 만다.

그러한 오류를 피하기 위해 버만은 자본주의의 다양한 변모가 표출되고 융기하는 결정적이고 주도적인 공간인 도시로 나선다. 세르토가 제안한 것처럼 그곳에 거주하면서, 산책을 실전에 응용한다. 직접 가 보고 적는 것이다. 견고한 현실이 녹아 내리기 전에, 그 녹아 내리는 현장을 기억에 남긴다. 녹아 내리게 만드는 힘과 조건들을 기록에 부기하며, 그런 해체와 폐허의 현장에서조차 완전히 사라지지 않는 희망과 저항의 대중 역능을 서사로 묘출하기 위해서다.[43]

구체적으로, 버만은 세르토가 일시 방문한 금융자본주의, 초국적 자본, 신자유주의 최첨단의 도시 뉴욕에 거주하면서 마르크스주의 도시 공간 문화연구를 실행에 옮긴다. 현대성이 구축했고 탈현대성이 분리한 '인 랜드 엠파이어'의 슬럼에 거주하는 신좌파로서, 그는 자본주의 모더니티와 그 표현체인 대도시 그리고 그 속에서 진행되는 문화 해체 및 생성의 움직임을 누구보다 잘 따라잡을 수 있다. 모험과 공포, 애매모호함과 아이러니를 지닌 도시를 오랫동안 탐구해왔기에 가능한 일이다. 피스크는 물론이고 세르토와도 대별되는 모습이다.

그런 버만은 한마디로 대도시 현실의 문화연구자라 할 수 있다. 뉴욕 도심 한복판에서 그는 자본주의 모더니티가 초래한 급격한 도시

---

43 버만은 마르크스주의 휴머니즘을 오늘날 세계를 지배하는 시장만능 자본주의에 대한 대안으로 보면서, 기꺼이 인간적 마르크스주의자가 되고자 한다. 그람시가 말한 '지성의 비관주의, 의지의 낙관주의' 사이에서 역동적 균형을 취하는 게 위기에 처한 인간의 삶에 관심 갖는 좌파 문화연구자의 입장이라고 제안한다.

(재)개발과 자본 지배의 공포를 직시하며, 또한 그 현장에서 펼쳐지는 저항의 역설과 반발의 아이러니를 관찰한다. 자본의 지배는 동시에 대중의 저항을 낳는다는 마르크스의 변증법적 역사유물론을 고수한 채, 자본주의 도시 공간 문화연구를 끈질기게 실천에 옮긴다.

20세기 말과 21세기 초엽 대도시라는 변화된 공간적 조건 속에서, 그리고 마르크스주의 변증법의 전통을 견지한 채, '현대생활의 화가'를 칭송하고 스스로 '현대생활의 영웅주의'를 실천한 보들레르를 좌파적으로 되살려 낸다. 포스트자본주의 도시 공간에서의 발터 벤야민 되기다. 그것은 다름이 아니라, 자본주의 모더니즘이 초래한 '진보'의 악몽을 지켜보고, 피폐해 가는 도시 대중들의 삶 속에서 '문명'이 남긴 야만의 흔적을 적으면서, 폐허에서조차 역사의 새로운 구성 가능성을 의심치 않는 좌파 변증법적 문화연구자가 되는 것이다. 역사를 거슬러 빗질하기.

그 일을 그는 "필자 자신의 현대적인 환경이자 필자의 생활에 형식과 에너지를 부여한 뉴욕시를 횡단"하면서 일상적으로 수행한다.[44] 세르토처럼 다분히 사변에 치우치거나 피스크처럼 쉽게 절망하는 법이 없는 버만은 현실이라는 역사적 층위에서 대중들에 대한 낙관적 철학을 견지한 채 글쓰기에 몰두한다. 버만의 (반)자본주의 도시 공간 문화연구가 이렇게 탄생한다.

구체적으로, 그는 50~60년대 뉴욕시에 축조된 고가도로라는 현대적 건축물에서부터 이야기를 시작할 것이다. 이 프로젝트에 의해 뉴욕시는 전혀 다른 도시가 된다. 고속도로 주변 버만이 어린 시절에 살았던 브롱크스 중심부는 10년 사이에 산산조각이 나 버린다.

---

44 마샬 버만, 《현대성의 경험: 견고한 모든 것은 대기 속에 녹아버린다》, 349쪽.

그가 함께 성장했던 이웃은 "도시적인 악몽—마약, 깡패, 방화, 살인, 테러, 버려진 수천 개의 건물, 쓰레기와 흩어진 벽돌들이 산재한 폐허"(362쪽)로 전락한다.[45] 자본주의 도시 개발의 공학은 공동체 공간 파산의 치명적인 효과를 수반하는 법이다.

그러나 흥미로운 것은, 뉴욕이라는 대도시를 가로지르고 그럼으로써 브롱크스를 결정적으로 타 지역과 차단시키고 낙후시켜 버린 고속도로가 저항의 시대인 60년대에 들어 그 게토에서 성장한 지식인들의 사유 포인트, 작가들의 표현 대상, 활동가들의 공격 지점이 되기도 했다는 점이다. "결과적으로는 집단의 외침이 되는 개인의 함성, 다시 말하면 교통의 핵심을 뒤엎고 거대한 엔진을 멈추게 하거나 적어도 그 속도를 늦추게 하는 함성의 공격을 받게" 된다.[46] 자본국가의 도시 개발 전략에 따라 설치된 도로와 폐허가 되다시피 한 이웃에서도 대중의 대항전술은 여전히 작동 가능했던 것이다.

체제 전유, 자원 변용의 활동은 조직화된 운동 차원에 그치지 않는다. 아이들은 시멘트 벽을 거대한 화판으로 만들어 버린다. 놀랍도록 다양한 상상력과 비전을 표출한 도시 벽화를 절망의 공간에 그려 낸다. 세르토가 말한 공간적 실천, 의미화 실천의 활동이다. 도심의 기호학적 유격전(술)이다. 요컨대, 도시 대중들은 재난 상황에서도 완전히 패배하는 법이 없다. 위기 상태에서조차 "일상적인 거리를 죽음으로부터 구제하는" 활동을 자발적으로 펼친다.[47] 모퉁이를 돌아서면 금방 조우할 위험의 조건에서 펼치는 자기 보호, 공간 보

45　마샬 버만, 《현대성의 경험: 견고한 모든 것은 대기 속에 녹아버린다》, 362쪽.
46　마샬 버만, 《현대성의 경험: 견고한 모든 것은 대기 속에 녹아버린다》, 403쪽.
47　마샬 버만, 《현대성의 경험: 견고한 모든 것은 대기 속에 녹아버린다》, 423쪽.

존의 창작 활동이다.

세르토가 사변적으로 전개하고 피스크가 일시적으로만 수행한 자본주의 도시 공간 문화연구를 버만은 오랫동안 거주한 뉴욕 브롱크스에서 지금까지도 꾸준히 지속하고 있다. 세르토나 피스크가 자본주의를 언급하면서 막상 호명하지 않고 배제시킨 마르크스를 당대의 역사적 현실로 불러내면서다.

그가 보기에, 현재 우리가 마르크스를 필요로 하는 것은 과거의 해명이나 미래의 예측을 위해서가 아니다. 바로 지금 여기에서의 작업을 위해서다. 마르크스가 오늘날의 "우리에게 줄 수 있는 위대한 선물은 근대적 삶의 모순에서 벗어나는 길이 아니라, 이 모순들 속으로 걸어가는 좀 더 분명하고 깊숙한 길이다"라고 버만은 주장한다.[48] 자본에 의한 사회 공간 폐쇄를 고발하고 공적 영역의 감시 통제를 비판하기 위해서만이 아니라, 모순이 초래하는 저항의 아이러니와 희망의 역설을 바로 이곳에서 찾아내고 발굴하기 위해 도시 공간 문화연구는 마르크스(주의)에게로 돌아가야 하는 것이다.

그는 그 모순들을 넘어서는 길은 근대성에서 나오는 것이 아니라, 그 안을 돌파해 들어가야 하는 것이라는 사실을 알고 있다. 그는 지금 우리가 있는 곳에서 출발해야 한다는 사실을 알고 있었다. 정신적으로 벌거벗은 채, 모든 종교적, 미학적, 도덕적 후광과 감상적인 베일을 벗긴 채, 우리의 개인적 의지와 에너지에 의지한 채, 살아남기 위하여 서로 착취하며 서 있는 지금 이곳에서. 하지만 그럼에도 불구하고, 우리를 갈라 놓은 바로 그 힘을 통해 우리가 다시 모여 있는, 희미하게나마

---

48 마샬 버만, 《맑스주의의 향연Adventures in Marxism》, 문명식 옮김, 이후, 2001, 201쪽.

우리가 연대할 수 있는 모든 것을 인식하고 있는, 그리고 우리 자신을 최대한 확장해 새로운 인간적 가능성들을 붙잡고, 사나운 근대의 공기가 변덕스럽게 우리 모두를 헤집고 지나갈 때 우리를 단결할 수 있게 해 주는 정체성과 상호 연대를 발전시켜 나갈 준비가 되어 있는 바로 이곳에서(108쪽).[49]

버만의 마르크스주의 도시 공간 문화연구에는 세르토나 피스크에게서 찾기 힘든 자본국가 도시 공간 개발의 구체적 역사성과 자본주의 도시 살해의 체계적 폭력성이 생생히 담겨 있다. 동시에, 그런 재난과 상황에서도 완전히 말살되지 않는 대중들의 생활력과 예술성, 문화정치적 활약상들이 흥미롭게 묘출된다. 피스크의 절망적 시선이 포착하지 못한 현실의 희망 메시지다. 버만은 아직도 야만의 도시를 떠나지 않고 머물면서, 주기적으로 자신의 옛 거주지를 찾는다.[50]

그럼으로써 계속 쇄신하는 자본주의 도시 개발 및 신자유주의 공동체 파괴의 양상과 더불어 이에 맞서는 대중사회의 생명력을 지속적으로 기록에 남길 수 있다. 도시 공간에 집적된 자본주의 (후기)현대성은 그에게 폭력의 공포와 함께 삶의 희망을 제시한다. 바로 이런 "삶에 대한 연구야말로 마르크스주의가 추구하는 중대 사안 가운데 하나가 아니던가?"라고 버만은 반문했다.[51]

이에 덧붙여, 우리는 다음과 같이 자문해 봐야 한다. 이런 도시생활 현장 참여관찰 연구야말로 반자본의 마르크스주의를 기본으로

---

49 마샬 버만,《맑스주의의 향연》, 108쪽.
50 M. Berman, 〈Falling〉 In M. Beaumont & G. Dart (Eds.), *Restless City*. London & New York: Verso, 2011, pp. 123~137.
51 마샬 버만,《맑스주의의 향연》, 13쪽.

하는 (미디어)문화연구가 추구할 핵심 과제 중 하나가 아니었던가? 그런데 왜 우리는 그 작업을 멈추어 버렸는가? 세르토가 제시하고 피스크가 잠시 수행했으며 버만이 지속 중인 도시 미디어문화연구를 왜 더 이상 실행에 옮기지 못하는가?

세르토처럼 산책이라는 공간적 실천의 개념을 신선하게 내놓거나 피스크와 같이 도시에 절망하여 과격하게 퇴거해 버리지 않으면서도, 버만을 따라 위기의 도시에 머물며 성실히 희망의 단서를 찾지도 않는다. (미디어)문화연구 세 선학先學의 유산을 전향적으로 승계하지 않은 채, 그들이 고민한 사유와 행동의 궤적을 비판적으로 잇지 않으면서, 미디어와 텍스트의 편협하고 안전한 동굴로 피신해 버렸다. 자본국가의 도심 지배와 대중문화의 위험사태를 결과적으로 방기한다. 미디어문화연구의 탈문맥화는 바로 이 유폐의 순화된 표현에 다름 아니다. 이게 현 시점 우리가 냉정하게 돌아볼 포인트가 아닌가?

고현학考現學, 생명 위기의 도시 현실 참여를 위한 문화연구 방법론

도시는 21세기 대중교통의 주요 공간이자 대중문화의 핵심 장소다. 삶, 즉 문화의 공간이다. 그러면서, 역설적이게도, 도시는 생명을 위협하는 각종 정치경제적 사건과 삶을 탈취하는 사회문화적 여러 재해가 유발되는 곳이 되기도 한다. 그렇기에, 삶을 보존하고 인명을 구하기 위한 필사의 노력이 진행되는 투쟁 지점, 항거 포인트이기도 하다. 그러한 점에서 도시는 포스트모던 자본주의를 표현하고 위험사회의 문화를 재현하며 대중의 정치를 매개하는 중요한 매체다. 현실문화 독해와 이해, 비판과 생성을 책임진 현실문화연구(자)의 관심 대상, 참여 표적이 된다.

바로 이 핵심 사업을 게을리하는 부진과 미디어문화연구가 자인하는 탈맥락화 위기는 과연 별개의 일일까? 탈맥락화는 문맥을 고려한 텍스트 연구 태도의 부족에서 비롯된 게 아닐지 모른다. 현실의 장소이자 문화의 공간인 대도시의 연구를 소홀히 하고 그럼으로써 도시 대중들의 삶, 즉 대중문화의 위험 상황을 방기한 데서 위기의 보다 근본적인 원인을 찾을 필요가 있다.

현재의 미디어문화연구는 현실의 재개발, 추방, 난민, 젠트리피케이션을 포함한 여러 재난 위기에 관해 침묵해 왔다. 그럴 수밖에 없는 게, 도심으로의 산책을 게을리하기 때문이다. 그래서 무지와 무관심, 무책임이 싹튼다. 그게 현 미디어문화연구 탈문맥화의 본질이다. 미디어문화연구의 위기는 도시 공간이 처한 위기의 표현이자 징후에 다름 아니다.

이 글은 미디어문화연구 전통의 재정립과 탈맥락화 위기의 극복을 위해, 간과된 말년의 피스크로 돌아갔다. 그가 시도한 도시 연구의 의의와 그가 남긴 도심 산책의 한계를 짚어 보았다. 피스크에 앞서 세르토가 강조한 공간적 실천의 사유, 피스크 이후 버만이 고수한 마르크스주의 도시 공간 문화연구를 나름 깊이 살펴보았다. 한국 미디어문화연구의 형성에 크게 영향을 끼친 피스크와 시대적으로나 방법론적으로 밀접히 연관된 두 사람을 함께 검토한 것은, 한국 도시 미디어문화연구 재구축을 위해 이들을 일종의 이론적 삼각대로 삼기 위해서다. 물론 보다 튼실한 도시 미디어문화연구 재건축을 위해서는 도시 문제에 천착한 안팎의, 오랜 기간에 걸친, 예술과 인문 사회과학 분야를 가로지르는, 훨씬 광폭의 사유들을 적극 참조해야

할 것이다.[52]

그러나 보다 직접적으로 피스크가 우리에게 중요한 것은, 그를 내세운 현실 컨텍스트 기피의 변명은 더 이상 유효하지 않음을 분명히 하기 위해서다. 또한 버만과 세르토가 필요한 것은, 도심의 위기 현실로 나가자고 설파하고 직접 걸음한 이들을 통해 피스크에서 끊어져 버린 도시 공간 미디어문화연구를 일정하게 복구하기 위해서다.

이 세 사람은 서로를 보완하면서 전통 복원의 중요한 기틀이 된다. 이 글에서 피스크를 내세우면서 실제로는 세르토와 버만를 거의 같은 비중으로 다룬 이유다. 특히 버만은 절망으로 빠져 버린 피스크와 달리, 희망을 오직 사변적으로만 설파한 세르토와 차이가 나

---

52 여기에는 이미 언급된 보들레르 외에도 모네를 비롯한 프랑스 인상주의에서부터 영국의 도시 노동계급의 상태에 관해 쓴 엥겔스, 《일방통행로》와 《아케이드 프로젝트》 등의 저술로 최근 제2의 르네상스를 맞은 벤야민은 물론이고, 그가 사상적으로 크게 기댄 철학자 짐멜과 저널리스트 크라카우어, 그리고 일본에서 고현학을 창안한 건축가 곤 와지로 등이 포함되어야 할 것이다. 그로부터 빌린 고현학을 식민지 근대의 도시 경성에서 직접 실험한 이상과 박태원 등의 소설, 에세이 또한 목록에서 빠뜨릴 수 없다. 70년대 이후 한국 도시 대중의 삶에 관해 이야기한 조세희와 김소진, 공선옥 등의 작가들도 제외될 수 없다.
서구 영화계를 살펴보면, 경제 불황의 시기 도시 노동계급의 비참을 섬뜩하게 그린 영화 〈Kuhle Wampe〉를 만든 브레히트에서부터 같은 시기 독일과 프랑스 · 네덜란드 · 러시아 등지에서 다큐멘터리 영화 작업을 한 요리스 이벤스Ivens, 르네 클레르 Clair, 베르토프Vertov에서 시작해 제2차 세계대전 직후 이탈리아의 유명한 네오리얼리스트들, 1950~60년대 프랑스 누벨바그 전통을 이끈 고다르Godard 등의 작업이 필수적으로 검토되어야 한다. 특히 그중에서도 베르토프는 '세계의 코뮤니스트 해독the communist decoding of the world'을 키노아이Kino-eye의 핵심으로 내세움으로써, 도시 공간 시각문화연구의 철학을 선취한다.
한편, 최근의 좌파 이론가들 중에서는, 신자유주의 도시 공간의 문제에 주목한 하비Harvey는 물론이고 이 글에서도 언급된 데이비스Davis에서 시작해 유동하는 근대가 양산하는 '인간 쓰레기' 처리의 주제에 천착한 바우만Bauman, 도시에서 관철되는 자본국가의 '예외상태'에 주목한 아감벤, 폐허에서조차 희망을 찾고자 한 산책 중독자 솔닛Solnit 등도 반드시 언급되어야 할 것이다.

게, 비극적인 도심 현장 가운데서 희망을 찾으려 한 점에서 도시 미디어문화연구의 재설계에 매우 유의미하다. 그의 말처럼, 우리도 "극단적인 부정의 한가운데에 놓여 있는 가장 급진적인 희망의 이글거리는 불길"을 찾아내야 한다.[53]

여기서 말하는 '극단적인 부정'을 자본국가의 극단적 위기 상황, 대중생활의 극단적 위험사태로 번역하는 데 별 문제가 없을 것이다. 2015년의 파경 난 민주공화국, 대한민국이라는 재난사회, 영원한 세월호 상태는 그 극단적 조건 자체였다. 우리는 재개발, 뉴타운, 젠트리피케이션에 의해 말 그대로 '움푹 파인 도시hollow city'의 거리와 광장에서, 좌절하면서도 또 투쟁하는 이웃들 사이에서 산책의 전술을 펼치지 않으면 안 된다. 그들과 함께 폐허의 지도를 그리며, 그들을 난민으로 만드는 재난 상황에서조차 표출되는 생명 유지, 생계 보호의 다양한 현상들에 실천적으로 개입하지 않으면 안 된다.[54]

현실의 도시 공간을 꽉 채우고 있는, 소외와 사물화, 멸절과 실종, 선전과 지배는 물론이고, 저항과 전복, 희망과 생성의 온갖 기호들을 동시에 읽어 내야 하는 것이다. 말 그대로의 위(험)기(회) 신호들 독해 실천이다. 버만은 "거리의 신호들을 읽지 못하는 한, 그 잘난 《자본》을 읽어 봤자 아무 소용이 없을 것이다"라고 썼다.[55] 피스크와 세르토, 버만의 작업이 모두 이 비상 신호를 읽어 내고자 하는 모험에 해당했다. 어둠 속의 희망 찾기라 이름 붙일 수도 있겠다. 암울함의 끝이 없는 한국의 현실에서도 도시 미디어문화연구의 좌표, 고현

---

53 마샬 버만, 《맑스주의의 향연》, 195쪽.
54 R. Solnit & S. Schwartzenberg, Hollow City, London & New York: Verso, 2000.
55 마샬 버만, 《맑스주의의 향연》, 235쪽.

학의 슬로건이 되어야 한다.

　말했듯, 이들 외에도 많은 이론가와 예술가, 창작자들이 도시 공간이라는 조건으로 걸어 들어갔다. 대체 왜 그렇게들 펜과 붓, 카메라를 들고 컨텍스트로 뛰쳐나갔는가? 왜 도심 한복판에서 글쓰기를 하고 다큐멘터리를 찍고 저널리즘을 실천하며 사유해야 했던가? 혹, 일반화된 생명 위기의 현실, 삶의 영원한 재난 상황, 문화의 지속적 비상사태가 그들을 텍스트 바깥으로 계속해 호명해 낸 건 아닌가?

　따지고 보면, 벤야민이 도시 공간으로 걸어 나가 그곳에서 역사철학을 사유하고 아케이드프로젝트를 서두른 것도 바로 일방통행로라는 전체주의 비상사태가 도래한 때문이었다. 박태원과 이상이 고현학의 방법론을 빚진 곤 와지로今和次郎도 도심의 재난 발생 지점에서 충격적 각성 효과를 얻었다. 이 무수한 고현학자, 즉 도시 공간 미디어문화연구자의 시선으로 볼 때, 도시는 그 자체로 삶의 중계 지점이자 생명 현상이 진행되고 거꾸로 살인 현장이 벌어지는 거대한 미디어가 아니었을까? 한순간도 눈을 뗄 수 없는.

　세월호로 상징되는 영원한 재난 상황, 파시즘의 위급한 비상 상황이 우리를 거리로 호출했다. 파경 난 국가를 응징한 촛불혁명의 운동 조건이 우리를 광장으로 불러냈다. 위험과 가능성, 불행과 희망의 양가적 공간인 도시는 우리에게 중대한 지적, 윤리적, 정치적 결단을 요구한다. 선배들을 좇아 위험한 세상으로 산책을 나설 것인가, 그래서 같이 희망을 만들어 낼 것인가? 아니면 안전한 학술의 세계 내부에 지금처럼 머물면서, 절망의 도시를 방관할 것인가?

　비정규직 노동자, 학생, 노인 구분 없이 무수한 삶에게 구조적 폭력과 체계적 탈취, 예외적 테러가 가해지는 현실 조건은 결코 이론적 수사로 대충 넘어갈 수 없는 선택을 우리에게 강요한다. 보들레

르가 말한, '예술가'와 '세계인'의 확연히 갈라지는 처신.[56] 텍스트의 감옥에 갇힌 미디어문화연구자로 남을 것인가, 아니면 도심의 컨텍스트로 탈주하는 불안한 산책자가 될 것인가? 어쩌면, 정답지를 잡아드는 용기의 문제만 남았을지 모른다. 현대생활의 주인공인 군중들로 꽉 찬 도심으로 분주히 걸음을 옮기는 문화연구자–산책자 되기. 도심의 고현학자 다시 되기.

---

56 C. Baudelaire, *The Painter of Modern Life and Other Essays*. London & New York: Phaidon, 1964.

참고문헌

강내희,《공간, 육체, 권력》, 문화과학사, 1995.

김미선,《명동 아가씨》, 마음산책, 2012.

김민수,《이상평전》, 그린비, 2012.

김진송,《기억을 읽어버린 도시》세미콜론, 2008.

김진송 · 엄혁 · 조봉진 편,《압구정동: 유토피아 디스토피아》, 현실문화연구,
　　1992.

김진송 · 엄혁 편,《공간의 문화정치》, 현실문화연구, 1995.

류신,《서울 아케이드 프로젝트》, 민음사, 2013.

박철수,《아파트: 공적 냉소와 사적 정열이 지배하는 사회》, 마티, 2013.

박해천,《콘크리트 유토피아》, 자음과 모음, 2011.

박해천,《아파트 게임》, 휴머니스트, 2013.

반성완 편역,《발터 벤야민의 문예이론》, 민음사, 1983.

서지영,《경성의 모던걸》, 여성문화이론연구소, 2013.

신명직,《모던뽀이, 경성을 거닐다》, 현실문화연구, 2003.

이성욱,《한국 근대문학과 도시문화》, 문화과학사, 2004.

이영준,《초조한 도시》, 안그라픽스, 2011.

임동근,《서울에서 유목하기》, 문화과학사, 1999.

정민우,《자기만의 방》, 이매진, 2011.

정진열 · 김형재,《이면의 도시》, 자음과 모음, 2011.

조은,《사당동 더하기 25》, 또하나의 문화, 2012.

조이담 · 박태원,《구보씨와 더불어 경성을 가다》, 바람구두, 2005.

홍성태,《서울에서 서울을 찾는다》, 궁리, 2004.

김강, 〈삶과 예술의 실험실 SQUAT〉.《문화과학》53권 봄호, 2008, 493~496쪽.

김준호, 〈거리 노숙인이 생산하는 '차이의 공간'에 대한 연구〉, 경희대학교 대학
　　원 석사학위논문, 2010.

남원석, 〈도시빈민 거주지의 공간적 재편과 함의〉,《문화과학》39권 가을호,

2004, 85~101쪽.

이기형, 〈홍대 앞 "인디음악문화"에 대한 문화연구적인 분석〉, 《언론과 사회》 15권 1호, 2007, 41~85쪽.

이기형 · 임도경, 〈문화연구를 위한 제언: 현장연구와 민속지학적 상상력을 재점화하기〉, 《언론과 사회》 15권 4호, 2007, 156~201쪽.

이기형, 〈문화연구와 공간: 도시공간과 장소를 둘러싼 정치학과 시학을 지리학적 상상력으로 그리고 자전적으로 표출하기〉, 《언론과 사회》 16권 3호, 2008, 2~49쪽.

전규찬, 〈치안의 스테이트와 저항의 스테이트, 그 사이〉, 《문화과학》 56권 겨울호, 2008, 277~291쪽.

전규찬, 〈촛불집회, 민주적 · 자율적 대중교통의 빅뱅〉, 《문화과학》 55권 가을호, 2008, 110~129쪽.

전규찬, 〈지하철이라는 현대적 대중교통의 탄생〉, 《언론과 사회》 18권 1호, 2010, 153~188쪽.

전규찬, 〈남산, 숨겨진 살인과 범죄의 공간〉, 《언론과 사회》 22권 4호, 2014, 5~53쪽.

C. Baudelaire *The Painter of Modern Life and Other Essays*. London & New York: Phaidon, 1964.

D. Harvey *Spaces of Global Capitalism: Towards a Theory of Uneven Geographical Development*. London & New York: Verso, 2006.

G. Bachelard *The Poetics of Space*. Boston: Beacon Press, 1969.

G. Debord *Panegyric*. London & New York: Verso, 2004.

G. Smithsimon, G. *September 12: Community and Neighborhood at Ground Zero*. 2011.(권민정 옮김, 《9 · 12: 9 · 11 이후 뉴욕 엘리트들의 도시재개발 전쟁》, 글항아리, 2013.)

J. Fiske *Reading the Popular*. Boston: Unwin Hyman, 1989.

J. Fiske *Media Matters: Everyday Culture and Political Change*. Minneapolis & London: University of Minnesota Press, 1991.

M. Berman, *All That Solid Melts Into Air: The Experience of Modernity*. 1982.(윤호병 · 이만식 옮김, 《현대성의 경험: 견고한 모든 것은 대기 속에 녹아버린다》, 현대미학사, 1994.)

M. Berman *Adventures in Marxism*. 1999.(문명식 옮김,《맑스주의의 향연》, 이후, 2001.)

M. Berman, 〈Falling〉. In M. Beaumont & G. Dart (Eds.). *Restless City*, London & New York: Verso, 2011, pp. 123~137

M Castells, *The City and the Grassroots:A Crosscultural History of Urban Social Movements*. Berkeley, CA: University of California Press, 1983.

M. Davis, M *City of Quartz: Excavating the Future in Los Angeles*. London & New York: Verso, 1990.

M. de Certeau *The Practice of Everyday Life*. Berkeley & London: University of California Press, 1988.

M. Foucault, M Le Corpes Utopique. 2009.(이상길 옮김,《헤테로토피아》, 문학과지성사, 2014.)

R. Solnit *Hope In the Dart: Untold Histories*, Wild Possibilities. 2004.(설준규 옮김,《어둠 속의 희망》, 창비, 2006.)

R. Solnit *A Paradise Built in Hell*. 2009.(정혜영 옮김,《이 폐허를 응시하라》, 펜타그램, 2012.)

R. Solnit & S. Schwartzenberg *Hollow City*. London & New York: Verso, 2000.

초국적 모빌리티 시대의 도시 공간:

타자와 공생

김수철

이 글은 《문화와 정치》 4(2)(2017)에 게재된 원고를 수정 및 보완하여 재수록한 것이다.

타자와의 대면을 이론화하기

도시 공간의 역사는 이방인, 즉 타자와의 마주침을 어떻게 다루고 조직화할 것인가의 문제를 둘러싸고 형성되어 왔다고 해도 과언이 아니다. 타자와 함께 살아가는 것의 이점뿐만 아니라 반대로 타자와 함께 나란히 공존, 대면하며 사는 것이 가져다주는 불안함과 불편함은 도시 거주민뿐만 아니라 수많은 도시계획의 주요 관심 대상 중 하나였다. 이는 도시 공간과 도시 생활의 성격을 다루고자 하는 수많은 사회이론가들, 예컨대 게오르그 짐멜Georg Simmel, 제인 제이콥스Jane Jacobs, 앙리 르페브르Henri Lefebvre 등에게도 친숙한 주제였다 (Jacobs, 2010; Lefebvre 1991; Simmel 2005). 이들 사회이론가들에 의해서 20세기 초반 이후 산업화·도시화와 함께 나타났던 다양한 사회현상을 설명하고자 하는 과정은 근대 사회이론의 주요 범주들에 대한 핵심 주장들이 풍부하게 정초되는 과정에 다름 아니었다.

이 글은 도시 공간 이론에 대한 고찰로서, 특히 타자·차이와의 대면을 통해 형성되는 타자와의 관계가 도시 공간 이론에서 개념화되고 이론화되는 방식에 주목하고자 한다. 이러한 도시 공간에서의 타자성, 차이에 대한 이론적 고찰 작업은 한국을 포함하여 초국적 모빌리티가 본격화되고 있으며 또한 그 어느 시기보다도 자신과는 다른 경험, 생활방식, 습관, 커뮤니케이션 방식 등을 지닌 존재들과의 일상적인 근거리 접촉과 활발한 상호작용이 발생하고 있는 이주 사회에서 타자의 존재를 대면하고 차이를 다루는 방식에 있어서 핵심적 문제들을 고찰할 수 있는 가치 있는 기회를 준다.

오늘날의 초국적 모빌리티, 이주와 함께 등장하고 있는 새로운 공간들은 타자에 대한 통합과 배제라는 이분법적 시각으로는 충분히 설명될 수 없는 제3의 공간으로서 기존의 공간과는 다른 새로운 공간 조직 원리를 띠게 된다. 왜냐하면 초국적 모빌리티 시대의 타자들은 잠시 머물렀다가 다시 자신의 공간으로 되돌아가는 이방인이 아니라 그 공간에서 정착하거나 상당 기간 끊임없이 그 언저리를 떠도는 타인들이기 때문이다.

이러한 초국적 수준에서의 모빌리티, 특히 이주로 인해 생성되는 제3의 공간에서 작동하는 수많은 차이의 협상 과정과 연관된 정치 과정들을 특징 짓는 요소들 중 가장 중요한 것이 정체성과 물질적 부이다. 최병두(2009)가 지적하고 있듯이, 오늘날 초국적 모빌리티 시대에 도시 공간 형성과 그 안에서 타자, 차이와의 협상을 다루는 정치 과정은 정체성과 물질적 부를 둘러싼 두 가지 종류의 정치에 의해서 특징 지어진다. 여기서 정체성과 물질적 부를 둘러싼 두 가지의 정치는 인정의 정치 그리고 재분배의 정치이다. 오늘날의 초국적 모빌리티 시대에 새롭게 등장하고 있는 공간들은 이 두 가지 정치가 복잡하게 작동하는 가운데 형성되고 있으며, 따라서 이러한 정체성의 문제와 부의 재분배 문제를 통합적으로 고려할 수 있는 시각 또한 요구된다.

그러나 이러한 필요성에도 불구하고 인정의 정치와 재분배의 정치 사이에 존재하는 간극은 쉽게 극복되지 않고 있는 것이 오늘날의 현실이다. 오히려 오늘날 난민 위기나 국제 이주민에 대한 혐오, 이민 정책에서 나타나고 있듯이 인정의 정치와 재분배의 정치 사이에 존재하는 간극은 최악의 방식으로 봉합되고 있다. 뒤에서 자세히 살펴보고 있듯이, 오늘날 초국적자본의 추동력에 의해서 이루어진 국제적 이주 과정에서 차이와 다양성을 부정하는 자본과 권력의 작동 메커니즘에 존재하는 사회경제적 정의에 대한 질문들은 외국인, 국제 이주민들을 자신들의 공동체에 대한 위협, 혐오의 대상으로 소환함으로써 손쉽게 해소되거나 회피되고 있는 것이다. 정체성의 정치와 재분배의 정치의 이러한 불행한 결합은 지금까지 타자, 차이를 다루는 방식, 예를 들면 다문화주의 등의 한계를 넘어서는 새로운 방식의 논의의 필요성을 제기한다.

이러한 맥락에서 먼저 이 글은 폴 길로이Paul Gilroy에 의해서 본격적으로 소개된 '공생conviviality' 개념에 대하여 살펴보고자 한다. 도시 공간 이론에서 타자성의 문제, 차이를 다루는 방식을 검토함에 있어서 길로이의 공생 개념은 오늘날 도시 공간에서의 문화적 충돌, 갈등이나 타자성 문제를 다루는 데 있어서 다양한 이론적 전제들을 재검토할 수 있는 기회를 제공한다. 더 나아가 공생 개념은 오늘날 타자성의 문제가 다른 무엇보다도 인종주의, 민족적 동질성에 기인하는 공동체주의에 기반을 둔 규범, 편견, 고정적 범주화에 기인하는 경향을 극복할 수 있는 단초를 제공한다.

둘째, 이 글은 공생 개념의 정교화와 이 개념의 적용 확장 가능성에 대한 토론을 위하여 최근의 도시 공간 이론 중에서 안토니오 네그리Anotonio Negri와 마이클 하트Michael Hardt의 공통적인 것the common에 관한 논의, 그리고 리처드 세넷Richard Sennett의 도시 공간('투과도시'), 협력cooperation에 대한 논의들을 살펴본다. 특히 이들 논의에서 나타나는 이주와 정착 과정에서 공간의 생산과 유지에 관여되는 복잡한 공간화spatialization 과정에 대한 논의들을 검토한다. 즉, '공통적인 것의 저장고로서 메트로폴리스'(Negri and Hardt, 2014)와 '투과도시porous city'(Sennett, 2015)에 대한 논의에서 나타나는 도시 공간에서 타자와의 관계 설정, 타자와의 마주침의 조직화 문제들에 대하여 살펴보고자 하는 것이다. 특히 이들 논의에서 타자와의 마주침, 관계 설정 방식이 어떻게 이론화되고 있으며 이는 기존 공동체의 윤리와 정치, 보다 구체적으로는 다문화주의, 정체성의 정치, 도시 부의 재분배, 차이의 공간에 대한 논의에 어떠한 의미와 문제를 제기하고 있는지에 대하여 비판적으로 검토하고자 한다.

마지막으로, 한국적 맥락에서 공생 개념이 초국적 모빌리티 시대에 타자의 문제를 다루는 데 있어서 기존의 논의에 주는 함의에 대하여 논의할 것이다.

다문화주의의 위기: 내적 위기와 외적 위기

도시 공간 이론에서 초국적 모빌리티와 이주에 의한 제3의 사회적 공간의 형성 원리, 장소성에 대한 논의를 검토하기 전에, 먼저 최근 나타나고 있는 다문화주의의 위기에 대하여 살펴볼 필요가 있다. 초국적 모빌리티 시대에 기존의 타자의 존재, 차이를 다루는 데 있어서 지배적 패러다임이었던 다문화주의의 위기는 독일의 메르켈Angela Merkel 총리와 영국의 전 총리 캐머런David Cameron 등에 의해서 이루어진 다문화주의 정책 실패 선언에 의해 최근에 더욱 가시화되기도 했다. 하지만 최근 불거지고 있는 다문화주의의 위기는 단지 정치인들의 정책으로서의 다문화주의에 대한 실패 선고를 넘어선다.

다시 말해서, 다문화주의의 위기는 세계화로 인한 사람과 사물의 이동성이 고도화됨에 따라서 이주민, 타자와의 관계 문제가 글로벌 금융자본으로 대표되는 경제의 영역에서만이 아니라 글로벌 이주민의 증가와 혼합이 일상화되면서 이제 일상적인 문화의 영역에까지 영향을 주고 있다. 난민 위기, 인종주의의 노골화, 트럼프Donald Trump 현상 그리고 브렉시트Brexit 등 최근 미국과 유럽 사회의 분위기에서 나타나고 있듯이 그동안 국제 이주자로 상징화되어 왔던 타자, 차이에 대한 보편적 윤리이자 정책의 사회적 근간으로서 다문화주의의 위상이 흔들리고 있는 것이다. 따라서 국가 정책 및 사회 담론으로서 다문화주의의 전반적 쇠퇴와 타자성과 차이에 대한 철학적, 윤리적 대안으로서 다문화주의에 대한 회의의 증가는 더 이상 유예될 수 없는 토론 대상이 되어 버렸다.

이러한 토론의 한 예시로 다문화주의의 문제를 보편주의/특수주의의 틀에서 재고찰하고 있는 정미라(2008)의 논의를 들 수 있다. 그에 따르면, 다문화주의의 위기는 이미 그 논리적 한계로 인하여 어떤 면에서는 내재되어 있었던 것이다. 정미라는 다양한 문화의 고유성에 대한 공평한 인정에 토대를 둔 다문화주의는 오히려 여성 등을 포함한 사회 소수자들에 대한 억압과 차별이 일상화된 사회를 '고유한 문화'라는 이름으로 정당화할 수 있는 위험을 담지하고 있다고 주장한다(정미라 2008). 즉, 보편성을 거부하는 문화상대주의로 환원될 위험성에 대한 지적이다.

다문화주의는 일반적으로 알려져 있듯이 문화적 차이와 다양성에 대한 단순한 사실 판단을 유보하면서 문화적 차이의 사회적 인정에 규범적 정당성을 부여해 왔다. 즉, 문화는 나름의 고유한 가치를 지니고 있기에 하나의 가치론적 기준에 의해 문화를 재단하거나 평가하여 그 문화의 고유한 가치를 훼손하는 행위는 도덕적으로 부당하다는 것이다. 따라서 다문화주의에는 차이에 대한 도덕적으로 정당한 대우, 정당성을 부여하는 가운데 어떤 보편적 규범을 받아들이기보다는 차이를 절대시하는 시각이 내재해 있다는 평가가 가능하다. 그리고 이러한 특징은 실천적, 이론적으로 상대주의와 회의주의라

는 문제점을 필연적으로 수반한다(정미라 2008).[1]

이러한 다문화주의 내에 내재해 있는 상대주의와 회의주의의 약점을 파고드는 경우를 우리는 현재 난민 위기를 겪고 있는 유럽 사회와 미국 사회에서 그 위력을 떨치고 있는 극우 담론에서 찾아볼 수 있다. 즉, 차이에 대한 존중과 관용이라는 논리에 따라 타자의 문화를 보존할 가치가 있다고 인정하는 것처럼, 자신들의 문화도 타자의 문화에 의해 훼손되지 않고 보존할 가치가 있기 때문에, 이를 위협하는 타자는 추방해야 한다는 논리가 그것이다.

이러한 논리는 미국 대선 후보 선거운동 과정에서 촉발되어 나타났듯이 주류사회의 백인 중산층, 서민층에서 광범위하게 공유되고 있는 이주민에 대한 반응을 통해서도 파악될 수 있다. 이들은 다원성, 다문화주의와 같은 이념이나 정책affirmative action(소수자 우대정책) 등을 국가(주로 민주당 정권)에 의해서 위로부터 부과, 강요되는 이념이나 정책으로 인식하고 이를 문화상대주의의 입장에서 거부한다. 동시에, '애국주의' '미국적 가치' 등의 또 다른 입장이나 이념을 내

---

1 다문화주의의 이러한 문화상대주의적 입장과 그로 인한 문제점에 대한 대응과 보완으로서 등장한 논의가 인정의 정치이다. 인정의 정치는 차이가 존중되는 공존의 지향은 필연적으로 어떠한 형태로든 최소한의 토대로서의 보편성을 전제하지 않으면 안 된다는 시각에 기반을 두고 있다. 차이와 동일성에 대한 규범적 요구는 서로 모순적인 것이 아니고 차별의 지양이라는 윤리적 규범에 상호 보완적으로 적용될 필요가 있다는 것이다. 다문화주의가 지니고 있는 상대주의적 관점을 극복하고자 했던 찰스 테일러(Taylor 1992)에 따르면, 개인이나 집단의 정체성은 독자적으로 형성되는 것이 아니라 타인과의 상호 주관적 관계, 즉 타인과의 상호 인정을 전제로 한다. 이는 정체성에 대한 사회적 인정을 중요한 도덕적 요청으로 내세우면서 동시에 상호 인정을 모든 문화에 내재한 고유한 가치로 바라봄으로써 차이에 대한 인정에 있어서 최소한의 보편성의 요구를 다문화주의의 철학적 기반 속에 마련하고자 하는 시각이라고 할 수 있다(정미라 2008, 66쪽).

세우면서 이 입장도 동등하게 보장해 줄 것을 요구하는 식이다.[2]

이러한 측면에서 다문화주의는 차이에 대한 정당성 인정을 강조하는 가운데 차이, 문화를 실체화하면서 인종차별적, 순혈주의적, 자민족중심주의적 위험에 노출된다는 지적이 가능하다. 다문화주의에 대한 이러한 평가는 다문화주의가 중심문화에 대한 저항으로서 소수자의 권리 옹호에 근거해 등장했다는 점에서 지나치게 보이지만, 문제는 이러한 인종차별적 담론이 현재 유럽과 미국 사회에서 극우 담론을 통해서 광범위하게 퍼져 있으며 다문화주의에는 이러한 분위기에 대한 별다른 대응 방법이 보이지 않는다는 점이다.

하지만 현재 유럽과 미국 사회의 국제적 이주민에 대한 배제, 적대의 문제와 같은 다문화주의의 위기적 상황은 단지 그 내적 논리의 문제, 즉 다문화주의에 내재한 문화상대주의적 시각 탓으로만 돌릴 수 없는 측면이 존재한다는 분석도 제시되고 있다. 다시 말해서, 그동안 진행되어 온 탈규제, 사유화privatization, 긴축austerity 정책과 같이 신자유주의적 세계화의 결과로 실업 등 수많은 (백인) 중산층의 경제적 지위 하락이라는 재분배의 문제, 이에 따른 소외감 및 고통, 그리고 이러한 소외감과 고통에 정확하게 직접적으로 호소했던 극우

---

2 미국의 유명한 록가수이자 보수우파 인사로 알려진 테드 뉴딘트Ted Nugent는 다음과 같이 주장한다. "미국에서 맹위를 떨치고 있는 좌익 세력과 사회주의자 및 공산주의자의 주장에 따르면 다양성은 미국의 강력한 힘이다. (⋯) 이런 주장은 해로운 논리를 바탕으로 한다. (⋯) 필자는 그런 다양성을 주장하는 좌익 세력을 지지할 뜻이 전혀 없다. 모든 사람에게 자기네 식의 다양성을 명령으로 강요하는 것을 필자는 결코 지지할 수 없다. (⋯) 필자는 미국의 기본적인 풍습과 전통 및 선의와 가치관을 존중하고 소중하게 생각하는 다양한 사람들을 존경한다. 다문화주의와 다양성을 이 나라의 법으로 강요하기 위해 협박을 일삼는 사람들을 존경하지 않는다. (⋯) 정치적 공정성political correctness을 요구하는 불량배들은 자기네 뇌사 상태의 이데올로기를 미국에 강요한다. 그들은 편협하고 파괴적이다"(Nugent 2012).

파 정치인들의 담론 등이 다문화주의 위기의 진짜 배경이라는 것이 다(Klein, 2016).[3] 이는 어떤 면에서 보면 오늘날 다문화주의의 위기 혹은 실패는 다문화주의의 내적 위기 때문이 아니라 이를 넘어서 외부적 요소, 즉 경제적 부의 재분배를 둘러싼 문제들이 그 진정한 원인이 라는 주장이다.

오늘날 다문화주의의 위기, 실패의 진짜 원인을 외적 요소나 내적 요소 그 어디에서 찾건 오늘날 최소한 표면적 논리상 다문화주의에 대한 거부, 외국인·이주민에 대한 차별 및 분리, 더 나아가 추방의 요구의 근거에 이러한 유사 문화상대주의적 시각이 작동하고 있다 는 사실은 부정하기 힘들다. 동시에 신자유주의적 세계화의 결과로 수많은 주류사회 중산층의 경제적 고통 및 소외감도 현재 다문화주 의의 위기의 한 요소로 작동하고 있는 것도 사실이다.

아마도 심화되고 있는 경제적 불평등과 소외 문제에 설득력 있게 다가간 극우파 정치 담론들이 과거 패권 대국으로서 자국의 위치에 대한 향수 어린 민족주의에 호소하면서 이민자·여성 등 그 사회의 소수자들을 타깃으로 하는 인종주의적 경향을 드러내고 있는 사실 이야말로, 다문화주의의 위기는 내적 위기와 외적 위기의 동시적 발 현임을 잘 보여 주고 있는 것이라 볼 수 있을 것이다. 그렇다면 이는

---

3 프랑스 사르코지Nicolas Sarkozy 대통령, 영국의 캐머런 총리, 독일의 메르켈 총리 등과 같은 정치인들에 의한 유럽에서의 다문화주의 실패 선언은 다문화주의 개념의 오남용에 가까운 모순적인 측면이 있다는 주장도 있다(홍태영 2008). 즉, 다문화주 의 실패 선언은 유럽에서의 다문화주의(정책)가 동화주의, 통합이 아닌 이주민·타 자의 존재에 대한 인정을 바탕으로 한 동등한 공존과 포용을 의미하는 것이라는 전 제에서만 유효한데, 실질적으로 공화주의적 동화주의(프랑스), 다문화적 동화주의 (영국), 그리고 이 둘의 혼합(미국)과 같은 이민 정책은 실제로는 타자에 대한 포용 이 아니라 타자의 배제에 기반을 두고 있다는 것이다(홍태영 2008).

오늘날 다문화주의의 위기, 실패에 대한 진단과 대안을 추구하는 데 있어서 내적 측면과 외적 측면을 모두 고려하는 접근법이 필요함을 의미한다. 즉, 최병두(2009)가 지적하고 있듯이, 재분배의 정치와 인정의 정치를 상호 분리되거나 배타적인 것으로 보기보다는 상호 보완적인 것으로 이해하면서, 이 둘 사이의 접합을 통해 오늘날 제기되고 있는 다문화주의의 위기에 대처하는 접근법이 필요하다.

다문화주의는 기본적으로 주류 집단들의 정체성을 우선하고 이해 관계를 실현하기 위하여 인종적 및 문화적으로 차이가 있는 소수자들의 정체성을 억압하거나 무시하는 것에 대한 반대에서 출발했다. 이를 위해서 다문화주의는 인종적 · 문화적 다양성과 차이를 인정하는 바탕에서 사회문화적 정의(예를 들어 관용)를 추구하며 이를 실현시키기 위해 인정의 정치를 실천하고자 했다고 평가할 수 있다(최병두 2009. 17). 즉, 정체성과 차이에 대한 인정의 요구가 핵심이라는 점에서 인정의 정치는 차이, 정체성의 정치로 여겨졌다.

하지만 이러한 인정의 정치는 무정형의 가치에만 머물지 않는다. 인정의 정치의 연장선에서 개인적 차원에서의 차이나 정체성만이 아니라, 사회적 차원에서 민주주의와 시민권 차원에서 참여 권리, 그리고 그 사회 성원으로서 사회적 서비스에 접근할 성원권이라는 측면에서 인정의 정치는 필연적으로 재분배 문제와 연관을 맺고 있다. 더욱이 오늘날 다문화주의만이 아니라 유럽 및 미국 사회에서 핵심적인 사회문제 중 하나로서 등장하고 있는 난민문제, 국제 이주의 문제는 사회문화적 차이와 정체성에 대한 인정의 문제를 넘어서고 있다. 오히려 국제적 이주는 초국가 자본주의의 추동력에 의해서 선별적으로 촉진, 전유되어 온 측면이 있으며 또한 국제 이주민에 대한 거부, 차별 및 배제에 있어서 그 사회 성원으로서 사회적 복지 서비스에 대한 접근권, 일자리, 경제적 지위 하락과 같이 경제적 재분배의 문제와 밀접하게 연관되어 제기되고 있다.[4]

결국 오늘날 다문화주의의 문제는 단지 인정의 정의를 성취하는 문제일 뿐만 아니라 재분배의 문제와도 결코 분리되지 않는다는 것을 의미한다. 인정의 정치는 인종문제, 문화적 차이의 승인에 대한 도덕적 요구에만 머물 것이 아니라 차이를 구조적으로 강제하는 자본의 작동에 대해서 반드시 문제를 제기해야 한다는 지적이 타당성을 얻게 된다.[5]

인정의 정치와 재분배의 정치의 접합의 필요성은 오늘날 외국인에 대한 혐오나 차별이 제기되는 방식에 대한 애쉬 아민Ash Amin의 논의를 보았을 때 더욱 그러하다. 아민에 따르면, 오늘날 서구 사회에서 외국인의 존재는 종종 그들의 일자리나 복지 서비스에 대한 접근권을 보여 주는 숫자 통계, 즉 인구population로 환원하여 파악되거나 또는 비서구적 가치—예를 들면, 이슬람 문화—를 가지고 주류 서구의 전통과 유산을 오염시키는 위협으로 전치displacement되는 방식으로 이해되곤 한다. 즉, 정치권력과 경제적 실천들 그리고 여기에서 나타나는 문제들을 외국인이라는 특정 신체와 이들의 삶 안에 기입하는 삶정치biopolitics적 특성을 보여 주고 있는 것이다(Amin 2013, 5).

---

4   이러한 측면에서 지그문트 바우만Zygmunt Bauman은 오늘날 서구 유럽뿐만 아니라 많은 국가들에서 외국인에 대한 혐오를 부추기는 담론들은 늘 리스크로 가득 찬 불확실한 미래에 대한 대중들의 불안을 이용하여 현재의 정치, 경제적 문제들을 외국인, 이주민의 존재를 소환함으로써 손쉽게 해결하려는 경향이 있다고 타당하게 지적하고 있다(Bauman 2016).

5   인정의 정치와 재분배의 정치의 환원 불가능성을 강조한 낸시 프레이저(Fraser 1995)에 따르면, 무형의 가치들만을 강조하는 인정의 정치만으로 사회적 정의는 실현될 수 없다.

이는 기존의 무형의 가치, 즉 인종적·문화적 차이와 정체성에 대한 인정의 문제와 초국적자본과 국가에 의한 유형의 가치, 즉 경제적 재분배 문제가 삶정치를 통해서 상호 교차하고 있음을 의미한다.

오늘날 초국가적 이주와 정착의 과정에서 형성되는 제3의 공간, 도시공동체도 마찬가지로 그 어느 시기보다 기존의 인종적, 문화적 차이와 정체성에 대한 인정의 문제와 초국가적 자본과 국가에 의한 경제적 재분배 문제가 상호 교차하는 삶정치의 공간으로 규정 지을 수 있다. 이는 결국 오늘날 다문화주의의 위기, 외국인·이주민에 대한 혐오의 대중적 확산 현상에 대한 대안적 논의들이 인정의 정치와 재분배의 문제가 상호 교차하는 방식, 그 조건들에 대한 분석에 있어서 기존 다문화주의의 문제틀과 구분되는 논의 방식의 필요성을 제기한다. 이러한 맥락에서 최근 다문화(주의)에 대한 연구, 특히 일상생활에서의 다문화 혹은 다양성에 대한 연구에서 새롭게 주목받아 온 개념으로 공생에 대하여 살펴보자(Hall 2012: Nowicka and Vertovec 2014: Valluvan, 2016: Wise and Velayutham 2014).

공생: 도시 공간에서 타자의 문제에 대한 새로운 대안 찾기

공생이라는 개념은 본래 함께 살기con-viviality를 의미하는 것으로 이는 차이와 타자를 대면하는 일상생활 차원에서의 구체적인 실천 행위와 연관된다(Illich 1973). 문화연구와 다문화연구에서 사용되는 공생 개념에 중요한 아이디어를 제공한 이는 영국의 인종문제, 정체성의 문화정치에 대한 연구를 진행해 온 폴 길로이다(Gilroy 2004). 길로이에 따르면 공생이란 "다문화multiculture가 사회 생활의 일상적 모습이

되어 버린 영국의 도시와 다른 탈식민주의적 도시들에서의 공동거주cohabitation와 상호작용의 과정들"(Gilroy 2004, xi)을 지칭하는 개념이다.

길로이 자신을 비롯하여 길로이의 공생 개념을 중심으로 다문화에 대한 연구를 진행하는 일련의 연구자들에 따르면, 공생은 다인종·다종족 사회가 거의 자명해진 사회나 도시, 특히 글로벌 메트로폴리탄 도시 일상생활 속에서 끊임없이 발생하는 차이와 타자에 대한 대면과 상호작용 과정을 지칭하는 개념이라고 할 수 있다(Gilroy 2004; Wise & Velayutham 2014). 이러한 공생 개념을 통해서 설명될 수 있는 타자와의 대면 과정의 특징은 이러한 대면 과정 혹은 상호작용이 차이, 타자의 존재에 대한 공식적 인정 내지는 관용에 의해서 특징 지어진다기보다는 오히려 그 대면 과정이 매우 역동적이라는 점이다. 길로이에 따르면, 이러한 타자와의 역동적인 상호작용은 역설적으로 타자, 차이, 정체성을 정치적으로 중요한 것으로 여기는 시각이나 정치 전략, 혹은 이데올로기보다는—이는 종종 동화주의적 시각에서의 통합, 혹은 통합주의적 다문화주의로 귀결된다—타자의 "차이에 대한 무관심indifference to difference"(Amin 2013, 3)의 에토스에 의해서 가능하다(Gilroy 2004).

이러한 길로이의 논의는 소수자의 정체성에 대한 인정에 기반을 둔 정치 전략, 정책에 대한 해체적 접근으로 무엇보다도 초국적 모빌리티와 이주가 일상화된 탈식민주의적 글로벌 도시 공간에서 벌어지고 있는 도시 일상생활 수준에서 벌어지는 삶의 경험, 특히 일상(대중)문화의 영역과 깊은 연관을 맺고 있다. 여기에서 길로이는 공생이 지배하는 도시 공간에서 타자와의 마주침의 조직화 원리와 그 조건에 대하여 논의하고 있다. 그것은 단순히 타자와의 '평화로운 공존living sidy by side'이나 규제된 접촉regularized contact이 아니라 '타자와의 적극적인 상호작용을 통한 삶living a life with others'을 적극적으로 추구한다. 이러한 공생의 도시 공간은 단지 문화적 차이가 사라진 공간을 의미하는 것이 아니라 문화적 차이가 더 이상 "지배적이지 않은unruly"(Gilroy 2004, xiv), 즉 고정적으로 위계화된 인종적 위치로 손쉽게 환원되지 않는 공간이다(Valluvan 2016, 4).

타자와의 공동거주와 일상적 대면이 불가피하다는 오늘날의 다문화 · 다인종적 현실에 대한 인식은 난민문제, 노동이민, 저출산, 노령화 사회의 진행에 따른 국제 결혼이민 등의 사례에서 알 수 있듯이 개인과 시민사회 안에서 타자와의 공존과 조화를 둘러싼 정체성의 문화정치의 작동만이 아니라 국가(간) 수준에서의 다문화주의 및 이민 정책의 배경이 되고 있다. 그러나 오늘날의 다인종 · 다문화 사회 현실에서 정체성과 문화의 혼종성hybridization에 대한 이러한 인식은 매우 복잡한 문화정치의 과정을 통해서 그리고 글로벌 환경 변화에 대한 전략적 대응 과정에서 왜곡되는 경우가 적지 않다(Kim 2010; Venn 1999). 즉, 평등한 파트너 사이의 공생과 조화라는 표면적 의미와는 어긋나게 다양한 형태의 차별, 인종주의, 위계적 편견, 지배, 심지어는 분리의 의미로 유통되는 것이 사실이다(Burgess 2012).

따라서 길로이를 비롯한 공생 개념을 주창하는 여러 연구자들에게 있어서 공생 개념에서 도출할 수 있는 공통된 인식이 존재한다. 그것은 정체성과 문화의 혼종성이 일상화된 글로벌 현실에서 타자와의 관계 설정, 그리고 마주침의 조직화 방식에 있어서 인정투쟁, 인정의 정치, 그리고 고착화된 정체성 개념에 기반을 둔 정체성의 정치를 넘어서고자 한다는 점이다. 동시에 그것은 절대다수에 의한 소수자 · 약자에 대한 동정, 관용, 온정주의를 넘어선 적극적이고 근본적인 사회문화적 행위 실천에 바탕을 둔 대안적인 정치와 윤리에 대한 요구를 담고 있다.

결국 공생의 문화, 공생의 에토스[6]는 다문화와 다민족 사회, 국가에서 이질적이고 물리적으로 서로 다른 정체성을 가진 문화를 융합하거나, 개별적인 문화 정체성을 용인·관용하여 공존하는 사회를 넘어서서 사회적 차이와 타자가 함께 살면서 역동적으로 상호작용하는 사회적 관계를 지향하는 사회에 더욱 가깝다. 이러한 사회에서의 차이는 정체되고 고정된 차이가 아니라 끊임없이 번성하고 창조를 유발하는 차이이다. 이러한 측면에서 길로이(Gilroy 2006)는 다음과 같이 주장한다.

> 공생문화에서 인종적, 민족적ethnic 차이들은 눈에 띠지 않는다. 이러한 차이들은 레이먼드 윌리엄스Raymond Williams가 표현했던 단어의 뜻 그대로 '평범한ordinary' 것이 될 수 있다. 사람들은 인종을 정치적 존재론과 경제적 운명과 연관시키기보다 그들을 진짜로 나누는 것은 취향, 라이프스타일, 레저, 기호preference와 같은 훨씬 심오한 것들이라는 것을 발견했다. 공생적 상호작용은 인종적 차이를 평범하고 시시하며 심지어는 지루한 것으로 보이게 함으로써 이러한 인종적 차이가 리얼리티 텔레비전에서 광고될 때조차도 이러한 공생적 상호작용에 존재하는 일상생활에서의 〔고유한〕 미덕을 확산시킬 수 있었다. 이러한 미덕은 우리의 도시를 더욱 풍성하게 하고 문화산업을 이끄는 힘이며 민주주의를 강화시킨다. 민주주의가 분리적이고 피부색에 따라 코드화된 형태로 작동하도록 하는 압력에 저항할 수 있도록 하는 것이다(40).

---

6 여기서 에토스ethos란 '거처sejour'에 그 기원을 두고 있으며 '이런 거처에 상응하는 존재 방식, 삶의 방식'이라는 의미를 가진다(Rancière 2008, 172).

길로이에 의한 공생에 대한 개념화 과정에서 제시된 풍부한 일상적 대중문화에서 나타나는 공생문화의 예시들과 일상생활에서의 활발한 공생적 상호작용의 미덕에 대한 지적에도 불구하고, 엄밀한 개념적 차별성이라는 측면에서 길로이의 개념화 방식은 여전히 느슨하며 때로는 불만족스럽게 보이기도 한다. 왜냐하면 길로이의 논의만을 통해서는 이 개념이 단순한 공존co-existence이나 조화harmony 개념과 어떻게 구분될 수 있는지를 알기란 쉽지 않기 때문이다.

또한 길로이의 공생 개념에 근거한 차이의 정치가 영국의 런던 같은 메트로폴리스라는 공간적 맥락과 대중문화의 영역을 벗어나서 어떻게 기존의 문화정치와 구분되는 것이며, 또한 더 나아가 이민 정책과 같은 공공 정책 분야에서 어떻게 적용될 수 있는지의 문제에 대한 더 많은 토론을 요구하는 것도 사실이다.

이러한 맥락에서 최근 커먼스commons를 통한 도시 공간에 대한 논의들에 주목할 필요가 있다.[7] 오늘날 초국적 모빌리티 시대에 형성되고 있는 도시 커먼스 문제에 대한 날카로운 문제 제기들 중 하나는 도시사회학자인 사스키아 사센Saskia Sassen의 "누가 도시를 소유하는가?Who owns the city?"라는 질문이다.

사센의 문제 제기는 제3의 공간, 즉 초국적 모빌리티 시대에 도시 공동체의 문제, 특히 "도시에의 권리rights to the city" 문제를 정면으로

---

[7] 커먼스에 대한 논의는 매우 다양한 스펙트럼을 보이며 경제를 비롯하여 의료, 도시 인프라, 법, 도시운동, 도시개발정책, 문화예술 영역 등의 분야에 걸쳐서 다양하게 존재한다(Hess 2008). 하지만 이 글에서 다루고자 하는 커먼스 논의는 무엇보다도 도시 커먼스urban commons에 대한 논의이다. 도시 커먼스는 공통적으로 도시 거주자들, 국가, 다른 공동의 자원들과 도시 커먼스와의 관계 문제, 즉 도시에서의 공동의 자원의 관리 및 통제의 문제를 다룬다(Foster and Iaione 2016, 285).

제기한다(Sassen 2015). 그에 따르면, 초국가적 이주와 초국적자본의 시대에 전 세계 주요 글로벌 도시들은 최근 초국적자본에 의해서 대규모로 체계적으로 이루어진 빌딩 및 토지 매입에 의해서 심각한 변화를 겪고 있다(Sassen 2015).

또한 대규모 초국적자본에 의한 도시 공간에 대한 소유는 기존 도시 생활의 특징인 도시 특유의 다양성과 밀집성을 제거하고 있다. 사센에게 있어서 이러한 도시 공간은 구조적으로 자본 축적을 위한 초국적자본에 의해 설사 문화공간으로 형성되었다고 할지라도, 그 속에는 어떤 공간적 규범과 윤리가 함의되어 있다. 그 공간적 규범과 윤리란 역사적으로 도시는 언제나 불완전한 시스템으로 존재해 왔다는 것이다. 즉, 도시는 어떠한 통제나 계획, 권력에 의해서도 완전히 지배될 수 없는 여지를 남긴다는 것이다(Sassen 2015). 이러한 도시 공간의 불완전성, 즉 자본과 권력의 지배로부터의 자율성은 수많은 도시 공간 이론과 역사에 대한 연구에서 주요 연구 주제였다(de Certeau 1984; Lefebvre 1990; Sennett 2006). 그러나 이러한 도시 공간의 불완전성, 자본과 권력의 지배로부터의 자율성이 보장되어 있는 것은 아니다.

오늘날 초국가적 이주 시대에 도시 커먼스의 문제는 바로 이러한 맥락에서 도시 공간에서 권력, 자본에 의한 소유와 이에 대항하는 역사의 문제를 대상으로 한다. 이러한 맥락에서 이어지는 논의에서는 초국가적 이주 시대에 도시 공간에서의 권력과 소유 문제, 그리고 이러한 권력의 지배로부터의 자율성 문제, 즉 커먼스의 문제에 대한 최근의 논의를 살펴보기 위하여 네그리와 하트의 공통체론과 리처드 세넷의 '투과도시'에 대하여 검토할 것이다.

위 두 이론을 검토하는 이유는, 초국적 모빌리티 시대에 도시공동체, 도시 공간에서 권력의 문제를 살펴보는 데 있어서 두 이론이 공통적인 것the common과 협력cooperation이라는 문제를 통해서 도시 공간에서 타자의 문제, 차이와의 대면의 조직화를 다양한 각도에서 조명하고 있기 때문이다. 또한 이 과정에서 정체성의 문제와 부의 재분배 문제, 인정의 정치와 재분배의 정치를 접합시키는 다양한 방식과계기들을 제공하고 있기 때문이다.

뒤에서 좀 더 자세히 살펴보고 있듯이, 두 이론은 도시공동체에 대한 논의를 통해서 정치권력, 자본의 구조적 문제(거시적 측면)와 일상생활의 차원에서의 상호작용, 실천 행위의 문제(미시적 측면)을 동시에 고찰하고 있다. 이는 현재 다문화주의 위기의 내적 측면과 외적측면을 통합적으로 고려할 수 있는 접근법의 단초를 제공하고 있다.

메트로폴리스와 공통적인 것the common

네그리와 하트의 공통체론은 도시에서 권력·자본에 의한 도시공간의 소유 문제를 새로운 방식으로 바라볼 수 있는 이론 틀을 제공하고 있다. 이들은 도시 공간, 특히 메트로폴리스를 공통적인 것들이 저장되어 있는 저장고로 규정함으로써 자본에 의한 도시 공간에 대한 소유, 그리고 그 도시 공간 안에 존재하는 다양한 공간적 공유자원에 대한 부당한 분배 문제를 제기하고 있는 것이다. 뿐만 아니라 네그리와 하트의 공통체론은 이러한 도시 커먼스의 문제를 단지 경제적 자본의 분배 문제로서만 한정해서 바라보는 것이 아니라, 이것이 초국적 모빌리티 시대 정체성의 문제와 어떠한 연관성을 맺게 되는지에 대하여 논의하고 있다. 이러한 측면에서 네그리와 하트의 공통체론은 길로이의 공생 개념에 근거한 새로운 차이의 문화정치가 어떻게 작동할 수 있는지, 즉 공생 문화정치의 물질적인 조건,

자본에 의한 소유 분배적 조건에 대한 논의를 제공하고 있다. 하지만 이러한 논의들은 단지 경제적 소유 관계에서 소위 상부구조, 문화, 정체성에 대한 논의로 나아가는 논의와는 질적으로 구분된다. 네그리와 하트의 논의는 기존의 정체성의 정치, 젠더, 인종문제를 도시 커먼스라는 시각에서 어떻게 바라볼 수 있는지에 대한 논의들을 풍부한 사례를 통해서 제공하고 있다. 길로이의 공생 개념이 대중문화의 측면에서 새로운 차이의 문화정치의 가능성을 제시하고 있다면, 네그리와 하트의 공통체론은 정체성·젠더·인종을 바탕으로 한 문화정치 작동의 물질적 조건에 대한 논의들을 담고 있다.

보다 구체적으로, 네그리와 하트는 공통적인 것에 대한 논의를 통해 도시 공간에서 차이의 문제를 다루고 있다. 네그리와 하트에 따르면, 현대의 메트로폴리스는 다른 무엇보다도 "공통적인 것the common의 방대한 저장고"로서 규정된다(Negri and Hardt 2014, 227). 이들에 따르면, 도시는 "건물, 도로, 지하철, 공원, 폐기물 처리시설, 커뮤니케이션 케이블로 이루어진 물리적 환경"으로 구성된 것일 뿐만 아니라 "문화적 실천, 지적 회로, 정동적 네트워크, 사회적 제도들의 살아 있는 역동체"(227)이다.

현대 메트로폴리스 공간이 담고 있는 이 공통적인 것들은 "삶정치적 생산을 위한 필수조건일 뿐만 아니라 그 결과"(227)이기도 하다. 즉, 도시는 공통적인 것의 원천이며 공통적인 것이 흘러 들어가 모이는 저장소이다. 이러한 흔적들은 도시 도처에서 발견할 수 있다. 예를 들어, 가난한 예술가들의 도시 내 이주와 이를 뒤따르는 도시 재생 과정, 부동산 지대에 내재해 있는 외부성externality—이는 위치location에 대한 강조에서 나타난다—에 대한 의존성, 그리고 마지막으로 공통적인 것에 대한 정교한 지표 체계로서 금융자본에 대한 논의들은 현대 메트로폴리스에서 공통적인 것의 존재를 나타내는 증거들로서 충분하다(Negri and Hardt 2014. 228-231). 왜냐하면 부동산 지대, 금융자본의 가치에는 천연 자연환경뿐만 아니라 도시 인프라, 기술, 사회적 자본, 지식 등과 같은 정형·무정형의 도시 공동 자원의 가치가 없이는 설명이 불가능하며 이러한 외부적 요인들과의 관계에서만 이해될 수 있기 때문이다(228).

또한 메트로폴리스는 이주민에 대한 자본의 모순적 입장이 잘 드러나는 공간이다. 자본주의적 통제 전략에서는 점증하는 노동력의 이주 및 혼합에 상응하여 때로는 인종주의, 인종 분리라는 통제의 무기가 사용되기도 한다. 이러한 장벽 세우기는 한 도시, 국가 내에서의 사회적 서비스로부터의 배제, 참여의 불가능으로 이어져 공간의 빈곤을 심화시킨다. 하지만 현대 메트로폴리스에서의 삶과 정치는 "노동력의 움직임에 대한 자기통제력뿐 아니라 문화적·사회적으로 다르지만 동등한 상황에 있는 사람들의 항상적인 상호작용"을 또한 필요로 한다는 모순적 상황을 내포한다(Negri and Hardt 2014. 220). 일례로, 네그리와 하트가 제시하고 있듯이, 디자인·브랜드·패션 등의 창조/문화산업에서 요구되는 문화의 부단한 흐름과 혼합을 가능케 하는 개방적이고 역동적인 평등주의적 도시 어메니티amenities가 자본주의적 통제 전략, 즉 공간의 폐쇄, 장벽 세우기, 사회적 위계, 인종차별 등의 통제 방식으로 인해 손실되는 것이 그 대표적 예시이다(Negri and Hardt 2014. 221).

따라서 이주민에 대한 자본주의적 통제 전략의 모순은 포용과 배제 사이의 모순으로 이는 통치의 위기와 분리 불가능하게 연관된다. 영국, 프랑스의 동화주의적 전략(정책) 모델의 위기가 통치의 위기로 드러나는 이유도 여기에 있다. 왜냐하면 이 모델이 "공유하는 목표가 사회적 위계를 창출, 유지하며 사회적 공간을 폐쇄하는 것이며, 그것이 삶정치적 생산을 방해하기 때문이다(Negri and Hardt 2014, 220)."

그렇다면 네그리와 하트의 메트로폴리스는 도시 공간, 메트로폴리스에서 타자와의 대면의 조직화와 정체성의 정치를 어떻게 이론화하고 있는가? 앞에서 살펴보았듯이 인정의 정치는 기존 정체성들의 표현과 그 진정성의 천명을 위해 노력하며, 궁극적으로는 모든 정체성 표현들에 대한 상호 존중과 관용이라는 다문화적 틀의 구축을 목표로 하고 있다. 그러나 이러한 정체성에 대한 상호 존중과 관용에 기반을 둔 다문화적 틀은 적지 않은 비판을 받아 왔다. 즉, 관용의 기원은 16세기와 17세기 유럽에서 종교적 갈등을 해소하기 위한 원칙, 즉 서구 근대사회에서 핵심적인 "자유주의적 미덕liberal virtue"(Knowles, 2001, 100)이었다. 그리고 관용은 여전히 유럽중심주의, 자문화중심주의적 전제로부터 자유롭지 못하다(Brown 2010, 홍태영 2016, 12에서 재인용).

오늘날 유럽 사회에서 나타나고 있듯이 차이에 대한 불개입 원칙을 의미하는 관용은 이주민과의 접촉과 마주침, 상호작용이 일상화되는 초국적 모빌리티 시대에 오히려 역설적인 결과를 가져오는 경우가 흔하다. 즉 다원적 정체성, 다원적 소속감 등과 같은 타자, 차이의 정당한 현존에 대한 강조에도 불구하고 이러한 소수자의 차이, 타자의 정체성에 대한 인정을 강조하는 정치는 여전히 소수자 포섭의 논리를 언제나 근대적인 주류(백인)의 근대적 프로젝트 안에서 사고하게 만든다(Valluvan 2016). 이러한 과정에서 차이의 정체성들은 "존재론적으로 진정한authentic 것"으로 여겨지게 되고 "문화적으로도 늘 분리"되어 사고되는 어떤 부적절한 인식론을 낳게 된다(Valluvan 2016, 4). 발루반 Valluvan에 따르면, 이러한 소수자에 대한 인정의 정치는 기껏해야 협소한 다문화주의 혹은 타자에 대한 동화와 통합에 기반을 둔 다문화주의로 귀결되거나 여전히 타자의 정체성을 이국적인 것the exotic으로 뇌둔 채 얼버무려지는 인정의 정치를 낳게 된다(Valluvan 2016, 4).

그렇지 않으면, 이러한 소수자의 정체성에 대한 인정의 정치는 오늘날 유럽 사회와 미국의 트럼프 현상에서 명시적으로 발견되듯이 오히려 역설적으로 관용의 수위가 점차 낮아져 비관용, 혹은 노골적인 외국인 혐오와 추방의 조치들로 나타나기도 한다. 즉, 소수자의 정체성에 대한 인정에 기반을 둔 정치 기획들에서 연유된 타자와의 공존과 그 차이에 부당하게 개입하지 않으려는 자세와 노력, 그리고 이에 대한 정당한 인정의 정치학은 오히려 타자, 차이의 정체성에 대하여 더욱 민감하게 되는 결과를 가져오며 더 나아가 작은 차이를 오히려 더욱 확대 · 과장시키거나 타자의 정체성을 문화적으로 고정된 관념으로 인식하게 함으로써 극우민족주의자들의 선동에 의해서 협소하게 정의된 사회(민족, 공동체 등)에 주요한 사회적 균열이나 위협으로 전환되는 경향이 있다.

이러한 경향들은 많은 사람들의 도시 공간 삶의 경험에서 공적 공간이나 도심으로부터 사적인 공간, 즉 교외suburb로 탈출하여 차이와 타자를 회피하게 하는 경향을 강화시키게 된다. 이는 또한 차이와 타자의 현존이 뚜렷한 공적 공간에 대한 규제(최근 프랑스에서 나타났듯이 해변에서의 부르키니에 대한 규제)의 목소리를 더욱 강화시키게 되며, 이는 점차로 주류사회의 가치와 문화의 중요성을 더욱 강조하는 동시에 소수의 행위에 대한 더욱 강력한 규제로 나아가게 하는 경향이 있다. 즉 관용, 혹은 타자의 정체성에 대한 인정이라는 자유주의적 · 유럽중심주의적 개념의 정당한 실행 결과는 오히려 비관용 내지는 관용의 수위가 점차로 낮아지는 역설적인 결과를 가져오게 되는 것이다.

이러한 관용과 인정의 정치에 기반을 둔 다문화주의의 실패에 대한 진단은 네그리와 하트의 논의에서도 나타난다. 즉, 공통적인 것의 방대한 저장고로서 메트로폴리스를 바라보는 네그리와 하트가 보기에 인정투쟁의 과정에서 정체성은 어떤 목표를 성취하기 위한 수단이 아니라 그 자체가 또 하나의 목적이 되어 버리거나 본질적인 어떤 것으로 고착화되어 버리는 경향이 있다(Negri and Hardt 2014, 452). 네그리와 하트에게 있어서 이러한 정체성의 고착화, 본질화 경향은 사실 사회적 폭력과 위계를 폭로하고자 하는 정체성의 기획을 수행하는 과정에서 불가피하게 발생한 것으로 파악된다. 그러나 네그리와 하트의 평가에서 이러한 정체성의 정치는 실패로 귀결되고 있다(Negri and Hardt 2014).

정체성의 정치, 더 정확하게는 정체성을 오직 폭로나 그로 인한 상처에 집착하는 가운데 오로지 피해자로서만 고착화하고 종국적으로 정체성을 고정된 것으로 파악하는 이러한 시각과 정치 전략은 네그리와 하트가 보기에 그 내용이 아무리 반란적이라 할지라도 결국 소유물로서 전락하여 "소유 공화국의 지배구조 내"에 포섭될 수밖에 없다(452). 네그리와 하트가 찰스 테일러Charles Taylor, 악셀 호네트 Axel Honneth와 같은 인정투쟁의 주창자들이 제시했던 인정의 정치의 기획에 비판적인 이유도 여기에 있다. 즉, 인정투쟁은 모든 정체성 표현들의 상호 존중과 관용이라는 다문화적 틀의 구축을 목표로 하지만, 동시에 이 과정에서 "정치를 도덕성으로 대체함으로써" 자유의 추구를 단순히 "표현과 관용의 기획으로 환원"(452)한다는 것이다.

정체성의 정치가 정체성을 고착화, 고정화하는 경향의 부작용은 민족정체성의 정치에서도 나타난다. 즉 반식민투쟁, 민족해방운동의 결과로 형성된 신생 독립국가에서 나타나듯이 민족정체성의 정치가 몇몇 상층부 엘리트 집단에 의한 지배구조의 공고화로 귀결되거나 폐쇄적이고 협소한 민족정체성을 기반으로 기존 체제로부터의 분리, 독립, 그리고 타자에 대한 반인륜적 폭력과 학살·테러로 귀결되는 상황들이다. 따라서, 네그리와 하트에게 있어 현대사회에서 인종, 계급, 젠더와 연관되어 벌어지고 있는 각종 폭력과 차별 그리고 위계 구조의 형성에 대항하는 정체성의 정치의 방향은 역설적으로 정체성에서 벗어나기, 탈정체화disidentifiction 전략이다.

네그리와 하트의 탈정체화 전략은, 비록 이들이 정체성의 정치의 부작용과 정체성을 고정된 것으로 바라보는 시각의 체제 내 포섭 가능성의 위험을 지적하고는 있지만, 정체성을 통해서 이루어지고 있는 다양한 폭력과 차별에 눈감을 것을 주장하는 것은 아니다(실제로 이들은 이러한 폭로적, 비판적 작업의 유효함을 주장한다). 또한 탈정체화 전략은 정체성의 폐지 내지는 벗어나는 과정에 있어서 그 주체가 바로 그 정체성의 당사자들, 소수자들이어야 함을 확인하고 있다.[8] 예를 들어, 인종의 폐지는 인종에 의해 차별받아 온 흑인 등 소수자들

---

8   정체성의 정치에 대한 비판적 시각은 최근 데이비드 하비David Harvey의 저작《자본의 17가지 모순: 이 시대 자본주의의 위기와 대안》에서도 나타난다. 하비의 시각은 포스트구조주의의 이름 아래 좌파 학계가 자본의 모순에 대한 분석과 계급 분석을 도외시하고 정체성의 정치identity politics에 지나치게 우호적이라는 것이다(Harvey 2014, 23). 자본주의의 모순에 대한 하비의 논의는 네그리와 하트의 메트로폴리스에서 공통적인 것에 대한 논의와 많은 부분 교차된다. 하비는 현대 도시에서의 커먼스(의료, 교육, 주택, 자연경관, 교통, 통신, 물, 기타 공공 하부구조 분야 등)에 대한 교환가치 중심의 상품화, 사유화, 화폐화, 자본화로 인한 일상적인 도시 삶의 피폐화를 지적하고 이에 대한 대안으로 도시 공동의 부와 자원에 대한 민주적 배분 기구의 설립을 주장한다는 점에서 그러하다. 하지만 하비의 입장은 자본의 모순과 이로부터 기인하는 계급문제에 대한 분석에 보다 천착하고 있다는 점에서 포스트모더니티의 논의를 보다 적극적으로 수용하고 있는 네그리와 하트의 분석과는 그 결을 달리하고 있다.

에 의해서, 여성성, 혹은 젠더의 폐지는 바로 젠더에 의해서 차별받아온 여성 소수자들에 의해서 이루어져야 하며 이는 소수자에 의한 새로운 주체성subjectivity 형성의 과정에 나타나야 하는 것이다. 다시 말해서, 정체성의 단순한 폐지가 아니라 "정체성의 자기폐지"를 주장하는 것이다(459).

이러한 맥락에서 네그리와 하트는 탈거emancipation와 해방liberation의 차이를 구분한다. 여기서 탈거란 "정체성의 자유, 즉 진정한 당신 자신who you really are일 수 있는 자유를 추구하는 데 반해, 해방은 자기결정과 자기변형의 자유, 당신이 앞으로 될 수 있는 바what you can become를 결정할 수 있는 자유를 목표로 한다"는 점에서 구분된다(453).[9] 따라서 네그리와 하트(Negri and Hardt 2014)는 다음과 같이 주장한다.

> 정체성에 고정된 정치는 주체성의 생산을 중단시킨다. 이와 달리 해방은 주체성 생산에 관여하고 그것을 장악해서 그것이 계속해서 앞으로 나아가도록 해야 한다(453-454).

이 글의 시각에서 보았을 때, 네그리와 하트의 정체성의 자기폐지 혹은 새로운 주체성의 창조와 구성에 대한 논의는 수많은 사회운동

---

9 탈거와 해방의 구분과 상응하여 네그리와 하트는 정체성과 특이성singularity의 구분을 주장한다. 여기서 특이성이란 다원성과 연결된 개념으로 그 특징은 1) 언제나 자기 외부의 다양성을 가리키며 그것에 의해 또한 규정된다는 점, 2) 자신 내부의 다양성을 가리키며 그 특이성을 가로지르는 수많은 내부 분할들이 바로 그 특이성을 구성한다는 점, 3) 언제나 다르게 되기의 과정, 즉 시간적 다양성에 관여한다는 점이다(Negri and Hardt 2014, 462-463). 정체성의 관점에서는 정치의 과정은 자기폐지라는 부정적이고 역설적인 관점에서 이해될 수밖에 없지만 특이성의 관점에서 정치의 과정은 새로운 무언가가 되기, 즉 변신의 계기로 나타난다. 특이성에 대한 보다 자세한 논의는 Negri and Hardt(2014, 462-464)를 참조.

론에서 폭압, 억압으로부터의 단순 해방이나 저항을 강조했던 것과는 달리 새로운 종류의 주체성 구성을 위한 전망을 제시한다는 점에서 중요하다.

또한 이 과정에서 이 글에서 주목하고자 하는 타자와의 관계 설정 방식에 대한 그들의 시각이 드러나고 있다. 타자와의 마주침이라는 측면에서 보았을 때, 네그리와 하트의 메트로폴리스에서의 도시 정치는 기존의 동화주의적이고 통합주의적인 다문화주의에서 비롯된 관용, 그리고 인정에 기반을 둔 정체성의 정치의 한계로부터 벗어나고자 한다고 볼 수 있다. 즉, 정체성에 대한 인정과 존중을 넘어선 또 다른 보다 역동적인 어떤 과정, 즉 새로운 주체성의 구성, 혹은 더 나아가 사회관계의 형성 과정을 상정하고 있는 듯이 보인다. 그리고 이것이 이루어져야만 기존의 차별 구조, 지배체제로부터의 진정한 해방liberation이 가능할 수 있다는 것이 네그리와 하트의 시각의 핵심이라고 볼 수 있다. 따라서 네그리와 하트의 이론에서 도시 공간, 즉 공통적인 것의 저장고로서 메트로폴리스는 정체성의 정치의 한계를 넘어서 새로운 주체성의 구성과 사회관계 형성에 있어서 요구되는 하나의 구조적 조건을 요약적으로 제공하고 있다고 볼 수 있다.

'투과도시|porous city' 그리고 협력의 가능성

리처드 세넷은 도시사회학자로서 자신만의 도시 이론을 발전시켜 왔다. 비록 그가 도시 커먼스라는 개념에 직접적으로 연관시켜 그의 이론을 전개하지는 않았지만 도시 커먼스에서 제기되는 도시에서의 권력, 소유, 부의 재분배 문제, 그리고 더 나아가 인정의 정치, 정체성, 차이, 타자와의 대면이라는 문제는 세넷의 도시 이론에서 언제나 핵심적인 문제였다. 특히 도시 커먼스 문제, 그리고 도시 공간에서 타자와의 관계 설정 방식에 대한 리처드 세넷의 논의는 그의 최근 저작《투게더Together》에서 면밀하게 제시된다(Sennett 2013).《투게더》는 세넷의 최근 저작으로 사회이론에서 오랜 주제 중의 하나인 협력cooperation의 가능성과 조건에 대한 이론적 작업이자 역사적인 사례에 대한 고찰 작업으로 도시사회학에서 많은 주목을 받았다. 협력의 가능성과 조건에 대한 세넷의 실용주의적 접근은 그 논의의 구체성과 풍부한 사례들을 통해서, 도시 거주민 간의 일상생활에서의 협력 노력이 어떻게 기존의 정체된 정체성(인종, 젠더, 민족)의 경계를 넘어서 가능할 수 있는지에 대한 설명이라고 할 수 있다. 이러한 점에서 세넷의 도시 공간 이론은 길로이의 공생 개념과 조우하고 있다. 보다 구체적으로 세넷의 협력의 가능성과 조건에 대한 논의, 그리고 투과도시라는 개념에 담겨져 있는 도시 공간에서의 에토스는 길로이의 공생 개념을 타자와의 일상적 상호작용이라는 맥락에서 구체화시키고 있다고 볼 수 있다.

세넷에게 있어서 협력은 역사적으로 보았을 때 사람들 간의 비공식적인 관계가 심화될 때 번성할 수 있다. 즉, 사람들이 서로를 신뢰하고 협력에 요구되는 신념에 충실하게 되는 것은 이러한 비공식적인 관계를 통한 학습된 기대(당연시되는 습관이나 태도들)에 기반을 두고 있다. 세넷은 현대사회에서 협력의 지속가능성의 조건에 대한 논의를 이러한 비공식적인 관계를 유지하고 지속하는 데 있어서의 어려움과 그 관계의 취약성에 대한 강조를 통해서 전달하고 있다.

비공식적 관계의 유지의 어려움과 그 지속가능성의 취약성을 설명하는 데 있어서 세넷은 자본주의 산업구조 변화, 예를 들어 1980년대 이후 실업, 파트타임 증가로 인해 기존의 포드주의적 자본주의 체제에서 정규직 노동자들 사이에 존재했던 공유의 시간이 감소했던 것과 같은 구조적 요인들에 주목하지만, 그렇다고 이러한 구조적 변화가 곧바로 비공식적인 관계를 약화시키는 것은 아니라고 본다. 오히려 자본주의의 구조적 변화로 인해 발생하는 지속적 관계sustained relationship가 거래의 에토스ethos of transaction에 의해서 대체될 때 비공식적 관계의 가치와 역할을 약화시키는 어떤 문화적 과정에 대해 지적한다.

이는 자본주의 재구조화에 따른 조직적 변화가 언제나 항상 곧바로 협력의 약화로 나타나는 것이 아니라는 것이다. 이보다는 비공식적 관계의 가치와 역할을 약화시키는 문화적 영향력으로 세넷은 거래적 에토스가 점차로 확대 강화될 때 나타나는 절차procedure나 프로세스를 강조하는 문화나 환경에 대하여 말한다. 거래적 에토스가 심화된 환경에서 사람들은 점차로 어떤 일을 진행하는 데 있어서 협력보다는 그저 주어진 절차, 프로세스에 따를 것이 요구되거나 기대된다고 말한다. 행위규범에 있어서 이러한 절차, 프로세스의 확대는 미시적인 행위에 대한 관리로 이어질 뿐만 아니라 동시에 비공식적 네트워크를 백안시하거나 평가절하하는 경향을 강화시킨다. 이러한 분위기에서 오늘날 거의 모든 인간관계에서 발견되는 거래적 에토스 혹은 인간관계의 공식화formalization는 비공식적 인간관계로부터 발생할 수 있는 어떤 불확실성을 배제하고자 하는 현대사회의 징후적 모습을 드러내 주는 것으로 파악된다.

따라서 세넷은 공식성은 권위를 선호하며 놀라움, 의외성을 방지하고자 하는 반면에 비공식성은 유동적이며 예측하기 힘들다는 특성이 있다고 주장한다. 비공식적 인간관계는 주고 받음give and take의 요소들과 관련되기 때문에 비공식적 관계를 추구하는 과정은 종종 예측 불가능한 결과들을 낳는다. 세넷은 이러한 역동적인 상호작용을 통해 협력의 관계를 추구하는 과정에서 그 관계 형성에 관련된 행위자들이 자존감과 일정 정도 행위자로서의 자신감을 획득하게 된다고 말한다.

세넷이 현대사회에서 협력의 지속가능성과 그 번성의 조건에 있어서 그 비공식적 인간관계, 즉 역동적인 상호작용과 이로 인해 등장하는 예측하지 못한 결과의 가능성을 강조하는 경향은 도시공동체의 미시적이고 행위적 측면에 대한 그의 독특한 시각에도 나타난다.

세넷은 타자와의 마주침, 뒤섞임은 본래 도시 본연의 역할 속에 있음을 강조한다. 하지만 최근 유럽, 미국을 비롯한 세계의 수많은 글로벌 메트로폴리탄 도시들에서 나타나는 징후는 정반대의 모습을 보여 준다고 지적한다. 이는 공적 공간뿐만 아니라 사적 공간에서도 공통적으로 발견되는데, 그 핵심적 특징은 분리와 차단이다. 도심지와 교외 지역에는 쇼핑이라는 단일 기능을 가진 쇼핑몰이 새롭게 세워지고 있고 병원, 학교, 새로운 오피스 빌딩은 마치 대학 캠퍼스처럼 외곽 지역에 고립되어 자리 잡고 있으며 많은 경우 이러한 빌딩들은 대부분 지하층에서부터 주변 환경으로부터 완전히 차단되어 운영된다. 사적 공간에서도 마찬가지다. 도심에 지어진 신규 아파트 건물에서부터 대도시 주변에 형성된 교외 주거 지역에 이르기까지 이러한 사적 공간 건설의 궁극적 목표는 모두 빗장동네gated community 이다.

개방도시open city나 투과도시porous city에 반하는 이러한 빗장도시, 폐쇄도시, 분리도시에서 나타나는 사회적 관계는 타자와의 마주침을 될 수 있는 한 억제하거나 외면하는 경향이 짙다. 이는 세넷에 따르면 사회, 공동체를 하나의 폐쇄된 체계로 바라보는 시각이다

(Sennett 2006). 세넷에 따르면, 이러한 시각에서는 균형equilibrium과 통합 integration이 핵심이다. 균형에 의한 폐쇄 체계라는 사회적 시각은 케인스주의 이전에 존재했던 시장 운영 원리로부터 나온다. 즉, 수입과 지출이 균형을 이루는 어떤 상태를 가정하는 것이다. 도시계획이나 국민 보건 분야와 같은 국가 관리 분야에 있어서도 정보 피드백 순환과 내부 시장은 모두 특정 프로그램이 과잉이 되지 않기 위해 존재하는 것으로 여겨진다. 이러한 폐쇄된 시스템, 사회에서의 어떤 프로그램이나 정책 실행 과정을 지배하는 것은 균형이 깨질 것에 대한 공포, 즉 한 가지 기능이나 계획을 수행하는 과정에서 다른 기능들이 붕괴되거나 간과될지도 모른다는 불안감이다(Sennett 2006).

또한 사회를 하나의 폐쇄 시스템으로 보는 시각에서는 통합이 강조된다. 한 사회 시스템 내에 존재하는 다양한 지역, 부분에 대한 단일한 디자인을 지향한다. 이러한 이상과 관념은 뭔가 돌출적인 경험들을 거부하거나 제거하려는 경향이 짙다. 왜냐하면 이러한 경험들은 통합에 방해 요소로 보이기 때문이다. 즉, 그 장소에 잘 맞지 않는 것들은 무가치한 것으로 취급된다. 세넷에 의하면 근대 도시계획들은 수많은 규제들을 통해서 이렇게 잘 맞지 않고 돌출되고 공격적이며 공손하지 못한 걸림돌과 무질서들을 제거하고자 해 왔다.

세넷은 이러한 폐쇄도시, 빗장도시 그리고 균형과 통합을 절대시하는 사회적 관계 설정 방식에 반대되는 것으로서 투과도시를 제안한다. 투과도시라는 개념은 미국의 도시학자인 제인 제이콥스Jane Jacobs의 개방도시의 아이디어를 변형한 것이다. 제이콥스의 개방도시는 프랑스의 건축가 르 코르뷔지에Le Corbusier의 아이디어에 흐르고 있는 분리주의적 경향(도로, 인도, 주거지 등의 분리)에 대한 안티테제로서 제시되었다. 제이콥스는 수많은 근대 도시계획가들과는 달리 수

많은 다양한 종류의 사람들과 공적, 사적 기능들이 밀도 있게 뒤섞여 있는 거리나 광장과 같은 장소들(1960년대 뉴욕 맨해튼의 동남부 지역, 나폴리, 카이로 등)이 주는 무질서의 미덕에 주목했다. 이러한 장소들에서는 예상치 못한 타자와의 마주침이 발생하고 또한 새로운 기회와 혁신이 발견된다는 것이다. 세넷에 따르면 제이콥스는 거대 자본, 개발자들은 동질성 그리고 뭔가 결정적이고 예측가능하며 균형 잡힌 디자인을 선호하는 경향이 있는 것으로 파악했다(Sennett 2006).

그러나 세넷은 제이콥스의 개방도시에서 나타나는 고밀도와 다양성으로 특징 지어지는 무질서의 미덕을 받아들이면서도 제이콥스에서 나타나는 과거 도시에 대한 맹목적 향수에 동의하지 않았다(Sennett 2006). 오히려 세넷은 균형과 통합의 원리에 근거하여 동질화된 근대도시나 대자본에 의해 지배되고 있는 현 시기 글로벌 메트로폴리탄 도시를 비교 대상으로 삼으면서 과거의 어떤 도시를 이상적으로 그려내려 하기보다는 현대 도시계획, 디자인에서 고려할 수 있는 아이디어와 동시에 더욱 중요하게는 바람직한 공동체, 사회적 관계 형성을 유도할 수 있는 장소-만들기place-making 프로그램을 제시하고자 한다.[10]

---

10 메트로폴리탄 도시 공간으로서 런던 거리와 지역 동네에서의 비공식적 장소 만들기의 실천들에 대한 민속지학적 연구로는 Hall(2012)을 참조. 수잔 홀Suzanne Hall은 이 연구에서 세넷의 도시 공간 이론과 길로이의 공생 논의를 접합시키고 있다. 다시 말해서, 홀의 연구는 도시 공간에서의 비공식적 관계 및 일상생활에서의 협력적 상호관계 형성에 대한 세넷의 논의를 기반으로 하면서, 동시에 길로이의 공생 개념에서 제시되었듯이 통합이나 관용과 같은 개념으로 특징 지어지는 공식적 다문화주의 정책이나 이데올로기에서 충분하게 주목받지 못했던 상호 협력적이고 비공식적인 일상생활에서의 상호작용과 관계들에 대한 흥미로운 민속지학적 연구들을 수행하고 있다. 홀의 연구는 길로이의 공생 개념과 세넷의 도시 공간 이론의 접합을 통한 풍부한 경험적 연구의 가능성을 보여 준다.

세넷이 제시하고자 하는 바람직한 그리고 우리 시대에 긴급하게 필요하며 동시에 근대 도시계획가들과 세계화 이후 글로벌 이주와 대자본에 의해 형성된 메트로폴리탄 도시 형성에서 간과되어 왔던 사회적 관계의 형성을 위한 장소-만들기의 기획으로서 '투과도시 porous city'를 제시한다(Sennett 2015). 투과도시는 도시 디자인, 계획의 완전한 지배나 실현이라는 이상을 신뢰하지 않는다. 즉, 도시는 늘 불완전하며 어떠한 단일한 이데올로기, 기획, 권력에 의해서 완전하게 지배될 수 없다. 더욱 중요하게 투과도시는 분계선boundary과 구획화 zoning에 의한 분리와 배제라는 극단적 이분법이 아니라 상이한 정체성과 차이들이 접촉할 수 있는 경계borders에 의해서 특징 지어진다. 도시 공간에 대한 구획화와 분리는 공간에 대한 결정주의적 사고에 따라 주어진 공간의 기능과 역할을 미리 상정하지만 도시는 역사적으로 언제나 불완전한 시스템으로서 존재해 왔다(Sennett 2015). 이러한 투과도시에서 정체성, 차이의 존재는 일상생활에서 일과 여과 활동을 통해 이루어지는 상호작용, 상호 접촉을 통해서 규정받게 된다. 세넷(Sennett 2015)은 다음과 같이 주장한다.

정체성을 확인하는 것은 일work의 주요 관심사가 아니다. 어떤 것을 마치고 완성하는 것이 더 주요 관심사다. 도시 생활의 복잡성은 사실 다양한 정체성들을 가능케 한다. 시민들은 일하는 노동자로서, 스포츠 경기의 관람자로서 학교 교육문제와 국가의료체제에 대한 예산 삭감을 걱정하는 학부모이기도 하다. 도시 정체성은 하루에도 상이한 장소들에서 우리가 알지 못하는 수많은 사람들과 함께 수많은 상이한 경험들을 가능케 해 준다는 점에서 투과적porous이다. 많은 이들이 차이의 어려움에 대하여 말할 때 정체성을 하나의 단일한 이미지로 단일한 경험으로 축소시킨다. 경제는 동질적이고 폐쇄된 공동체가 안전하며(이는 사실이 아니다), 오로지 쇼핑이라는 기능 하나만을 위해서 쇼핑센터를 건립하고 도시로부터 그 안에 노동자들을 차단시키는 오피스 건물과 타워들을 건설할 때 이러한 단일화된 정체성을 사람들에게 판매할 수 있다.

여기에서 세넷은 이러한 투과도시의 형성에서 필요한 독특한 에토스를 제시하고 있다. 다시 말해서 이 에토스는 세넷이 주목했던 일상생활 차원에서 타자와의 적극적인 상호작용과 활발한 협력의 조건으로 제시되었던 공간의 윤리와 정치에 있어서 핵심적이다. 즉, 그 공간의 윤리와 정치는 어느 특정 세력이나 행위자도 주도권을 독점하지 않은 가운데 균형적 긴장 상태에서 공동의 사회 공간에서 공동거주의 운명을 인식하는 가운데 생성된다. 이러한 공간의 윤리와 정치는 랑시에르Jacque Rancière가 에토스의 정의를 통해서 말하고 있듯이 특정 장소, 거처에 상응하는 존재 방식이라고 볼 수 있다.[11]

이러한 공간 윤리와 정치는 세넷이 타자의 존재 그리고 타자와의 마주침의 조직화 방식에 대하여 가지고 있었던 시각을 엿볼 수 있게 해 준다. 세넷이 말하고 있듯이, 타자의 존재는 수많은 도시 개발 계획에서 나타나듯이 접촉을 회피하거나 혹은 이를 위협으로 틀 지우

---

11 랑시에르에게 있어서 정치는 권력의 행사가 아니라 고유한 주체로 인해 현실화되고 그 주체의 고유한 합리성에서 유래하는 하나의 특정한 행위양식으로 정의된다 (Rancière 2008, 235). 즉, 정치는 특정한 관계 속에서 참여와 몫을 가지는 것이다. 여기서 장소 만들기의 실천은 정치의 중요한 작업이 된다. 랑시에르에게 있어서 고유한 공간을 만들고 정치의 주체들의 세계 그리고 정치가 작동하는 세계를 보이게 만드는 것, 즉 "새로운 사물들과 주체를, 대상과 주체, 보이지 않았던 것을 보이도록 하는(이영주 2013, 193쪽)" 것이 정치의 중요한 작업이기 때문이다.

면서 안전, 분리segregation, 구획zoning에 근거하여 특정 장소의 기능과 용도를 미리 규정하는 방식에서는 언제나 축출·배제해야 할 잉여적 주체로 등장하거나 아니면 우리와의 차이가 제거된 동일성의 집단들로 대체될 뿐이다. 하지만 투과도시에서 나타나는 공간의 윤리와 정치에서 타자의 존재는 통합이나 합의를 통한 배제나 동일화의 대상이 아니라 활발하고 역동적인 비공식적 상호작용의 대상이다. 이러한 비공식적인 상호작용의 의례ritual와 예의civility, 혹은 에토스를 바탕으로 한 다양한 장소 만들기의 실천들이야말로 공간 윤리와 정치에서 핵심적이다.

이러한 측면에서 보았을 때, 세넷의 투과도시에서 타자와의 비공식적이고 역동적인 상호작용에 대한 강조는 길로이의 공생문화에 대한 논의에서 강조되었던 타자, 차이와의 역동적이고 활발한 상호작용에 대한 강조와 일맥상통하는 지점이 존재한다. 왜냐하면, 세넷의 비공식적이고 활발한 상호작용은 도시 공간에서 타자와의 관계를 형성하는 데 있어서 기존의 정체성, 인종과 같은 고정된 범주에 의존하기보다는 일상생활에서의 비공식적인 상호작용에서 발생하는 에토스, 즉 거주 방식에서 발생하는 것으로 파악되고 있기 때문이다. 기존의 안전, 분리, 구획에 근거한 도시 공간의 조직화에 적극 반대하는 세넷의 투과도시는 초국적 모빌리티 시대에 등장하고 있는 메트로폴리스에서 제3의 공간의 조직화 원리와 이에 따른 도시 문화정치와 도시 디자인을 사고함에 있어서 단순히 기존의 정체성의 정치나 도식적인 인종적 위계와 배치에 의존하지 않는 새로운 방식에 대하여 끊임없이 질문하게 만든다.

타자와 도시 공간 이론

기존의 다문화주의의 위기에 따른 새로운 소수자 문화정치의 대안으로서 제시된 길로이의 공생 개념의 타당성에 제기되는 질문들은 크게 두 가지로 볼 수 있다. 첫째는 공생 개념이 일반적인 의미의 공존coexistence이나 다문화주의에서의 유사 개념들과 얼마나 개념적으로 구분되는 것인지, 즉 개념적 차별성의 문제이다. 다른 하나는 공생이 오늘날 초국적 모빌리티 시대에 벌어지고 있는 다문화적 현실, 보다 구체적으로는 타자와의 상호작용이나 대면 과정을 설명하는 데 있어서 적절한가의 문제이다. 즉, 이 개념의 현실 설명력의 문제이다.

먼저 첫 번째 개념적 차별성의 문제라는 측면에서 보았을 때 공생은 여전히 개념적 긴장성을 내포하고 있다. 예를 들어, 다수 주류문화에 대한 소수자의 적응(노력)을 전제하고 있는 통합주의적integrationist 패러다임에서 공존 개념이나 자민족중심주의적인 관용 개념과의 차별성, 그리고 민족적 동질성ethnic homogeneity에 기반을 둔 협소한 공동체주의적communitarian 패러다임에서의 공존 개념이나 공식적 다문화주의official multiculturalism에서의 공존 개념들과의 비교에서 어떤 개념적 차별성을 가지고 있는지에 대한 질문들이 제기될 수 있다.

앞에서 살펴보았듯, 네그리와 하트의 공통적인 것의 저장고로서 메트로폴리스에 대한 논의와 세넷의 투과도시에 대한 논의들은 바로 이러한 공생 개념의 차별성을 보다 구체화하는 데 유용한 이론적 논의들을 제공하고 있다. 네그리와 하트의 정체성의 자기폐지, 공통적인 것에 기반을 둔 메트로폴리스에서의 정치 기획과 세넷의 투과

도시에서의 공간적 윤리 및 정치에 대한 논의들은 기존의 민족, 젠더, 인종 등 고정된 정체성에 기반을 둔 분리 경향이나 구획의 원리를 넘어서는 타자와의 마주침을 상상한다. 네그리와 하트의 논의는 메트로폴리스라는 공간에 존재하는 물질적·비물질적 공유 자산에 주목하면서 이에 대한 새로운 분배 과정에서 기존의 정체성의 정치를 넘어서는 새로운 주체화의 가능성을 제기할 때 이는 더욱 구체화된다. 또한 세넷이 도시 공간의 윤리, 에토스를 통해 도시 일상생활에서 비공식적 관계를 통한 다양한 협력의 방식을 강조할 때 이는 구체화될 수 있다. 왜냐하면 길로이가 공생 개념을 중심으로 제기하는 문화정치의 핵심은 차이, 타자와의 마주침을 조정하는 데 있어서 기존의 고정된 정체성을 넘어 새로운 방식으로 작동하는 차별과 배제의 메커니즘에 주목하고 있기 때문이다.

그럼에도 불구하고 공생 개념의 개념적 차별성의 문제는 이 개념을 본격적으로 도입했던 길로이의 설명 방식에 의해서 더욱더 복잡한 문제가 되는 경향이 있다. 다시 말해서, 길로이는 공생 개념을 설명하는 데 있어서 엄밀한 개념적 명확성을 추구하기보다는, 메트로폴리탄 도시로서 런던의 일상생활에서의 다양한 에피소드나 특정 역사적 국면historical juncture—영국의 경우 19세기 제국주의 시대를 거쳐 20세기 중반 이후 탈식민주의 시대—에서 구체적인 일상생활의 경험에 녹아 있는 "정서구조structure of feeling"에 대한 기술을 통해 공생 개념을 구축하고 있다(Williams 1977).

하지만 이러한 느슨하게 보이는 방식의 공생 개념에 대한 이론화는 간과할 수 없는 효과를 가지고 있다. 우리의 일상생활에서 나타나는 차이, 타자, 문화적 갈등과 충돌, 적대의 문제는 단순히 인종과 같이 고정된 범주로 설명될 수 없다. 실제로 인종적 긴장과 대립, 그리고 인종을 벗어난 차별과 대립을 판단하는 것은 구체적인 사회적 맥락을 통해서만 그 최종 판단이 가능하다. 하지만 현재와 같은 초국적 모빌리티 시대에 문화적 갈등, 적대, 차이, 타자를 인식하는 우리의 담론들은 인종이나 민족과 같이 지나치게 고정된 범주에 의해서 구성되고 지배되는 경향이 짙다. 이러한 고정적 범주를 통한 차이, 타자의 개념화는 실제 생활세계에서 존재하고 있는 모든 차이, 차별, 타자의 모호함들을 기존의 편리하고 고정된 범주들로 분류해 버리는 범주화의 폭력과 차별을 수행해 왔다. 그리고 길로이가 보기에 이러한 범주화의 폭력과 차별이 인종주의 이데올로기가 지속되는 핵심적 이유이다(Gilroy 2006). 길로이의 공생 개념에 대한 이론화에서 나타나는 느슨함은 일상생활 차원에서 타자와의 대면 과정, 상호작용 과정에서 나타나는 수많은 모호함, 역동성, 그리고 변화무쌍함에 대한 길로이의 깊은 인식에서 비롯되었다는 말이다.

공생 개념의 타당성과 관련된 두 번째 문제는 공생 개념의 현실 설명력의 문제이다. 현재 메트로폴리스에서 타자와의 대면 과정, 상호작용은 공생인가? 아니면 인종주의에 더 가까운 것인가? 공생 개념은 오늘날 초국적 모빌리티 시대에 메트로폴리탄 도시에서의 타자와의 대면 과정을 표현하기에 적합한 개념인가? 메트로폴리스에서의 타자와의 상호작용, 대면 과정은 모두 공생이라고 볼 수 있는가? 만약에 그러하다면 메트로폴리스의 어떠한 조건, 특성들이 타자와의 대면을 관용, 인정, 통합이 아닌 공생으로 볼 수 있게끔 하는가?

세계화로 인한 사람과 사물의 이동성의 고도화와 경계 넘기 현상은 단지 글로벌 기업이나 자본의 이동 문제에만 머무르는 것이 아니라 언제나 광범위한 노동력으로서 이주민의 존재를 필요로 한다. 따라서 자본의 이동성, 경계 넘기는 한 지역 및 한 민족국가 내에서 이러한 타자와의 관계 설정과 혼합이라는 문화정치적 문제들을 낳게 된다. 이러한 글로벌 이동성의 증대로 인한 문화정치적 문제는 이주민, 외국인, 난민과의 대면이 불가피하게 됨에 따라 과잉정치화되어 자국민/외국인, 주류사회/소수사회의 경계 짓기의 문제로 전환된다. 여기서 이주민, 외국인, 난민들은 주류사회에 대한 위협이자 잠재적 테러리스트 혹은 일자리 경쟁자로 재현된다.

이 글에서 주목하고 있는 공생 개념은 바로 타자와 차이에 대한 대응이 오늘날과 같이 배제와 포섭이라는 이분법적 해결 방식으로 귀결되고 있는 상황에서 타자와의 관계 설정 및 방식이 기존의 다문화주의, 인종주의, 정체성의 정치를 넘어서 새롭게 상상될 필요성에 주목하고 있음을 보여 주고자 했다. 그리고 초국적 모빌리티 시대에 새롭게 생성되고 있는 제3의 공간, 메트로폴리스에서의 새로운 문화정치 및 공간의 윤리와 정치에 대한 네그리와 하트, 세넷의 논의를 검토함으로써 공생 개념에서 제기되었던 타자와 차이를 다루는 방식에 있어서의 문제의식이 확장되고 심화될 수 있음을 보여 주고자 했다.

이러한 측면에서 지금까지 살펴본 세 가지 도시 공간 이론들이 주목하고 있는 새롭게 형성되고 있는 제3의 메트로폴리스 도시 공간에서의 타자성 문제에 관한 논의들은 다음과 같은 함의를 갖는다. 먼저, 도시 공간 연구에 주는 함의이다. 오늘날 도시 공간에 대한 신자유주의적 지배가 어느 시기보다도 강화된 시기에 도시 공간에서의 부동산 가격은 네그리와 하트가 지적한 '공통적인 것'에 대한 자본주의적 착취가 발생하는 지점이라 할 수 있다. 공통적인 것, 즉 주변의 자연환경만이 아니라 특정 지역의 상권, 역세권처럼 그 도시 구성원들 간의 다양한 사회적 상호작용 및 도시 지자체에 의한 인프라 건설의 결과 등으로 형성된 무정형의 자원 및 자산들의 가치는 모두 부동산 가격, 지대에 반영되어 자본주의적 사회관계 안에서 실현되고 있는 것이다.

이러한 맥락에서 최근 르페브르에 의해 제기되었던 '도시에의 권리rights to the city' 개념에 기반을 둔 다양한 도시권리운동은 주목할 만하다. 하지만 동시에 이러한 운동들이 일정한 성과를 거둔 가운데 이러한 도시권리운동에 대한 의문도 존재한다. 즉, 도시에의 권리에서 "권리"가 의미하는 바가 정확하게 무엇인지 불분명하다는 것이다(Foster and Laione 2016, 283).

이러한 상황에서 도시에의 권리가 가지고 있는 불분명성은 불가피하게 도시권리, 법, 그리고 윤리의 문제를 제기한다. 이는 도시 거주자들의 도시의 공통적인 자원에 대한 접근에 있어서 소유권의 문제뿐만 아니라 도시 공유지 등에 대한 점유 및 사용 방식의 문제를 제기한다. 이러한 소유권과 점유권 사이의 갈등이나 충돌을 해소하는 광범위하게 받아들여지는 방법이 존재한다. 바로 법에 의존하는 방식이다.

하지만 이는 네그리와 하트의 관점에서 보았을 때, 다시 소유권의 정치에 의존하는 방식으로 귀결될 위험이 있다(Negri and Hardt 2014). 네그리와 하트가 강조하고 있듯이 이러한 법 체계, 권리의 정치는 재산을 사적으로 소유하고 있는 사적 개인 간의 계약에 바탕하고 있는 법 체계이다. 여기서 도시 거주민이 도시 공간에서의 공통적인 자원과 맺게 되는 관계는 소유 관계로 환원되며, 또한 이방인과 같은 도시 거주민들이 맺게 되는 도시 공통 자원과의 관계는 한 사회의 정당한 구성원으로서의 권리인 성원권으로 사고된다. 이 과정에서 도시 공동 자원과 도시 거주민들 사이에 존재할 수 있는 다양한 관계의 가능성들은 그 사회의 정당한 구성원이 한 개인으로서 갖게 되는 권리, 즉 재산권의 관계로 축소·환원될 위험이 있다.

이러한 환원의 위험을 고려하는 가운데 도시에의 권리 운동은 도시 공동 자원과 도시 거주민들 간의 관계에 대하여 재산권과 사용권의 대립이라는 틀을 넘어서는 보다 창의적 실험과 사고들을 더욱 활성화하는 방향으로 전개될 필요가 있다. 이러한 측면에서 세넷의 투과도시에서의 공간 윤리와 정치에 대한 논의들의 유용성을 찾을 수 있다. 다시 말해서, 공통적인 것의 저장고로서 메트로폴리스에서의 도시운동은 일상생활 차원에서 나타나는 협력의 조건, 즉 도시 공간에서 어느 특정 행위자나 세력도 주도권을 독점하지 않은 균형적 긴장 상태에서 공동의 사회 공간에서 공동주거의 운명을 인식하는 가운데 생성되는 공간의 윤리와 정치, 다시 말해서 활발하고 역동적인 비공식적 상호작용의 의례ritual와 예의civility에 주목할 필요성이 제기되는 것이다.

최근 도시재생 및 젠트리피케이션에 대한 사례연구들에서 찾아볼 수 있듯이 공동거주의 경험과 일상적인 상호작용의 결과로 생성되는 새로운 장소 만들기place-making의 실천에 대한 다양한 사례연구는 새로운 도시 공생문화와 문화정치의 모습을 좀 더 구체적으로 가늠해 볼 수 있는 계기를 제공하고 있다.[12]

---

12 수잔 홀의 연구는 이러한 측면에서 주목할 만하다. 홀(Hall 2012)은 건축가로서의 경력을 바탕으로 백인 이외의 거주 인구 비율이 상대적으로 높은 런던의 한 지역의 거리를 중심으로 도시 일상생활에서 실제로 다문화주의가 어떻게 작동하고 있는지에 대한 민속지학적 연구를 수행하고 있다. 다시 말해서, 이 연구는 다문화주의에 대한 연구에서 민족에 초점을 맞추기보다는 도시의 일상생활에서 나타나는 일상적인 것the ordinary에 집중함으로써 다양성, 차이의 문제가 어떻게 다뤄지고 있는지에 집중하고 있다. 국내 연구로는 최근 서울 지역에서의 젠트리피케이션에

둘째, 정체성의 정치의 문제이다. 위에서 살펴본 네그리와 하트, 그리고 세넷의 도시공동체에 대한 논의들은 공통적으로 인정의 정치, 정체성의 정치의 실패, 한계를 인식하고 새로운 형태의 차이의 정치로 나아갈 필요성을 제기하고 있다. 그러나 이러한 정체성의 정치에 대한 회의, 그리고 탈정체성 전략이 과연 한국 사회에 적합한가라는 문제 제기가 가능하다.

다문화의 역사가 상대적으로 짧고 이주민 문제가 서구 사회만큼이나 일상화되어 있다고 아직 보기 힘든 한국 사회에서 정체성의 정치를 넘어선 새로운 공생의 추구가 적절할 수 있냐는 것이다. 더욱이 한국 사회의 일상생활에서 다문화주의는 아직 외국인, 타자의 존재를 인정하지 않거나 혹은 인정하더라도 온정주의적 감정에 바탕을 둔 경우가 훨씬 많다.

또한 정책적으로도 타자의 존재에 대한 공식적 인정을 통해서 외국인, 이주민의 권리(사회복지 서비스에의 접근권)를 일정하게 보장하는 식의 다문화주의 정책이 그 정책 홍보나 표면적인 정책 논리와는 달리 실제에선 실현된 적이 없으며 여전히 인종주의적 차별이 여전히 노골적으로 존재하는 상황에서 정체성의 정치, 타자에 대한 인정에 바탕을 둔 정치 담론과 정책의 필요성은 여전히 유효하지 않느냐는 것이다.

즉, 이러한 문제 제기는 정체성의 정치와 인정의 정치를 넘어선 새로운 정치가 제기되는 서구 사회의 사회경제 시스템과 사회민주적 국가 복지체제에 의존하지 않고 있는 한국 사회의 사회경제 시스템 사이에 존재하는 차이에 주목한 지적이다. 외국인, 이주민에 대

대한 연구로 신현준 외(2016)를 들 수 있다.

한 혐오가 협소하게 정의된 공동체의 통합에 위협으로 인식되는 정도와 방식에의 차이로 인하여, 한국 사회는 타자의 정체성과 차이에 대한 무관심의 에토스를 주장하는 공생의 전략보다는 여전히 정체성에 대한 문화상대주의적 입장에서의 인정이라도 필요하다는 문제 제기이다.

사실 정치사회적 담론과 정책으로서 다문화주의가 본격적으로 도입되고 주목받기 시작한 지 상대적으로 짧은 역사를 가지고 있는 한국 사회에서, 최근 서구 유럽 국가들에서의 다문화주의의 실패 더 나아가 폐기 선언은 당혹스럽게 다가올 수 있다. 그러나 공생 패러다임으로의 전환에 대한 문제 제기는 공생 개념 및 이것이 제기되는 맥락에 대한 정확한 이해를 통해서 해소될 수 있다.

공생 개념과 함께 정체성의 정치의 한계, 혹은 정체성의 자기폐지와 같은 주장들은 타자와의 대면 과정, 문화적 갈등과 충돌을 다루는 데 있어서 지금까지의 통합주의적 정책과 이념들이 반복적으로 지속되는 인종주의적 타자의 배제라는 결과를 가져오는 한계를 노정해 왔으며 따라서 새로운 종류의 대안이 요구된다는 점에서 제기된 개념들이자 이론들이다.

공생문화에 대한 인식이 곧바로 인종주의의 부재를 의미하는 것은 아니지만, 공생에 대한 인식은 인종주의를 극복하는 수단들도 인종주의의 제도적이고 상호 개인적 맥락에 따라서 변화했음을 인식할 필요가 있다. 여기서 공생은 공통의 도시 공간에 거주하고 있는 다양한 집단들이 제기하는 차이의 문제들의 복잡성을 인식하고자 한다. 여기에는 인종적, 언어적, 종교적 특수성들이 미처 제기하지 않는 차이의 문제들, 즉 "제도적, 인구적, 세대적, 교육적, 법적, 정치적 공통성commonalities의 문제들"(Gilroy 2006, 40)이 존재한다. 이러한 문제들은 자기 정체성을 위주로 타자의 문화적 습관들을 소유하거나 관리하고자 하는 욕망을 더욱 복잡하게 만든다. 비록 공생은 이러한 차이로 인한 갈등과 충돌을 사라지게 할 수는 없을지라도 차이의 문제의 복잡성을 인식하게 해 주며, 또한 사람들로 하여금 자신의 이해관계뿐만 아니라 마찬가지로 작동하는 타자의 이해관계 안에서 이러한 차이를 관리할 수 있는 수단들을 제공해 줄 수 있다(Gilroy 2006, 40).

향후 본격적인 이민사회로의 진입을 앞두고 있는 한국 사회에서 그동안 진행되어 온 다문화주의 정책 및 이념은 자민족중심주의, 순혈주의, 이민자에 대한 도구주의적 시각 등 적지 않은 문제들을 낳았다. 이러한 문제들을 극복해 나가는 데 있어서 공생은 동화주의적 패러다임의 한계를 넘어서 고정된 정체성의 범주에 의존하기보다는 이주민들과의 일상적인 대면 과정에서 생성되고 있는 역동적 상호관계에 주목한다는 점에서 한국 사회가 타자, 차이의 문제를 보다 성숙하게 다루는 데 있어서 유용한 통찰을 제공할 수 있다.

마지막으로, 초국적 모빌리티 시대에 도시 공간 형성 과정에 대한 위에서 살펴본 세 가지 이론적 논의들이 주는 함의는 그동안 별개의 것으로 다뤄져 왔던 두 개의 연구 분야 혹은 주제에 대한 통합적 접근의 유용성을 제기한다는 점이다. 여기에는 한편으로는 젠트리피케이션과 같은 도시 공간 및 특정 장소에서 장소 만들기의 실천, 도시재생정책, 자본에 의한 공간 지배와 같은 정치문화 현상을 다루는 문화지리학적 · 정치지리학적 관심을 중심으로 한 연구와 다른 한편으로는 다문화주의, 인종주의, 국제 이주에 대한 연구가 있다. 신자유주의에 의한 공간의 지배가 심화되고 우리 일상생활 속에서 깊숙이 자리 잡기 시작한 신자유주의의 문화정치적 영향에 대한 관심 증대에 따라서 다양한 형태의 도시 재개발이나 도시 문화정치학적 연구들이 그 동안 진행되어 왔다(Harvey 2014: 최병두 2009).

또한 다문화주의나 국제 이주에 대한 연구들에서도 신자유주의적 세계화의 영향으로 외국인 혐오, 인종주의, 난민문제 등과 같은 이슈들이 기존의 이주민 연구에서도 주요 이슈가 되고 있다(김현미 외 2010). 그럼에도 불구하고 다문화주의, 이민, 이주migration 문제는 그동안 도시 공간 연구에서 문화지리학, 정치지리학적 연구와는 무관한 것처럼 여겨지는 경향이 많았다. 위에서 살펴본 공통체론과 협력, 투과도시, 공생에 대한 논의들은 이 두 가지 연구 영역에서의 다양한 이슈들이 신자유주의적 도시화와 세계화 과정의 진행 결과라는 측면에서 연구 대상, 분석 지점, 이론 그리고 정책적 고려에 있어서 상당 부분 상호 교차의 영역이 존재함을 보여 준다. 따라서 두 연구 영역에서 그동안의 연구 성과와 이론들의 생산적인 상호 교류를 통해서 얻어 낼 수 있는 교훈들과 새로운 어젠다들이 적지 않을 것이다.

참고문헌

게오르그 짐멜, 《짐멜의 모더니티 읽기》, 김덕영 옮김, 새물결, 2005.

김현미 · 강미연 · 권수현 · 김고연주 · 박성일 · 정승화, 《친밀한 적》, 이후, 2010.

데이비드 하비, 황성원 옮김, 《자본의 17가지 모순》, 동녘, 2014.

리차드 세넷, 《투게더》, 김병화 옮김, 현암사, 2013.

신현준, 〈서촌, 도심에 남은 오래된 동네의 고민〉, 신현준 · 이기웅 편, 《서울, 젠트리피케이션을 말하다》, 푸른숲, 2016.

안토니오 네그리 · 마이클 하트, 정남영 · 윤영광 옮김, 《공통체》, 사월의 책, 2014.

웬디 브라운, 《관용》, 이승철 옮김, 갈무리, 2010.

윤인진, 〈한국적 다문화주의의 전개와 특성: 국가와 시민사회의 관계를 중심으로〉, 《한국사회학》 42(2), 2008, 72~103쪽.

이영주, 〈마르쿠제와 랑시에르의 정치미학에 관한 이론적 탐색〉, 《커뮤니케이션 이론》 9(4), 2013, 176~206쪽.

자크 랑시에르, 《미학 안의 불편함》, 주형일 옮김, 인간사랑, 2008.

정미라, 〈여성주의와 다문화주의〉, 《철학연구》 제107집, 2008, 51~68쪽.

제인 제이콥스, 유강은 옮김, 《미국 대도시의 죽음과 삶》, 그린비, 2010.

최병두, 〈다문화공간과 지구-지방적 윤리: 초국적 자본주의의 문화공간에서 인정투쟁의 공간으로〉, 《한국지역지리학회지》 15(5), 2009, 635~654쪽.

홍태영, 〈유럽의 시민권, 정체성 그리고 문화적 인종주의: 국민국가의 전환과 극우민족주의〉, 《한국정치연구》 20(2), 2008, 235~260쪽.

de Certeau, M., *The Practice of Everyday Life*, trans. by S. F. Rendall. Berkeley, CA: University of California Press, 1984.

Gilroy, P., *After Empire: Melancholia or Convivial Culture?* Abingdon: Routledge, 2004.

Hall, S., *City, Street and Citizen: The Measure of the Ordinary*. London: Routledge, 2012.

Illich, I., *Tools for Conviviality*. New York: Harper & Row, 1973.

Knowles, D., *Political Philosophy*. London: Routledge, 2001.

Lefebvre, H., *The Production of Space*, UK: Blackwell Publishers, 1991.

Taylor, C., *Multiculturalism and The Politics of Recognition*. Princeton, NJ: Princeton University Press, 1992.

Willams, R., *Marxism and Literature*, UK: Oxford University Pres, 1977s.

Amin, A., "Land of Strangers." *Identities* Vol.20 No.1, 2013, pp. 1~8.

Bauman, Zygmunt, "Trump: A Quick Fix for Existential Anxiety." *Social Europe*. (November 14th), 2016, https://www.socialeurope. eu/2016/11/46978/# (검색일: 2016년 11월 15일).

Burgess, C., "Maintaining Identities: Discourses of Homogeneity in a Rapidly Globalizing Japan." *Electronic Journal of Contemporary Japanese Studies* (May 29th), 2012, http://www.japanesestudies.org.uk/articles/Burgess. html (검색일: 2016년 6월 8일).

Foster, R. S. and Laione, C., "The City as a Commons." *Yale Law & Policy Review* Vol.34 No.2, 2016, pp. 281~349.

Fraser, N., "Reframing Justice in a Globalizing World." *New Left Review*, Vol.36, 2005, pp. 1~9.

Gilroy, P., "Multiculture in Times of War: An Inaugural Lecture Given at the London School of Economics." *Critical Quarterly* Vol.48 No.4, 2006, pp. 27~45.

Hess, C., "Mapping the New Commons", (July 1, 2008), 2008. available at SSRN: http://dx.doi.org/10.2139/ssrn.1356835 (검색일: 2016년 10월 30일)

Kim, A., "Increasing ethnic diversity in South Korea: An introductory essay." *Korea Observer* Vol.41 No.4, 2010, pp. 497~515.

Klein, N., "It was the Democrats' Embrace of Neoliberalism that Won It for Trump." *The Guardian* (Novembre 9th), 2016, https://www.theguardian. com/commentisfree/2016/nov/09/rise-of-the-davos-class-sealed-americas-fate (검색일: 2016년 11월 11일).

Nowicka, M. and Vertovec, S., "Introduction. Comparing convivialities:

Dreams and realities of living-with-difference." *European Journal of Cultural Studies* Vol.17 No.4, 2014, pp. 341~356.

Nugent, T., "[해외논단]: 좌파의 다양성 논리는 위선", 《세계일보》, 2012년 2월 28일, http://www.segye.com/content/html/2012/02/08/20120208004937.html (검색일: 2016년 10월 19일).

Sassen, S., "Who Owns Our Cities-And Why This Urban Takeover Should Concern Us All." *The Guardian* (Novembre 24th), 2015, https://www.theguardian.com/cities/2015/nov/24/who-owns-our-cities-and-why-this-urban-takeover-should-concern-us-all (검색일: 2016년 10월 14일).

Sennett, R., "The Open City", 《LSECities》, 2006, https://lsecities.net/media/objects/articles/the-open-city/en-gb/ (검색일: 2016년 10월 25일).

_____, "The World Wants More Porous Cities-So Why Don't We Build Them?" *The Guardian* (November 27th), 2015, https://www.theguardian.com/cities/2015/nov/27/delhi-electronic-market-urbanist-dream (검색일: 2016년 10월 23일).

Valluvan, S., "Conviviality and Multiculture: A Post-Integration Sociology of Multi-Ethnic Interaction." *Young* Vol.24 No.3, 2016, pp. 1~8.

Venn, C., "On the Cunning of Imperialist Reason: A Questioning Note or Preamble for a Debate." *Theory, Culture & Society* Vol.16 No.1, 1999, pp. 59~62.

Wise, A. and Velayutham, S., "Conviviality in Everyday Multiculturalism." *European Journal of Cultural Studies* Vol.17 No.4, 2014, pp. 406~430.

2부

모빌리티와
미디어 테크놀로지의 진화

미디어화와 소외:

모빌리티 시대의 파르마콘

박성우

이 글은 《언론정보연구》 55(2)(2018. 5)에 게재된 원고를 수정 및 보완하여 재수록한 것이다.

이 글은 미디어를 독립적인 객체나 대상, 혹은 도구나 매개자로 바라보는 전통적 시각을 넘어서 하나의 사회적인 시스템으로서의 미디어화mediatization(Couldry 2004) 속으로 다시 위치시킬 것을 제안하는 쿨드리Nick Couldry의 주장과 함께 출발한다. 더불어 기술철학자 스티글러Bernard Stiegler(2011)가 소개한 자동주의와 파르마콘pharmakon이라는 시선과 함께 이를 다시 살펴본다. 결국 총체적인 실천의 과정으로 미디어를 사고하는 미디어화는 미디어와 텍스트 그리고 인간중심주의 같은 낡은 시선으로부터의 해방이지만, 다르게 보자면 스마트화, 디지털화 등과 같은 자동주의 환경, 조건의 진화가 가속화시키는 인간과 기술의 소외화이기도 하다. 이러한 작업을 통해 인간과 미디어, 환경의 관계를 다시 살펴보고자 한다.

포스트미디어 시대와 미디어 테크놀로지

이른바 포스트미디어의 시대다. 구글이 최초의 포스트미디어기업(Javis 2009: 4)으로 널리 소개되고 있을 정도이다. 더불어 융복합과 마술적 전지전능함으로 무장했다고 일컬어지는 트랜스미디어의 시대이자 모빌리티가 전면화되는 시기이기도 하다. 급기야 그 정의도 명확하지 않은 '4차 산업혁명'의 시대라고 한다. 하지만 이러한 급속한 환경 변화에서도 우리의 미디어연구는 기술에 대한 관심은 애써 멀리하며 사회문화적 특수성 속에서 여전히 강조되는 인간중심주의 그리고 이에 대한 반작용과 함께 더욱 낭만적으로 공고해지는 기술중심주의적 접근이라는 양극단 주변에 편하게 자리하고 있다. 이 글에서는 쿨드리를 중심으로 전개된 미디어화에 대한 개념과 그 적용사례들을 간략히 살펴보고 스티글러의 자동주의와 파르마콘의 시선과 함께 이에 대한 철학적인 재검토를 하고자 한다. 궁극적으로는 미디어, 기술, 인간의 (탈)중심화 그리고 이들의 관계를 현실의 관점, 실천의 관점에서 우리의 시선을 통하여 다시 정립하는 데 기여하고자 한다. 결국 이들 사상가들의 주장(Simondon 2011; Stiegler 2011)과 같은 결에서, 모빌리티 논의 역시 단지 새로운 이론적 개념이나 새로운 존재론에 대한 것으로 무비판적으로 받아들여지기보다는, 오히려 인간과 미디어, 기술 환경 사이의 관계에 대해 반성하고 재해석하는 좋은 계기로 그 역할을 수정해야 한다.

이 글에서는 우선 쿨드리의 미디어화 개념과 이를 적용하여 설명해 낸 몇몇 사회문화적 현상들을 간략히 살펴보고, 독인 동시에 약인 것(Derrida 1981; Stiegler 2011)을 의미하는 파르마콘[1] 개념으로 이 논의에 대한 철학적 문제 제기를 하고자 한다. 간략히 정리하자면, 미디어와 인간의 탈중심화에 대해 강조한 쿨드리(영미 문화연구 진영과 스칸디나비아 미디어 이론가들을 포함한)의 미디어화 이론은 그동안 미디어가 가지고 누려 왔던 신화적 특성을 인간 해방의 관점에서 적절히 설명할 수 있다. 하지만 스티글러가 강조한 파르마콘의 입장에서 이를 다시 살펴보면, 미디어화의 과정에서 야기되는 변증법적 운동, 즉 내적 부정의 과정을 통해 인간-기술의 소외 문제 역시 새로이 이야기되어질 수밖에 없다고 하겠다. 그런 점에서 이러한 미디어화, 자동화 국면에 대한 이해는 전방위적으로 우리를 포위, 압박해 들어오고 있는 스마트 자동화 환경, 인공지능 등으로 대표되는 '모빌리티와 4차 산업혁명' 시대에 시급히 고민해야 하는 당면한 과제의 출

---

1 프랑스 기술철학자 베르나르 스티글러는 산업적 중독의 해독제로 긍정적 파르마콘을 강조해 왔다.

발 지점일 수 있다.[2]

미디어화 논의

미디어화에 대하여

문화연구를 폭넓게 소개하고 학술적으로 안착시킨 가장 대표적인 인물로 전 세계에서 손꼽히는 홀Stuart Hall은 쿨드리에 훨씬 앞서, 지금 소개되는 미디어화 이론의 바탕에 적용될 수 있는 흥미로운 주장 (1997)을 한 바 있다. 우리를 포함한 대부분의 미디어문화연구자들은 홀의 연구 업적 가운데 초기에 이루어진 '부호화/해독 모델Encoding/ Decoding in a Television Discourse'(1980)을 그의 대표작으로 기억하지만, 홀의 전체 삶과 실천 속에서 두드러지는 또 다른 저작은 바로 '문화생산/생산문화 모델Production of Culture/Culture of Production'(1997)이라고 하겠다. 〈그림 1〉에서 알 수 있듯이 이 논문에서 홀은 미디어문화연구의 방향성을 단순히 텍스트의 재현 문제를 넘어서 총체적 커뮤니케이션의 관점으로 생산, 소비, 재현, 규제, 정체성 등 모두가 상호적으로 연결되어 시스템화하여 실천과 함께 작동하고 있는 점을 보는 데서 찾아야 한다고 주장하였다.[3]

---

2 스티글러는 기술의 이중적 성격을 정교화하면서 파르마콘의 개념을 생산적으로 사용하고 있으며 이를 통해 단순히 기술중심주의에 대한 인간의 수동적이거나 무력한 입장을 강조하기보다는, '나쁜 것'에 대한 질문을 통해 '좋은 것'에 대한 희망을 재구조화하려 한다. 즉, 이는 자신만의 긍정성과 희망을 제언하고자 하는 그의 실천적 행위라고 볼 수 있다.
3 더 자세한 내용은 〈버밍엄 문화연구의 재고찰과 비재현적 문화연구의 필요성〉(박성우 2014) 참조.

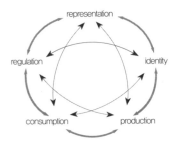

〈그림 1〉 Production of culture/culture of production.

출처: Paul Du Gay(1997), London: the Open University

쿨드리 역시 미디어화 이론을 통하여 사람들의 미디어 이용 양식 그리고 이와 관련된 통합적인 실천practice 문제에 주목하였다. 즉, 미디어를 텍스트나 대상으로 사고하는 것을 넘어 인간과의 관계 속에서 이를 함께 조직하고 구조화하도록 하는 일련의 총체적 실천의 과정 속에서 파악하려 한 것이다.

미디어화는 미디어에 둘러싸인 세상media-saturated world을 통하여 어떻게 우리의 실천들이 구조화되는지에 대하여 인지적, 감정적 측면들 모두를 다루기 때문에 특정한 순간 우리가 어떻게 느끼는지를 다루는 감각에 대한 논의보다 우리에게 더 깊이 다가온다. 그리고 미디어 자원들에 이미 접근하고 있는 사람들을 위해 어떻게 대중들의 실천들이 다르게 구조화되는지에 대한 질문 역시 인지적 질문들과의 연결을 통해 이뤄진다(Couldry 2004: 129).

쿨드리는 무엇보다 미디어가 제공하거나 혹은 제공한다고 여겨지는 사회적 관계들 그리고 미디어의 작동을 통해 가장 잘 수행되는 사회적 구별 짓기나 위계 작용을 미디어화를 통해 새롭게 탐색하며 자신만의 연구 독창성을 드러내기 시작했다. 그 속에서 스캐널Paddy Scannell(1996), 마페솔리Michel Maffesoli(1996), 하틀리John Hartley(1999)의 시선처럼 미디어의 사회적 영향을 과도하게 낭만적으로 해석하는 경향을 경계했고, 동시에 드보르Guy Debord(1967), 보들리야르Jean Baudrillard(1981), 부르디외Pierre Bourdieu(1998)를 따라 미디어의 부정적 영향력만 강조하는 데 그쳐선 안 된다는 점을 분명히 한다. 차별적으로, 그는 미디어화 주장을 위해 케리James Carey(1989)의 다소 고전적인 아이디어였던 '의례성을 중심으로 한, 문화로서의 커뮤니케이션 모델'을 계승한 '실천으로의 미디어media as practice' 개념을 통해 미디어 커뮤니케이션을 '사람들 사이의 절차human process'로 총체적으로 이해하고자 한 미디어연구의 문화적 전회cultural turn에 본격 동참하게 된다. 실제 그동안 미디어 커뮤니케이션을 '사람들 사이의 절차들human processes'로 이해하고자 한 미디어연구에서의 '문화적 전환cultural turn' 시도는 일정 정도 존재했었다. 대표적으로 버밍엄 문화연구자들인 앙Ian Ang(1996)과 몰리David Morley(1998) 등이 수행한 미디어 소비에서의 미시적 실천에 대한 민속지학적 수용자 연구들에서부터, '미디어 커뮤니케이션을 사회적 양식'(Ginsburg 1993) 혹은 '미디어 커뮤니케이션을 사회적 과정들'(Turner 1984)로 분석한 미디어 인류학 연구들이 대표적이다. 이와 같은 선행 연구 흐름들에 영향을 받았다는 점에서 보더라도, 쿨드리(2004)의 미디어화, 즉 '실천으로서의 미디어' 논의는 새로운 이론의 갑작스런 출현이라기보다는 기존 가정들을 보다 더 확장시키고 가속화시키고자 하는 흐름 속에서 자연스레 등장한 것이었음을 알 수 있다.

미디어화에 대한 비판

이처럼 쿨드리에 의해 주도적으로 등장한 미디어화 논의는 실천을 중심 고리로, 일면 인간을 제도, 도구 등 사회적 범주에서 자유롭게 해 주는 해방의 인상을 준다. 그러나 이 '자유로운 상태'는 결국 미디어 및 환경과 상호 결합된 시스템적 관계 속에서 인간의 주체적 역할이 줄어든다는 사실을 말해 주는 것이기도 하다. 실제로, 쿨드리와 함께 미디어화 논의를 폭넓게 소개한 스칸디나비아 미디어이론가들(대표적으로 Hepp 2013, Hjarvard 2013, Lundby 2014)의 경우 미디어를 문화적 형태cultural form의 하나로 이해하기를 주장하며 심지어 기존의 미디어이론에서 등장하는 모든 미디어중심주의, 대표적으로 이를 통해 발현되는 효과이론, 감응이론 등 일체에 맞서 싸워야 한다고까지 이야기한다.[4] 그렇지만 이러한 태도 역시 권력과 제도, 기관institution을 제외한 외부 환경, 특히 미디어 기술에 대해선 다소 순진하고 때론 무관심한 입장을 보이고 있으며, 무엇보다 미디어를 순수하고 좋은 인간들에겐 언제나 상냥하고 부수적으로 복무하는 그러한 존재로 바라보는 경향성을 잃지 않는 문제를 가지고 있다. 이에 더하여 트랜스미디어를 연구하는 사람들은 이와 정반대의 입장 아래서 작금의 미디어 환경을 또 다른 극단에서 사고한다. 이들은 일반적으로, 인간의 발전을 위해 정보기술, 인지과학, 유전공학과 나노기술 등을 포함하는 다*학제적 프로그램을 받아들이는 것이 중요하고 인간 종

---

4 이 가운데 하바드, 슐츠 등은 '미디어 로직media logic'이 사회 속으로 침투하는 과정으로 미디어화를 바라보는 '강 형태the strong form로서의 미디어화'를 주장하는 학자들이며 헵 등은 이를 '메타 과정meta'으로 바라보는 '약 형태the weak form로서의 미디어화' 연구자들이라는 시선도 있다. 더 자세한 내용은 'Stong and Weak Forms of Mediatization Theory'(Ampuja M et al 2014) 참조.

의 제약 없는 완전성을 위한 수단으로 미디어와 기술, 예술의 우선적인 교배를 강조한다. 이렇듯 미디어화와 사회, 문화를 둘러싼 이와 같이 최신 유행의, 트랜스/포스트미디어라는 용어의 모호성만큼이나 그 속에 위치한 인간과 미디어의 모호성은 짙어진다. 그런 점에서 어떠한 방식에서도 이러한 논의들에 대한 지나치게 단순한 분할이나 재단은 주의해야 하겠다.

쿨드리의 미디어화 연구 사례들

이제부터 쿨드리의 미디어화 개념을 그의 대표적인 연구 사례들과 함께 살펴보고, 이후 기술철학자 스티글러의 자동주의와 파르마콘 개념을 적용하여 이에 대한 철학적 문제 제기와 재사유를 하고자 한다. 미디어화 논의에서 쿨드리의 주장을 대표적으로 소개하는 배경에는 첫째, 헵, 하버드, 슐츠 등 스칸디나비아 미디어화 연구자들이 공통적으로 미디어중심주의에 대한 고민에 치우쳐 있다면, 쿨드리의 이론은 여기에 역사적 관점을 추가하여 인간의 개입과 실천의 영역을 함께 다루고 있다는 점이다. 그런 점에서, 쿨드리의 이론은 미디어가 사회에 끼치는 기능주의적이거나 사회심리적인 이원론의 입장과 일정한 거리를 두면서도 미디어를 인간과 함께 '살아 있는 as they lived' 것으로 간주하는 독창성이 있다. 둘째, 토크쇼나 리얼리티 TV와 같은 구체적인 미디어 스터디의 주요 연구 대상에 대한 입장과 관련해서도 이들을 고립적인 미디어 텍스트, 플랫폼이 아닌 하나의 '사회적 과정social process'으로 바라보았고, 그 속에서 중층적인 권력, 의례, 정신병리를 특정한 사회적 시공간성과 함께 복합적으로 드러내 주고 있다는 점이다. 이러한 과정에서 결국 만나게 되는 쿨드리와 스티글러[5]의 조우는 포스트미디어, 트랜스미디어뿐 아니라 모빌리티 논의까지 현재의 주요 담론들과도 직접 연계될 수 있다고 하겠다. 그래서 쿨드리와 스티글러를 연결시켜 현실을 살펴보는 이 작업은 역사적이면서[6] 물질적인 동시에 매우 역설적이며 희망적으로 현실에서의 미디어화 징후와 진단을 드러내고 미디어와 인간, 환경의 관계에 대한 새로운 개념화를 제기할 수 있도록 기여할 수 있을 것이다.

라이브Liveness[7]에 대한 새로운 접근

쿨드리의 미디어화 연구에서의 대표적인 사례로는 무엇보다 '라이브'에 대한 분석을 들 수 있다. 라이브를 하나의 '이데올로기(Feuer 1983)'로 바라보는 비교적 단순하며 결정론적이었던 기존 미디어학의 입장들에서 벗어나, '매개되어진 사회적 중심mediated social centre'에 특권적·신화적으로 접근하여 '사회적 사실'을 구성해 내는 총체적 사회 과정으로 그는 설명한다(Couldry 2003). 이러한 견해는 미디어를 인간들의 사회적, 기계적 연대를 만들어 내는 거시적인 도구로 바라보았던 신뒤르켐적 견해(대표적으로 다이안과 카츠 1992)와도 구분된다. 즉, 미디어를 사회의 실제 '중심centre'에 이르게 하는 도구가 아닌, 마치 그들이 사회적 프레임인 양 작동하며 미디어 권력이 강화되고 '매개

---

5 번역의 지연으로 아직 우리 학계에 스티글러에 대한 소개가 제대로 이뤄지지 않았고 또 이에 합당한 주목을 받지 못하고 있다.
6 스칸디나비아 미디어화 연구진들 역시 최근 들어 미디어화 연구에서의 역사성 연구를 강조하기 시작했다(Hepp, Hjarvard and Lundby 2015 참조).
7 라이브니스는 일반적으로 동시성 시스템, 동시성 컴퓨팅의 진행을 의미하며 여기선 주로 방송 및 미디어 콘텐츠의 제작, 송출과 관련한 부분을 일컫는다.

되어진 중심이라는 신화'가 재구조화되도록 대중들의 일상적 미디어 실천을 결집시키는 과정으로 바라본 것이다. 그런 점에서, 쿨드리는 미디어화 이론의 영역으로 뒤르켐을 초대하여 터너, 부르디외 등 여타 인류학자들의 시선과 함께 놓아 독창적으로 해석했다고 충분히 평가받을 만하다.

마찬가지로, 그의 입장에선, '사회적 사실'이란 언제나 구성되어지는 것이라는 전제가 놓여 있다. 이와 같은 입장에 의하면, 세월호 사건 당시 우리 방송사들의 생방송 뉴스 속보의 제작 양식 역시 미디어가 실제 사실뿐 아니라(혹은 이와는 무관하게) 우리가 사회구성원으로서 공유하는 '사회적 사실'까지 대변하고자 이에 대한 접근과 관련한 중요한 의례적 행위들을 독점하려 한 미디어화의 일상적 작동 사례의 하나라고 할 수 있다(박성우 2017). 쿨드리는 결국 현시대의 신성, 불경한 것을 판단케 해 주는 도구로 텔레비전과 같은 미디어의 사회적 역할을 분석한 신뒤르켐주의자들(대표적으로 괴달, 다이안과 카츠 그리고 실버스톤)의 입장을 비판하며, 미디어는 오히려 실제 사회의 중심에 대한 접근과는 무관하거나 무관심하며 단지 마치 사회적 판단을 위한 프레임처럼 미디어화 과정에서 기능적으로 작동할 뿐이며 그 과정은 철저한 '매개되어진 중심의 신화'로 재강화되고 있다는, 자칭 포스트뒤르켐주의의 입장을 취하고 있다고 할 수 있다. 더불어 그는 이미 주류 연구가 된 신뒤르켐주의적 미디어연구의 가장 큰 문제가 바로 이렇듯 미디어에 대한 무비판적, 중립적 입장을 취하는 데 있다며 이를 넘어설 것을 주문하고 그 대안으로 정치, 종교, 교육, 오락, 예술 영역 등 우리 사회 전반에서 발견되는 미디어화에 대한 다양한, 그리고 지역적으로 차별적으로 구조화된 혹은 의례적인 관

계, 연결체, 시스템에 대한 분석을 강조한다.[8]

차별적 현실 인식으로의 미디어 이벤트

급속한 문화기술과 사회 경제의 발전 속에서 쿨드리가 바라본 이러한 우려 지점들은 일상의 다양한 삶의 영역으로 점점 가속화되고 있고 미디어가 어느덧 무서운 혹은 전지전능한 힘을 숨긴 현대판 프로메테우스의 모습까지 띠게 되는 것이라 할 수 있겠다. 쿨드리의 미디어 이벤트media event(2003) 연구는 그러한 문제의식을 가장 적절히 드러내는 사례 가운데 하나이다. 기존의 대표적인 미디어 이벤트 논의에서 다이안과 카츠(1992)는 오래전 미디어가 미디어 이벤트를 통해 수용자들의 새로운 형태의 '기계적 연대mechanical solidarity와 통합'을 만든다는 기능주의적인 주장을 한 바 있다. 이에 대한 쿨드리의 문제 제기는 이들이 말한 미디어 이벤트는 언제나 너무 좋은 미디어, 낭만적 결과만을 가정한다는 우려였다. 결국 수년이 경과한 후, 다이안(2008)마저도 자신의 기존 입장을 수정하여 미디어 이벤트의 환멸disenchantment, 탈선derailment, 혼란disruption한 성격을 추가하게 된다. 이처럼 헵과 쿨드리(2009)는 단순히 긍정적인 요인뿐 아니라 심각한 정치적 혼란에서부터 여러 진부한 사회문화적 요인들까지 무수히 많은 복잡한 원인과 계기들이 대중들의 실천과 함께 미디어화 과정을 통하여 결합되어 재현된다고 주장하며 지나친 미디어중심주의에 대하여 신랄하게 비판하였다.

---

8   더 자세한 내용은 'Conceptualizing Mediatizations: Contexts, Traditions, Arguments'
    (Couldry, N. and Hepp, A. 2013) 참조.

셀럽 문화의 복잡성과 셀러브리티 연구

이와 함께 흥미롭게도, 셀러브리티 연구 역시 그의 미디어화 논의에서 주된 논쟁의 대상이었다. 그동안 기존의 미디어문화연구 진영에선 셀러브리티에 대하여 개인사의 측면에서 특별한 인물, 정치경제학적 시선에서 상품, 기호학적으로 텍스트나 상징 혹은 그 자체로 하나의 독특한 문화나 체제로 바라보았다. 그것도 아니면 이들은 사회 속에서 기능하는 하나의 감정적 중심(Alberoni 1972)이거나 컬트적 숭배 대상(Rothenbulher 2005)으로 인식되었다. 하지만 쿨드리는 자신의 미디어화 연구에서 이러한 기능주의적 접근의 셀럽 논의에서마저 벗어나, 일상적 자기노출이라는 집단적 사회심리 혹은 구조화된 정신-병리의 과정으로 이를 설명한다. 쿨드리에 의하면 셀럽 문화는 사회적 신성/불경의 구별 짓기 과정에 필요한, 일반적이고 '평범한 인물ordinary person'과 구분되는 '미디어 인물media person'을 구성하려는 미디어화 과정에서 등장한 것이다(Couldry 2003, 2004). 쿨드리와 함께 로젝Chris Rojek(2001)은 지금의 미디어 환경에서 셀럽은 이미 '셀레토이드[9]'로 산업적, 소비적으로 대체되었다고 이야기한다. 즉, 셀럽 문화의 핵심은 리얼리티 프로그램을 통하여 다수 소비자들이 자신들의 직·간접적 참여 경험을 통해 자발적으로 셀레토이드화된다는 점이다. 쿨드리의 주장과 같이 이러한 셀럽 문화와 미디어화 과정은 정치 캠페인과 신자유주의 CEO의 경영 활동 영역에까지 그 영향력을 넓히고 있다(Littler 2007).

이와 맞물려 팬덤에 대한 분석 역시 흥미롭다. 기존 연구들(Fiske 1996, Jenkins 1992, Bacon-Smith 1992)의 경우 대표적으로, 팬들에 대하여 '그림

---

9 셀러토이드는 대중들은 잘 기억하지 못하는데 자기 스스로만 셀럽이라고 오인하며 지내는 일반인 다수을 뜻한다.

자 문화경제'shadow cultural economy' 텍스트의 개별화된 점유를 즐기는 '텍스트 밀렵꾼textual poachers' '능동적인 독자들active readers' 등으로 소개되었다. 또한 팬들의 일상인 실천의 문제 역시 문화적 의미를 둘러싼 상징투쟁(Harris 1998)으로 바라보거나 팬들 자신의 선택, 정체성 형성, 감정적 투자를 통한 자기정체성 형성(Hills 2004)의 과정 혹은 고유한 자율적인 소비 방식으로 다루어졌다. 이러한 심리적 접근뿐 아니라 팬들에 대한 주류 미디어의 재현과 이들의 언어나 행동 특성이 보여 주는 구조화(Gamson 1994) 같은 사회학적 입장으로도 팬덤 논의는 소개되어졌다. 반면 쿨드리는 이러한 사회학적 그리고 심리학적 접근을 통합적으로 결합시키고자 하였다. 이를 통해 팬덤을 '매개화된 의례적 시공간들에 대한 팬들의 집단적 구조화' 과정으로 이해한다. 그렇게 되면서 예를 들어, 미디어 공간은 종교적 순례의 공간과 유사한 관점에서도 파악이 가능해지고[10] 디즈니랜드와 같은 브랜드화된 상업적 공간에서부터 재난의 공간(Couldry 1999)들까지 유사한 원리로 기능하게 됨을 알 수 있게 되었다. 이처럼 쿨드리의 미디어화는 심리학적 그리고 사회학적 기존 입장을 넘어서 경험과 실천의 영역을 중심에 두고 이들을 통합하고자 하였다.

리얼리티 프로그램과 확장된 욕망

마지막으로, 미디어 자체가 사회적이 되어 가면서 이른바 리얼리티 프로그램과 같은 포맷 연구 또한 그의 미디어화의 중요한 사례로 새롭게 자리하게 되었다. 여기서의 핵심은 다음과 같다. 미디어의 리얼리티는 미디어화의 한 부분으로 포괄적인 사회적 삶의 형태

---

10 쿨드리(2000)의 그라나다 스튜디오 투어 연구 참조.

로 기능하며 일상생활에서 '모든 것을 노출disclose all'하게 하는 기풍을 참여자로 하여금 일상적으로 확인하도록 구조화하는 것이라는 주장이다(Couldry 2003). 리얼리티 프로그램 〈빅브라더〉에 대한 안드레 예비치(Andrejevic 2004)의 연구 등에서 다뤄졌던 것처럼, 리얼리티 텔레비전 포맷에는 감시 메커니즘이 내포되어 있다. 여기서 국가와 미디어는 그와 같은 미디어 의례와 조정을 통해 상호 조율하고 공모하는 하나의 결합체로 간주된다. 쿨드리의 미디어화 개념은 감시에 대한 사회적 동의와 합의를 확보하는 데 유리한 조건이 바로 그러한 과정을 통해 형성됨을 지목한다. 리얼리티 프로그램에 의한 미디어화 과정을 거쳐 감시가 일상적인 것으로 수용됨으로써 더 심각한 문제를 지닌 감시 행위조차 저항없이 받아들여질 수 있기 때문이다. 쿨드리(2003)에 의하면 이는 단순히 일상의 실천 속으로 감시의 영역이 확장되고 통합되는 문제를 넘어서 '모든 것을 지각하고자하는 욕망omni perception'(Lyon 2001)이라는 극단으로 커진다. 마찬가지로 소셜미디어 등에 의해 추동되는 '자기드러냄self-disclosure'의 문제 역시 대중 공간으로의 일상 담론의 확장 및 합법화(Livingstone and Lunt 1994, Gamson 1998), 근대성과 자기정체성(Giddens 1994) 그리고 고백의 의례 문제(Foucault 1981) 같은 기존의 문제의식을 넘어 대중의 지배와 관련된 사회적 과정으로 새롭게 자리하게 된다. 결국 미디어화 이론을 적용해 보면, 이 역시 대중으로 하여금 미디어/일상의 범주를 경험과 실천을 통해 확인시키는 과정이자 미디어의 권위를 오히려 더 확대시키는 시스템의 일환이라고 하겠다.

그렇다면 이제 쿨드리의 미디어화 논의에 대하여 몇몇 근본적인 질문을 던짐으로써 이에 대한 생산적 논의를 확대해 보고자 한다. 질문의 방향은 다음과 같은 측면으로 요약될 수 있다. 쿨드리의 미디어화 주장mediatization은 미디어중심주의mediacentrism 그리고 인간중심주의anthropocentrism의 큰 두 극단을 충분히 넘어서는가? 그렇지 않다면 어떻게 이에 대한 재맥락화를 사유해 볼 수 있는가?

미디어중심주의와 인간중심주의를 넘어선 미디어화의 철학적 문제들

앞선 사례들을 통하여 살펴본 것처럼, 쿨드리는 미디어화 논의를 통해 총체적 실천의 관점에 입각하여 대부분의 미디어화 연구자들에 대한 비판 지점이기도 한 미디어중심주의에서 빠져나오고 더불어 과도한 인간중심주의에서도 일정 정도 물러서고자 하였다. 즉, 그 부분이 바로 자신과 스칸디나비아 미디어화연구자들과의 차별 지점이라고 스스로 인식하고 있는 것으로 여겨진다. 그럼에도 불구하고 일면 성공적인 그의 성과는 또 다른 철학적 문제들에 직면하게 된다. 그만큼 심각해지는 새로운 소외 문제에 대한 것이다. 이는 기술철학자 스티글러가 강조하는 파르마콘 입장으로 바라보면 더욱 선명해진다. 그의 스승이었던 데리다(1983)와 그 자신이(2011) 현대적으로 재해석한 파르마콘은 일반적으로 독이자 동시에 약인 것을 일컫는다. 이러한 스티글러의 입장을 견지하면 쿨드리의 미디어화 논의 역시 일종의 파르마콘으로 바라볼 수 있다. 그래서 이는 곧 인간과 미디어(테크놀로지)의 해방이자 동시에 모두의 진부화를 보여 주는 작업이었다. 자동화의 전면적 등장과 함께 이 두 영역 사이의 내적 부정에 의한 이중소외는 갈수록 더 두드러지는 문제가 되었다. 그렇다면 파르마콘으로서의 미디어화는 우리의 존재와 환경 속에서 어떻게 위치되어져야 하는가? 이를 위해 스티글러의 자동주의 논의에 대한 소개와 함께 파르마콘으로서의 미디어화에 어떻게 다가가야 할지 살펴보자.

미디어화와 이중소외

스티글러에 많은 영향을 주었던 시몽동Giblert Simondon은 일찍이 소외의 문제와 관련하여 인간이 서서히 탈중심화되어 거대한 기술적 시스템의 일부로 전락하게 되면서 인간 스스로를 무시하거나 부정하는 방식으로 일어나는, 인간의 진부화obsolescence라는 개념으로 자세히 설명한 바 있다. 시몽동에게 산업기술적 대상이라는 정의는 그 자율성을 획득해 가는 과정 자체이며, 그 과정에서 인간들은 이 반-개방적 과정의 외부 혹은 불필요한 존재로 스스로를 바라보게 된다. 여기에서 기술적 진보와 그것이 인간과 맺는 새로운 관계의 몰이해를 통해 인간의 소외가 발생한다고 그는 이야기한다.[11] 이처럼 기술이 주 행위자 역할을 담당하는 지금의 자동화된 미디어 환경 속 기술적 개체군 역시 인간을 그 네트워크의 중심에서 점차 밀어내고 있는 점은 우리의 일상에서도 비교적 쉽게 관찰된다. 이 점과 관련하여, 스티글러는 시몽동을 따라 지금의 기술 환경에서의 핵심이 사용자보다 더 똑똑해진 기계들에 대한 문제가 아니라, 사용자들이 그 작동을 점차 이해하지 못하게 되면서 결국 인간을 제외한 요소들이 빠르게 마술적 객체나 블랙박스가 되어 가는 점을 강조한 바 있다. 여기에다 스티글러는 시몽동이 바라본 인간의 소외뿐만 아니라 무

---

11 스티글러(2011, 2016)는 여기에 그치지 않고 이에 대한 해결책으로 기술과 문화의 재통합과 이를 추동할 기술적, 문화적 지식의 발전 및 교육을 위한 프로그램 구성을 제안하기도 하였다.

조건 적대시되기 쉬운 기술적 대상(사물)의 소외 문제 역시 중요하게 바라보았다. 이러한 지점은 곧, 이 글에서 필자가 말하고자 하는 이중의 소외 문제가 지금 우리의 기술 전반 영역에서 또한 언급되어야 하는 배경이다. 실제 역사적으로도 2차 산업혁명 이후 급격해진 소비주의에 의해 인간이 그 가치와 기능에서 분리되기 시작했고, 급기야 기술적 대상(사물)에 대한 '과잉역사성superhistoricity'을 창출했다는 이들의 분석은 매우 설득적이다(Simondon 2011. Stiegler 2011). 이러한 과잉역사성에 의해 이중의 소외는 더욱 두드러지게 된다. 간략히 스마트폰을 예를 들어보면, 스마트폰의 여러 기술적 장치나 환경에서 사용자가 점차 소외되는 동시에 사용자에 의해 스마트폰 자체도 빠르게 과잉 진부화된다. 즉, 기존의 스마트폰이 기능하지 않기 때문이 아니라 기술적 대상의 사회심리에 의해 상징적 가치가 떨어졌기 때문에 낙후될 수 있는 점이다. 이러한 상호간 내적 부정에 의한 변증법적 파급력은 급기야 인간과 기술 서로의 동학에 대한 역사적 · 물질적 분석도 생략한 채 지나치게 빨리 달리기만 하는 '언제나 미래적인' 시각을 탑재한 지금의 4차 산업혁명이라는 시대와 너무 빨리 만나게 되었다고 할 수 있다.

스티글러의 자동주의 논의[12]

포스트 미디어와 모빌리티 시대 소외의 가속화 문제와 그 배경에 대하여 스티글러의 시선에서 살펴보면, 우선 자동성automaticity에 대한 논의는 무척 흥미롭다. 무엇보다, 기술철학적 입장에서 자동성은 기계, 컴퓨터와 같은 비인간 행위자들의 능력이라기보다는 우리 인

---

12 박성우(2018)의 〈포스트 미디어에서의 정치철학〉 재인용.

간의 가장 기본적 능력으로 위치되어야 한다. 그래서 스티글러(2016: 44)가 흥미롭게 이야기했듯, 자동화되어 있는 가장 적절한 사례 역시 인간, 즉 우리의 생명 자체이다. 그에 의하면, 생물학적인 세포야 말로 생명활동과 관련된 여러 기관의 지시instruction들이 연속된 결과들이며, 그래서 이 연속적인 지시의 과정은 당연히 자동적이다. 실제 생명의 탄생 역시 일련의 자동적 과정의 연속이라는 것이다. 또한 이러한 생명 탄생의 과정에서 모두가 두려워하는 것이 바로, 자동적이지 않은 것을 의미하는 무서운 느낌의 단어인, 변이가 된다. 이와 같이, 우리가 너무도 당연하게만 여기는 생명 작용의 기본이 바로 자동성에 기반한 반복인 것이다. 이에 더하여, 우리는 문화, 사회와 정치 등을 구성케 하는 심리적, 정신적 자동주의도 가진다고 할 수도 있다. 우리의 언론 환경 역시 고유한 특성의 유지에 기반한 또 다른 형태의 특정한 자동주의에 기반하고 있으며, 대중문화 역시 그러한 관점에서, 고유한 자동주의의 집합으로 바라볼 수 있다. 두 번째로, 자동성만큼이나, 혹은 이보다 훨씬 더 중요한 능력인 비/탈자동화disautomatization에 대한 것이다. 흔히 생각하기에, 자율적, 자주적 혹은 주체적autonomous이라는 개념은 자동적automatic이라는 말과는 다른 것으로 구분된다. 그래서 자율적, 주체적인 인간과 자동적인 기계는 흔히 서로 반대되는 성격의 주체들로 인식된다. 이는 사실 그리스 철학에서부터 현대 서구철학(대륙철학)으로 이어져 온 지배적 입장이기도 하다. 하지만 이 둘의 성격과 상호 간의 관계에 대한 시선의 교정 또한 시급하다. 스티글러(2016: 15)의 입장 역시 그러한데, 즉 자율적이라는 것은 자동적인 것과 반대되는 개념이라기보단 오히려 많은 자동주의와 결합해야 하는 것임을 그는 강조한다. 예를 들면, 자율적인 피아니스트가 되려면 어느 정도 수준에 도달한 후 몸의 연주 행위를 피아노에 맞게 스스로 변형시킬 수 있어야 하며, 이는 다른 종류의 예술가나 운동선수도 마찬가지라는 것이다. 그래서 뛰어난 피아니스트는 연주의 자동성을 익힌 다음 그 너머의 즉흥적 조합을 결합시켜 낼 때 비로소 창조적인 예술가가 되고 최고의 축구 선수는 끝없는 슈팅 연습을 거친 후에 자신만의 고유한 기술을 만들어 낸다. 이처럼 기술철학에서 자동화는 탈자동화 능력을 향상시킬 기회 혹은 토대가 되는 과정이며, 동시에 탈자동화는 획득된 자동성이 충분히 내면화하며 이에 기반한 새로운 능력이 생성되는 과정이라고 할 수 있다. 이는 마찬가지로, 정보와 지식 습득에도 적용될 수 있다. 지식 습득 역시 뇌, 즉 몸에 체화된 자동주의들이 주체적으로 기능하는 과정이기 때문이다. 우리가 뇌의 조직을 연습을 통해 어떻게 단련시킬 수 있는지 비교적 잘 알고 있는 데서 알 수 있듯이, 뇌 역시 분명한 자동적 기계(들뢰즈적 의미)이며 이는 동시에 스스로의 기능을 탈자동화시키는 욕망 기계desiring machine[13]로 신체 속에서 종합적으로 작동하는 것이다. 결국 스티글러를 통해 배울 수 있는, 포스트미디어와 모빌리티 시대의 소외 문제에 대한 핵심이라고 할 수 있는 급진적 자동성과 자동주의에 대하여 필요한 철학적 시선은 다음과 같이 요약될 수 있다. 우리는 분명한 관점을 가지고, 이러한 새로운 사회 현실 속 급진적 자동주의, 혹은 자동주의 신화에 새롭고 창조적으로 다가서야 한다는 것이다. 그렇지 않다면 우리가 직면하게 될(사실 심각하게 직면하고 있는) 소외의 문제는 매우 크고 강력할 것이다.

---

13 들뢰즈 & 가타리(1999)의 '기관 없는 신체'를 의미하는 기계machine로 이는 동시에 탈영토화, 재영토화하는 것을 의미한다.

미디어화와 파르마콘적 제안

자동주의와 이중소외론을 통해 바라본 미디어화에 대한 파르마콘적 진단과 제안의 핵심은 결국 미디어중심주의와 인간중심주의로의 회귀 모두와 거리가 멀다. 오히려 이러한 이중소외의 측면을 언제나 이들과 함께 적극적으로, 생산적으로 사고해야만 한다는 것이다. 그래서 이 입장에 의거, 스칸디나비아 학파들 그리고 쿨드리의 미디어화 주장 역시 단지 새로운 심리적, 사회학적, 철학적 전회 혹은 또 하나의 이론적 개념 틀로 보기보다는 더욱 심화된 사회적 분석을 요하는 하나의 물질적, 역사적 조건이 되는 것이 필요하다. 다르게 말하자면, 단순히 미디어와 관련된 효과, 기능, 사용의 경험을 넘어서는 인간과 미디어의 새로운 총체적 관계에 대한 고려가 우리에게 시급히 필요하다는 제언으로 읽혀야 한다. 그동안 파르마콘적 시선 속에서 스티글러의 과제는 기술을 문화 안에 긍정적으로 통합시키고 기술적 발전과 문화적 발전이 화합을 이루게 해 인간과 기계, 기술에 대한 소외를 모두 극복하는 것이었다. 그런 점에서 탈중심주의에 기반한 미디어화 논의의 필요성을 강조한 쿨드리와 파르마콘의 철학적 중요성을 이야기한 스티글러의 입장을 종합적으로 고려하여 바라본 미디어화의 의의는, 우리 사회문화 전반과의 적절한 접합 및 새로운 분석 그리고 이를 통한 새로운 철학적 사유를 시급히 요구하는 것이라 하겠다. 이를 위해선 이와 관련된 사회문화 전반의 기술, 환경에 대한 고찰과 이들의 물질적 실현에 대한 진지한 사고가 필요하며 우리는 미디어의 기술적인 생산, 소비 문제를 넘어서 스마트 대상과 환경의 조정, 개입의 영역에까지 문제의식을 확대시켜 나아가야 한다. 더불어, 반드시 견지해야 할 핵심인 역사성과 물질성 그리고 내적공명에 대한 지속적인 질문은 그쳐선 안 되겠다. 그렇지 못하면 사용자, 참여자 혹은 수용자들은 이렇게 총체화된 세계 체계 안에서 체계의 역동성에 대해 생각하기 쉽지 않을 것이다. 동시에 이 과정에서 이러한 소외에 대한 우리의 노력이 다시 인간중심주의로의 회귀로 해석되어져서도 안 된다.

미디어화와 새로운 수용자: 적응adaptation에서 채택adoption으로

그렇다면 미디어화의 관점, 총체적 실천의 관점에서 모빌리티 시대와 4차 산업혁명이라는 새로운 환경과 수용자들의 새로운 관계는 어떻게 바라볼 수 있는가? 마지막으로, 앞서 다룬 비판적 미디어화 논의를 이어받아 온라인 공간을 중심으로 하여 발견되는 이들의 소비양식에 대하여 시론적으로나마 살펴보고자 한다. 이에 대한 설명을 위해 우선, 비교적 외부에 많이 소개된 알고리즘을 살펴보자. 대표적으로, 구글의 페이지랭크 서비스에서처럼, 지속적이며 스스로 확장되는 외부적 연합환경milieu은 해당 알고리즘의 핵심 부분이다. 그래서 이러한 서비스의 만족도는 해당 서비스가 자체적으로 지닌 기술적 능력(부분)보다는 이와 연계된 외부 연결망의 두께가 만들어내는 이벤트(전체)로 더 크게 평가된다. 요사이 세계적 화두인 자율주행차의 경우에도 실제 운행되는 자동차의 안전은 스스로의 기술적 능력(부분)에 더하여 외부 환경, 즉 같은 도로에서 함께 달리는 주변의 차들이 얼마나 이 서비스의 연합환경에 포섭되어 있는지에 의해 통합적으로 달성되게 된다. 그래서 자율주행차의 안전 문제는 무엇보다, 어떻게 보다 많은 차들을 언제나 부분적이면서도 더 광범위하게 자라는 데이터 연결망에 결합시킬 수 있느냐의 문제로 어렵지 않게 귀결된다. 국내외 정치사회 국면들을 뜨겁게 달구고 있는 이른바 가짜뉴스fake news 현상 역시 트위터와 같은 SNS에서의 콘텐츠 유통 문제와 직결되어 이른바 외부로 연결되어 있는 연합환경이라고 할 수 있는 봇[bot] 등에 대한 문제와 연결되어 분석되기 시작했다. 결국 이 현상 또한 누가 얼마나 많은 사회적 연결망을 소유하는가의 문제와 결합된 시장, 자본 그리고 권력의 역사성, 물질성 문제와 궁극적으로 다시 만나게 된다. 급기야, 외부에서 빅데이터를 추동할 수 있는 블랙박스화된 알고리즘에 대한 소개와 함께, 글로벌 음악 시장에서 여전히 변방인 대한민국의 배 나오고 희극적인 이미지의 30대 후반 남자 가수가 몇 해 전 일약 글로벌 유튜브 스타로 '국제 가수'가 되었다거나, 외부로부터의 지시·언급을 폭증시키는 유사한 알고리즘에 의해 특정 상품, 주식과 시장이 일시에 폭락하고 또 폭등했다는 놀랍고도 기이한 일들에 대한 새로운 분석까지 우리는 쉽게 목격할 수 있게 되었다[14]. 이처럼 점점 더 강력해지는 블랙박스 알고리즘에서 소비자들에게 이러한 진기함과 놀라움은 더욱 적용되어 속박되어 가는 새로운 소비 행위와 동전의 양면처럼 상호 결합되어진다. 하지만 이는 사실 인간과 기술적 대상 이중소외에 대한 강력한 내적 부정의 모습일 뿐이다. 이렇게 놀라움이 현시되는 우리의 일상에서 소비자들은 '프로그래밍 기록 문화산업'(Stiegler 2016)에 대한 심각한 문제의식 없이 자신들을 더 적극적으로 적용시키며 참여하게 된다.

---

[14] 대표적으로, 2011년 입찰과 관련된 알고리즘 봇의 작용으로 유명 온라인 구매사이트 아마존닷컴에서 무려 1,800만 달러까지 순간적으로 가격이 치솟아 화제가 되었던 배아세포 관련 도서 《Making of Fly》 사례나, 2010년 5월 6일 선물예약 관련 알고리즘의 작용으로 단 5분 동안 다우존스 산업평균지수가 1,000포인트 떨어져 무려 1,200조 원의 주식 가치가 증발해 버린 '플래시 크래시' 사례 등이 있다. 하지만 이 사례들에 대한 구체적 분석은 추후 더 필요할 것으로 여겨지며 여기선 단지 일반적인 의견 정도로 소개하고자 한다.

결국, 이러한 조건과 환경에서 파르마콘의 입장과 함께 역설적으로 우리에게 시급한 개념은 '적응적 수용자adaptational audiences'가 아닌 '도입적 수용자adoptive audiences'라고 할 수 있다. 스티글러가 주장한 것처럼 우리의 환경을 우리 자신의 일부로 선택한다는 의미의 '채택adoption' 개념은 라마르크식의 접근이란 의미를 가지고 있는 '적응adaptation'을 대체하여 지금 우리와 관계 맺는 미디어 콘텐츠의 소비에 대하여 반드시 필요한 사유 지점이라고 하겠다.[15]

오늘날 디지털 프로그래밍 기술문화 혹은 기록문화의 소비자들은, 그 서비스의 작동 원리나 이들이 어떻게 자신들에게 기여하는지에 대하여 점점 더 알기 어려워지고 있다. 예를 들어, 클라우딩 컴퓨팅나 소셜 네트워크, 빅데이터를 통한 블랙박스 시스템에서 우리의 데이터들은 스스로 자신의 상태를 업데이트하며 새롭게 존재하면서 다가온다. 소박하게는 끊임없이 제공되는 친구, 구매, 취향, 검색 등에 대한 추천 기능을 통해서부터 우리가 일상적으로 맞닥뜨리는 디지털 시대의 놀라움, 진기함의 이면에는 쉽게 빠져나가지 못하는 영원한 대상eternal object에 대한 은밀한 총체적 사회화가 자리하고 그 핵심에 미디어화 또한 위치한다. 이 글에서 필자는 더욱 단순하면서도 복잡하게 구성되는, 우리를 둘러싼 미디어 환경에 대하여 쿨드리의 미디어화 이론을 통하여 간략히 살펴보았다. 앎이 이해함으로, 경험이 합리적 믿음으로 그래서 참여함이 포섭됨으로 주체적·감각적 방식으로 우리 삶의 다양한 영역에서 전이되는 이러한 신자유주의

---

15 스티글러는 자신의 주저 '기술과 시간' 시리즈를 통하여 인간은 기본적으로 기술을 자신의 삶에 채택adoptive해 왔으며 보철화prosthetic해 왔다고 주장한 바 있다 (1998, 2009, 2010). 그래서 개체 역시 불완전하며 특히 인간의 개체화는 생물적, 심리적, 사회적 그리고 기술적 형성 과정으로 바라본다.

의 환각적 미디어화 시스템은, 그럼에도 불구하고 스티글러의 제언처럼 그 우려만큼이나 우리에게 새로운 공간과 기회도 제공해 줄 수 있을 것이다. 그런 점에서 디지털 세상이 가져다주는 놀라움의 이면에 자리하는 냉혹한 현실에 대한 정확한 인식, 걱정과 함께 이에 대한 적극적 대안에 대한 기대의 영역도 커질 수 있다고 하겠다.

결국 미디어화는 생명과 미디어 기술, 조건 사이의 내적공명의 과정에 대한 기술이라고 할 수 있다. 스티글러의 철학적 과제는 이 과정에서 소외를 알게 하고 인간과 기술적 대상, 조건의 관계를 재구성해 소외와 맞서 싸우는 것이다. 대표적으로 자동주의에 대한 새로운 시선을 보여 주었듯, 미디어화와 관련해서도 이를 통해 인간중심주의나 미디어중심주의로 다시 회귀하기보다는 이들 사이의 새로운 관계를 탐색하는 것이 더욱 중요하다. 스티글러는 이를 위해 기술적 대상들에게도 사회적 성격을 부여해야 하고, 이 과정에서 비-인간과 구별되는 인간의 정의마저 바꾸고자 제안했다. 쿨드리의 경우에도 자신의 미디어화 주장에 대한 일련의 연구들을 통하여 미디어화 연구에서의 미디어중심주의와 인간중심주의 양극단을 경계하고자 하였고, 그 점에서 자신의 차별성을 드러내었다. 이러한 쿨드리의 탈미디어중심화 논의는, 깨끗하고 언제나 바람직한 포스트미디어와 언제나 열성적인 트랜스미디어의 입장 사이에 인간과 미디어 사이를 관계 짓는 정치와 문화가 더 우선한다는 점을 드러내 준다는 점에서 매우 중요하다. 그리고 이 정치와 문화는 파르마콘으로 작동할 것이다. 쿨드리나 스티글러의 장점은 모두 미디어(혹은 기술)와 관련된 단순한 경제적, 사회적, 심리적 분석을 넘어 더욱 본질적인 어떠한 소외의 근원을 규명하려는 데 있다고 하겠다. 이 점이 바로 미디어화를 파르마콘적 조건으로 생각해 보는 데서 얻을 수 있는 장점이다. 우리가 4차 산업혁명과 모빌리티 시스템에 의해 쓸모없어질 것이라는 기능주의적이고 사회심리적인 테제(하지만 어느새 일상화된) 역시 일면 미디어화 논의에 의해 정당화된 것처럼 보이지만, 오히려 이것이야말로 실존적 · 존재론적 위기에서 비롯된 것이자 동시에 우리를 둘러싼 새로운 긍정적 사유의 시작이 될 수 있음을 스티글러는 말해 준다.[16] 현 시기 우리들 역시 인간과 미디어가 각기 서로를 지배하려는 시선에 대해 쉽게 적응해선 안 된다. 왜냐하면 우리는 언제나 좋은 미디어를 쉽게 선택하고 나쁜 미디어를 간단히 무시할 수 없기 때문이다. 대신 파르마콘과 미디어화라는 시선을 이용하여 일면 좋고 동시에 나쁜 (혹은 반대의) 구조화는 언제나 우리와 함께 존재한다고 사유할 수 있고, 오히려 우리는 이 기회를 활용하여 인간과 미디어를 다시 중심에 놓기보다는 이들 사이에서 끊임없이 등장하는 새로운 관계들을 역사적, 물질적 과정에 입각한 생산적 · 긍정적인 구조화 틀 속에서 우선적으로 고민하고 또 채택하는 데 집중해야 할 것이다.

---

16 이에 따라 스티글러는 자동화(시몽동은 자동화를 완벽함의 가장 낮은 단계로 보았다)나 인간 향상 혹은 완성이 아닌, 더 생산적인 기술문화를 위한 프로그램을 제안한다.

참고문헌

박성우, 〈전 지구적 문화, 문화 산업 비판〉, 《커뮤니케이션 이론》 10(2), 2014, 371-410쪽.

박성우, 〈세월호 뉴스 보도와 생방송 속보, 특보 제작양식에서의 의례성 고찰〉, 《한국방송학보》 31(3), 2017, 152-188쪽.

박성우, 〈포스트 미디어에서의 정치철학: 지식파괴의 시대, 정치의 재가동〉, 《언론과 사회》 26(4), 2018, 5-32쪽.

Ang, I., *Living Room Wars: Rethinking Media Audiences for a Postmodern World*. London: Routledge, 1996.

Andrejevic, M., *Reality TV: The Work of Being Watched. Rowan & Littlefield*, Lanham, MD, 2004.

Bacon-Smith, C., *Enterprising Women: Television Fandom and the Creation of Popular Myth*. Philadelphia, PA: University of Pennsylvania Press, 1992.

Baudrillard, J., *Simulacra and Simulation* (S. Glaser Trans.). Ann Arbor: The University of Michigan Press, 1981.

Bourdieu, P., *On Television* (P. Ferguson Trans.). New York: New Press, 1998.

Carey, J., *Communication as Culture: Essays on Media and Society*, Boston: Unwin Hyman, 1989.

Couldry, N., *Media Rituals*, London: Psychology Press, 2003.

Dayan, D. and Katz, E., *Media Events: The Live Broadcasting of History*, Cambridge: Harvard University Press, 1992.

Debord, G., *Society of the Spectacle*, Bread and Circus Publishing, 1967.

Derrida, J., *Dissemination*, trans. Barbara Johnson, Chicago: University of Chicago Press, 1981.

Derrida, J., *Dissemination*. Chicago: University of Chicago Press, 1983.

Durkheim, E., Individual and collective representations. In *Sociology and philosophy*. London: Cohen and West, 1953.

Fiske, J., *Media Matters. Everyday Culture and Political Change*, Minneapolis: Minnesota University Press, 1994.

Foucault, M., *The History of Sexuality*, Harmondsworth: Penguine Books, 1981.

Foucault, M., *The Birth of Biopolitics*. New York: Palgrave Macmillan, 2008.

Gamson, J., *Claims to fame: Celebrity in contemporary America*. Berkeley: University of California Press, 1994.

Gamson, J., *Freaks talk back*. Chicago: Chicago University Press, 1998.

Giddens, A., *The constitution of society*. Cambridge: Polity, 1984.

Hall, S., *Representation: cultural representations and signifying practices*. London Thousand Oaks, California: Sage in association with the Open University, 1997.

Hartley, J., *Uses of Television*. London: Routledge, 1999.

Hepp, A., *Cultures of Mediatization*, Cambridge, UK-Malden, USA: Polity Press, 2013.

Hjarvard, S., *The Mediatization of Culture and Society*, New York: Routledg, 2013.

Jarvis, J., *What Would Google Do?*. New York: Collins Business, 2009.

Jenkins, H., *Textual Poachers: Television Fans & Participatory Culture*. New York: Routledge, 1992.

Latour, B., *Science in Action: How to Follow Scientists and Engineers through Society*. Cambridge, MA: Harvard University Press, 1988.

Lundby, K., *Mediatization of Communication*, Berlin: De Gruyter Mouton, 2014.

Lyon. D., *Surveillance Society: Monitoring Everyday Life*, Buckingham and Philadelphia: Open University Press, 2001.

Maffesoli, M., *The Time of the Tribes: The Decline of Individualism in Mass Society*. London: Sage, 1996.

Rojek, C., *Celebrity*. London: Reaktion Books, 2001.

Scannell, P., *Radio, Television and Modern Life*, New York: Blackwell, 1996.

Simondon, G. (Original work published 1958), Du mode d'existence des objects techniques. 김재희 역, 〈기술적 대상들의 존재양식에 대하여〉. 그린 비, 2011.

Stiegler, B., *Technics and Time 3:* Cinematic Time and the Question of Malaise (S. Barker Trans.). Stanford: Stanford University Press, 2011. (Original work published 2001).

Stiegler, B., *Automatic Society: The Future of Work* (D. Ross Trans.). London: Polity, 2016. (Original work published 2015)

Alberoni, F., "The powerless "elite": Theory and sociological research on the phenomenon of the stars". In D. McQuail (ed.), *Sociology of mass communications*, Harmondsworth: Penguin Books, 1972, pp.75-98.

Ampuja M., Koivisto J. & Väliverronen E., "Strong and Weak Forms of Mediatization Theory: A Critical Review", *Nordicom Review*, 35Special Issue, 2014, pp. 111-123.

Couldry, N., "Theorising Media as Practice", *Social Semiotics* 14(2), 2004, pp. 115-132.

Couldry, N. and Hepp, A., "Conceptualizing Mediatizations: Contexts, Traditions, Arguments", *Communication Theory*, 23(3), 2013, pp. 191-202.

Dayan, D., "Beyond Media Events: Disenchantment, Derailment, Disruption", in D. Dayan and M.E. Price (eds), *Owning the Olympics: Narratives of the New China*, Ann Arbor: Michigan University Press, 2008, pp. 391-401.

Feuer, J., "The Concept of Live Television: Ontology as Ideology", In E. Ann Kaplan (ed), *Regarding Television: Critical Approaches—An Anthology*, Frederick, MD: University Publications of America, 1983, pp. 12-21.

Ginsburg, F., "Aboriginal media and the Australian imaginary", *Public Cult* 5(3), 1993, pp. 557-578.

Hall, S., "Encoding / Decoding", In: Hall, D. Hobson, A. Lowe, and P. Willis (eds). *Culture, Media, Language: Working Papers in Cultural Studies*, 1972-79. London: Hutchinson, 1980, pp. 128-138.

Hepp, A., Hjarvard, S., & Lundby, K., "Mediatization: Theorizing the Interplay Between Media, Culture, and Society", *Media, Culture & Society*, 37(2), 2015, pp. 314-324.

Hills, M., "Defining Cult TV: Texts, Inter-Texts and Fan-Audiences", in Allen, C. R. and Hill, A. (eds) *The Television Studies Reader*. London: Routledge, 2004, pp. 509-524.

Littler, J., "Celebrity CEOs and the cultural economy of tabloid intimacy", In S. Redmond, & S. Holmes (Eds.), *Stardom and celebrity: a reader*, London: SAGE, 2007, pp. 230-243.

Livingstone, S., and Lunt, P., "The mass media, democracy and the public sphere", In *Talk on Television: Audience participation and public debate* (9-35). London: Routledge, 1994.

Morley, D., "Finding Out about the World from television News: Some Difficulties", In Gripsrud, J. (ed). *Television and Common Knowledge*. London and New York: Routledge, 1998.

Rothenbuhler, E., "The Church of the Cult of the Individual", In Rothenbuhler, E. & Coman, M. (eds). *Media Anthropology*, London: Sage, 2005, pp. 91-100.

'테크노피아'
─ 1980년대 자동화 담론과 새로운 이동체계

김한상

이 글은 《역사비평》 2015년 11월호(통권 113호)에 실린 같은 제목의 글을 바탕으로 하였음.

"인간과 기술의 만남"

> 인간을 더욱 편리하게 자동화 시대를 열고, 더욱 건강하게 생명의 영역에 도전하며, 더욱 안전하게 자연재해를 예측하는, 인간과 호흡하는 기술. 바로 삼성의 휴먼테크입니다. — 삼성전자 휴먼테크 텔레비전 광고(1986) 보이스오버 내레이션

1980년대 중반, 한국을 대표하던 양대 전자회사 금성과 삼성은 각기 자사의 첨단 기술을 강조한 기업 이미지 광고를 시작했다. 금성은 1985년 "테크노피아—인간과 기술의 만남"이라는 슬로건을 들고 지면 및 텔레비전 광고를 시작하여 10년 뒤LG로 사명이 교체될 때까지 지속했다(〈그림 1〉 참조).[1] 이 슬로건을 사용한 첫 텔레비전 광고가 그해 제5회 한국방송광고대상에서 입상한[2] 데 자극받은 경쟁사 삼성은 이듬해 "휴먼테크—인간과 호흡하는 기술"이라는 슬로건을 내세워 비슷한 캠페인에 뛰어들었다.[3] 두 광고는 이들 두 회사가 "기술 위주의 슬로건 싸움에서 벗어나 이제는 인간과 기술의 조화

〈그림 1〉 금성사 기업광고 "테크노피아"(1986)

---

1 《동아일보》, 1996년 4월 14일, 11면.
2 《매일경제》, 1985년 10월 28일, 10면.
3 《매일경제》, 1989년 5월 16일, 7면.

를 강조"하는 이미지 경쟁에 접어들었음을 반영하는 것으로 이해되었다.[4] 즉, 1980년대 중반은 한국 전자제품 시장에서 기술 발전의 유토피아적 전망을 선전하는 데 있어서 인본주의적 가치가 강조되기 시작한 일종의 전환기였던 것이다.

이런 인본주의적 전환을 전자제품 광고시장에 가져온 것은 무엇이었을까? 두 회사의 광고 캠페인에 자주 등장하던 "자동화 automation"[5]라는 용어가 그에 대한 실마리를 줄 수 있을 것으로 보인다. 기존 연구에서 '자동화'는 주로 제조업이나 생산관리에 적용되는 기술 혁신 및 경영기법의 맥락에서 다루어졌다. 특히 사회학에서는 1987년 이후 대공장을 중심으로 활성화된 노동조합운동에 대한 기업의 대응이라는 차원에서 기계화와 자동화를 고찰하는 연구가 80년대 후반부터 90년대 초반 사이에 다수 이루어진 바 있다.[6] 이들 연구는 제조업 부문에서 극소전자공학과 자동화 기술의 도입이 이른바 '상대적 잉여가치'를 증대시킴으로써 자본 축적의 위기를 해소하기 위한 방안이었다는 기본 전제를 공유하고 있다. "포드주의 생산시스템의 가장 세련된 적용"으로서 자동화[7]는 대량생산체계의 기술

---

4 《연합뉴스》, 1991년 1월 7일.
5 1947년 미국 포드 자동차회사의 제조 부문 부사장이었던 델 S. 하더Del S. Harder 에 의해 처음 사용된 이 용어는 본래 디트로이트식 기계화 공정을 일컫는 용어였다. '자동화'라는 외래 개념이 어떻게 생성되었고 국내에 유입, 발전했는지에 대해서는 후속 연구에서 고찰하고자 한다. George Terborgh, 〈The Automation Hysteria, Washington: Machinery and Applied Products Institute/Council for Technological Advancement〉, 1965.
6 이상영, 〈국가의 노동정책과 공장 자동화〉, 《동향과 전망》 제1호, 1988, 93~120쪽; 박승희, 〈공장 자동화에 따른 노동과정의 변화: 한국의 경우〉, 《경제와 사회》 제8호, 1990, 123~151쪽; 이은진, 〈자동화의 현단계〉, 《경제와 사회》 제8호, 1990, 107~122 쪽; 박형준, 《현대노동과정론: 자동화에 대한 연구》, 백산서당, 1991.
7 Thomas J. Sugrue, *The Origins of the Urban Crisis: Race and Inequality in Postwar*

혁신에 불가피한 어떤 것으로 간주되었다.[8] 이렇게 볼 때 1980년대에 자동화와 연관되어 진행된 인간-기술 캠페인은 "노동력 절약형 기술"[9]을 적용하는 과정에서 펼쳐진 일종의 연막 작전으로 보일 수도 있을 것이다.

그렇지만 자동화가 기술로 인간 노동을 대체하기 위한 것이라는, 광범위하게 공유된 인식은 재고할 필요가 있다. 당시 한국 사회에서는 제조업 생산 부문 바깥의 일상 영역에서도 자동화에 관한 담론이 상당한 수준으로 유통되고 있었다. 70년대 후반부터 80년대 초반까지 자동판매기나 자동문, 엘리베이터, 에스컬레이터 등 다양한 형태의 자동화 기기가 서울을 비롯한 대도시의 일상생활에 침투하기 시작했다. 이와 더불어 1980년을 기점으로 사무자동화office automation · OA나 가정자동화home automation · HA 같은 담론이 언론과 광고에서 인기를 얻게 된다. '자동화'라는 용어가 한국에 처음 소개된 것은 그보다 훨씬 앞선 1940년대 후반이었던 것으로 보이지만, 80년대에 와서 이처럼 대중화된 것을 우연이라 볼 수는 없을 것이다. 이는 국내외에서 진행되어 오던 기술 발전의 상용화가 일상과 소비의 영역에서 '자동화'라는 이름으로 담론화된 것으로 볼 수 있을 것이며, 동시에 80년대 한국에서 진행되던 일련의 자유화 조치―1981년과 1987년의 해외여행 자유화, 1982년의 야간 통행금지 철폐, 70년대 중후반부터 확대되어 매년 실시되던 품목별 수입자유화 조치 등―와 맞

Detroit, Princeton: Princeton University Press, 2005, p. 130.

8   박형준,《현대노동과정론: 자동화에 대한 연구》, 64~65쪽.

9   Grace Palladino, "When militancy isn't enough: The impact of automation on New York city building service workers, 1934~1970", In *Labor History* 28(2), 1987, pp. 196~220.

물려 개인 일상의 편리성과 증대된 이동성mobility을 확인시키는 과정 이었다고 할 수 있다.

그렇게 볼 때 '자동화'가 지목하는 '인간과 기술의 조화'는 인간의 이동과 관련된 것임에 우리는 주목해야 한다. 컴퓨터가 제어하는 프로그램화된 기계 동작은 단순히 인간 노동의 절대치를 축소시킨 것만이 아니라, 인간을 새로운 이동체계mobility system 속으로 이전시킨 것이라 볼 수 있다. 이동체계에 대한 논의에서 존 어리John Urry는 "역사적으로 볼 때, 대부분의 사회는 한 가지 중심적인 이동체계로 특징 지을 수 있으며, 이는 재화 및 서비스의 생산과 소비, 그리고 노동력 및 소비자의 유인과 유통을 통해 그 사회의 경제와 점진적이고 적응적인 관계 속에 놓인다"고 말한 바 있다.[10] 다시 말해, 자동화를 통한 인간 이동의 재배치는 한국 사회의 경제적 변화와 관련된, 사회 전체의 이동체계 재편을 보여 주는 것이다.

본 연구는 80년대의 '자동화' 담론이 그저 그 시기에 유행했던 현상이 아니라 그 이전 시대와 이후를 가르는 이동체계의 재편이라는 점에 주목한다. 이것은 인간의 이동을 재배치하는 기계 기술의 일상적 증가일 뿐 아니라, 기계와 맺는 인간의 내적 자세의 변화, 다시 말해 주체성의 변화를 보여 주는 일상사의 변곡점이라 할 수 있을 것이다. 후술하겠지만, 이렇게 변모한 주체성은 1997년 IMF 외환 위기를 거치며 수면 위로 부상하는 신자유주의 패러다임과 맞닿아 있다. 이 글에서는 우선 당시 유행한 자동화 기술과 담론의 면모를 살펴보고, 이를 통해 변모한 이동체계의 양상에 대해 논하고자 한다.

---

10   John Urry, *Mobilities*, Cambridge and Malden: Polity Press, 2007, p. 51.

80년대의 자동화 열풍

흔들 필요가 없습니다. 맛을 볼 필요는 더욱 없습니다. 자동으로 프로그램되어 자동으로 발사되는 컴퓨미! 최첨단 기술과 감미료가 만났습니다. 완전자동 컴퓨미! —영화〈성공시대〉(1988) 속 가상 광고 보이스오버 내레이션

장선우 감독의 1988년 영화 〈성공시대〉에서 자동화는 '천연' 공법을 고수하는 감미료 제조사를 몰락시키는 경쟁사의 첨단 기술로 묘사된다. 감미료 회사 판촉부장인 김판촉(안성기)은 경쟁사가 "완전자동" 감미료 기기를 내세운 텔레비전 광고로 선전 경쟁에서 승리하자 일자리를 잃고 만다. 이처럼 허구적인 가상 광고를 내세우는 영화의 어조가 풍자적이기는 하지만, 그 광고 속에 쓰인 어구들은 80년대 전자제품 시장에서 흔히 볼 수 있던 광고 카피들과 흡사하다. 1979년 삼성의 커피 자동판매기 신문 광고에는 "여직원이 커피를 끓이는 시대는 지났읍니다"[11]라는 선전 문구가 내걸렸고, 1982년 금성이 내놓은 새 텔레비전 수상기 '뉴 하이테크'의 선전은 방송이 끝나면 자동으로 꺼지는 반도체 기술 덕분에 "이젠 TV를 보다 잠들어도 걱정 없"다고 강조한다. 대우의 1983년 신모델이었던 2.5킬로그램 자동 세탁기 신문 광고 역시 "애벌빨래가 필요 없어요"라는 캐치프레이즈를 내걸었다.[12]

이들 선전 문구는 각기 자사의 상품이 지닌 편리성을 강조하면서, 그러한 새 상품이 나오기 전까지 소비자들이 해야 했던 어떤 노동이

---

11 《매일경제》, 1979년 9월 21일, 8면.
12 《동아일보》, 1983년 11월 22일, 12면.

이제 더 이상 필요 없다고 설득하는 전략을 공유하고 있다. 다시 말해, 이들 광고가 제시하는 공통적인 이상은 인간 동작의 생략인 것이다. '자동'이라는 용어는 컴퓨터 프로그래밍이 결합된 신상품 광고에만 쓰인 것이 아니라, 기존에 존재하던 상품에 장착된 특정한 기계 동작을 설명하는 데도 자주 쓰였다. 인간이 여전히 노동을 투여해야 하는 영역과 기계가 인간의 신체를 대체하게 된 영역 사이의 경계가 새로운 마케팅 전략의 핵심이 된 것이다.

또한 앞에서 적은 바와 같이 70년대 후반부터 다양한 형태의 자동화 기기들이 대도시의 일상에 스며들기 시작했다. 1978년 금성사, 화신전기, 동양정밀, 롯데산업, 대한전선, 삼성전자 등 주요 전자회사들이 커피와 담배, 깡통 및 병 음료, 버스 및 지하철 승차권 판매나 지폐 교환을 위한 자동판매기기를 경쟁적으로 수입하기 시작하자, 한 언론은 이를 "자동판매기 시대의 개막"이라고 이름 붙였다.[13] 그 이듬해의 한 기사는 불과 1년 동안 2,300여 대의 자동판매기가 설치되었으며 1일 평균 매상이 3,700여 만 원에 이른다고 보도하고 있다.[14] 같은 해인 1979년 12월, 건설부는 모든 고층 아파트에 승객용과 별도로 화물 전용 엘리베이터 설치를 의무화하는 주택건설기준 개정 방침을 발표했다.[15] 이러한 정책 변화는 역으로 1979년 당시 한국의 고층 아파트에 승객용 엘리베이터가 광범위하게 보급되었음을 보여 준다. 한국승강기안전관리원에 따르면 이듬해 1980년에 제정, 공포된 '택지개발 촉진법'과 그에 뒤이은 무주택자 일소를 위한 '500

---

13 《동아일보》, 1978년 7월 1일, 2면.
14 《매일경제》, 1979년 7월 23일, 7면.
15 《매일경제》, 1979년 12월 19일, 7면.

만 호 건설계획' 발표, 시행이 고층 아파트 건설을 촉진시킴과 동시에 엘리베이터 산업 성장의 계기가 되었다고 한다.[16] 한편 1982년의 한 신문 기사는 강남의 고급 식당들이 비싸고 화려한 조경과 인테리어 디자인에 많은 비용을 지출하는 풍조를 비판하고 있는데, 그중 강조되는 것이 자동문의 설치이다.[17] 자동문의 "호화 취향"은 대중교통으로도 확산되었다. 1983년 철도청은 서울-부산 간 새마을호에 자동문 달린 객차 운행을 시작했고,[18] 같은 해 현대자동차는 "지하철식 자동중간문"이 설치된 "시민자율버스"를 판매하기 시작했다(〈그림 2〉 참조).[19] 그로부터 2년 뒤의 한 기사에 따르면 서울시의 버스 총 6,970대 중에서 2,500대를 제외하고 나머지 64퍼센트가 이미 자동문을 설치했거나 자동 개폐를 위한 간이장치를 설치한 것으로 나타

〈그림 2〉 현대자동차 "시민자율버스" 신문광고(1983)

---

16 한국승강기안전관리원, 〈한국승강기 발전사〉, 2013 (https://www.kesafe.or.kr/kesi2013/sub/ elevator/05_03_06.jsp)

17 《경향신문》, 1982년 11월 9일, 7면.

18 《매일경제》, 1983년 1월 5일, 11면.

19 《경향신문》, 1983년 8월 4일, 1면.

났다.[20]

　사무자동화와 가정자동화에 관한 담론 역시 80년대 들어 대중화되었다. 산업자동화의 한 부문으로서 '사무자동화'라는 용어는 1980년부터 대중매체에 빈번히 등장하기 시작했다. 기실 사무용 복사기는 이미 60년대 초반에,[21] 전자계산기는 1973년부터 국내에 시판되기 시작했고,[22] 1981년 한 칼럼니스트가 전자계산기와 복사기의 광범위한 사용에 따른 변화를 두고 '고속 사회'에 대한 비판적 심경을 털어놓은 글을 썼을 정도로 자동화 기기는 이미 사무 환경 속에 녹아들어 있었다.[23] 그러나 "사무자동화"나 "OA" 같은 용어가 대중화된 것은 1980년을 기점으로 다양하게 개최된 학술행사,[24] 대기업 중심의 사내 OA운동,[25] 사무자동화 기기 전시회,[26] 그리고 주요 언론의

20　《매일경제》, 1985년 5월 1일, 10면.
21　《동아일보》, 1960년 6월 2일, 2면; 《매일경제》 1967년 6월 6일, 6면.
22　《매일경제》, 1972년 9월 30일, 8면; 1973년 4월 5일, 6면.
23　《동아일보》, 1981년 3월 2일, 9면.
24　1980년 11월 25~26일 이틀에 걸쳐 과학기술연구소KIST가 주한미국대사관과 공동주최한 "사무자동화를 위한 워드프로세싱에 관한 세미나"가 그러한 학술행사의 효시라 할 수 있으며, 1982년부터 사무기기 생산업체나 능률협회, 전자공업진흥회 등 관련 단체 주최로 사무자동화의 필요성을 강조하는 행사가 여러 차례 개최되었다. 《매일경제》, 1980년 11월 20일, 3면; 1982년 3월 15일, 8면; 1982년 4월 2일, 8면; 1983년 3월 17일, 4면; 1983년 3월 19일, 11면; 1983년 4월 18일, 8면; 1983년 7월 18일, 5면.
25　OA를 기치로 내건 기업 사내 캠페인은 1981년 제일제당의 '3-O운동'이 그 시작으로 보이며, 매일경제신문이 1983년 1월과 9월에 각각 기획 연재한 〈'83 기업세계〉와 〈경영혁신시대 그룹기업 전략〉 특집에 따르면 럭키금성, 두산, 금호 등의 그룹기업이 사내 사무자동화운동을 진행한 것으로 나타난다. 《경향신문》, 1981년 10월 28일, 5면; 《매일경제》, 1983년 1월 7일, 7면; 1983년 1월 13일, 7면; 1983년 9월 10일, 7면; 1983년 9월 22일, 7면; 1983년 9월 24일, 7면.
26　총무처 주최로 중앙청에서 1982년 11월 23일 개막한 〈사무자동화 주요 기기 전시회〉를 비롯하여 사무기기 생산업체들이 주최한 〈OA기기 순회전시〉, 한국종합전시장KOEX 등을 무대로 한 〈사무자동화 기기전〉 등 다양한 전시행사가 80년대 초중

기획 특집[27] 등을 통해 담론화되면서부터다. "가정자동화" 혹은 "HA" 역시 같은 시기에 사무자동화와 짝지어져 가정과 일터의 미래에 대한 청사진을 제시했다. "주문, 재고 파악 기계로 척척. 사무자동화 혁명,"[28] "컴퓨터가 몰려온다. 가정자동화 혁명,"[29] "자동화 물결이 몰려온다. 안방 근무 시대의 예고,"[30] "자동화 물결이 몰려온다. 시공을 넘어서는 전자사서함,"[31] "안방까지 파고드는 자동화 바람,"[32] "첨단과학 시대. 가사의 컴퓨터화,"[33] "제3의 물결 마이컴 혁명. 안방의 컴퓨터화"[34] 등과 같은 신문 기사 헤드라인들은 이와 같은 담론 구성을 잘 보여 주고 있다.

여기서 주목할 점은, 이러한 담론적 언술들이 대부분 자동화 기술을 새로운 경영관리의 대상으로서 강조하고 있다는 것이다. 사무자동화 기기를 통해 증대한 업무 효율성에 관한 언술에서도 독자들은 그와 같은 신상품을 구입하고 운영할 경영진의 입장에 놓여 있다. 이를테면 앞서 인용한 광고에서 커피 자동판매기나 자동문 버스에 '대체'되어 버릴 수 있을 "여직원"이나 버스안내원들은 그와 같

반에 걸쳐 개최되었다. 《매일경제》, 1982년 11월 23일, 1면; 1983년 3월 15일, 1면; 1985년 6월 22일, 6면; 《동아일보》, 1983년 11월 5일, 10면.

27 한국방송KBS은 1983년 5월 2일 〈사무자동화 기기 OA의 혁명〉을 기획 프로그램으로 편성·방영했으며, 매일경제신문은 1984년 6~7월 〈OA 사무자동화 어디까지 왔나〉 기획을, 동아일보는 같은 해 10~11월 〈'자동화 물결' 밀려온다〉 기획을 각각 연재했다. 《경향신문》, 1983년 5월 2일, 12면; 《동아일보》, 1984년 10월 29일~11월 6일, 5면; 《매일경제》, 1984년 6월 26일~7월 18일, 8면.

28 《동아일보》, 1983년 6월 4일, 5면.

29 《경향신문》, 1983년 8월 3일, 3면.

30 《동아일보》, 1983년 10월 30일, 5면.

31 《동아일보》, 1983년 11월 2일, 5면.

32 《매일경제》, 1985년 9월 17일, 9면.

33 《동아일보》, 1985년 9월 26일, 11면.

34 《매일경제》, 1986년 3월 5일, 11면.

은 담론 구조 속에서 소외되어 있는 것이다. 오히려 독자들은 방문객을 맞이하여 커피를 내줘야 하는 상급 관리자나 수동문이 달린 버스로 안내원 없는 시민자율버스를 운행해야 하는 버스 운송업체의 입장에서 읽게 된다. 물론 이는 광고주가 목표로 한 잠재구매자 집단에 맞춘 것이었지만, 독자 일반을 상대로 자동화 시대의 청사진을 기술한 신문 기사에서도 이러한 시점은 공통적으로 유지되고 있다. 이렇게 볼 때 그와 같은 자동화 유토피아의 담론 생산은 공장자동화의 대량생산체계에 관한 것이라기보다는, 오히려 기업가화하는 체계enterprising system의 일부로서 작동했던 것이라 할 수 있을 것이다.

자동기계와의 충돌

> 호텔지배인: 저기 올라가는 엘리베이터가 있습니다.
> (화순과 남편, 엘리베이터를 향해 간다. 문이 열리자 남편이 먼저 탄다.)
> 화순: (남편을 향해) "목 조심하시더라고요!" —영화 〈화순이〉(1982) 중에서

1982년 영화 〈화순이〉에서 주인공 화순 부부는 트럭으로 이동백화점을 운영한다. '이동백화점'은 고속도로 개통과 자동차의 보급 증대에 따라 생겨난 자영업의 한 형태였다. 본래 대표적인 백화점 업체인 신세계가 1969년에 이동식 지점 형태로 시작한 사업이었지만,[35] 신세계가 1972년 사업에서 철수한 이후 점차 자영업 부문으로 흡수되었다.[36] 교통사고로 화순의 남편이 목숨을 잃는 결말의 영

---

35 《매일경제》, 1969년 11월 17일, 2면.
36 《매일경제》, 1972년 3월 9일, 8면.

화 〈화순이〉는 길 위에서 살아가는 두 사람의 삶이 얼마나 불안정하고 위험 앞에 노출되어 있는지를 보여 준다. 가난한 두 사람이 수년간 트럭에서 자던 끝에 처음으로 하룻밤을 호텔에서 보내게 되는 장면에서, 그들 앞에 놓인 엘리베이터는 중산층 생활을 상징하는 문물로 나타난다. 그러나 엘리베이터의 자동운동을 직면한 화순은 직감적으로 위험을 느끼고 남편에게 저 제어할 수 없는 기계와의 충돌을 경고한다.

실제로 자동화 열풍은 수없이 많은 충돌과 추락, 협착 사고를 동반했으며 이는 가벼운 부상에서부터 심하게는 죽음으로까지 이어졌다. 1985년의 한 신문 기사는 당시에 새로이 자동문이 설치된 버스를 승객들이 이용하다가 발생한 세 건의 사상 사고를 보도했는데, 그중 사망자는 버스가 정차하기 전에 열린 자동문 밖으로 떨어졌으며 나머지 두 명의 부상자는 닫히는 문에 끼어서 부상을 입은 것이라 한다.[37] 엘리베이터 역시 상당한 수의 안전사고를 동반했다. 1979년의 한 신문 기사는 각기 다른 세 건의 사고를 보도하면서 대부분의 사고가 기계의 오작동이나 피해자들의 부주의 때문에 발생한 것이라 단언하고 있다.[38] 이 기사가 제시한 엘리베이터 이용 시 사고 예방책은 이렇다. "무리하게 버튼을 누르거나 피아노 등 화물을 싣는 행위는 금물이다." "엘리베이터 속에서 심하게 장난을 치면서 좌우상하로 진동을 시키는 행위는 절대 삼가야 한다." "나이 어린 아동들만의 탑승도 가능한 한 삼가는 것이 좋으며 관리자 아닌 사람이 열쇠로 문을 열고 이용하려는 무모한 일도 없어야겠다."

---

37 《동아일보》, 1985년 3월 21일, 7면.
38 《매일경제》, 1979년 6월 9일, 8면.

이와 같은 지침은 자동화의 과정이 단순히 인간 노동을 기계가 대체하는 것이 아니라 인간 노동이 새로운 이동체계 속으로 재배치되는 것임을 보여 준다. 인간은 이제 기계의 움직임에 따라서 어떻게 자신의 동작을 취하는 것이 옳을지 판단하고 스스로의 행동거지를 단속해야 한다. 버스 교통의 예를 들자면, 이제 버스 안내원의 노동이 개별 승객들의 자기관리와 자기보호 노동으로 재배치된 것이라 할 수 있다. 1982년 5월 서울시 버스운송업체들은 서울시에 '안내양 없는 버스' 서비스를 제안했고,[39] 시 당국은 이를 '시민자율버스'로 명명하여 같은 해 8월 10일부터 10개 노선 172대를 시작으로 운영에 들어갔다.[40] '시민자율'의 업무에는 버스 토큰 등 차비를 준비하는 것에서부터 이를 요금함에 넣을 것, 버스 운행노선과 정류장을 미리 숙지하고 있을 것, 그리고 질서 정연하게 타고 내릴 준비를 하는 것 등이 포함되었다(〈그림 3〉 참조).[41] 이는 버스 안내원의 수를 감축함으로써 "회사 경영과 수지 개선에 획기적인 돌파구"가 될 것으로 이해되었다.[42] 자동문 도입이 "승하차의 질서"를 "바로잡"아 안내원 없는 "현행 시민자율버스의 문제점을 완전 해결"하기 위한 방편으로 홍보된 것[43]에서도 볼 수 있듯이, 자동화가 창출한 새로운 이동방식에 승객들이 적응하는 훈련 과정은 곧 과거 안내원 노동자들이 하던 노동의 재배치였다고 할 수 있다. 자동문을 사용하는 과정에서 발생하여 대중매체를 통해 기사화된 안전사고 소식들은 바른 훈육을 위한 경

39 《경향신문》, 1982년 5월 19일, 6면.
40 《경향신문》, 1982년 8월 11일, 11면.
41 《경향신문》, 1982년 8월 11일, 11면; 《매일경제》, 1982년 8월 12일, 2면.
42 《매일경제》, 1982년 8월 12일, 2면.
43 《경향신문》, 1983년 8월 4일, 1면.

고 표지가 되었다. 자동판매기나 엘리베이터, 에스컬레이터, 혹은 사무자동화 기기와 같이 당시에 대중화된 다른 자동화 기기들도 그 사용자들에게 일정한 형태의 자기규율식 노동을 부과했고, 사용자들은 손해를 입지 않기 위해 그러한 규율의 규칙에 적응해 갔다.

<그림 3> 《매일경제》 1982년 8월 11일자 11면 사진

이렇게 볼 때 무인작동기계의 동작으로 가능해진 이동유연성의 증대가 항상 편리함과 편안함을 보장하는 것은 아니었고, 때로는 오히려 기계의 오작동이나 기계에 의한 사상 사고에 대한 잠재된 불안을 증폭시키는 데 기여했다고도 볼 수 있다. 이처럼 자동화가 유발한 문제는 자동차 교통의 대중화에 의해 증대된 이동성과 유연성의 문제와도 유사성을 찾을 수 있다. 60년대 말 고속도로 건설로 인한 물류의 도로 이동 증대와 70년대 자동차 산업의 성장에 따른 자가용차 보급률의 증가는 개인의 이동성을 급격히 상승시켰는데, 이는 또한 교통 순환에서 개개인의 역할이 바뀌는 과정이기도 했다. 사람들은 이제 운전 기술을 익히고 운전 중의 사고를 방지하기 위해 필요한 기술로 무장하기를 권장받았다. 운전을 배우고 면허를 취득하는 것은 '마이카 시대'를 대비하기 위한 전제 조건이 되었다.[44] 1977년의 한 기사에 따르면 대한투자금융이 전

---

[44] 《경향신문》, 1969년 1월 22일, 6면; 1969년 6월 16일, 5면; 1978년 1월 13일, 7면; 《동

사원에게 운전교육을 실시했다고 하는데, 이는 그들이 "기동력 있게" 영업 활동을 할 수 있도록 만들기 위한 조치였다고 한다.[45] 공무원 중 일부는 의무적으로 운전교육을 받는 경우도 생겨났다.[46] 즉, 자동차를 통해 증대한 개인의 자율성과 이동성은 그들 개인들이 이 같은 노동에 적응하고 자기규율에 들어감으로써 확보되는 것이었다.

80년대에 일어난 또 다른 현상으로 주목할 만한 것이 이른바 '셀프서비스' 음식점의 성장이다. 반#자동식 식품 조리 시스템[47]을 구비한 세계적으로 유명한 패스트푸드 업체들이 80년대 서울에 가맹점을 개설하기 시작했다. 유명 패스트푸드 사업자인 '맥도날드'가 서울 압구정동에 첫 가맹점을 개설한 1988년, 《조선일보》의 칼럼니스트 이규태는 본래 맥도날드가 60년대에도 점포를 열고자 했으나 한국인들이 음식을 먹을 때 서 있거나 움직이거나 일하는 것을 선호하지 않았기에 계획을 접었다고 적었다.[48] 그에 따르면 20년여가 지난 80년대 들어 한국인들의 기질이 많이 바뀌었고, 이제는 수입된 음식 문화를 좋아하게 되었다는 것이다. 또 다른 유명 패스트푸드 사업자인 '버거킹'은 1981년 서울 김포국제공항에 첫 가맹점을 개설했고, '웬디스'는 1984년 명동에 각각 첫 점포를 열었다.[49] 일본에서 먼저 시작된 프랜차이즈 '롯데리아'는 그보다 이른 1979년에 그 계열사인

아일보》 1973년 7월 9일, 4면; 《조선일보》, 1968년 8월 10일, 2면; 《한국일보》, 1969년 7월 27일, 3면.

45 《매일경제》, 1977년 5월 6일, 3면.

46 《경향신문》, 1978년 11월 17일, 6면.

47 Peter G. Neurnann, "Risks to the public in computers and related systems", In *Newsletter ACM SIGSOFT Software Engineering Notes* 15(1), 1990, pp. 4~23.

48 《조선일보》, 1988년 4월 10일, 4면.

49 《동아일보》, 1981년 2월 25일, 2면; 1985년 1월 28일, 2면; 《매일경제》 1988년 3월 29일, 14면.

롯데백화점에 이미 가맹점을 열어 놓은 상태였다.[50] 이규태의 설명 처럼 이렇게 새로 유입된 음식문화는 일종의 유목문화의 모습을 띠었다.[51] 패스트푸드 업체들은 소비자들에게 일련의 필수적인 동작과 동선을 부과했다. 이들 업체들이 채택한 셀프서비스 시스템은 음식점의 관리 운영이나 손님들의 소비 양면에서 모두 효율성과 신속성을 제시했지만, 동시에 소비자들에게 일정한 행위규범을 부과하고 이에 따르기를 기대하는 것이었다. 그 행위규범에는 주문 전에 줄을 서는 것에서부터 주문과 함께 지불을 끝내고 음식이 나오기를 기다리는 것, 자리를 찾아서 직접 음식 쟁반을 들고 옮기는 것, 그리고 식사를 끝낸 뒤에 직접 자리 정돈과 쓰레기 뒤처리를 하는 것까지 포함되었다. 이 규범을 따르지 않으면 소비자들 사이에서 무질서와 불편으로 이어지고 결국 음식을 제시간에 구매할 수 없는 결과를 초래했다. 영화 〈칠수와 만수〉(1988)는 주인공 칠수(박중훈)가 서울의 한 버거킹 매장에서 외국인 손님과 부딪치는 장면을 그리고 있다. 이 영화에서 칠수는 가난한 칠장이로, 연모하는 여대생(배종옥)이 시간제로 일하는 패스트푸드 매장에서 자연스럽게 '셀프서비스'하는 데 실패하고 마는데, 이는 중산층 출신으로서 새로운 이동체계에 잘 적응하고 있는 상대 여대생과 극명한 대비를 보여 준다.

자동화와 도시 공간의 재구조화

60년대 중반까지만 해도 서울 남산에 오르면 서울의 전경이 한눈에

50 《매일경제》, 1979년 11월 5일, 6면.
51 《조선일보》, 1988년 4월 10일, 4면.

들어왔다. 제일 먼저 눈에 띄는 것은 소공동의 반도호텔(8층)이었고 당시로선 대형 건물이었던 화신백화점 국회의사당(현 세종문화회관 별관)[52] 중앙청 등이 고작이었다. 그러나 팽창의 시대였던 60년대와 70년대를 지나온 81년에 다시 남산에 올라가서 이 같은 건물을 찾는 데는 많은 시간이 걸린다. 반도호텔 자리에는 지상 37층의 롯데호텔이 들어섰고 화신 국회의사당 건물은 70년대 들어와 우후죽순처럼 돋아난 초대형 건물에 가려져 찾아보기 힘들다. ―《동아일보》 1981년 9월 7일자 9면 칼럼 〈고속인생〉 중에서

이와 같은 자동화의 동시다발적인 대중화는 우연이 아니다. 그것은 고층 아파트 단지와 상업용 건물의 건축이 허용되고 촉진되면서 진행된 도시 공간의 재구조화 속에서 일어난 변화이다. 1981년 현재, 서울 시내의 10층 이상 고층 업무용 건물은 213동으로 대부분 70년대에 들어서면서 지어진 것이었는데, 10층 이상의 고층 아파트는 699동으로 이들 대부분이 70년대 말에 건축되었다.[53] 그와 같은 고층 건물에는 엘리베이터와 곤돌라가 각기 승객과 화물용으로 설치되었다. 1972년 12월 30일의 건축법 부분개정으로 31미터 이상의 모든 건물에는 비상용 엘리베이터가 1대 이상 설치되어야 했다.[54] 따라서 아파트 건축의 가파른 증가는 엘리베이터 산업의 팽창에 직접적인 영향을 끼쳤다. 앞서 적은 것처럼 1980년 택지개발 촉진법 시행에 뒤이어 전두환 정부는 무주택자 일소를 위한 500만 호 건설

---

52 현재의 서울시의회 청사를 말한다. 본래 1935년 일제 하 경성부가 '부민관'이라는 이름으로 세운 부립극장 건물이었으며, 기사가 씌어진 1981년 당시에는 세종문화회관 별관이었다.

53 《동아일보》, 1981년 9월 7일, 9면.

54 법률 제2434호(1973년 7월 1일 시행).

계획을 15개년 계획으로 공포했는데,[55] 1980년과 1981년에 각각 86 아시안게임과 88서울올림픽 개최가 확정되면서 그와 같은 건설의 수요는 급격하게 증가했다.[56] 이런 조건 속에서 1980년부터 1989년 사이 10년 동안 평균 연간 아파트 건축 생산량은 10만 호를 넘어섰다.[57] 건축 열풍 속에서 고층 생활의 필수품이었던 엘리베이터 보급의 확산은 당연한 것이었다.

자동판매기 산업 역시 도시화와 고층 건물의 건축 증대 속에서 상당한 혜택을 받았다. 1979년의 한 신문 기사는 병원이나 고층 사무 건물, 백화점 등 높고 인구가 많은 시내 건물에서 자동판매기가 인기를 얻고 있으며, 이 때문에 협동조합이나 직원공제회 등이 주로 운영권을 맡고 있다고 적었다.[58] 당시 서울 시내의 고층 건물 하나에 일반적으로 3~5개의 자동판매기가 설치되어 있었다고 한다.[59] 롯데나 신세계와 같은 고급 백화점들은 에스컬레이터를 설치했으며, 전망용 엘리베이터로 고객의 관심을 끌고자 했다.[60]

서울 강남 지역은 이런 도시화의 최대 수혜자였고, 70년대 말 이 지역을 중심으로 한 대형 아파트 단지 건설은 부동산가를 급등시켜

55 Valérie Gelézeau, "Changing Socio-Economic Environments, Housing Culture and New Urban Segregation in Seoul", In *European Journal of East Asian Studies* 7(2), 2008, pp. 295~321; 한국승강기안전관리원, 앞의 글.

56 한국승강기안전관리원, 앞의 글.

57 건설교통부, 대한주택공사 공편, 《'99아파트주거환경통계》, 건설교통부, 1999, 34~35쪽(Valérie Gelézeau, op.cit., 2008 재인용).

58 《매일경제》, 1979년 7월 23일, 7면.

59 《매일경제》, 1979년 7월 23일, 7면.

60 《매일경제》, 1973년 11월 6일, 6면; 1980년 9월 9일, 6면; 《동아일보》 1982년 3월 11일, 5면.

희망이익을 극대화했다.[61] 강남은 또한 70년대 초에 새로 건설된 고속도로를 통해 수도와 다른 지방을 연결하는 관문으로 자리 잡았다. 1977년 교통부는 기존에 서울역, 동대문 등지에서 출발하던 고속버스 노선을 반포에 신축된 강남고속버스터미널로 6월 말까지 2단계에 걸쳐 통합 이전했다.[62] 이로써 강남은 고소도로로 확장된 자동차의 이동성이 고층 아파트 건설의 상승하는 이동성, 그리고 그에 장착된 첨단 기계들의 자동화 이동성과 맞물리는 장소가 되었다.

문화방송의 인기 연속 수사극이었던 〈수사반장〉의 300회 특집 〈남편은 화물, 아내는 화주〉(1977) 편은 70년대에 대중화된 고속버스와 텔레비전이 대변하는 이동체계를 잘 보여 준다(〈그림 4〉 참조). 고속버스의 짐칸에 숨어들어서 버스 회사의 승차권 판매 대금을 훔쳐간 부부를 쫓기 위해 주인공 형사들은 부산에서 서울로, 서울에서 대구로, 또 대구에서 진해로 옮겨 가는데, 이와 같은 잦은 장소 변경이 고속도로라는 공간적 배경과 맞물려 이동의 스펙터클을 심화시키고 있다.

〈그림 4〉 수사반장 300회 특집 〈남편은 화물, 아내는 화주〉

실화를 바탕으로 한 이 에피소드에서 부부절도범 중 남편은 짐가방 안에 숨고, 아내는 고속버스에 타면서 이 가방을 부치는 짐으로 싣는다. 여기서 남편이 화물이 된다는 설정은 자동차화된 사회에서 개인의 위치를 은유적으로 보여 준다. 부부의 행방이 버스 회사의 승

61 Valérie Gelézeau, op.cit.
62 《동아일보》, 1977년 4월 2일, 7면.

차기록과 여관의 투숙객 장부, 이전 직장의 인사기록 등으로 추적되는 데서도 나타나듯이, 개개인은 추적번호가 부여된 하나의 상품 혹은 화물처럼 유통되는 것이다.[63] 서울로 향하는 고속버스의 승차와 운행, 하차를 담은 건조한 사실적 시퀀스는 그러한 인간-물류 이동의 구체적인 모습을 다큐멘터리적인 방식으로 보여 주고 있다.

여기서 이 드라마의 배급 플랫폼인 텔레비전의 매체적 특성에 주목할 필요가 있다. 텔레비전이라는 매체의 유통 방식 자체가 자동차 산업을 비롯한 제조업 부분에 도입된 반^{4}자동 공정과 흡사한 원리를 보여 주고 있는 것이다. 70년대 중반 도입된 자동차 산업의 대량 생산 체계는 생산의 표준화와 맞물리는 것이었고, 무엇보다도 반자동 조립공정semi-automatic assembly operation system이라는 포드주의적 노동과정의 도입이 중요한 역할을 했다.[64] 대우자동차는 이와 같은 컨베이어벨트 시스템을 1972년에 시작했고, 기아와 현대는 각각 1973년과 1976년에 도입했다.[65] 조립공정 위에서 자신의 업무를 유지하기 위해, 노동자들은 그저 단순화되고 표준화된 형태의 육체노동을 필요로 하게 되었다. 그처럼 고용 자격 요건으로서 노동의 복잡성이 낮아진 것은 조립공정의 빠르고 끊임없는 순환에 기여했지만, 동시에 컨베이어벨트 앞에 선 노동자들을 탈숙련화하고 쉽게 대체 가능하도록 만드는 것이기도 했다.[66] 반자동 공정이 텔레비전이라는 매

63 Anne Friedberg, *Window Shopping: Cinema and the Postmodern*, Berkeley: University of California Press, 1993, p. 56.
64 김형기, 〈한국 독점자본의 운동과 노동과정의 변형〉,《사회경제평론》제1호, 1988, 41~90쪽.
65 김형기, 〈한국 독점자본의 운동과 노동과정의 변형〉.
66 김형기, 〈한국 독점자본의 운동과 노동과정의 변형〉.

체와 만나는 지점은 바로 그 끊임없는 순환에 있었다.

영화와 달리 텔레비전은 정보의 연속적이고 중단 없는 흐름을 매개하는 기계장치를 기반으로 한다. 시청자들은 그러한 흐름 속에 어느 순간 올라타야 하는 것이다. 그 순간마다 시청자들은 운반되어 온 품목에 유연하게 적응해야 하는데, 그것은 뉴스 보도일 수도 있고 음악 공연일 수도 있으며 드라마일 수도 있다. 이러한 매체 수용환경의 변화는 고속도로가 초래한 이동 환경의 변화와도 흡사하다. 전국을 가로지르는 고속도로 노선의 건설로 인해 '기계 공간machine space'이 '사람 공간people space'을 잠식해 버려서 이제 사람들은 차를 가지지 않고는 그 공간에 발을 들여놓을 수도, 그 공간 위로 걸어다닐 수도 없게 되었으며,[67] 누구도 그 흐름을 중간에 멈추거나 휴지시킬 수 없게 되었다. 다시 말해, 고속도로와 텔레비전은 멈출 수 없는 기계적 흐름과 인간의 변모한 관계를 공통적으로 보여 준다. 이는 또한 제조 부문의 반자동 제조공정과 일상생활에서 자기규율을 동반한 자동화 기술 소비가 공통적으로 보여 주는 인간-기술 관계이기도 하다. 개개인은 이제 자기규율과 자기관리의 기술을 확보하면서 그처럼 자신이 통제할 수 없는 움직임에 적응할 필요 앞에 직면하게 되었다.

신자유주의의 에토스로서 자동화

다시 금성사 '테크노피아' 광고가 불러온 인본주의적 메시지의 유행에 대해 생각해 보자. 대규모 토목사업을 통한 서울의 공간적 재

---

67 최병두, 〈경부고속도로: 이동성과 구획화의 정치경제지리〉, 《한국경제지리학회지》 제13권 제3호, 2010, 312~334쪽.

구조화, 고속도로 건설을 통한 국토의 재편성, 그리고 새로운 미디어가 낳은 정보 유통의 유동성과 지속적인 순환 구조는 새로운 주체성의 형성으로 귀결되었다. 그것은 각종 자유화 조치와 자가용 자동차의 보급을 통해 개개인이 자신의 이동성이 증대하고 자율적 판단과 결정의 권한이 더 커졌다고 믿게 된 상황과도 연관 지을 수 있다. 자동화가 보장하는, 혹은 보장한다고 믿었던 효율성과 유동성의 극대화는 새로운 이동체계 속에서 개개인이 스스로를 기업가의 위치에 두고 경영 가치를 판단하는 주체성, 기업 활동의 효율을 위해 스스로에게 행위규율을 부여하는 주체성의 기술적 기반이 되었다. 따라서 금성사의 유명한 기업광고가 내세운 "인간과 기술의 조화"는 표면적으로 볼 때 기술을 인간 앞으로 다가서게 하겠다는 선언이었지만, 동시에 기계 동작의 혁신을 통해 인간의 주체성을 재편할 것임을 함축하는 것이기도 했다.

그렇다면 새로운 이동체계 앞에서 재편된 주체성은 어떤 양상을 보이고 있을까? 자동화가 가져온 것이라고 알려진 '효율'과 '혁신'의 가치 앞에서 기계적 움직임을 거역하지 못하고 오히려 그에 적응하기 위해 애쓰는 주체성, 다시 말해 기계적 흐름이 보장하는 경제적 가치를 자신의 위치에서가 아니라 기업가의 위치에서 바라보며 그에 따라 스스로를 바꾸는, '조작 가능한 인간manipulable man'으로서 '신자유주의적 호모 이코노미쿠스[68]가 바로 그 주체성의 맨얼굴이 아닐까?

자동화와 함께 80년대를 거치며 시행된 일련의 자유화 조치는 개개인이 이동할 수 있는 범위를 확장해 주었고, 또 기술적 혁신을 통

---

68   Colin Gordon, "Governmental Rationality: An Introduction", In *The Foucault Effect: Studies in Governmentality*, Chicago: The University of Chicago Press, 1991, p. 43.

해 한 개인이 이동할 수 있는 능력 역시 과거에 비해 급격히 높아졌다. 그러나 이는 개개인들의 삶의 질 상승과 별개로, 존 어리가 말한 "노동력 및 소비자의 유인과 유통"[69]이 새로운 이동체계를 만나 그 순환 속도가 높아진 것이기도 하다. 달리 말해 노동의 유연성^{flexibility}이 높아진 것이다. 노동시장의 순환벨트에서 쉽게 내렸다가 다시 올라탈 수 있는, 그리고 그러한 순환의 넓어진 회전 범위를 따라 더 멀리까지 이주할 수 있는 노동력이 그와 같이 유연화된 이동체계 속의 주체성이라 할 수 있다. 1997년 외환 위기 이후의 신자유주의 구조조정이 정리해고와 비정규직 제도의 도입을 통해 노동의 유연화를 일종의 '국가 정책의 거시경제적 교리'[70] 차원으로 수행한 것이라면, '인식론 혹은 사회적 에토스^{ethos}'[71] 측면에서의 신자유주의화는 이와 같은 이동체계의 재편 속에서 이미 80년대부터 진행되어 오고 있었던 것이다. 자동화 기계의 순환벨트식 이동체계 속에서 스스로를 교정하는 인간의 모습은 금융자본의 반인간주의적 이동성 앞에서 스스로를 계발하는 우리의 모습과 많이 닮아 있음을 알 수 있다. 이렇게 볼 때, 한국에서 흔히 '신자유주의 이전'으로 이해되는 IMF 이전, 80년대에 대중화된 자동화의 이동체계는 신자유주의의 통치기술을 이미 한국 사회가 선취하고 있었음을 보여 주는 것이라 할 수 있다.

---

69 John Urry, op.cit.

70 송제숙은 신자유주의를 '국가 정책의 거시경제적 교리a macroeconomic doctrine of state policy'와 '인식론 혹은 사회적 에토스epistemology or social ethos'라는 두 가지 차원에서 볼 수 있으며, 이와 같은 개념화의 차이에 따라 신자유주의에 대한 학문적 접근 역시 달라짐을 지적한다. Jesook Song, "Family Breakdown and Invisible Homeless Women: Neoliberal Governance during the Asian Debt Crisis in South Korea, 1997~2001", In *Positions:East Asia Cultures Critique* 14(1), 2006, pp. 37~65.

71 Jesook Song, ibid.

어네스트 만델은 자본주의적 생산체계 속에서 자동화 공정은 오직 다른 부문에서의 착취를 통해 잉여가치를 생산할 뿐이며, 완전자동화에 대한 환상은 자본주의의 내적 한계를 증대시킬 것이라 주장한 바 있다.[72] 일본의 자동화에 대한 연구에서 테사 모리스-스즈키는 이와 같은 만델의 후기자본주의론에 동의를 표하면서도 부분적으로 회의적인 입장을 개진한다. 즉, 부의 기형적인 불균형 속에서 세계 자본주의는 교육과 기업 네트워크, 국가 시스템이 높은 수준으로 자리 잡은 국가들을 고도로 자동화된 정보사회로 변형시킬 것이며, 이들 국가의 자동화 공정 상품과 혁신-생산적innovation-producing 기업체들의 상품화된 지식은 공히 국제무역의 불평등한 이윤 배분에 기여할 것이라는 전망이 그것이다.[73] 지금까지 살펴본 자동화 기술과 담론의 역사는 모리스-스즈키가 지적한 지식 생산의 문제를 일상생활에서의 훈육과 내면화, 그리고 자기경영이라는 신자유주의 통치성governmentality[74]의 문제로 확장하여 바라보게 한다. 자동화는 컴퓨터 기반의 지식자본주의를 통한 세계시장의 신자유주의적 혁신을 보여 주는 것이기도 하지만, 동시에 일상에서 그와 같은 혁신-생산의 이동체계 앞에 선 개개인들에게 기업가적으로 사고하게 만드는 신자유주의의 에토스이기도 하다.

---

72 Ernest Mandel, *Late Capitalism*, London: Verso, 1998, p. 207.
73 Tessa Morris-Suzuki, "Robots and Capitalism", In *Cutting Edge: Technology, Information Capitalism and Social Revolution*, London and New York: Verso, 1997, pp. 13~27.
74 신자유주의 주체성의 범형으로서 '기업가적 자아'와 1990년대 이후 한국 사회의 변화에 대한 대표적인 논의로는 서동진, 〈자기계발의 의지, 자유의 의지: 자기계발 담론을 통해 본 한국 자본주의 전환과 주체형성〉, 연세대학교 박사논문, 2005, 249~270쪽 참조.

참고문헌

건설교통부, 대한주택공사 공편, 《'99아파트주거환경통계》, 건설교통부, 1999.

김형기, 〈한국 독점자본의 운동과 노동과정의 변형〉, 《사회경제평론》 제1호, 1988, 41~90쪽.

박승희, 〈공장 자동화에 따른 노동과정의 변화: 한국의 경우〉, 《경제와 사회》 제8호, 1990, 123~151쪽.

박형준, 《현대노동과정론: 자동화에 대한 연구》, 백산서당, 1991.

서동진, 〈자기계발의 의지, 자유의 의지: 자기계발 담론을 통해 본 한국 자본주의 전환과 주체형성〉, 연세대학교 박사논문, 2005.

이상영, 〈국가의 노동정책과 공장 자동화〉, 《동향과 전망》 제1호, 1988, 93~120쪽.

이은진, 〈자동화의 현단계〉, 《경제와 사회》 제8호, 1990, 107~122쪽.

최병두, 〈경부고속도로: 이동성과 구획화의 정치경제지리〉, 《한국경제지리학회지》 제13권 제3호, 2010, 312~334쪽.

한국승강기안전관리원, 〈한국승강기 발전사〉, 2013 (https://www.kesafe.or.kr/kesi2013/sub/elevator/05_03_06.jsp)

Friedberg, Anne, *Window Shopping: Cinema and the Postmodern*, Berkeley: University of California Press, 1993.

Gelézeau, Valérie, "Changing Socio-Economic Environments, Housing Culture and New Urban Segregation in Seoul", In *European Journal of East Asian Studies* 7(2), 2008, pp. 295~321.

Gordon, Colin, "Governmental Rationality: An Introduction", In *The Foucault Effect: Studies in Governmentality*, Chicago: The University of Chicago Press, 1991, pp. 1~52.

Mandel, Ernest, *Late Capitalism*, London: Verso, 1998.

Morris-Suzuki, Tessa, "Robots and Capitalism", In *Cutting Edge: Technology, Information Capitalism and Social Revolution*, London and New York:

Verso, 1997, pp. 13~27.

Neumann, Peter G., "Risks to the public in computers and related systems", In *Newsletter ACM SIGSOFT Software Engineering Notes* 15(1), 1990, pp. 4~23.

Palladino, Grace, "When militancy isn't enough: The impact of automation on New York city building service workers, 1934~1970", In *Labor History* 28(2), 1987, pp. 196~220.

Song, Jesook, "Family Breakdown and Invisible Homeless Women: Neoliberal Governance during the Asian Debt Crisis in South Korea, 1997~2001", In *Positions: East Asia Cultures Critique* 14(1), 2006, pp. 37~65.

Sugrue, Thomas J., *The Origins of the Urban Crisis: Race and Inequality in Postwar Detroit*, Princeton: Princeton University Press, 2005.

Terborgh, George, *The Automation Hysteria*, Washington: Machinery and Applied Products Institute/Council for Technological Advancement, 1965.

Urry, John, *Mobilities*, Cambridge and Malden: Polity Press, 2007.

동시대 청년의 모바일 노동문화 연구

이광석

이 글은 《한국언론정보학보》 통권 제83호, 157~185(2017.6)에 게재된 원고를 수정 및 보완하여 재수록한 것이다. kslee@seoultech.ac.kr

이 연구는 한국 사회 비정규직 청년 노동자들과 모바일 기술이 '알바'노동 현장에서 결합되는 방식에 대한 관찰 연구에 해당한다. 이제까지 스마트미디어는 청년의 문화적 재기발랄함을 발산하거나 구조로부터 탈주하는 문화적 유희 수단이기도 했지만, 이 글은 미디어 기술이 청년의 온라인 잉여력의 수취나 감정노동 강화를 위한 스마트 '유리감옥'으로 크게 탈바꿈 중임을 살핀다. 즉 청년 노동, 특히 '알바'노동에 있어서 스마트폰 등 모바일미디어의 매개적 역할에 대한 관찰을 통해, 노동과 활동, 놀이와 노동, 물질계와 비물질계, 오프라인과 온라인 등의 경계들이 해체되고 어떻게 이것들이 시장의 가치로 거칠게 통합되고 있는가를 살펴보고 있다. 무엇보다 이 연구는 청년 알바노동의 중요한 일상이자 부분이 되어 가는, 스마트폰을 손에 쥔 청년들의 노동 현장 속 '모바일 노동'의 새로운 양상을 주목한다. 본 연구는 대도시 알바 현장에 대한 기초 설문, 포커스 그룹 인터뷰, 참여관찰을 통해서, 일상이 된 스마트폰 등 모바일 기기 이용과 국내 청년 알바노동 현장 상황이 맞물리면서 형성되는 독특한 국내 모바일 노동 현실을 다층적으로 관찰한다. 이를 통해 동시대 청년 알바노동의 성격이 어떻게 억압적이지만 내면화된 방식으로 재구조화하고 있는지를 구체화한다. 즉, 오늘 청년 알바노동의 현실에는 비정규 노동의 체제적 불안정성에 더해서, 모바일 테크놀로지에 의지한 일상 권력의 비공식적 노동 관리와 통제 문화가 청년의 몸에 깊숙이 아로새겨진다고 파악한다.

청년, 노동과 테크노미디어

1990년대 말 금융 위기 이후 한국 경제는 노동인구의 대량 해고와 노동 유연화를 중요한 자본 비용 절감의 효과로 활용해 왔다. 그 효과는 다양한 형식의 비정규직 '좀비' 노동자들의 양산이었다.[1] 이로 인해 시장에는 영혼 없는 소모품의 일회용 노동자들이 넘쳐났다. 좀비 노동자는 존재론적으로 '프레카리아트precariat', 즉 자본주의 노동인구의 가장 취약하고 불안정한 노동자 계층이기도 하다. 오늘날 신자유주의 국면에서 나타나는 대량 실업과 프레카리아트의 만성적 과잉 상황은 자본주의 체제를 유지하는 고정적인 기제가 되었다. 즉, 한때 일시적으로 불경기에 나타나는 구조 조정과 고용 불안의 모습이, 이제는 실물경제를 부양하는 반영구적 특성이 됐다. 부르디외(Bourdieu, 2003)의 유언대로, 오늘날 프레카리아트는 정규직 노동자 아래 폭넓게 존재하면서 일종의 '이중경제dual economies'를 떠받치는 산업예비군으로 전락했다.

오늘을 사는 청년들은 첨단 기술의 세례 속에서 삶을 영위하는 디지털 부족처럼 보이기도 하지만, 그 어떤 연령대보다 현실 삶의 물질적 조건을 보자면 대단히 피폐한 프레카리아트이자 좀비 같은 신세다. 계급과 세대 수탈에 시달리다 쓸모가 없어지면 폐기 처분된다는 점에서 더욱 그렇다. 청년들 삶의 질곡들이 여간해서는 밖으로 드러나지 않는 점도 특징적이다. 사회적 약자마냥 자살과 사고 등 극단적 삶의 희생과 포기에 의해 사회적으로 그 존재감이 드러나기 전까지 이들은 있는 듯 없는 듯 도시를 배회하는 유령과 같다. 각 사회마다 청년들은 다종다양한 생활 배경으로 엮여 있어서 단일의 계급과 계층으로 온전히 부를 수 없지만, 시간이 가면 갈수록 정치경

---

1 자본주의 체제 속 노동자들에 대한 현대식 '좀비'적 유비와 이의 구조적 수탈 방식에 대한 적절한 논의로는 Shaviro(2002) 참고.

제적 불평등 요인이 이들 청년 노동자의 지위와 포개지는 경향이 커진다. 생애사적 연령 사이클이 경제적 불평등과 착취의 근거가 되는 국면으로 접어든 것이다.

동아시아 정치경제 상황 속 청년들 삶의 팍팍한 모습은 서로 그리 크게 다르지 않다. 한국을 비롯해 동아시아 청년의 삶은 고용 불안의 가장 큰 희생양이 된 지 오래다. 예를 들어, 중국 대도시 외곽에 거주하면서 주로 3차 산업에 종사하는 저임금 노동자층 '(농)민공民工'과 그들의 아들딸인 신세대 민공인 '신공런新工人'은 자본주의 사회의 비정규직 노동자와 흡사한 노동 환경에서, 아니 더 열악한 밑바닥 변경의 삶을 영위해 왔다(윤종석, 2014: 정규식, 2016). 국내에서는 시간제 비정규직을 낮춰 부르는 '알바', 그리고 정규직 입성이라는 거의 가망 없는 꿈을 먹고 사는 '인턴'노동이 비정규직 청년 노동의 주를 이룬다. 일본의 경우에는 도쿄를 중심으로 피시방에서 잠자리를 해결하는 '넷카페난민ネットカフェ難民'을 포함해 비정규직 청년 노동자군 '프리터フリーター'들이 사무직과 서비스업계 '블랙기업ブラック企業'들에 의한 과잉 노동 착취에 시달리고 있다(Mie, 2013).

동아시아 청년들의 저임금과 불확실한 미래는 오히려 역설적으로 어려운 현실에 안주하는 일본의 '사토리세대さとり世代'를 낳고, '벙시따이崩世代'라 불리는 대만의 청년 '체념' 세대를 키워 왔다. 오늘날 도쿄와 타이베이의 젊은이들은 각기 미래를 체념하고 현재의 행복에 자족하는 '컨서머토리consummatory'화(古市憲寿., 2011)와 "작지만 확실한 행복", 즉 '샤오췌싱小確幸'이라는 소소한 오늘의 안락에 안주하는 소극적 삶을 살아간다(林宗弘 외, 2011; 이광수 2015). 반면 국내 청년들은 '삼포세대三抛世代'란 현실 체념과 삶의 포기에 덧붙여 사실상 살아갈 희망의 모든 것을 포기한 'N포세대'로 명명되고 있다. 삼포세대란 나이가

먹어도 제대로 번듯한 직장조차 얻기 힘들고, 사실상 연애, 결혼, 출산을 포기한 우리 사회의 청년 세대를 뜻한다. 한국 사회의 청년들은 이와 같은 부정적 현실에 체념하거나, 때론 절망의 현실에서 탈출하기 위해 국가를 포기하는 대열에 합류하는 무리들로 갈리기도 한다(조문영 외, 2017).

기약할 미래 없는 동아시아 청년들은 변변한 주거 공간도 없이 부유하고 방황하기도 한다. 예를 들어, 타이완의 아파트 한 채를 5평씩 쪼개 사는 '타오팡套房', 홍콩의 1.5제곱미터 인간 닭장이라 불리는 '큐비클cubicle', 일본의 피시방 프리터의 삶터인 '넷카페', 한국의 원룸(텔)과 고시원/텔 등은 이들 청춘이 지친 몸을 누이는 임시 거처들이자 도시 속 삶의 고독을 감내하는 어두운 게토와 같은 곳들이 되고 있다(미스핏츠, 2016). 동아시아 청년들은 엄연히 제 국적을 가진 현재와 미래 경제인구의 주축임에도 불구하고, 그들의 국가는 그들의 익숙한 절망을 현실의 이슈로 진지하게 다루지 않는다. 그렇게 그들은 후미지고 표류하는 게토 안에서 사회의 접속 없이 홀로 방치돼 있다는 점에서 이미 그 사회의 비공식 난민이나 다름없다.

스마트폰과 태블릿피시 등 테크노미디어[2]를 상시적으로 동반하는 모바일 문화는, 비공식 난민이자 좀비 처지의 동아시아 청년들이 오늘 현실을 버티는 몇 안 되는 중요한 기계 놀이이자 활력 구실을 해 왔다. 과거와 달리 오늘을 사는 청년들이 지닌 새로운 미디어 감각과 감수성은 첨단 기술의 시대 조건에 힘입은 바가 크다. 이제 청년

---

2 이 글에서 '테크노미디어'는 디지털 콘텐츠 매개체이자 쌍방향 모바일 정보통신이 가능한 모바일 스마트 기기를 통칭하며, 주로 청년들이 사용하는 스마트폰에 논의를 집중하고 있다.

들이 지닌 신생 기술에 대한 특정 신체 감각(예컨대, 촉각, 상황과 패턴 인식과 멀티태스킹 등의 진화)의 발달 면에서 보자면, 이들은 다른 어떤 세대에 비해서도 크게 앞서 있다. '노오력'(죽을 힘을 다한 노력)을 해도 제대로 된 보상은커녕 '사회적 배신'(조한혜정 외, 2016)과 비정규직 착취가 일상화된 현실에서, 테크노미디어를 매개한 모바일 문화는 청년에게 일상을 위로하는 가뭄 속 단비와 같다. 거대하게 윙윙거리는 인터넷과 모바일미디어의 가상공간은 그들을 비슷한 취향, 놀이, 재잘거림 등으로 들뜨게 하는 오아시스와 같은 휴식처일 수밖에 없다. 자신의 2평짜리 고시원에서 거리에서 작업장에서 게임방에서 청년들은 몸에 회로화된 전자기기를 칭칭 감고 거대한 가상 던전(게임 속 지하감옥)의 세계로 들어가 그들만의 자유를 만끽한다.

이 글은 현실의 감각을 벗어나 첨단 미디어 기술로 휘감긴 채 가상세계의 던전들을 헤매는 청년들에 대한 예찬론이나 허무론이 아니다. 오히려 본 연구는 동시대 테크노미디어, 특히 모바일 기술을 매개한 노동문화가 동아시아 청년에게 또 한 번 강력한 현실세계의 세대 착취와 신체 통제의 일상화된 권력과 어떻게 공모하는가에 대한 비판적 현실론을 제기한다. 이를 위해 청년들의 알바노동 현장을 찾는 방법을 택했다. 사전 설문, 심층인터뷰와 참여관찰 기록의 다면적 분석을 통해 청년 노동의 새로운 국면을 탐색한다. 일종의 우울한 청년 관찰기이지만, 가장 정확한 절망의 현실 파악이 또 다른 자유의 가능성을 모색할 수 있는 우회로이기도 하다. 이 글은 오늘날 현실 속 청년 좀비노동의 강도가 가상세계의 잉여노동 혹은 모바일 노동의 영역으로 연장되고 확장되는 현실을 보는 데 집중한다. 비정규직에 대한 노동력 수탈의 물리적 강도가 크게 미치지 않을 것 같았던, 일터 밖 시·공간에까지 청년 잉여력이 스마트폰 등 테크노

미디어를 매개해 흡수되고 있음을 확인하려 한다. 미시적 자장에서 청년 잉여력은 주로 인터넷과 스마트폰 등 최근 모바일 기술을 매개해 광범위하게 흡수되고 있음을 관찰한다. 이러한 온·오프라인 던전의 내밀한 질서 아래 오늘 하루 시급을 위해 각자의 알바 현장을 지키는 청년들은 과연 무엇을 할 수 있고 무엇을 바꿀 수 있을 것인가? 구조적 돌파구 없이 어려울 수 있겠으나 청년 자율과 자립의 조건을 함께 고민하려는 것이 이 글의 목표다.

청년 알바노동의 물질적 조건

국내 노동시장의 공식은 시간이 갈수록 수시 정리해고와 해고 요건 완화에서부터 상시적 청년 프레카리아트의 대규모 양산과 이의 수탈체제에 기반하고 있다. 국내 청년의 삶은 성장의 논리 아래 부초처럼 유동하고 최저시급에 일희일비하는 '잉여인간'이 되어 간다. 오늘을 사는 대한민국 청년들은 삶의 불안과 피로도가 극에 이르렀다. 이제까지 이에 대한 기성세대의 발화들은 비현실적이었다. 그럼에도 불구하고 여전히 멘토링과 위로, 자기계발의 수사학의 효과가 유효한 듯 살아남았다. 예컨대, 취업준비생을 위로하는 김난도의 책 《아프니까 청춘이다》(2010)는 사회문제를 개별 주체들의 감정 힐링의 영역으로 격하시켰지만, 여전히 이는 스테디셀러로 군림하고 있다. 미래 없는 청년의 삶에 대한 기성세대의 조언들도 이러저러한 방식으로 쏟아져 나오고 있다. 한때 《조선일보》 등 주요 보수 언론사들은 '사토리세대'와 '삼포세대'의 비관적 현실을 안분지족^{安分知足}의 '달관세대^{達觀世代}'란 중립적 용어를 발명해 내어놓고(김강한·임경업·장형태, 2015), 이 때문에 국내 노동 현실을 외면하면서 대중의 호된 질타를 받은 적이 있다. 마찬가지로 열정熱情과 페이를 섞어 쓴 '열정페이'란 말로 청년의 노동 대가가 잠식당하는 경우도 있었다. 열정페이에는, 하고 싶은 일거리를 줬으니 구직자는 급여에 얽매이지 말라는 '갑'의 경제적 횡포가 스며들어 있다. 국내 패션업계의 상징적인 한 디자이너는 열정페이란 명목으로 그의 직원들에게 최저임금과 법정 수당을 미뤄 오면서 사회적 구설수에 올라 공개 사과까지 하는 촌극을 벌이기도 했다. 그 디자이너가 청년들에게 걸었던 마법의 주문은 "네가 좋아서 하는 일이니 이 정도는 감수해야지"라는 인고의 노동철학이었다. 우리의 아버지 세대 때부터 강조되던 '허리띠 졸라매기'식 산업 노동윤리의 새로운 세대 변형판인 셈이다(최태섭, 2013, 51쪽).

대통령 탄핵이 이뤄지기 바로 전, 당시 박근혜 정부의 노동정책으로 크게 선전되고 입법화하려 했던 '임금 피크제'는 정규직 아버지들의 월급을 깎고 희생해 청년 실업자 아들딸들의 일자리를 마련하려는 불순한 의도로 판명 났다. 또한 당시 박근혜 전 대통령 자신은 청년기금을 만들어 개인적으로 기부금을 내겠으니 고위 공직자들도 다들 알아서 갹출해 보라는 관료와 재벌 동원의 비공식 압박을 구사하기도 했다. 그의 발상은 청년 고용의 안정적 제도화와 제대로 된 노동정책 마련을 무시한 채 노동문제를 시혜와 동정의 영역으로 환원해 버렸다. "대한민국에 청년이 텅텅 빌 정도로 한번 해 보라. 다 어디 갔냐고, 다 중동 갔다고…" 국정을 책임지는 최고 통치권자의 당시 이와 같은 발언은 대중의 공분을 사기에 충분했다. 당연히 통치권자가 바라는 '중동 진출'을 통한 청년 일자리 해결이란 너무도 비현실적이고 무책임한 해법임이 쉽게 드러났다.

통계청 조사에 따르면, 2017년 1월 현재 국내 실업자 수는 100만 명을, 그리고 청년실업률은 9.8퍼센트를 넘어섰다. 비정규센터(2016)

의 자료에 따르면, 노동 유형 중 비정규직 노동 비율이 44.3퍼센트에 달한다. 더군다나 청년의 비정규직 노동과 관련해서 보면, '꺾기' 등 초과근로 수당을 지급하지 않기 위한 불법 노동관행이 여전하다. 이의 불법 공모에는 대기업 프랜차이즈는 물론이고 일반적으로 청년 알바노동을 주로 활용하는 중소 자영업자들이 함께 가담하고 있다. '알바'노동을 일반적인 노동 형태로 보지 않는 관행도 문제다. 독일어 '아르바이트Arbeit'(노동)와 학생의 합성어, '알바생'이란 호칭에서 보듯, 대체로 청년 노동은 노동자로서보다는 학생 신분에서 한때 거치는 부업이나 용돈 벌이로 보는 사회 풍토가 아직 지배적이다. 이미 90년대 말 금융 위기 이후로 청년 알바노동의 성격이 생존을 위한 노동으로 바뀌고 있음에도 기성세대는 이를 잘 인정하려 하지 않는 것이다.

2017년 '6,470원', 2018년 '7,530원', 대한민국 알바노동의 법정 최저시급이다. 국내 평균 담뱃값(4,500원)으로 치면 한 갑 반을 살 수 있는 금액이다. 2013년, 최저시급 현실화를 위해 1만 원 시급 인상론을 외치다 갑작스레 '알바노조'(구 '알바연대') 대변인 권문석 씨가 숨을 거두었다. 당시 그의 죽음은 물론이고 그가 사망하기 전 1만 원 최저시급을 사수하려 했던 절규에 대해 언론과 사회는 그리 큰 관심을 두지 않았다. 그렇게 다들 외면하던 최저시급의 실체는 아이러니하게도 '알바몬'과 '알바천국'과 같은 구인·구직업체의 모바일 앱 텔레비전 광고를 통해 널리 알려졌다. 2015년경 알바몬 광고에서 아이돌 가수 혜리가 언급했던 '최저시급 5,580원', '야간수당은 시급의 1.5배'라는 카피 문구로 인해서 서서히 청년 시급에 대한 대중의 관심과 인지도가 상승했다. 당시 이 알바 구인 플랫폼 광고는 청년 노동의 마이크로 고용주이기도 했던 영세 업종 업주들의 반발을 야기하기도 했다. 당연히 청년들이 인지해야 할 노동법 내용임에도 불구하고, 영세한 자본금으로 근근이 유지하는 업주들에게 사실상 최저시급, 주휴수당, 야간수당 등 청년들의 노동권리는 심적 부담이었고 그래서 사회가 외면하길 바랐기 때문이다. 프랜차이즈의 대기업 수탈 구조의 사다리 아래 존재하는 영세 업주들은 자신의 노동 비용 절감을 위해 청년 알바의 시급 인상과 노동권을 외면하는, 거대 프랜차이즈와 흡사하거나 그들과 공모하는 길을 걸었던 것이다.

이제 한국 사회에서 더 이상 노력을 해서 현실을 바꿀 수 없고 불안한 삶을 살아가는 청년들의 절망은 미래 없는 '지옥 같은 나라'라는 뜻으로 '헬조선'이란 극단의 유행어까지 만들어 냈다. '헬조선'이란 반도의 불지옥에서 노예처럼 좀비처럼 기업을 위해 생명을 연명하는 일회용 청년의 현재와 미래 없는 청년의 모습을 회화화한다. '헬조선'에 동조하는 청년들의 최종 목표가 반도로부터의 탈출, 즉 '탈조선'밖에 없다는 점에서 이 같은 논의는 허무주의적이고 자멸적이다. 그럼에도 불구하고, '헬조선'이란 말의 세대문화적 확산은 청년 노동과 청년 미래에 더 이상 생존 출구가 없음을 상징한다는 점에서 우리 기성 사회에 뼈아픈 자성을 일깨운다. 물론 전국적으로 광범위하게 벌어지고 있는 정규직 고용의 불안정과 해고 노동자들의 수년간 고공 투쟁 등 전방위적 고용 악화 상황을 고려해 보면, 청년 노동이 그중 가장 힘들다거나 청년 문제 자체가 '헬조선'의 모든 것이라고 말하기는 어렵다. 하지만, 청년 노동의 문제는 전통적 반노동 정서의 또 다른 연장선에 있다는 점뿐만 아니라, "새롭게 등장하는 한국의 사회문제를 고스란히 드러내는 표층"(한윤형, 2013, 7쪽)이자 조만간 다가올 그늘진 근미래이기에 더 심각성이 있다.

계속해 이어지는 하청 노동자의 죽음, '30분' 신속배달용 오토바

이에 몸을 실었다가 숨지고 다친 청년 배달 라이더들(공식 용어로는 '플랫폼 이동노동자'), 삶의 희망을 잃은 그들의 투신과 자살 등은 우리 사회 내부 비공식 난민들의 모습이다. 일례로, 구의역 지하철 2호선, 열아홉 살 청년 노동자의 죽음은 지하철 '스크린도어의 정치경제학'의 참혹한 현실을 보여 줬다. 생산 현장 안에서 본청, 하청, 그리고, 하청의 하청이란 사다리 고용구조의 끝에 위치한 한 청년의 산업재해로 인한 죽음은 오늘을 사는 수많은 한국 청년들의 불안한 존재론적 파국의 끝을 적나라하게 보여 줬다. 마치 중국 도시 빈민 농민공들의 비운을 대물림받은 자식들이 '신공런'이 되듯, 우리 노숙자들의 아들딸들인 청년 좀비는 일용직노동, 비정규직 하청노동, 하이테크 흡혈노동, 그림자 노동, 열정노동, 인턴노동, 알바노동, 밑바닥노동 등 산업 시대의 대를 잇는 노동 수탈에 무방비로 노출되어 있다. 이들이 지키려는 법정 최저시급은 노동 현장의 최고시급이 되고, 현장에서 청년의 나이는 청소년과 섞이며 연령대가 점차 내려간다.[3]

　오늘의 청년들은 그렇게 좀비이자 난민 아닌 난민이 되었다. 이들은 사회적으로 인정받지 못한 비공식 난민이다. 국제적으로 나라를 잃거나 이를 포기한 국제 난민의 법적 지위자만을 난민으로 봐선 곤란하다. 이제 국가와 사회가 돌봄을 망각할 때 청년들은 스스로 보트피플이 되려 한다. 오늘 청년들은 자발적으로 보트에 오르는 '희망난민'에 가깝다. 예컨대, 후루이치 노리토시古市憲寿(2010)는 《희망난민》에서 오늘을 사는 청년들의 존재론적 지위를 잘 간파하고 있다. 그는 자신의 저술에서 글로벌한 청년 삶에 관한 한 조사를 인용하면서, 한국 청년의 미래 희망과 기대감이 82퍼센트에 육박하는 반면,

---

3　현재 통계청이 제시하는 청년의 공식 연령대는 15~29세 사이에 걸쳐 있다.

일본이나 핀란드의 청년들은 반대로 수치가 대단히 낮은 값을 인용해 보여 줬다. 그는 한국 청년의 상황이 더욱더 비극적이라 봤는데, 이는 미래에 대한 기대치가 더 클수록 이에 비례해 현실의 자괴감과 박탈감이 더 커지기 때문이라고 해석한다. 다른 어느 곳보다 꿈과 현실이 크게 어긋나 고뇌하는 청년 존재가 대한민국 '희망난민', 동시대 청년의 모습이라 본 것이다.

청년 '모바일 노동문화' 연구, 출발과 방법

대한민국을 사는 청년들이 감내하는 노동시장에서의 역할은 복잡한 양상을 띠고 있다. 그중 가장 독특한 면모는 스마트폰에 익숙한 청년 알바들의 노동 양상이다. 현실계의 청년들은 노동으로부터 자유롭게 쉬는 동안에 보통 '잉여' 활동을 한다. '잉여'란 한때 청년 스스로 알바, 실업이나 무직에 처한 자신을 낮춰 부르는 말이었다. 이제 기업가나 관리자는 청년들이 무언가를 하며 놀고 무언가를 준비하는 시간, 즉 청년 '잉여'의 여분 시간, 그리고 그들이 알바 후 쉬려는 여백의 공간까지도 취하려 한다(이희은, 2014). 지금부터는 이처럼 바닥에 이른 알바 청년들이 '잉여'적 생존 조건 속에서 어떻게 미디어 테크놀로지, 특히 모바일 환경과 관계 맺고 있는지를 살피려 한다. 이를 위해서는 테크노미디어로 매개되는 알바노동의 존재 형태를 구체화하는 방법론적 설계가 필요하다.

본 연구는 청년 알바들의 노동 활동이 갈수록 휴대폰에 더욱더 의존적이 되어 가고 있다고 본다. 이 글이 지닌 문제의식의 출발은 여기에 있다. 먼저 이 글은 청년 알바 현상의 테크노미디어, 특히 휴대폰에 의한 노동문화의 변화와 재구성을 나타내는 말로 '모바일 노동문화'란 대표 개념을 만들어 쓰고 이에 특별히 주목하고자 한다. 모바일 노동문화는 학문적 위치를 그리자면 전통적 노동사회학이나 비정규직 노동 연구, 청년과 세대문화 연구, 그리고 모바일미디어연구가 중첩적으로 연동하는 학제 간 영역쯤 위치한다고 볼 수 있다. 사실상 이와 같다 보니 모바일 노동문화를 총괄적으로 아우르는 선행 연구를 안팎에서 찾기가 힘들었다. 다행히 츄[Jack Qiu(2009)]의 저술 정도가 이와 같은 모바일미디어연구-비정규직 노동 연구-동아시아 지형이라는 다학문적 관점에서 중국의 모바일 노동문화 현실을 거의 유일하게 언급했다고 볼 수 있다.

본 연구가 지닌 특징은, 과거에는 불가능했던 관리자의 휴대폰을 매개로 해 벌어지는 원격 작업장 감시는 물론이고 휴대폰을 매개해 새롭게 구성되는 노동강도의 내밀한 확장 방식, 새로운 청년 알바의 휴식문화와 비가시적 착취 행태 등이 어떻게 생성, 변형되어 미묘한 비정규직 노동의 성격을 규정하고 그로부터 비정규 노동문화 자체의 질적 변화를 유도하는지를 살핀다. 이 글의 분석 대상은, 2014년과 2015년에 걸쳐 청년 노동자를 대상으로 수행한 관찰 연구 결과에 기초한다. 구체적으로, 본 연구는 청년 '모바일 노동문화' 양상과 알바 청년들의 인구통계학적 속성에 대해 묻는 온라인 설문(총 161명 가운데 유효 응답자 118명), 청년 노동 활동가를 포함한 각 3명 세 그룹의 심층 그룹 인터뷰[FGI], 마지막으로 5명의 알바 청년들에 대한 참여관찰 기록과 후속 인터뷰 내용을 활용하고 있다. 애초 이 연구는 스마트폰을 매개로 수행되는 노동문화의 새로운 특성을 살피기 위한 기초 자료의 수집과 내용 파악을 위한 연구 프로젝트로 기획됐다. 무엇보다 이 글에서는 다양한 관찰 결과물 가운데 특히 본 글의 주제인 모바일 테크놀로지와 청년 노동의 유의미한 상관성을 주로 포착하고자 한다. 이를 보기 위해 본 글은 포커스 그룹 인터뷰와 참여관찰을 통해서 실제 노동 현장에서 알바 청년들이 취하는 모바일 노동의 독특한 특성들에 착목해 보았다.

청년 알바의 재구성: '모바일 노동문화'의 다면적 관찰

스마트폰과 청년 알바의 신종 결합

본 연구에서 관찰했던 청년들의 생존을 위한 알바노동 경험은 다양하다는 말로 표현해선 좀 부족하다고 할 정도로 여러 형태의 밑바닥 노동이나 서비스업 '그림자' 노동(Illich, 2015) 업종을 맴돌고 있었다. 특히, 심층 인터뷰 참여자와 참여관찰자들의 사전 설문조사 내용에서 살펴보니, 이들 대다수가 일의 속성상 1년을 넘기지 못하는 알바노동을 전전해 왔음을 알 수 있다. 적게는 일주일에서 길게는 한 달 혹은 3~6개월 사이의 단기 비정규직 일자리가 보통이었음을 확인했다. 그리고, 118명의 알바 청년들의 기초 온라인 설문 결과에 따르면, 한 달 평균 알바로 청년들이 벌어들이는 수입은 시급이나 노동시간에 따라 편차가 크지만, 대략 평균 7, 80만 원 수준으로 나타났다. 이들이 느끼는 알바 노동 환경의 문제점으로는, 최저임금과 초과노동이 주로 지적됐고 그 외에 임금 체불, 식사비나 교통비 미지급, 휴식시간 제공 거부, 보험 부담 거부, 주휴수당 미제공, 관리자의 과도한 감독 및 통제 등이 골고루 거론됐다.

본 연구에서 청년 알바의 노동 현장 관찰에서 특이한 현상은, 거의 모두가 휴대전화, 특히 스마트폰을 지닌 채 알바노동의 현장에서 각자의 일을 수행하면서 어딘가에 지속적으로 접속하고 메시지를 확인한다는 사실이다. 실제로도 기초 설문 응답자 가운데 알바 근무 중 휴대전화 사용 비율이 거의 90퍼센트에 육박하고 있다. 심층 그룹 인터뷰 대상자나 관찰 대상자들의 경우에는 거의 모두가 작업장에서 자신의 스마트폰을 이러저러한 용도로 틈틈이 쓰고 있음을 확인했다.

청년 노동과 모바일미디어 환경의 밀접한 관계 구도는 이미 일자리를 찾는 과정에서부터 시작된다고 볼 수 있다. 대부분의 청년들이 알바노동의 세계로 들어가기 위해 처음에 취하는 구직 활동을 보면, 인터넷 검색과 휴대전화의 비정규직 업종 관련 모바일 앱(알바몬, 알바천국 등) 개인정보 등록과 확인 과정이 일반적 수순으로 자리 잡고 있었다. 청년과 스마트폰의 상호 관계성과 관련해 근본적으로 주목해야 할 대목은, 청년들이 고강도 알바노동을 통해 버는 수입 가운데 평균 10퍼센트 정도를 이동통신 비용으로 지출한다는 사실이다. 보통 이를 부모나 친지가 대납해 주거나 자신의 용돈으로 통신비를 해결(전체 응답자의 26퍼센트)하기도 했지만, 알바로 생계를 이어 가는 많은 청년들은 통신비를 직접 자신이 번 돈으로 납부하는 경우(전체 응답자의 74퍼센트)가 일반적이었다. 구체적으로 통신비 납부 방식별(직접 납부와 대납)로 나눠 살펴봤더니, 〈표 1〉에서처럼 특히 연령대가 높을수록 (주로 30대) 평균 알바 수입이 높은 반면, 자신의 수입에서 직접 요금을 지불하는 통신비 납부 비율 또한 컸다. 대부분의 청년들에게 스마트폰이 거의 생존을 위한 보편적 미디어가 된 국내 상황에서 보자면, 이렇듯 어렵게 벌어들인 매달 수입에서 차지하는 통신 비용 비중이 10퍼센트 대에 육박한다는 것은 이동통신사들이 청년들의 생존 비용을 너무 쉽게 앗아가는 위협적인 존재가 되었음을 뜻한다. 게다가 통신 비용이 자동 결제 등을 통해 청구되어 부지불식간에 통장에서 빠져나가는 상황을 고려하면 청년 알바노동자들에게 통신사는 새로운 비가시적 권력이자 흡혈자로 숨어 기생한다는 의미이기도 하다.

〈표 1〉 청년 알바 수입 중 이동통신 비용의 비중

통신비 마련 방식	휴대폰 사용 연령	알바 수입 평균(월)	통신비 평균(달)	통신비 /월수입(%)
통신비 직접 납부 (87명, 74%)	평균 28세 (주로 30대)	820,000	67,000	8.2
통신비 대납 (31명, 26%)	평균 25세 (주로 20대)	510,000	70,000	13.8

자료: 총 유효 설문 응답자 118명.

기본소득 청년네트워크 소속 회원이던 광수(가명) 씨는 FGI 인터뷰 과정에서, 이미 이동통신 비용 부담이 청년들의 생존과 관련해 대단히 큰 문제임을 잘 인지하고 있었다.

저희가 예전에 2012년도에 나름 청년과 청소년들에 대한 경제생활 실태 조사를 했었거든요. 그때 평균 15만 원 정도가 통신비로 나온다고 봤고, 그게 지출 중에 3위였어요. 주거비, 식비 다음에 통신비인 거죠. 사실 그게 1명으로 놓고 생각해 보면 10만 원 정도이고, 가구로 치면 50만 원 정도 거든요. 그때 저희도 좀 놀랐어요. 통신비가 그렇게 지출이 큰 부분이라는 것에 대해서요(광수 씨, 2014. 2. 23).

통신비가 청년 노동의 대가로 지불되는 생계 비용에서 큰 몫을 차지한다는 사실은 이동통신사의 청년 수탈의 숨겨진 진실인데, 이것이 더 큰 문제인 것은 생활 주거나 식사와 마찬가지로 청년들에게 스마트폰이 생존의 필수 아이템이기도 하다는 점에 있다. 일반 대중에게도 그렇지만 청년에게 이제 스마트폰은 도저히 끊을 수 없는 그들 신체의 중요한 미디어 기계적 연장extension이자 일부이기에 통신 비용 문제는 더욱 본질적 차원에 있다. 다시 말해 청년들이 단순히 첨단 기술이나 미디어의 개혁-확산의 일반적 수용 양식에 따르는 미디어 수용자적 지위에 있다기보다는, 휴대전화의 비싼 비용을 치르더라도 약정 가입해야 하고 큰 비용을 지불하더라도 더 좋은 전화기로 업그레이드해야 하는 강제 상황에 놓여 있다고 볼 수 있다.

알바비로 (통신비를) 내고 있죠. 알바를 안 하면 가장 큰 문제가, 집에서 한 발자국도 안 나간다고 해도, 교통비 필요 없고 식비도 없이 굶어 가면서 산다 해도, 통신비는 필요한 거죠. 그런데, 이게 인간관계에 있어서도 그렇지만 업무적인 부분에서도 되게 많이 필요한 것 같아요. 5만 6천 원이 제 (통신비)잖아요. 저는 이걸 살 때부터 기계 값을 생각해야 하고, 기본적으로 요금이 4만 원이 넘어야 그나마 사람이 쓸 수 있는 요금이잖아요. 그러니깐 제 것은 "가장 싼 기계로 주세요"라고 해서 가장 싸게 한 다음 만든 요금이에요. 카페라던가 출퇴근 관리에 있어서도 일단 요즘 사람들이 카톡으로 할 때가 되게 많아요. 3G가 안 켜져 있으면 카톡을 안 볼 수도 있지만, 카톡으로 (점주가) "몇 시? 어디쯤 오고 있니? 왜 늦었어?" 이런 것들에 대응하는 것도 그렇고, 업무 중간 중간에 (점주가) "밥 언제까지 먹어?", "어디 있어?", 이런 것도… 그리고, 서비스직 같은 경우에는 휴대폰을 사용하는 것을 제한하지만, 사무실 같은 경우는… "콜택시 빨리 불러라", "어디 진흥원에 서류 내러 가야 하는데 빨리 위치를 알아봐라" 이런 것들 있잖아요. 업무에서도 되게 많이 사용하는 거예요. 일 시작하고 나서 제가 평소에 쓰지 않는 쓸데없는 앱들을 굉장히 많이 깔게 됐어요. 이게 업무에 있어서도 되게 필수적인 부분으로 자리 잡았다는 게 제 생각이에요. 이거는 없어서는 안 돼요. 2G 폰도 쓰면 안 되는 거예요. 왜냐하면 무슨 앱, 무슨 앱 이런 게 다 필요하니깐…(별이 씨, 2014년 2월 23일).

미선 씨는 알바노동의 성격에 따라서 청년들이 스마트폰 사양 조정이나 정액 요금 업그레이드 등 강제적 상황에 놓일 수도 있다는 점을 구체적으로 논의하고 있다. 알바 청년들은 그렇게 생계가 쪼들려도 돈을 더 내서라도 휴대전화 사양과 데이터 추가 비용을 올려야 하고 항상 관리자를 위해 대기 모드에 임해야 한다. 스마트폰은 이를 통해 알바 청년들 몸의 일부가 되는 경향이 커지고, 그들의 비정규 노동 현장에서도 함께 수족이 되어 따라 들어가게 된다. 즉, 알바 노동에 스마트폰 기계가 노동의 일부로 합류해 들어와 하나가 되는 독특한 노동문화가 만들어진다. 즉, 청년 노동의 일부가 된 기이한 스마트폰 문화, 다시 말해 '모바일 노동문화'가 형성되는 것이다. 또 다른 논의를 보자.

저도 아르바이트할 때 스마트폰을 많이 쓰는데, 실제로 아르바이트 노동이란 것 자체가 단순한 일이 반복되는 상황이 많기 때문에 여덟 시간을 근무한다고 하면 여덟 시간 내내 근무에만 집중할 수 있는 조건은 어렵다고 생각하거든요. 실제로 그렇게 하는 사람도 없고, 가능하지도 않고, 그래서 휴식 시간이든 잠깐 짬이든 이런 시간들에 사실 옆에 있는 동료와 대화하기보다는 일단 지쳐서 말이 나오기보다는 핸드폰을 보는 경우들이 많죠. 핸드폰으로 기사를 본다든지, 페북을 본다든지, 이렇게 하면서 그게 하나의 쉬는 시간이 되는 거죠. 사실은 그러고 있으면 놀고 있는 것 아니냐고 사업주들은 당연히 생각할 텐데, 그런 것들까지 막아서게 되면 스트레스를 받아서 일 자체에 집중이 안 될 가능성이 더 높다고 봅니다…. 이것은 이미 하나의 자리 잡은, 일상화된 (모바일) 문화로서 당연히 수용되어야 한다, 이렇게 생각을 하죠(소현 씨, 2014년 2월 23일).

심층 인터뷰 논의 과정에서 소현 씨가 언급했던 알바노동 중 휴대전화 사용에 대한 그의 견해는 꽤 새롭고 흥미롭다. 우리는 그의 언급에서 이미 비정규직 알바노동의 지친 삶 깊숙이 들어온 모바일 노동문화를 누군가 강제로 제거하기는 어렵다는 뜻으로 받아들일 수 있다. 다시 말해 그룹 인터뷰 대상자 소현 씨는 합법적으로 휴식 시간을 부여받지 못하는 알바 현장들에서 청년들이 짬짬이 행하는 휴대전화 이용 방식을 비정규 노동자의 휴식을 위한 공백 시간으로 바라봐야 한다는 점을 강조한다. 실제 참여관찰을 수행했던 5명의 청년 대상자들 대부분 하루 6~7시간 일하면서 20분에서 1시간 정도 휴대전화를 사이사이 쓰면서 노동으로부터 간간이 이완되는 모습을 보여 줬다. 적어도 알바 청년들에게 노동 중 휴대전화 사용은 합법적 휴식이 거의 없는 각박한 알바노동 현장에서 일종의 꿀맛 같은 휴식의 순간인 셈이다.

노조법상 (관리자는 노동자를) 4시간에 30분, 8시간에 1시간을 반드시 쉬게 해야 한다는 것이 있는데… 그런데, 그게 거의 지켜지지 않죠. 그것도 사실 쉬는 것도 아니죠. 잠깐 일이 없을 때 핸드폰을 하는 정도인 거고, 휴식 시간 이야기가 나와서 드는 생각인데 저희(청년유니온)가 학원 강사들의 근로 형태를 조사했거든요. 쉬는 시간 자체가, 하루에 보통 학원 강사들이 한 7~8시간 일을 하는데 수업이 계속 연달아 있다 보니깐 이 수업 끝나면 바로 수업 준비를 해야 하는 경우가 굉장히 많더라고요. 하루에 10분, 15분밖에 못 쉬고, 이에 대해 노동법에 나와 있는 휴식 시간을 지키라는 목소리를 내고 있고, CGV 영화 매표소 직원들 같은 경우는 제가 듣기로는 출근을 하면 휴대폰을 반납해야 한다는, 아예 일하는 시간 동안에는 사용할 수 없는, 사실 그런 부분에서 인권 침해 요소가 있는 것 같거든요(승준 씨, 2014년 2월 23일).

위의 소셜유니온 상근활동가 승준 씨의 모바일 노동문화에 대한 논의에서 볼 수 있는 것처럼, 그는 현재 국내 노동법에 규정된 노동 휴식 시간이 제대로 지켜지지 않는다면 알바 청년들이 노동 중 휴대전화를 쓰는 행위 자체를 아예 비공식적 휴식으로 적극적으로 해석해 받아들여야 한다고 본다. 앞서 알바노조 소현 씨와 흡사한 관점이다. 이는 필자가 2015~2016년 사이에 도쿄 프리터나 대만 알바 청년들을 대상으로 한 인터뷰에서 행했던 사업장 내 노동문화 현실과는 사뭇 상반된 견해들이다(이광석, 2018). 타이베이나 도쿄 등 동아시아의 다른 주요 도시에서 관찰된 비정규직 청년들은 대체로 회사 규정상 노동 중 휴대전화를 사용해서는 안 되는 것으로 받아들인다. 즉, 휴대전화를 작업장 밖에 보관하는 비정규직 직장 문화가 아직도 일반적이다. 승준 씨가 언급한 우리의 CGV 매표소 직원의 사례가 타국에서는 일반적이다. 게다가 도쿄와 타이베이 같은 동아시아 대도시들의 비정규직 청년들 스스로 노동 중 휴대전화를 소지하거나 이용하는 행위를 비윤리적인 것으로 간주하는 자의식이 강하게 배어 있다.

정리하자면, 다른 동아시아 국가들과 비교해 한국 사회에서 청년 알바는 휴대전화 없이 몸을 이끄는 알바노동이 거의 이뤄질 수 없는, 즉 노동 환경 내 '모바일 노동문화'가 일반화되었다는 점을 재확인할 수 있다. 즉, 알바노동의 강도가 갈수록 강화되고 작업장에서 중간 휴식 등 노동법이 철저히 지켜지지 않는 노동인권의 사각지대에서, 청년들의 알바노동 중 휴대전화 사용은 이들에게 일종의 오아시스 같은 휴식과 자유의 의미로 다가올 것이라 추측할 수 있다. 그럼에도 불구하고, 문제는 그리 간단하지 않다. 휴대전화가 알바노동의 일부로 전면적으로 편입되는 순간, 또 다른 권력의 자장이 그 자유의 공백에서 작동하기 시작할 수도 있다는 사실이다. 노동 중 휴식이라 믿었던 청년들의 휴대전화 이용이 또 다른 형태의 노동강도 강화나 노동 연장의 족쇄를 만들고 있는 것은 아닌지 하는 것이다. 이 거부하고 싶은 우울한 사실은 다른 무엇보다 청년들의 노동 행태를 살피는 참여관찰의 과정에서 징후적으로 발견됐다.

모바일 노동의 새로운 통제적 계기

현실계 육체노동과 가상세계의 잉여노동을 일관되게 묶으려는 시장 지배의 의지는 노동 작업장 안팎을 전방위로 쉼 없이 관리할 수 있는 이동형 미디어 기술력에 크게 의존해 확대재생산된다. 즉, 그 중심에 모바일 스마트 기기가 있는 것이다. 좀비, 난민, 잉여는 부유하는 청년 노동의 실존태이다. 하지만, 이들의 노동을 효과적으로 흡수하고 관리하기 위해서는 관리자가 노동시간과 상관없이 늘 이들의 신체에 수시로 접속하는 일이 중요해진다. 실제로 스마트폰 환경에서 청년 알바노동은 일과 외 휴식과 여가의 작업장 시간 바깥에서도 고용주의 통제력에 무방비로 노출되어 있다.

국내에서 '카톡감옥', '메신저감옥' 등의 말이 직장인 신조어 1위로 등극한 이유가 있는 셈이다. 이는 정규직이나 비정규직 일에 더해서

시·공간적으로 항시 대기 상태로 무엇인가 감정노동을 소모해야 하는 상태에 대다수의 국내 노동자들이 머물러 있어야 한다는 점을 의미한다. 물리적 장치에 부착된 초고속 인터넷망의 시·공간적 속도나 이동 능력도 자본 권력에 미덥지 않은 상황에 이른 것일까? 스마트폰 기기는 일과 활동, 가상과 현실의 경계를 찰나적 순간에 상호 이동하는 것을 가능하게 하고 분리된 듯 보였던 분리와 경계를 완전히 흐트러뜨린다. 그러면서 현실의 사무실이나 매장에서 일하면서 가상세계의 활동과 은밀히 마주하고 반대로 놀이하면서 일하는, 순간적인 가상-현실 간 단속on-off의 빠른 전환이나 동시 상황이 늘 일상화한다. 두 층위의 다른 현실을 매초마다 끊임없이 들락거리고 항시 양계兩界에 순간적으로 접속하고 이동하는 것이 오늘날 모바일 기술이 부여하는 능력이다. 현실-가상의 순간 이동이 거의 동시적으로 이뤄지면서 노동에 대한 시·공간의 의식적 경계와 분리가 무너진다. 스마트폰은 신체 자유를 준 듯 보이지만 결국 노동 속박의 연장으로 돌변한다. 청년 알바노동자들의 모바일 노동은 현실의 그림자 노동과 '잉여짓'을 빠르게 순간 전환하면서 단속을 느끼지 못할 정도의 동시성을 증폭시킨다. 스마트폰은 그렇게 온·오프라인에서 노동하는 청년 신체의 관리장치가 된다.

모바일미디어는 무엇보다 청년 알바노동을 적절히 원격으로 관리하는 쪽의 통제 능력을 크게 신장한다. 스마트폰과 같이 몸에서 떼려야 뗄 수 없는 모바일 기기들은 주로 비정규직 청년의 일상에 대한 통제장치 노릇을 자처한다. 청년들이 이 첨단의 놀이 기기들을 집어 드는 대가는 휴식의 꿀맛처럼 보이지만 결국 스스로를 위해 홀로 남겨진 모든 시간('멍 때리기'와 진정한 휴식의 자율 시간)을 유보한다는 점이다. 늘 고용주는 모바일 기기를 통해 청년 알바의 일과 시간은 물론이고 그들의 일과 외 시간과 신체 동선의 움직임과 감정까지도 원격 관리하려는 욕망을 확대하려 한다. 예를 들어, 점주와 매니저는 매장의 CCTV를 볼 수 있는 원격 스크린이나 모바일 앱을 통해 매장 바깥에서도 고용된 알바 청년들을 통제하고 관리하는 데 익숙하다. 특히 매장을 여러 개 거느린 업주의 경우나 매장에 온종일 매달려 있기가 어려운 점주들에게 휴대전화를 통해 원격으로 모바일 통제를 수행할 수 있는 능력은 필수다. 이 경우에 주인은 매장 홀에 잡히는 손님들의 모습보다는 주방과 카운터에 머무르며 일하는 피고용인들이 실제 일하는 모습을 담은 실시간 영상에 더 큰 관심을 기울인다. 다음의 모바일 노동 관찰 사례를 보자.[4]

별이 씨: 저희 사장님이 (법을) 모르시는 것 같은데, 사업장 나가는 출입문 쪽에 CCTV가 있는 건 맞는데, 부엌 안에 설치하는 건 불법이라고 알고 있어요.

관찰자: 부엌 안에도 있어요? 난 안 보이니까 설치가 안 돼 있는지 알았지.

별이 씨: 네, 설치돼 있어요. 카운터에, 그리고 여기저기에… (다른 카메라들은) 별 의미가 없고 어쨌거나 (중요하게는) 세 대가 있는데, 하나 정도가 카운터 쪽을 비치는 거예요. 카운터를 제대로 비치고 있고, 그래서 카운터는 사각지대가 없어요.

관찰자: (부엌) 그 안에도 하나가 달려 있나요?

별이 씨: 네. 설거지하던 안쪽 가끔 가다가 다른 알바 분이 안쪽 문 열면 의자가 있거든요. 그걸 끌고 와서 앉았어요. 그것을 (사장님이)

---

4 별이 씨, 참여관찰 및 후속 인터뷰, 2015년 2월 13~14일. 24~02시, 장소: 커피전문점.

CCTV로 보고 실시간으로 전화를 해서는 (의자에서) 일어나라고 그랬어요. 저도 옆에서 그걸 봤고.

　관찰자: 외부에서 CCTV를 계속 관찰(하는 거예요?)

　별이 씨: (사장님이) 핸드폰으로 볼 수 있어요.

커피점에서 일하는 별이 씨의 경우에는 꽤 드물게도 근무 중 휴대폰 이용이 규정상 금지이다. 하지만, CCTV와 연동된 주인의 스마트폰 스크린에는 늘 그를 포함해 청년 알바의 일거수일투족에 대한 통제의 시선이 머문다. 매장 주인이나 점주는 보통 스마트폰 CCTV 앱으로 알바 청년들을 원격 감시할 수도 있고, 알바 근무시간 외에도 그들을 끊임없이 휴대전화와 문자로, 그리고 카카오톡 등으로 불러들이고 명령한다. 즉, 카카오톡 앱에 여러 개 운영되는 단체 대화방(단톡방)들, 예를 들면 점주, 점장, 매니저, 알바 동기 단톡방들을 각각 따로 개설해 업무시간 외에도 해야 할 일을 지시하거나 평가한다. 이어지는 별이 씨의 진술은 단톡방에 의해 야기된 알바 노동의 변화 현상을 잘 설명하고 있다.[5]

여기가 심했는데, 사실상 여기만 그런 게 아니라 거의 모든 일터가 이렇게 되어 가고 있다는 걸 저도 느끼거든요. 더더욱 카톡을 안 쓴다는 거 자체를 생각을 하지 않고…. 예를 들어, 공지도 계속 이렇게 돌리니까 카톡을 안 쓰는 사람한테 불이익이 돌아가죠. 사실상 지금 3개(의 방이) 있어요. (그리고, 따로) 노는 방, 친목을 다지는 방이 있고. 강압적인 뉘앙스가 있는 친목을 다지는 방이에요. 이는 부점장님이 우릴 초대

5　별이 씨, 앞의 참여관찰 및 인터뷰.

한 방이에요. 알바생과 피티생(파트타이머) 다 같이 있는 혼내는 방, 공지 전달하는 방이 있고, 나머지 하나는 모든 알바생들과 사장님이 같이 있는 방인데, 여기서도 전체적인 일정을 조율하는 일을 하죠. 사장님이 저에게 전체적으로 이야기를 내릴 때라든지, 이럴 때 쓰는 방 세 개가 있어요. 그전에도 이런 게 있긴 했는데, 그전에 한 일 년 전에 있었던 카페에서도 그렇게 하긴 했어요. 그때는 방이 하나이기도 했거니와, 거기에는 정말 사장의 역할을 하는 사람이 항시적으로 있는 사업장이어서 중간 다리 역할을 하고 위의 눈치를 보고 아래를 컨트롤하는 사람이 없으니까 덜했는데, 직접 아이들을 판단하고 직접 이야기를 하면 됐으니까, 근데 여기는 그런 구조가 아니고 사람들이 다 같이 일을 하는 게 아니라 새벽에는 두 명만 이런 식으로 돌려 가면서 일을 하니까 여긴 좀 심하더라고요….

별이 씨의 진술에서, 우리는 청년 알바노동에서 단톡방이 차지하는 위상이 모바일 노동의 감정 소모를 과다하게 일으키는 덫전과 같은 억압의 공간으로 등장하고 있음을 볼 수 있다. 작업장 내 관리자 기능을 대신해 기능적으로 여러 개의 단톡방들이 만들어지고, 이들이 알바노동의 훈육과 통제를 위해 노동 안팎 시·공간에 내밀하게 끼어드는 것이다. 다음 익명의 청년 알바노동자 단톡방 메시지 내용을 더 살펴보자.

〈그림 1〉에서 보는 것처럼, 알바노동의 일상적 커뮤니케이션 수단으로 휴대전화가 암묵적 힘을 얻으면서 새로운 모바일 노동관계가 형성되고, 바로 업무시간 외 사장과 매니저가 만든 각각의 비공개 전자 공간들에서 알바 청년들은 각기 다른 폭언과 명령을 들으면서 근무시간 외 감정노동을 허비한다. 이 단톡 대화방은 사장이 운영하

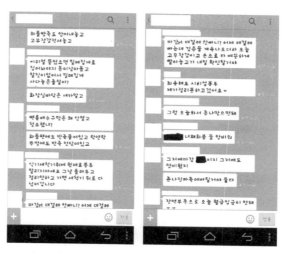

〈그림 1〉 매장 매니저와 알바 청년들의 단톡 대화 내용

는 대화방과 별도로 사장이 고용한 매니저가 알바생을 관리하기 위해 운영하는 온라인 대화 공간에 해당한다. 이처럼 매니저가 운영하는 단톡방에 알바 청년들은 의무적으로 가입해야 하고 그 즉시 언제 어디서든 문자나 인증샷 등으로 보내오는 지시 사항에 응답해야 한다. 대화방은 방의 성격, 즉 누가 그 방의 실질적 명령권자인지에 따라서 알바 청년의 근무 외 감정노동에 지속적으로 영향을 미치게 된다. 알바 청년들은 근무 외 자유시간에도 수행했던 일에 대한 평가와 지적 사항을 들어야 하고, 새로운 일거리와 해당 설교를 들어야 하고, 임금 체불을 무마하는 문자 한 줄에 일희일비해야 하고, 사장과 매니저의 문자에 답하지 않거나 반응하지 않으면 버틸 수 없는 폭력적 상황에 놓이기도 한다. 억압적이지만 은밀하게 진행되는 감정적 통제와 억압이 단톡 대화방을 매개로 알바 청년의 일상 영역으로 확장되고 계속 침범하는 모습을 볼 수 있다.

사사롭고 친분에 의해 구성되는 모바일 채팅 앱들, 카카오톡과 밴드 등이 이제 사회적 권위와 부당 노동행위를 확장하는 일과 자연스레 연계돼 공모하고 있는 것이다. 청년 알바들은 시급의 정해진 테두리 바깥에서도 모바일 기술문화와 더불어 계속해 노동의 연장에 강제 합류하고 있다. 업주, 점주, 매니저 등은 여러 개의 단톡방을 만들어 놓고 근무시간 외에도 알바에게 카톡 메시지를 보내어 수시로 일과 관계된 감정노동을 강요하고 작업장 밖에서도 상황을 관리 감독하려 한다. 바로 전날 알바 근무 성실도, 청소 상태, 과업 수행, 조직 윤리 등 고용주들은 쉴 새 없이 문자 메시지, 단톡방, 모바일 앱 등의 경로를 통해 노동 성과를 통제하려 한다. 일상에서도 일의 연장이 이뤄지고 문자 스트레스 등 감정상의 노동을 계속해 유발하는 것이다. 별이 씨는 단톡방의 정서적 억압은 물론이고, 점주에 의한 개인 용무의 카톡 피해 사례까지 들고 있다.[6]

예를 들어서, 언제 한번은 아홉시 출근일이 있었는데, 8시 36분에 카톡이 와요, 빨리 오라고. "빨리 와! 매장 바빠." 언제 한번은 새벽에 시험 볼 때도 시험 보는 중간에, "시험 끝나면 연락을 해라, 할 얘기가 있다." 언제는 새벽 1시에 자고 있는데 연락이 왔어요. 그 다음 날 3시에 출근이었는데, 나오지 말라고 새벽에도 연락을 하시는 거예요. 그리고, 아침에 연락 안 하면 "본 거냐 안 본 거냐, 대답해라. 나오는 거 아니다" 라고 연락을 하고….

레스토랑에서 일하는 미선 씨(22세)는 카톡과 단톡방이 없었던, 예전

---

6 별이 씨, 앞의 관찰 및 인터뷰.

알바노동하던 시절을 회상하며, 다음과 같이 격세지감을 토로한다.[7]

예전에는 애시당초 (매장의) 점장도 휴대폰을 사용을 하지 않았으니까, 할 말이 있으면 직접 와서 하고 그랬으니까요. 그때는 카톡도 없었고 문자 메시지로 할 수도 없었으니까요. 카톡이나 밴드나 텔레그램이나 이런 게 생기면서 근무 때 압축해서 일을 하도록 하고 그 시간에 일을 집중적으로 하려고 그 외 시간에 지시를 계속 내리는 거죠.

물론 스마트폰이 이렇게 매장 관리자와 점주를 위해서 알바노동 통제 수단으로 이용되기만 하는 것은 아니다. 청년들은 노동 중 모바일 기기를 사용하며 이를 자신의 노동문화로 새롭게 재해석하는 경향 또한 커졌다. 예컨대, 업종에 따라서 근무 중 잠깐의 휴대폰 검색 '농땡이'나 친지에게 '카톡 문자 보내기' 등은 업장 관리자의 묵인 하에 일상화한다. 비정규직 영업장 내부 CCTV와 점주의 시선을 잠시 피할 수 있는 곳에서 행하는 소소한 문자 보내기나 뉴스 검색 등이 어느 정도 용인되는 것이다. 앞서 알바노조 간부들이 FGI에서 언급했던 바처럼, 알바노동 중 청년들이 휴대폰을 사적으로 이용하는 것에 대한 잠깐의 모바일 휴식문화가 자연스레 형성된다. 이는 대체로 사업자가 근무지나 근무 외 시간에 청년 노동자와 스마트폰을 통해 의사소통하면서 과업을 처리해야 하는 업종의 경우에 대체로 묵인하거나 더 용인하는 경향이 크다. 명동에서 대기업 프랜차이즈 업

---

7 미선 씨, 참여관찰 및 후속 보충 인터뷰, 2015년 2월 15일 21~23시, 장소: 시내 레스토랑.

소에서 일하는 알바 청년 경래 씨의 이야기를 들어 보자.[8]

관찰자: (매장) 안쪽 주방이 궁금한 게, 알바생들이 들어가서 음료도 마시고 그러잖아요. 주방 안이 잘 안 보였어요. 근데 거기에서 휴대폰 쓰고 그래요?

경래 씨: 네. 직원들 밖에 있고 그럴 땐 그 안에서 많이 써요. 그래서 저도 안에서 근무하는 날에는 휴대폰 진짜 많이 쓰는 편이에요. 밖에서 일할 때 직원들이 다 밖에 있을 때는 휴대폰 만지지도 못해요.

관찰자: 그러니까 그 안에 있을수록 핸드폰 사용할 수 있는…?

경래 씨: 네 핸드폰 계속 사용하고, 직원 분들 없을 때는 상시적으로 사용해요. 저도 평균적으로 한 시간 정도 사용하는데, 안쪽에서 일할 때는 더 많이 사용해요.

관찰자: 그러면 안쪽에는 카메라가 없다는 이야기잖아요?

경래 씨: 네. 안쪽에는 카메라가 없어요.

관찰자: 그걸로 주의를 하거나 그래요? 안에 오래 있을 수밖에 없는 경우에는 어떻게 터치가 안 되겠네요? 근데 점장, 시니어, 주니어(매니저)가 왔다 갔다 하잖아요?

경래 씨: 네. 그래서 눈치 보고 (사용하고 그러죠).

경래 씨는 앞서 별이 씨에 비해 휴대전화 이용과 관련해 근로 환경이 좀 나은 편이다. 별이 씨와 달리 경래 씨의 근로 조건은 점주의 CCTV를 피하는 법을 쉽게 터득하고 그 반경으로부터 벗어나 한갓

---

8 경래 씨, 참여관찰 및 후속 보충 인터뷰, 2015년 2월 11일 21~24시, 장소: 전통차 체인점.

질 때 각자의 스마트폰으로 문자나 카톡을 보내거나 간단한 정보를 확인하는 시간을 갖는다는 점에서 좀 더 자유롭고 꽤 탈주적이다. 대부분의 경우에 주인이나 매니저는 알바 청년을 관리 통제하기 위해, 반면 알바노동자는 본능적으로 '게으를 수 있는 권리'를 위해 휴대전화에 각각 의지하고 필요로 한다. 노동 현장에서 청년들에게 이제 휴대폰은 알바노동 중 잠깐 쉬어 가는 비공식 휴식시간과 비슷해져 간다. 이와 관련해 다음의 사례를 보자.[9]

관찰자: 휴대폰이 어떤 의미를 가지는지?

미선 씨: 뭐 한다 그러면, 휴식 정도(의 의미)?

관찰자: 근무지 안에서는?

미선 씨: 네. 카톡 오면 확인하고, 손님 안 들어오면 쉴 때 이용하는 정도….

관찰자: CCTV가 거의 사각지대가 없도록 설치돼 있던데… 주방 안에도 있는 거예요?

미선 씨: 네. 되게 많아요. 심지어 밥 먹는 데도 있어요. 뒤에 테이블이 있고…, 그 뒤쪽에 통로가 있잖아요. 거기에 나무로 된 서랍장 같은 게 있어요. 그 사이에 뒤돌아 서서 (휴대폰을) 해야 해요.

관찰자: 거기가 사각지대군요?

미선 씨: 거기에서 벌 서는 것처럼 구석에서 해야 해요. 밥 먹을 때는 그나마 괜찮아요. (점장이) 하게 내버려 두거든요. 근무시간에는 (그곳 통로에서 잠깐씩) 그렇게 해야 해요.

---

9 미선 씨, 앞의 관찰 및 인터뷰.

미선 씨는 알바하면서 스마트폰 사용을 잠깐씩 하는 데 익숙하다. 이를 마치 쉬면서 음료수로 목을 축이는 행위와 비슷하게 생각한다. 이들 진술과 관찰은 앞서 알바노조 간부들의 의견과 구체적으로 일치한다. 짬짬이 하는 스마트폰 사용은 시급의 꽉 짜여진 노동강도와 반경 안에서 지친 청년 알바들에게 가뭄의 단비로 여겨질 것이다. 물론 이는 점주와 매니저의 실제 시선과 CCTV의 렌즈를 피해 비공식적이고 암묵적으로 용인된다. 점주의 입장에서 보면, 알바 청년의 업무시간 외 호출과 명령을 용이하게 하려면 노동의 성과를 해치지 않는 범위에서 용인과 묵인을 할 수밖에 없다. 청년 알바들은 그 묵인의 노동 규칙 안에서 적정하게 휴대폰을 자신의 사적인 목적을 위해 사용하는 묘한 모바일 노동문화를 만들어 내고 있는 것이다. 점주와 관리자는 스마트폰을 매개한 노동 통제 효과가 더 크다고 보고 업장 내 모바일 기기를 점점 용인하는 추세다. 또 다른 흥미로운 사실은, 알바 청년들이 일시적으로 휴대폰 쓰는 행위를 제약하는 업주를 기피하는 경향이 있다는 데 있다. 이에 관리자 또한 어쩔 수 없이 알바 청년의 휴대폰 일시 사용을 받아들이는 경우가 많다. 아이러니한 상황이다. 알바노동에서 휴대전화를 매개해 미묘한 노동 통제와 탈주의 선들이 맞부딪치고 있는 셈이다.

여전히 우울한 진실은 알바 청년이 어렵사리 얻은 모바일 노동 가운데 몇 분 몇 초 간격의 '농땡이' 행위조차, 노동 외 관리자의 시간 구속을 예비하기 위한 암묵적 묵인이거나 곧 있을 단톡방에서의 감정노동의 연장이거나 닷컴 플랫폼을 위한 청년 잉여들의 '끊김이 없는seamless' 데이터 생산에 그 시간들이 쉽게 전유될 수 있다는 데 있다. 이런 가정에서 보자면, 일터에서 관리자 뒤에 숨어 알바 청년들이 모바일 기기 창(윈도우)에 남기는 감정의 찌꺼기(배설물)가 디지털

'잉여'가 되어 플랫폼 브로커의 재물이 될 공산 또한 크다. 스스로 패잘 관리자의 눈을 피해 쉬었다고 생각하는 그 짧은 순간이, 과연 온전히 탈주나 휴식의 시간이라 부를 수 있을까라는 근원적 딜레마가 제기되는 것이다.

종합해 보면, 스마트폰은 청년 알바들에게 소통과 구직의 수단이기도 하지만 노동 현장에서 실제 그 용도 범위를 훨씬 넘어서고 있다고 볼 수 있다. 어떤 때는 청년들의 장사 밑천일 수도 있고 다른 어떤 때는 알바 일터에서 점장의 실시간 원격 통제와 명령 수행 기계일 수도 있고 또 다른 어떤 때는 새로운 문화 소비의 게이트이자 수많은 청년 '잉여'들이 시간 날 때마다 SNS나 카카오톡을 통해 낯선 이들과 이바구를 늘어놓는 배설의 전자장치이기도 한 것이다. 무엇보다 오늘 알바노동에 지친 청년이 손에 쥔 스마트폰이 언제 어디서든 통제의 편재적인 상황으로 이끄는 기술적 매개체로 재탄생한다는 점에서 진정 우울하다.

모바일 청년 노동문화의 다른 경로

비록 제한적인 연구 조사와 관찰로 인해 일반화하긴 어렵지만, 국내 청년 알바노동자들이 동시대 모바일 기술과 맺는 관계는 놀이와 휴식의 용도보다는 새롭게 알바 현장 안팎 육체와 감정 수탈의 방식으로 매개되고 확장되면서 크게 뒤틀려 있다는 점을 징후적으로나마 확인할 수 있었다. 현실에 비해 테크노 공간은 이제까지 청년의 재기발랄함이 분출하는 탈주의 영역에 가까웠다. 그리고 연구자들은 그렇게들 많이 해석했다. 하지만, 주로 비정규 직종에서 일하는 알바 청년들에게 스마트폰은 점점 더 온라인 청년 '잉여'력의 수취나 감정노동의 강화를 위한 '유리감옥'으로 탈바꿈 중인 것으로 보인다. 동시대의 노동사회는 노동과 활동, 공적인 것과 사적인 것, 놀이와 노동, 물질계와 비물질계, 오프라인과 온라인 등 분리된 경계들을 뒤흔들어 그것을 시장의 가치로 거칠게 통합하고 있다. 무엇보다 오늘날 첨단의 모바일 기술과 미디어는 이들 분리된 경계를 매끈하게 잇고, 그나마 자기 재생의 기틀을 마련하려는 알바 청년들의 숨통까지 턱하니 막아 버린다. 이제 청년 노동의 형식에서 현실 좀비노동에서 온라인 잉여노동으로의 알바노동 형식의 다면화는 물론이고, 또 한 번 모바일미디어가 매개되면서 매우 치밀하고 비공식적으로 중요한 노동 통제 기능을 떠맡는 '모바일 노동문화'가 형성되고 있다. 자본주의 체제의 구조적 노동 현실에서 오는 삶의 억압적 상황에 더해서, 모바일 기술에 의지한 노동의 비공식적 관리 통제가 청년의 몸에 깊숙이 아로새겨지고 있는 것이다.

청년의 불안한 물질노동은 물론이고 온라인 및 모바일 활동이 거의 모두 다 노동으로 환산된 채 좀비와 잉여가 되는 현실에서 어떻게 청년 자신이 자립과 자율 활동의 이질적 시간과 공간 혹은 '반-시 · 공간'(헤테로토피아-크로니아hétéro-topie/-chronie)[10]들을 구성할 수 있을까? 청년의 존재는 해당 사회의 성숙도와 연계되어 있어서 그 통제의 시간을 제거하기란 쉽지 않다. 다만 우리가 청년 노동 수탈의 테크노미디어적 굴절 형태만이라도 제거하는 수준에서 한두 가지 실마리를 던져 볼 필요는 있겠다.

---

10 푸코는 현실 체제의 정상성 혹은 체제의 맥락을 벗어나는 반/대항-공간contre-espaces 배치의 현존태를 '헤테로토피아hétérotopie'로, 그와 동일한 맥락에서 대안 시간적 흐름을 '헤테로크로니아hétérochronie'로 명명한다. Foucault(2016) 참고.

무엇보다 점점 치밀해져 가는 노동 통제와 권력 확장의 (모바일) 기술적 장치를 막을 수 있는 일시적 수단은 외부의 불순한 전자적 방식의 접속과 연결로부터 과감히 단절하는 방법이다. 물론 이는 어려울 것이다. 개인 수준에서 어렵다면 사회 제도적으로 이의 조건을 만들어 낼 필요가 있다. 예를 들어, 2016년 5월에 프랑스는 시·공간적으로 '연결되지 않을 권리le droit de la déconnexion'에 관한 노동법을 입법 발효했다(Collins, 2016). 그 내용은 주중 35시간 법정 노동시간에 더해서 일과 외 시간들 그리고 주말에 사업자가 노동자에게 직접 전화하거나 문자를 보내는 것을 불법화하는 디지털 시대의 노동인권 조항을 포함한다. 모든 시·공간을 동질적 노동의 가치로 확장하는 현실을 제어하기 위해서는 이렇듯 몸에 부착된 모바일 기계장치의 가동과 외부로부터의 강제 접속을 일시적으로 멈춰야 한다. 프랑스의 '연결되지 않을 권리'는 카톡과 단톡과 문자로 노동자와 사회 스트레스를 양산하는 우리가 가장 먼저 도입해야 할 중요한 법적 선례다. 국내 알바 청년의 모바일 노동 조건을 고려하자면, 이 법안은 스마트폰 등 모바일 기술에 기댄 사업자의 노동 통제 욕망을 막기 위한 최소한의 노동 입법이어야 할 것이다.

다음은 본 연구가 다루고 있는 범위와 관점의 한계이기도 한데, 본 연구에서는 주로 스마트폰의 강제적이고 억압적 쓰임새를 보았지만 향후 모바일 노동과 관련해 청년 노동과 관련해 스마트폰이 지닐 수 있는 해방적 측면을 좀 더 들여다봐야 할 것이다. 예컨대, 소극적인 방식이지만 노동 중 짬짬이 휴식처럼 행하는 스마트폰 사용이 갖는 미묘한 노동권리적 측면에 대한 긍정적 해석에서부터, 알바 청년들이 부당노동행위를 소셜미디어 등을 통해 폭로하고 이를 여론의 광장으로 삼는 경우도 존재한다. 구체적으로 트위터나 카카오톡을 매개해 부당한 노동 관행들을 폭로하고 공론화하는 수단으로 스마트폰의 노동 현장 증거 채집 역할이 증대하고 있다. 일단 온라인 여론이 조성되면 알바노조나 청년유니온 등 청년 노동단체들이 개별 노동자를 대신해 해당 점주나 사장을 압박해 문제의 해결사로 나서면서, 이와 같은 전자행동주의 방식이 모바일 노동문화에 일부 긍정적으로 기여하고 있는 것도 사실이다. 그럼에도 불구하고, 이 같은 해결 방식은 대체로 소규모 영업장 점주들만의 반노동 인권 행태에 대한 도덕적 고발 형식에 그친다는 문제점 또한 안고 있다. 즉, 대기업들이 시도하는 광범위한 청년 알바와 인턴 고용과 불법 관행은 상대적으로 그리 크게 드러나지 않고 있는 것도 문제다.[11] 어찌됐건 일종의 알바 노동권 관련 스마트폰이 매개된 '모바일 행동주의'라 할 수 있는 사례들에 대한 정밀한 탐색이 향후 이뤄져야 할 것이다.

결국 현실과 가상을 촘촘히 구획 짓고 몸을 순응시키는 오늘 체제가 강요하는 '모바일 노동문화'에 대항하려는 근본 기획은, 청년 자신을 위해 쓰일 여백의 시·공간을 근원적으로 마련하는 일이 아닐까 싶다. 이 연구에서 논의한 것처럼, 자본주의 시장 통치의 시간 기획은 강제된 노동시간은 물론이고 이들 청년의 여가와 잉여의 시간까지도 잠식하는 데 있다. 더군다나 권력의 공간 논리 또한 청년이 향유해야 할 여백의 공간을 자본의 노동 공간으로 재편하는 문제점을 갖고 있다. 생존의 무게뿐만 아니라 모바일 노동기계의 일부가 되어 가는 청년 삶의 잠식을 막기 위해서는, 청년 노동 조건의 제도

---

11 〈서울시 25개구 아르바이트 현황〉 자료(2015)에 따르면, 오히려 개인 자영업자들이 많은 음식점·레스토랑의 평균 시급보다 상대적으로 대기업 프랜차이즈(패스트푸드점, 커피전문점, 편의점 등)가 좀 더 평균 시급이 낮은 것으로 집계되고 있다.

개선이 무엇보다 본질일 것이다. 그럼에도 불구하고, 청년 노동을 억압해 온 테크노미디어를 반역의 기술로 재설계해 통제 현실을 뒤바꾸려는 또 다른 사회적 상상력 없이는 일상적 노동 권력으로부터 자유로운 그들 자신을 위한 여백의 시·공간은 요원하리라 본다.

참고문헌

미스핏츠, 《청년, 난민되다: 동아시아 청년 주거탐사 르포르타주》, 코난북스, 2016.

미셸 푸코, 《헤테로토피아》, 이상길 옮김, 문학과지성사, 2016.

이반 일리치, 《그림자 노동》, 노승영 옮김, 사월의책, 2015.조한혜정 외, 《노오력의 배신: 청년을 거부하는 국가, 사회를 거부하는 청년》, 창비, 2016.

조문영 · 이민영 · 김수정 · 우승현 · 최희정 · 정가영 · 김주온, 《헬조선 인 앤 아웃—떠나는 사람, 머무는 사람, 서성이는 사람, 한국 청년 글로벌 이동에 관한 인류학 보고서》, 눌민, 2017.

최태섭, 《잉여사회: 남아도는 인생들을 위한 사회학》, 웅진지식하우스, 2013.

한윤형, 《청춘을 위한 나라는 없다》, 어크로스, 2013.

김강한 · 임경업 · 장형태, 〈'달관 세대'가 사는 법1: 덜 벌어도 덜 일하니까 행복하다는 그들… 불황이 낳은 達觀(달관) 세대〉, 《조선일보》, 2015년 2월 23일. http://news.chosun.com/site/data/html_dir/2015/02/23/2015022300056.html

윤종석, 〈중국의 농민공과 체제전환〉, 《국제노동브리프》 12(2), 2014, 100~109쪽.

이광석, 〈도쿄와 서울을 잇는 청년들의 위태로운 삶〉, 《언론과사회》 26(4), 2018, 140-215쪽.

이광수, 〈대만의 '딸기족'은 무엇을 꿈꾸나? '소확행' 추구에 몰두하는 대만청년〉, 《프레시안》, 2015년 5월 27일(http://www.pressian.com/news/article.html?no=126719&ref=nav_search)

이희은, 〈디지털 노동의 불안과 희망〉, 《한국언론정보학보》 66호, 2014, 211~241쪽.

정규식, 〈중국 신공런(新工人)의 집단적 저항과 공회의 전환〉, 《2016한국산업노동학회 봄 정기학술대회—저성장시대의 산업과 노동 발표문》, 2016.

古市憲寿, 《絶望の国の幸福な若者たち》, 2011.(후루이치 노리토시, 《절망의 나라의 행복한 젊은이들》, 이연숙 옮김, 민음사, 2014)

古市憲寿,《希望難民ご一行様 ピースボートと「承認の共同体」幻想》, 2010.(후루이치 노리토시,《희망난민: 꿈을 이룰 수 없는 시대에 꿈을 강요당하는 젊은 이들》, 이연숙 옮김, 민음사, 2016.)

林宗弘 · 洪敬舒 · 李健鴻 · 王兆慶 · 張烽益,《崩世代: 財團化 貧窮化與少子女化的危機》, 台灣勞工陣線, 2011.

Bourdieu, P., *Firing Back: Against the Tyranny of the Market 2*. New York: Verso, 2003.

Qiu, J. L., *Working-Class Network Society: Communication Technology and the Information Have-Less*. MA: the MIT Press, 2009.

Dyer-Witheford, N. & de Peuter, G., *Games of Empire: Global Capitalism and Video Games*, 2009.(닉 다이어-위데포드 · 그릭 드 퓨터,《제국의 게임: 전지구적 자본주의와 비디오게임》, 남청수 옮김, 갈무리, 2015.)

Collins, L., "The French Counterstrike against Work E-mail", *The New Yorker*, May 24, 2016.

Mie, A., "Unpaid overtime excesses hit young", *Japan Times*, June 25, 2013.

Shaviro, S., "Capitalist monsters", *Historical Materialism*, 10(4), 2002, pp. 281~290.

Terranova, T., "Free Labor" in Trebor Scholz ed., *Digital labour: the Internet as playground and factory*, London: Routledge, 2012, pp. 33~57.

3부

모빌리티와
인간의 이동

국제 인권장치와 비극의 서사:

독일로 간 탈북 난민들의 삶에 관한 보고서

이희영

이 글은 2016년 3월 《경제와 사회》에 수록된 논문을 전면 수정한 것이다.

"인권이란 벌거벗은 자연적 생명이 국민국가의 법적-정치적 질서에
등록됐다는 시초의 형상을 나타내는 것이다."(아감벤, 1996/2009: 30)

국제 난민에게 '이동을 허하다'

2015년 유럽의 난민 사태는 '만인의 인권'을 환기시켰다. 1948년
〈세계인권선언〉은 인간이면 누구나 출생과 함께 존엄한 권리를 갖
는다고 공언하였으나, 실질적으로는 '국민'에게만 인권을 부여하는
근대 국민국가 체제의 한계를 드러내는 것이었다. 나아가 21세기 지
구화 시대의 패러독스는 자유로운 자본의 이동과 달리 인간의 이주
를 규제하는 것이다. 이와 같은 현대 정치 상황에서 한 시리아 출신
어린이의 주검을 담은 이미지는 전체 난민의 절규를 대신했다.[1] 이
를 계기로 짧게나마 '난민의 인권 보호'를 외치는 목소리가 세계 여
론을 지배했다. 그 결과 시리아에서의 전쟁으로 삶의 터전을 떠난
사람들이 유럽 각국에서 난민 지위를 신청하기 위해 제한적이나마
이동할 수 있게 되었다. 다시 말해 유럽을 떠들썩하게 했던 독일 정
부 등의 난민에 대한 '우호적' 조치는 이들의 난민 지위 혹은 그에
상응하는 권리를 즉각적으로 보장하는 것이 아니라, 단지 요새와 같
은 유럽의 국경들을 통과할 수 있는 가능성을 예외적으로 허용한 것
이었다. 이런 점에서 지난 '난민 사태'는 국제 난민에 대해 유럽 국가
들이 그동안 수행해 온 배제적 인권 정치를 역설적으로 드러내는 것

---

[1] 2015년 9월 2일 터키 보드룸의 해변에서 시신으로 발견된 시리아 난민 아일란 쿠르디
의 사진이다. 가족과 함께 그리스로 가던 세 살 아일란은 배가 뒤집히면서 사망했다.

이기도 하다. 결국 전쟁, 기아, 정치적 학대, 종교적·문화적 억압 등을 이유로 삶의 터전을 떠난 난민들이 새로운 사회에서 시민권을 갖게 되는 과정은 삶의 투쟁이자, 해당 국가와 지역이 포함된 국제 인권장치[2]의 (재)구성 과정이기도 하다.

그렇다면 한반도 안팎에서 발생한 국제 난민의 상황은 어떠한가? 북한 국적의 개인들이 국경을 넘어 이주하게 되는 배경, 스스로를 난민으로 커밍아웃하는 과정 및 이에 연관된 다양한 규모와 차원의 인권행위자들에 주목해 보자. 특히 이 글에서는 북한의 식량난을 계기로 형성된 탈북 난민들이 최근 독일로 이주하게 되는 과정을 재구성하고, 국제 난민으로의 커밍아웃이 갖는 특징을 고찰할 것이다. 이 과정에서 다음과 같은 질문에 주목한다. 첫째, 누가/무엇이 북한 국경을 넘어온 주민들을 '탈북 난민'으로 호명하고 있으며, 국제적으로 '탈북 난민'이 형성되고 인정되는 과정에서 작동하는 지역적·지구적 차원의 인권 담론들은 어떤 특성을 갖는가? 둘째, 탈북 난민들은 독일 사회에서 스스로를 어떻게 재현하고 있으며, 이들과 독일 안팎의 주요 행위자들은 어떤 연관을 형성하고 있는가? 셋째, 독일로 이주한 북한 출신 난민들의 정착 과정이 드러내는 특징은 무엇이며, 이들 탈북 난민의 존재 위치가 우리에게 시사하는 바는 무엇인가?

21세기 탈북 난민과 국제 인권장치

도강자, 북한이탈주민 혹은 탈북 난민
어떤 사회집단의 등장은 사회적 구성 과정이며, 본질적인 '그것'

---

2 이 논문의 주요 개념인 국제 인권장치에 대해서는 다음 장에서 다룰 것이다.

으로 환원되는 불변의 실체는 존재하지 않는다. 한국 사회의 공론에서 '탈북자'로 불리는 개인이 등장하기 시작한 것은 90년대 북한의 경제 위기 속에서 북한 주민들이 국경을 넘어 제3국 또는 한국 사회로 이주한 것이 계기가 되었다. 그런데 기존 연구에 의하면 식량난 시기 북한 국경을 비공식적으로 이탈했던 북한 주민들의 삶은 '탈북자'라는 호칭과 결합된 한국 사회의 상식적 이해에 머물지 않는다. 중국과 북한 사이의 국경인 두만강을 비법으로 건너온 사람들을 뜻하는 '도강자'들 중에서, 상당수는 식량 혹은 돈 등을 구한 뒤 북한으로 돌아갔다. 이들은 단기적인 목적으로 비법/불법 도강을 하였지만, 탈북한 것이 아니라 북한 주민으로 살아가고 있다.

두만강을 건너와 중국에 불법체류자의 신분으로 머물게 된 사람들 중 다수는 북한이탈주민에 대한 지원 제도가 있는 남한 사회로 이주하였다. 이러한 선택에는 중국이 도강자들에 대한 난민 지위를 인정하지 않을 뿐만 아니라 북한과의 외교적 관계에 근거하여 이들을 불법체류자로 보고, 체포하여 북한으로 돌려보내는 조치를 취하고 있는 현실이 큰 요인으로 작용하였다. 다시 말해 대한민국의 북한이탈주민 지원 제도가 도강자들을 한국 사회로 끌어들이는 힘pull이라고 한다면, 중국 정부의 탈북자 북송 조치는 이들을 한국으로 밀어내는push 힘으로 작동하고 있는 것이다. 2000년대 중반을 경과하면서 도강자들 중에서 단순히 '식량'을 구하기 위해서가 아니라 남한 혹은 다른 사회로 가기 위한 목적을 가진 사람들이 증가하였다. 이들은 식량 위기 등의 상황에서 북한을 '탈출'한 것이 아니라, 자신과 가족에게 좀 더 나은 삶을 제공할 수 있는 사회를 찾아 두만강을 넘어 이주Immigration한 것이다. 이주와 난민에 대한 기존 연구들이 지적하고 있듯이 경제적 목적의 이주민과 정치적 목적의 난민은 명확히 구별되기보다, 서로 혼종적인 관계를 형성하고 있다.[3] 북한을 이탈하는 북한 주민들 또한 식량난의 피해자를 넘어서 다양한 특성을 가지고 있는 것이다. 이런 현실에서 2018년 말 현재 3만여 명의 북한이탈주민들이 한국 사회에서 살고 있다.

그 외, 다양한 경로를 이용하여 중국에서 제3국(몽골, 영국 등의 유럽 국가, 캐나다, 미국 등)으로 이주한 사람들도 있다. 미국을 비롯한 서방 세계에서는 북한 국경을 넘어와 중국 사회에 비공식적으로 체류하고 있는 북한 주민과 대한민국을 제외한 제3국으로 이주한 북한 국적의 개인들을 탈북 난민으로 부르며, 중국을 비롯한 해당 국가에 대해 이들을 난민으로 인정할 것을 요구하고 있다.[4] 이 글은 중국에 체류하고 있다고 추정되는 20~30여만 명의 탈북 난민 외에 유럽 및 미국과 캐나다 등으로 이주한 탈북 난민들이 누구인가라는 질문에서 출발하였다. 즉, 유럽 사회에서 탈북 난민으로 불리는 사람들은 누구이며, 어떤 배경과 경로를 통해 유럽 사회로 이주하게 되었는가를 고찰하였다. 먼저 2014년 10월 검색된 국제난민기구의 통계를 참고하면 다음과 같이 북한 국적을 가진 개인의 국제 이주 흔적을 그려 볼 수 있다.

---

3 다른 사회로 이주하고자 하는 개인들은 정착국의 이주 정책을 통과하기 위해 난민이 되기도 하고, 난민들 중에서는 '이주'를 통해 다른 사회에 정착하기도 한다. 이와 같은 유럽의 현실에 대해서는 다음을 참고하라. Treibel, Annette, *Migration in modernen Gesellschaften. Soziale Folgen von Einwanderung, Gastarbeit und Flucht*, Weinheim & Muenchen: Juventa, 2011, pp. 13~21.
4 국제 난민법에 의하면 대한민국에 입국하여 국적을 취득한 북한 주민들은 '안전한 제3국'의 보호를 받았으므로 더 이상 난민으로 인정되지 않는다.

〈표 1〉 북한 국적자의 해외 난민 신청 추이

연도\국가	2003	2004	2005	2006	2007	2008	2009	2010	2011	2012	2013	계
독일	30(29)	32(1)	11(1)	5(0)	3(0)	4(0)	5(0)	4(1)	1(0)	8(0)	88(0)	191(32)
벨기에	4(0)	2(0)	2(5)	3(2)	6(2)	2(5)	4(4)	18(4)	89(45)	111(24)	38(0)	279(91)
룩셈부르크	/	/	/	/	/	3(2)	0(1)	0	1(0)	4(0)	10(0)	18(3)
네덜란드	6(5)	8(1)	6(3)	11(2)	4(7)	2(2)	3(2)	7(4)	10(8)	60(24)	140(0)	257(58)
스위스	1(0)	10(0)	1(0)	1(5)	12(0)	2(0)	0(0)	2(2)	1(0)	3(0)	9(0)	42(7)
노르웨이	0	1(0)	1(1)	26(1)	72(7)	40(4)	10(0)	11(0)	6(0)	3(0)	0	170(13)
영국	15(0)	27(17)	42(16)	61(31)	602(223)	273(289)	56(4)	58(7)	48(22)	33(16)	60(10)	1275(635)
캐나다	0	0	1(1)	25(0)	109(0)	30(7)	43(66)	177(42)	385(117)	719(230)	146(21)	1635(484)
미국	9(3)	1(1)	1(2)	8(6)	7(1)	1(3)	6(2)	4(0)	6(0)	5(3)	0	48(21)
계	65(37)	81(20)	65(29)	140(47)	815(240)	357(310)	127(79)	281(60)	547(192)	946(297)	491(31)	3915(1344)

* 단위 명/ 북한 국적의 난민 신청자(난민 지위 및 보호 조치 해당자)

출처: UNHCR 통계자료(2014. 10. 04)에서 재구성

〈표 1〉에 의하면, 2003년부터 2013년까지 해외에서 난민 신청을 한 북한 국적의 개인은 4천여 명이며, 이들 중 난민 인정 또는 보호 조치를 받은 사람은 1,400여 명이다. 기존 연구에 의하면 90년대 말부터 2000년대 초반까지 북한 국적을 가진 수백 명의 개인이 독일에 난민 신청을 하였고, 2백여 명이 난민 인정 또는 보호 조치를 받았다.[5] 이 시기 수십 명에 불과하던 영국 내 북한 국적의 난민 신청

---

5 한 자료에 의하면 1995년부터 2005년까지 모두 455명의 북한 주민이 난민 신청을 하여 232명이 난민 지위를 받거나 보호 조치를 받았다(고기복, 〈EU 국가의 난민인정제도〉,《한 · 독 사회과학논총》 17권 1호, 2007, 38쪽 각주 3)). 2014년 10월 현재 열람 가능한 UNHCR 통계에 의하면 2000년에 95명, 2001년에 104명, 2002년에 96명의 북한 국적자가 난민 신청을 하여 각각 56명, 53명, 51명이 난민 지위를 받았다. 그러나

자가 2000년대 중반(2007~2008)에는 폭발적으로 증가하여 2007년 한 해에만 602명의 난민 신청자 중 223명이 난민 또는 보호 조치 해당자로 인정을 받았다. 2007~2008년 노르웨이에 난민 신청을 한 북한 국적자의 수도 1백여 명에 이르고 있다. 캐나다의 경우 2006년부터 수십여 명의 북한 국적자가 난민 신청을 시작하다가 2010년부터는 수백 명에 이르고 있다. 벨기에, 네덜란드, 독일의 경우 2010년 이후 2013년까지 1백여 명의 북한 주민이 난민 신청을 하였다. 연도별로 난민 신청자 수가 최대에 이르는 국가에 주목하면 1990년대 말부터 2000년대 초반까지는 독일, 2006년부터 2009년까지는 영국, 2010년부터 2013년까지는 캐나다가 이에 해당한다. 2012년에 캐나다에서 7백여 명에 이르는 북한 국적자가 난민 신청을 하여 230명이 난민 지위 혹은 보호 조치에 해당하는 지위를 얻은 후, 다음 해인 2013년에 그 수가 급격히 감소한 반면, 유럽에서 국경을 맞대고 있는 독일 · 벨기에 · 네덜란드에서 난민 신청을 한 북한 국적자가 총 260명에 이른다. 이러한 추이는 수십, 수백 명의 북한 국적을 가진 사람들이 아메리카 대륙과 유럽 대륙으로 이주하고 있으며, 유럽에서도 서로 다른 국가의 국경을 지속적으로 횡단하고 있음을 보여 준다. 이들은 어떤 삶의 배경을 가지고, 어떤 경로를 통해 서로 다른 대륙의 국가들로 집단이주를 하고 있는 것일까?

북한 인권문제와 인권장치의 (재)구성
이 글에서 주목하는 '탈북 난민'은 인권문제와 분리하여 생각할

이들 중 다수가 중국 조선족으로, 탈북자로 가장하여 난민 신청을 하였던 것으로 알려지고 있다. 따라서 이들 중 실제 탈북자가 얼마나 되는지는 추정하기 어렵다.

수 없다. 탈북 난민은 21세기 국제 인권문제의 현실을 체현하고 있다. 역사적으로 인권Human Rights은 20세기 근대국가 체제를 거치면서 신성불가침한 자연적 권리로 선언되었다. 그러나 선언적 자연권으로서의 인권이 국민국가의 현실 속에서 국민에게만 부여되는 권리로 실현된 결과, 세계는 국민과 난민으로 구분되었다.[6] 각 사회에서 '인권'을 이해하고 실현하는 제도와 문화는 전적으로 사회 역사적 특성을 갖는다. 따라서 인권이란 보편성만큼이나 각 사회의 특수성 속에서 이해되어야 하는 성격을 내포하고 있다. 이런 문제의식 속에서 이 글은 대규모 탈북 난민 발생의 원인으로 국제사회가 지목하고 있는 북한의 인권문제를 비판적으로 이해하고자 한다.

최근 국제사회의 현안 중 하나로 미국 및 유엔을 중심으로 제기되는 '북한 인권문제'를 들 수 있다. 유엔은 2003년부터 인권이사회(2006년 이전에는 인권위원회)와 총회 등에서 북한의 인권 상황에 관한 결의안을 표결을 통해 통과시켜 왔으며, 2012년부터는 표결 없이 결의안을 통과시키고 있다. 특히 2014년 3월 28일에는 북한인권조사위원회가 김정은 정부를 국제형사재판소ICC에 회부하도록 권고한[7]

---

6 Arendt, Hannah, *Elementare und Ursprünge totaler Herrschaft. Antisemitismus, Imperialismus, totale Herrschaft.* F/am M.: Europäische Verlagsanstalt, 1955. 역사적 · 정치적 · 법적으로 난민의 권리와 일반적인 인권이 분리된 채로 성립된 결과, 난민의 권리가 문제될 경우 항상 이를 수행할 국가가 어디인가의 문제가 제기되고, 각 국가는 책임 회피를 위한 각종 근거를 마련해 왔다. 이에 대해서는 다음을 참고하라. Marx, Marx, Reinhard, "Flüchtlingsschutz oder Menschenrechtsschutz?", Franz-Josef Hutter; Anja Mihr; Carsten Tessmer(Hrsg.), *Menschen auf der Flucht*, Leske + Budrich: Opladen, 1999, pp. 265-282.

7 북한인권조사위원회가 2014년 2월 7일 인권이사회에 제출한 보고서는 두 개인데, 하나는 북한 인권 상황에 대한 조사 결과와 인권 침해의 맥락 및 권고 사항을 담고 있으며(문서번호 A/HRC/25/CRP.1), 다른 하나는 조사 내용의 요약과 권고 사항, 북한 및 중국 정부와 교환한 서신 등을 담고 있다(문서번호 A/HRC/26/63). 두 번째

내용을 담은 결의안을 표결로 통과시켰으며, 2014년 12월 18일에는 본회의를 통과하였다. 한국 정부와 공식적인 매체에서도 이와 같은 결의를 지지하고 있다.[8] 반면 중국과 러시아는 이와 같은 입장에 반대하고 있으며, 따라서 유엔안전보장이사회가 '북한 인권문제'를 국제형사재판소에 회부할 가능성은 낮다. 중국은 그 이전인 2013년과 2014년에 북한 인권조사위원장과 유엔 인권최고대표사무소에 편지를 보내 "국가별 인권 사안을 포함한 인권문제의 정치화"에 반대한다는 입장을 밝혔다.

북한의 인권 상황에 대한 기존의 학술 연구는 자의적 구금, 강제 실종, 의사 표현의 제한, 이동 자유의 제한 등에 비추어 북한의 인권 상황이 심각하다는 점에 동의하지만, 정치적 시각을 배제하고 객관적이고 균형 잡힌 시각에서 평가해야 한다고 지적한다. 예컨대 북한에서 활동하는 유엔 산하의 인도적 원조 및 개발 전문기구 등에서 나온 실증적인 자료들에 근거해 볼 때 2013년 북한의 아동은 영양결핍 등을 포함하는 주요 빈곤 지표에서 인도나 인도네시아 등의 아시아 민주주의 국가들의 아동보다 양호하다. 북한 여성들의 건강 상태는 불안정하지만 세계적으로 예외적인 상태가 아니라 개발도상국 여성들의

보고서는 통일연구원이 번역하여 "2014년 유엔 인권이사회 북한인권위원회 조사보고서"라는 제목으로 발간하였다(2014, 통일연구원).

8 남한 사회에서는 50년대부터 체제 경쟁 차원에서 북한 인권 상황에 대해 언급해 왔으나 남한 내부의 인권 침해 문제로 인해 크게 성과를 얻지 못했다. 80년대 말 남한 사회의 민주화와 90년대 북한의 식량 위기 발생을 겪으며 남한 내에서 북한의 인권 문제를 본격적으로 거론하기 시작하였다. 정부 차원에서는 2005년 6월 국회에서 북한 인권 개선에 관한 법률안이 발의되었고, 2006년 11월 유엔 61차 총회에서 북한 인권결의안에 처음 찬성하였다(박순성, 〈북한 인권 문제와 한반도 분단체제: 〈유엔 인권이사회 북한인권조사위원회 보고서〉에 대한 비판적 독해를 중심으로〉, 《북한연구학회보》 18권 2호, 2014, 12쪽).

상태와 유사한 것으로 판단하고 있다.[9] 나아가 2013년 유엔 북한인권
특별조사위원회가 '(북한) 정권에 의한 식량 배분의 조작적 통제'에 의
해 북한 주민이 심각하고 예외적인 식량난을 겪고 있다는 입장을 담
은 보고서를 제출한 것에 대하여 북한의 인권 상황을 정치화하는 경
향으로 비판하고 있다. 또한 2014년 2월 7일 유엔 북한인권조사위원
회가 제출한 보고서에서 "북한의 최고지도자와 조선노동당의 권력에
견제와 균형을 도입하도록 지체 없이 근본적인 정치적, 제도적 개혁
을 실행"하도록 요구하는 권고안 등은 인권 상황개선을 위해 실용적
인 입장보다는 근본주의적인 관점에서 북한 인권문제를 다루고 있으
며, 북한 체제 자체를 부정하는 입장을 전제로 인권문제를 다루고 있
다는 점에서 비판되고 있다.[10] 이처럼 북한 사회의 인권 상황과 관련
된 최근의 논의는 '객관적인 사실'이라기보다는 복합적인 행위자들이
결합된 하나의 정치·사회적 현상으로서의 특징을 보여 준다.

  이 연구에서는 유엔 등의 국제사회에서 논의되고 있는 '북한 인권
문제'와 북한의 인권 상황은 서로 다른 사회현상을 지시하는 것으
로 이해한다.[11] 다시 말해, 유엔 북한인권조사위원회의 활동을 중심
으로 제기하는 주요 현안으로서의 '북한 인권문제'는 2000년대 중
반 북한의 핵실험 상황에 대응하기 위해 미국을 중심으로 한 국제
사회에서 형성된 하나의 사안이라고 이해한다. 다시 말해 '북한 인

9   헤이즐 스미스, 〈북한은 반인도적 범죄국가인가―식량권 침해에 대한 '상식'화된 가
    설 분석〉,《창작과 비평》41권 3호, 2013, 493~494쪽.
10 박순성, 〈북한 인권 문제와 한반도 분단체제: 〈유엔 인권이사회 북한인권조사위원
    회 보고서〉에 대한 비판적 독해를 중심으로〉, 296쪽.
11 이와 같은 표현과 입장은 북한 인권 현실에 대한 다음의 연구를 빌어 왔다(서보혁,
    《북한인권. 이론·실제·정책》, 한울아카데미, 2007; Park, Sungsong, "Human Rights
    in North Korea and U.S. Policy",《북한연구학회보》9(1), 2005, pp. 339-385).

권문제'는 현재 북한의 인권 상황을 이해하는 하나의 입장과 태도라고 할 수 있다. 이와 같은 이해에서 이 글에서는 인권장치dispositive of human rights라는 개념을 다음과 같은 의미로 사용할 것이다. 인권장치란 인권과 직간접적으로 연관된 담론, 제도, 법규, 행정 조치, 과학적·경제적 언표 등을 포괄하는 이질적인 행위자들의 네트워크로서, 주체화의 과정을 내포하는 기계이자 통치의 기계를 의미한다.[12] 따라서 이 글에서 국제 인권장치, 혹은 북한 인권장치라는 표현은 21세기 신자유주의 시대에 유통되는 인권 담론들, 인권 관련 국제기구 및 NGOs, 각종 자료와 결정 및 조치들, 이를 매개로 개인의 정서와 신체로 전유되는 인권의 감수성과 수행적 경험 등을 포괄한다. 나아가 북한 인권문제와 직간접적으로 연관되는 인간, 비인간 행위자들을 지시할 것이다.

국제 탈북 난민에 대한 소수의 연구를 넘어서

중국과 대한민국 이외의 제3국에 체류하고 있는 탈북 난민의 이주 과정 및 경험에 대한 학술 연구는 미미하다. 2000년대 중반 이후 영국 및 캐나다로 대규모의 난민 신청이 이루어지면서 소수의 사례가 대중매체를 통해 소개되기는 했으나,[13] 실태 조사나 현황 파악을

---

12 이러한 정의는 푸코와 아감벤의 장치dispositive에 대한 이해에 근거한 것이다. Foucault, Michel, *Dispositive der Macht. Ueber Sexualitaet, Wissen und Wahrheit*. Berlin: Merve Verlag, 1978; 조르조 아감벤,《장치란 무엇인가? 장치학을 위한 서론》, 양창렬 옮김, 난장, 2006/2010: 16 & 41.

13 〈표 1〉에서 보는 바와 같이 국제적 차원에서 탈북 난민들이 등장하기 시작하는 것과 비슷한 시기인 2000년대 중반부터 대한민국에 정착하여 국민으로 등록했던 북한 주민들이 미국, 캐나다와 유럽 각국으로 재이주를 하기 시작하였다. 이에 대한 언론 매체의 보도 및 해외 탈북자들의 현황에 대해서는 다음을 참고하라. 이희영, 〈(탈) 분단과 국제이주의 행위자 네트워크: '여행하는' 탈북 난민들의 삶과 인권에

넘어서 본격적인 학술 연구로 수행된 경우는 드물다.[14] 최근 대한민국을 거쳐 해외로 이주한 탈북 난민들의 경험과 의미에 대한 연구[15]와 영국 뉴몰든 지역에 정착한 탈북 난민과 남한 출신 이주민 사이의 상호작용에 대한 고찰[16] 등 소수의 연구가 수행되었다. 이와 비교하여 탈북 난민의 국제 이주는 일찍부터 다양한 문학적 소재가 되고 있다.[17] 이들 작품에서는 자본주의적 생태의 비극성에 던져진 탈북 난민들의 삶(방황과 고뇌, 유동하는 삶, 혼종적 정체성 등)을 밀도 있게 그려 냄으로써 초국가적 체험과 인식의 가능성을 제시하기도 한다. 이 글에서는 독일로 이주한 탈북 난민들의 사례를 통해 다층적 인권장치의 (재)구성 과정을 추적하고, 국제 탈북 난민의 삶이 내포한 특징과 의미를 고찰하고자 한다.

자본주의 사회의 위물성과 비극 서사의 (재)구성

독일 난민소에서 만난 북한 사람들

이 글은 2013년 9월에서 2015년 12월 사이에 필자가 수행한 탈

관한 연구〉,《북한연구학회보》 17권 1호, 2013, 356쪽, 각주 2)와 3).

[14] 소수의 연구는 다음을 참고하라(송영훈, 〈해외탈북이주 현상의 현황과 쟁점〉,《JPi 정책포럼》 10, 2012, 1~24쪽; 박명규 외,《노스 코리안 디아스포라: 북한주민의 해외탈북이주와 정착사례》, 서울대학교 통일평화연구소, 2011).

[15] 이희영, 〈(탈) 분단과 국제이주의 행위자 네트워크: '여행하는' 탈북 난민들의 삶과 인권에 관한 연구〉, 355~393쪽; 정병호, 〈냉전 정치와 북한 이주민의 침투성 초국가 전략〉,《현대북한연구》 17/1, 2014, 49~100쪽.

[16] 이수정 · 이우영, 〈영국 뉴몰든 코리아타운 내 남한이주민과 북한난민 간의 관계와 상호인식〉,《북한연구학회보》 18/1, 2014, 137~174쪽.

[17] 장편소설의 예로《리나》(2006),《바리데기》(2007),《찔레꽃》(2008),《큰돈과 콘돔》(2008),《탈북여대생》(2009),《로기완을 만났다》(2012) 등을 들 수 있다.

북 난민들의 독일 이주 경험에 대한 참여관찰 및 구술생애사 인터뷰 자료를 토대로 한다.[18] 필자가 독일에서 남·북한 출신 이주민에 대한 연구를 진행하고 있는 동안 유럽 사회에서는 2014년 2월 유엔 북한인권위원회의 기자회견과 발표 등으로 '북한 인권문제'가 화제였다. 대부분의 독일 언론에서 북한은 21세기 지구화된 시대에 절대다수 국민들의 식량권, 이동권, 생명권 등을 침해하는 '예외적인 국가'로 묘사되기도 하였다.[19] 필자는 2014년 3월 기존의 연구 결과를 토대로 북한 사회의 변화와 탈북자들의 삶에 대한 대중강연을 하게 되었다.[20] 인터넷 등을 통해 이 내용을 전해 들은 B시의 기독교단체 활동가 L씨로부터 다수의 탈북 난민들을 지원하고 있다고 연락을 받았다. 이를 계기로 필자는 2014년 4월 독일의 A지역과 B지역 등에 체

---

18 현장 조사 및 연구는 다음의 세 시기로 나눌 수 있다. 첫째, 2013년 8월~2014년 8월 사이에 필자는 독일에 머무르며 문헌 조사를 수행하는 한편 독일 A와 B시를 중심으로 거주하는 탈북 난민에 대한 현장 조사를 수행했다. 둘째, 2014년 9월~2015년 1월에는 한국으로 돌아와 사례를 분석하는 동시에, 독일에서 남한으로 입국한 구술자들에 대한 법률 지원 및 후속 연구를 진행하였다. 셋째, 2015년 2월~12월까지 독일 지역에 대한 2차 현장 조사 및 한국 체류 구술자들과의 면담 등을 통해 사례 재구성 작업을 진행하였다.

19 2013년 8월, 북한 제14 강제수용소에서 태어나 탈출한 것으로 알려진 신동혁씨의 구술을 담은 DVD가 독일 예술방송 Arte 등의 TV 채널에서 방영되었다. Harden, Blaine. 《Flucht aus Lager 14. Die Geschichte des Shin Dong-hyuk, der im nordkoreanischen Gulag geboren wurde und entkam》, DVD, Spiegel Buchverlag, 2012. 또한 2013년 12월 12일 김정은의 고모부이자 북한 국방위원회 부위원장이었던 장성택이 처형되었다는 북한의 보도 이후, 처형 방식 등에 대한 선정적 기사들이 유럽 사회에 유포되었다. 특히 오스트리아의 한 매체에 의해 유럽에 퍼진 '엽기적인 기사'는 이와 같은 여론에 힘을 실어 주었다.

20 2014년 3월 6일 "철의 장막에 난 구멍들: 탈북 난민들의 체험과 현실 그리고 전망(Löcher im eisernen Vohang)"이라는 제목으로 독일의 독립 일간신문 타게스차이퉁 TAZ의 본사 카페에서 진행되었다. 이를 위해 TAZ 신문사와 한독문화협회 Korea Verband e.V., 한국인이 발간하는 각종 매체와 온라인 연결망을 통해 행사에 대한 정보가 소개되었다.

류하고 있던 탈북 난민에 대한 현장 연구를 수행하게 되었다. 그 외 한국의 북한이탈주민에 대한 연구 과정에서 알게 된 지인, B시의 개신교 목회자 등을 통해 2014년 7월까지의 현장 조사에서 다음 〈표 2〉의 구술자들을 만나 인터뷰를 진행하게 되었다. 또 당시의 현장 조사에서 독일 바덴 뷔텐베르크주의 각 지역에 흩어져 살고 있던 북한 출신 난민 50여 명(위 구술자들 포함)의 생활에 대해서 직간접적으로 듣게 되었다.

〈표 2〉 구술자 인적 사항[21]

구술자	성별	관계	탈북 추정 시기	해외 파견	남한 입국	난민 신청	독일 내 난민소 (시/지역)
1	남	부부	2002	/	2002	독일	A
2	여		2009	/	2010	독일	A
3	여	가족 동반	2007	/	2008	독일	A
4	남	독신	2008	/	/	독일	B(1)
5	여	부부	2002	/	/	독일	B(1)
6	남		2011	/	/	독일	B(1)
7	남	독신	/	2002	/	독일	B(1)
8	남	부부	/	2001	/	독일	B(2)
9	여		/	2001	/	독일	B(2)
10	남	부녀	2008	/	/	독일	C
11	여		2008	/	/	독일	C
12	여	부부	2009	/	/	독일	D
13	남		2009	/	/	독일	D

사례 연구의 구술자들은 공통적으로 2014년 4월과 6월의 인터뷰 당시 독일 남부의 바덴 뷔텐베르크주에 속해 있는 여러 지역의 난민

---

[21] 2014년 1차 인터뷰에 근거한 자료임. 구술자 보호를 위해 필요한 경우 부분적으로 수정하였으며 최소한의 사항만 수록하였다.

숙소에서 생활하며 난민 심사를 기다리고 있었다. 전체 13명의 구술자 중 남성은 7명이고 여성은 6명이었다. 연령별로는 20대가 3명, 30대가 3명, 40대가 5명, 50대가 2명이다. 이들은 공통적으로 2013년 여름 직접, 또는 독일의 인접 국가 등을 경유하여 독일로 입국하였다. 이들 중 한국의 지인을 통해 소개받은 구술자 1과 2는 남한을 거쳐 독일로 간 사실을 알고 있었으나, 나머지 구술자들은 독일 현지에서 난민 신청자로 만나게 되었다.

지역 사회 내의 갈등들: '믿을 수 없는 북한 사람들'

2014년 4월 독일 A지역 중앙역에서 가까운 한 난민소에는 구술자 1과 2 부부, 그리고 출생한 지 얼마 되지 않은 아들이 방 한 칸에서 생활하고, 다른 두 개의 방에서 구술자 3과 남편 그리고 세 명의 자녀들이 머물고 있었다. A지역 이주담당관이 난민들의 문화적 특성을 고려하여 북한 출신 가족들을 한 아파트에 거주하도록 배려했다고 한다.

30대 부부인 구술자 1과 2는 필자가 한국의 지인을 통해 소개받은 사람들로 각각 2002년과 2009년 탈북하여 한국에 정착하였다. 10여 년 전 한국의 북한이탈주민에 대한 정착금을 받아서 북한으로 돌아갈 생각으로 탈북한 구술자 1은 이후 지원법 개정으로 돈을 모으지 못하고 지내다가 2013년 유럽으로 와서 난민 신청을 했다. 이후 구술자 1이 올린 SNS를 통해 구술자 2를 사귀게 되었고 몇 달 후 독일로 온 구술자 2는 부부로 난민 신청을 했다. 인터뷰 당시 이들은 독일에서 태어난 아들의 출생신고 관련 절차를 밟고 있었다. 40대 부부인 구술자 3과 가족들은 2008년 개별적으로 탈북하여 '기독교 선교사'와 연결된 브로커를 통해 한국에 왔다. 한국에서 부부가 식당 일과 막노동을 하며 생활했으나 디스크 등의 질병으로 생계를 이어 가기가 어려웠다고 했다. 2012년 네덜란드로 이주한 지인이 카톡을 통해 유럽 생활을 소개하였고, 2013년 넷째 아이를 임신하게 되자 서둘러 '사회보장이 잘된 독일'로 오게 되었다고 했다. 구술자 3의 생애이력에서 두드러진 점은 여러 차례의 국제 이주와 출산이 연결되어 있는 것이다. 그녀는 북한에서 임신하여 중국에서 첫아이를 출산하고, 중국에서 두 번째 임신을 하여 남한에서 출산하였으며, 네 번째 임신을 한 상태에서 독일로 와서 인터뷰 당시 출산을 준비하고 있었다. 구술자 부부는 독일에서 난민 신청 당시 남한에서 '생계를 유지하지 못해서 독일로 왔다'고 당당히 밝혔으며, 아이들이 이곳에서 잘 적응하게 된다면 부모인 자신들도 독일 정부가 난민으로 인정해 줄 것으로 기대하고 있었다.[22]

구술자 3의 인터뷰가 끝나자 예상치 않게 남편이 합석하여, 동거하고 있던 구술자 1과 2에 대해서 부정적인 의견을 피력하기 시작하였다. 자신들은 난민 신청 때 남한에서 왔다는 사실을 밝혔으나, 구술자 1과 2는 자신들이 보기에 남한에서 온 것이 분명한데도 불구하고 중국에서 독일로 온 탈북자로 난민 신청을 했다는 사실에 대해서 불편한 심정을 토로했다. '정직한 탈북자'인 자신들에 비해서 '거짓말'을 하는 탈북자들 때문에 자신들이 피해를 보게 될지도 모른다는 점을 강하게 피력했다. 이후의 만남에서 구술자 1은 구술자 3의 가족들이 주변 남한 출신의 교민들에게 '거짓 난민 신청'에 대해

---

[22] 대한민국 시민권을 보유한 개인이 경제적인 이유로 난민 신청을 한 경우 기각될 가능성이 크다. 그러나 유엔아동권리협약 당사국인 독일이 '난민 신청 아동'에 대해 추방 유예 조치를 내릴 것으로 기대하는 듯했다.

서 공공연히 말하고 다녀서 자신들의 생활이 불안하게 느껴지므로 다른 곳으로 이사하게 되기를 희망하고 있었다. 독일의 난민소에서 함께 생활하게 된 두 탈북 난민 가족 사이에 보이지 않는 긴장이 형성되고 있는 듯했다. 같은 시기에 필자가 B지역에 거주하는 활동가 L씨와 K씨 그리고 지역의 탈북 난민들을 만났을 때 이들 사이에서는 '러시아에서 온 북한 사람들'에 대한 소문이 화두가 되고 있었다. 구술자 7, 8과 9의 경우 공통적으로 2000년대에 북한에서 러시아로 파견된 노동자였다.[23] 북한 당국에 의해 엘리트로 선발되어 러시아의 한 지역에서 수년간 노동하다가 한국인 선교사 등을 통해 2013년 중반 독일로 왔다고 했다. 세 사람은 이런 인연으로 가깝게 지내며 각종 정보를 공유하고 있었다. 그런데 2014년 초 구술자 7과 8이 인근의 S시에 머물고 있던 탈북 난민들을 자주 만나는 것을 주변 사람들이 보게 되었고, 시간이 지나면서 남한 이주공동체 내에 '구술자 7 등이 러시아 마피아일지도 모른다'는 소문이 퍼진 것을 K씨가 듣게 되었다. K씨는 독일어 수업에 참여하는 다른 탈북자들에게 이 소문의 진위 여부를 물어본 적이 있는데, 며칠 뒤 구술자 7이 K씨에게

---

23 러시아의 극동 지역 개발을 위해 중국과 북한의 노동자들이 지속적으로 이주하였다. 북한은 1995년 북한농업조합대표부 설립 등을 시작으로 러시아에 노동력을 수출하기 위한 제도적 장치를 마련했으며, 임업, 건축업 농수산업 분야로 노동자를 보냈다. 2000년 러시아에 공식 등록된 노동자 수는 농업과 건설 부문에서 1만 2천여 명이었다(이영형, 《러시아의 극동개발과 북한노동자》, 통일연구원, 2012, 52~53쪽). 2006년 러시아 외무부 보도자료에 의하면 당시 극동 지역에 약 1만 명의 북한 노동자들이 활동하고 있었고, 이들 중 매년 20~30명 정도가 한국에 망명을 신청했다(앞의 글, 56쪽). 러시아 극동 지역에 파견된 북한 노동자들의 열악한 생활에 대해서는 2000년대 초 미국과 한국에서 자세히 보도되기도 하였다. Lee, Chaimun, "Gastarbeiter Dynamics: The North Korean Labor Forces in the Russian Far East", 《슬라브학보》, 19(2), 2004, pp. 763-795.

전화하여 '밤에 살짝 가서 죽여 버릴 수도 있다'고 협박한 것이다. K 씨는 평소 예의 바르고, '정직한 북한 사람'으로서의 모습을 보여 주던 구술자 7이 살인 협박을 한 것에 대해서 이해하지 못한 채 놀라고 있었다.

활동가 K씨가 운영하는 독일어 강좌에 참가하던 또 다른 구술자 5와 6은 당시 부부관계에 있었으며, 2012년 중국을 오가며 장사를 하다가 알게 되었다. 중국 시장에서 물건을 밀수하여 북한의 장마당에서 파는 자신들의 행동이 발각되어 직장에서 감시를 받게 돼 2013년 함께 중국을 거쳐 독일로 오게 되었다고 했다. 구술자 5와 6은 난민소 B(1)에 머물며 주변 탈북 난민들의 사랑방 역할을 하고 있었다. 흥미로운 점은 구술자 6이, 인근 도시 C에 거주하면서 수시로 자신을 방문하는 구술자 10과 사실은 친형제 사이라고 말했으나, 당시 난민 신분증에 기재된 구술자 6과 10의 성이 달랐다.

구술자 10은 2014년 필자와의 인터뷰에서 자신의 형인 구술자 6이 북한에서 어떻게 사는지 전혀 모르고 탈북하였다가, 이곳 독일의 난민소에서 우연히 만났다고 했다. 구술자 10의 딸인 구술자 11은 인터뷰에서 자신이 난민 신청소에 도착했을 때 아버지가 가족관계 속에 딸인 자신을 등록하지 않고 있어서 가족으로 인정받는 데 상당한 시간이 걸렸으며, 이로 인해 난민 숙소 배정 등에서 어려움이 있었다고 했다. 구술자 11은 어느 날 아버지가 북한의 집에서 사라지고 난 뒤 놀라고 고민하다가, 중국의 큰아버지를 찾아가기 위해 혼자 탈북했고, 큰아버지로부터 자신의 아버지가 독일로 갔다는 이야기를 듣고 홀로 독일까지 오게 되었다고 했다. 이에 따르면 결국 구술자 6, 10과 11의 가족은 2013년 독일 남부 지역의 난민 신청소에서 '운명적으로' 만나게 된 것이다.

B지역 탈북 난민들과 활동가 K씨 등과의 상호적인 관계는 독일어 교육뿐만 아니라 2014년 6월 한 천주교 성당에서 거행된 영세식을 준비하며 확대되고 있었다. 보통 천주교 신자들의 영세는 정해진 교리 학습과 신앙생활에 대한 믿음을 토대로 결정된다. 당시 구술자 4, 5, 6 그리고 10과 11이 성당에 다니기 시작한 것은 4개월 정도에 불과했으며, 최소한의 대화를 위한 독일말도 이해하기 어려운 상태였다. 그러나 해당 지역 성당을 맡고 있던 독일인 신부의 퇴임이 얼마 남지 않은 상황에서 활동가 K씨의 헌신적인 노력과 요청을 고려하여 탈북 난민들을 신앙공동체에 받아들이게 되었다고 했다. 이 성당에서는 설립 후 최초의 북한 출신 교인의 영세식에 큰 의미를 부여하며, 다양한 국적의 개인들과 자신의 공동체가 함께하게 된 것을 자축하기도 하였다. 필자는 이 영세식에 탈북 난민들의 통역자로 참여하였다. 그런데 영세식 후 5와 6 그리고 11이 자주 불참하였고, 한달 뒤에는 북한 교인 모두가 성당 활동에서 사라졌다. 활동가 K씨와 성당 관련자들은 몹시 놀라고 실망했다. 2014년 8월 초, 활동가 K씨는 B(1) 난민소의 사회복지사를 통해 구술자 5와 6이 장기간 숙소에서 보이지 않아 이들이 머물던 방 안을 확인하니 모든 물건들이 정리되어 있노라는 통보를 받았다. 구술자 5와 6이 잠적한 것이다. 이후 K씨가 주변 탈북자들을 통해 확인한 바에 의하면, 7월 중순 근처 공원에서 친한 탈북자들과 이별 모임을 한 후 한국으로 돌아갔다고 했다. 활동가 K씨는 구술자 5와 6이 자신에게 한마디 말도 없이 사라진 사실로 인해 심리적 타격을 받았으며 이들과의 소통 방식에 대해 힘들어했다. 그는 탈북 난민들을 '근본적인 신뢰Ur-Vertrauen를 가지지 못한 사람들'이라고 평가했다.

이처럼 일상생활의 상당 부분을 공유하며 이들의 독일 정착 과정을 제도적, 정서적으로 지원하던 K씨를 비롯한 난민 지원 활동가들은 구술자들과의 소통에서 신뢰의 문제에 직면하고 있었다. 기본적으로 각 구술자들이 난민 신청을 하는 과정에서 밝힌 자신들의 인적 사항과 일상 속에서 확인되는 정체성 사이의 불일치로 인해 K씨와 주변 활동가들은 자연스럽게 신뢰를 형성하는 데 어려움을 겪고 있었다. 수시로 확인되는 구술자들의 '거짓말'과 자본주의 사회에서의 경험들(값비싼 스마트폰 사용 등)은 독일의 시민단체와 개인들에게 '진짜-가짜 난민'의 구도 속에서 이들을 바라보도록 하는 계기가 되었고, 이것은 상호 이해를 제약하고 있었다. 필자에게 탈북 난민들의 다양한 정체성과 이해하기 어려운 행동들(잠적, 일상적인 규정 위반 등)은 본질적인 집단성이라기보다는, 국민국가의 국경을 통과하기 위한 전술이자 법과 질서, 일상적인 규율과 습관 등 모든 것이 낯선 사회에서 자신들을 보호하고 일상을 유지하기 위한 전략적인 행위로 보였다. 북한 사회로부터 탈북, 이어지는 국경 넘기의 과정에서 비법/불법 상황을 감수하며 생활해 온 구술자들이 이념과 출신 국가가 상이한 필자나 독일 사회의 다른 개인들에게 진심을 털어놓는 것은 '위험한' 행동이기도 했다. 나아가 독일 사회에서 난민으로 인정받기 위해서 필요한 제안과 상황이라면 조건의 진실성을 불문하고 적극적으로 활용하는 태도를 취하는 것으로 보였다. 개인이 자신을 둘러싼 사회적 관계 속에서 적극적 주장에서부터 수동적 부인 등에 이르는 다양한 방식으로 스스로의 인상을 관리하고, 존재 방식을 만들어 가는 것은 구술자들의 경우만이 아니다. 다만 이러한 자구적 행위가 독일 시민사회의 규범에 비추어 불신의 근거가 되고 있다는 점이 문제였다.

독일 사회 내에서의 관계와 '비극의 서사'

필자의 현장 조사에 의하면 독일 A와 B시의 난민 숙소 등에 거주하던 탈북 난민들과 해당 지역사회의 상호작용에서 기본적인 요건은 한국어 사용 가능성이었다. 2000년대 중반 영국으로 이주한 탈북 난민들의 경우와 유사하게 독일의 탈북 난민들도 한국어로 소통할 수 있는 남한 출신의 이주민 공동체 및 개인과 상대적으로 가까운 관계를 형성하고 있다.[24] 탈북 난민들의 독일 관문이라고 할 수 있는 칼스루에시[25]와 이들이 거주하게 되는 바덴 뷔텐베르크주 소재의 한국인 종교 조직, 한인 공동체 및 각종 친목단체, 음식점과 편의시설들을 통해 초기 정착을 위한 지원을 받으며 개별적인 인간관계를 형성하게 되는 것으로 보인다. 무엇보다 한국어로 소통이 가능하다는 점이 가장 크게 작용하고 있으며, 이들을 통해 한국어로 진행하는 독일어 수업에 참여하는 등 기본적인 생활을 시작하게 된다. 그러나 탈북 난민들과 남한 출신의 이민자 공동체 사이의 관계는 수혜자와 조력자라는 일방적인 관계로부터 출발하게 되며, 남북한 사이에 형성된 이념적 갈등으로 인해 암묵적인 불신과 회의가 작용하는 경향이 있었다. 또 영국에 정주한 남한 출신 이주자들이 여전히 체류 문제를 안고 있는 것과 비교하여 독일에 정착한 남한 출신 이주자들은 60~70년대에 파독 간호사, 광부로 이주하여 현재 독일 시민권자로

---

24 이수정 · 이우영, 〈영국 뉴몰든 코리아타운 내 남한이주민과 북한난민 간의 관계와 상호인식〉, 137~174쪽.

25 2014년 6월 칼스루에 난민 신청소장과의 면담에 의하면 독일 난민 신청소 중에서 한국어를 사용하는 난민들에 대한 통역이 있는 곳은 칼스루에가 유일하다. 이에 따라 독일로 입국한 난민 신청자 중에서 남한과 북한 국적을 가진 모든 개인은 칼스루에로 가서 난민 신청을 해야 한다.

전 지역에 흩어져 있으며 안정적인 경제적 기반을 가지고 있다. 이런 이유로 런던의 뉴몰든 지역을 중심으로 남한 출신 이주자, 중국 조선족 이주자 및 탈북자들의 코리아 타운이 형성된 것과 달리 독일에는 경제적 이해관계에 기초한 한인 공동체가 없다는 점에서 차이가 있다.[26] 이런 조건에서 탈북 난민들이 독일로 이주하게 된 것은 차선이었던 것으로 보인다. 〈표 1〉에서 보여 주는 바와 같이 2000년대 중반 미국과 영국 등의 영어권 국가로 다수의 난민들이 이주하였으나, 해당 국가의 난민 심사 규정이 강화되면서 '복지국가'라는 중개 조직의 설득 속에서 독일, 네덜란드 등의 유럽 각국으로 이주하게 된 것으로 보인다.

다음으로 독일에 도착한 탈북 난민들은 70년대부터 한국에서 선교 활동을 해 왔던 독일의 진보적인 개신교 활동가들과 직간접적인 관계를 형성하는 경향이 있었다. 독일 내의 보수적인 종교 조직 등에서 대대적으로 북한 인권문제를 제기하고 있었으나 한국어 외의 의사소통이 어려운 탈북 난민들과 직접 접촉하는 데는 어려움이 있었다.[27] 반면 A지역과 B지역의 경우 공통적으로 한국의 정치적 상황과 문화에 대한 이해를 가진 독일 개신교 활동가들이 이념적인 선입관으로부터 상대적으로 자유롭게 탈북 난민에 대한 조직적 지원에 나서고 있었다. 이들 독일 공동체나 개인의 경우 남북 분단으로 인한 갈등에서 자유로우며, 독일의 각종 법률과 사회보장제도에 대해

26 Yi, Hee-Young; Shin, Hyo-Eun, "Grenzgänger als Potenzialitäten in globalisierten Gesellschaften", Chang-Gusto, Y. ; Han, N. ; Kolb, A. (Hg.), *Unbekannte Vielfalt. Einblicke in die koreanische Migrationsgeschichte in Deutschland.* DOMid: Berlin, 2014.
27 대표적으로 북한 선교를 위해 매년 북한에 성경을 보내는 운동을 벌이는 단체도 있다.

서 좀 더 잘 안내할 수 있는 위치에 있기도 했다. 나아가 이들은 지역사회의 난민 관련 조직에서 자신들의 지원 경험을 토대로 탈북 난민과 관련된 정책에 대해서 의견을 제시함으로써 새로운 제도화의 행위자 역할을 수행하기도 했다. 특히 '북한 인권문제'와 연관된 국제, 국내적 상황 변화에 따라 변화하는 각 지역 난민 관련 조직의 태도와 입장에 대해서 조언하는 위치에 있었다.

탈북 난민인 구술자들이 상대적으로 친밀한 관계를 형성한 집단은 각 난민소 내에서 생활하는 중국 한족 난민과 조선족 난민이었다. 대부분의 구술자들이 중국 체류 경험 등을 토대로 최소한의 중국어로 소통할 수 있었으며, 독일보다 가까운 중국의 음식과 문화를 공유하며 일상적인 교류를 하고 있다. 중국과 북한 사이의 정치적 유대관계 등으로 인해 중국 국적의 난민 신청자들에 대해서 친밀감을 갖는 것으로 보였다. 나아가 독일 내에 형성된 중국인 상권 등을 통해 비공식적인 노동을 하고 있는 중국 한족과 조선족 난민 신청자를 통해 단기 일자리를 구하기도 하였다. 중국 국적의 난민들 중에는 길게는 4~5년이 걸리는 독일의 난민 심사 기간에 돈을 벌어 가기 위해서 난민 신청을 한 경우도 있었다.[28] 이들 중에는 한국에서 노동한 경험을 가진 사람들도 있었다. 이런 배경에서 북한 출신의 구술

---

28 독일의 난민 신청 절차는 대다수 유럽 국가들과 유사하다. 개인이 입국 후 독일 연방 난민 신청소에서 서류를 제출하면, 해당 기관은 기본 심사를 거쳐 1)법적인 난민 지위를 인정하거나 2) 임시적 보호 조치를 취하거나 혹은 3) 난민 인정 및 보호의 근거가 없다고 판단하는 결정을 본인에게 통보한다. 2014년 현재 난민 신청 후 기본 심사 결과가 나올 때까지 평균 1~2년이 소요되고 있었다. 또 3)의 거부 통보를 받은 후에도 이의 및 구제 신청을 통해 잠정적 묵인(추방 보류) 등의 조치가 취해지기도 하므로, 실제 입국 후 추방 등의 조치로 인해 출국하게 되는 데 걸리는 시간은 수년에 이른다. 이 기간에 난민소에서 생활하며 최소생계비, 독일어 교육 등의 지원을 받게 된다(2014. 10. 검색).

자들은 적지 않은 수의 중국 출신 난민 신청자들과 다양한 방식의 사적인 관계를 형성하고 있었다. 이와 달리 난민소 내의 사회복지사 및 독일어 강사들과는 언어적 장벽 등으로 인해 거의 형식적인 관계만 유지하고 있었다.

무엇보다 필자와의 인터뷰에서 두드러진 특징은 구술자들이 북한에서 겪은 '비극적인 경험'을 강조하여 소개한 반면, 난민 신청 전후의 생애 과정에 대해서는 구체적인 언급을 피하는 경향이었다. 예를 들어 구술자 1은 지난 10여 년간의 남한 생활은 정착하지 못하고 전전하던 생활로 압축한 반면, 그 이전 시기 북한에서의 힘든 생활과 탈북의 과정은 상대적으로 많은 시간을 할애하여 소개했다. 구술자 7은 북한에서 출생하여 러시아를 거쳐 독일로 오게 된 자신의 생애 체험은 생략한 채, '전문가'의 관점에서 북한 사회 전반에 대해서 소개하고 평가하는 데 상대적으로 많은 시간을 할애하기도 했다. 구술자 11은 북한에 두고 온 어머니에 대한 안타까움을 강조하며 인터뷰를 시작하였으나, 인터뷰 과정에서는 어머니와의 애틋한 추억이나 이별의 경험 등에 대해서 거의 언급하지 않았다. 전체 생애 이력 중 인민학교를 졸업한 열 살에서 독일에 입국한 열아홉 살까지의 생애 체험에 대해서는 생략한 채로 학교 진학을 포기하고 '그냥 친구들과 놀았다'고 압축하였다. 또 중국에 살고 있던 큰아버지의 재력으로 브로커를 통해 낯선 곳에서 비행기 등을 갈아타고 독일로 왔으며, 구체적인 경로에 대해서는 알지 못했다고 했다. 이들의 공통적인 점은 극심한 빈곤과 가족의 사망 또는 행방불명, 군대 내에서의 폭력, 장마당 활동으로 인한 신변의 위협, 종교적 억압 등을 견디지 못해 중국으로 탈출하게 된 경험을 중심으로 '비극의 서사'를 구성하고 있었다. 또한 대부분 '고마운' 한국인 또는 타국적 선교사 혹은 이주 중개인의 '우연한' 도움을 통해 독일로 오게 되었으나, 독일로의 이주 경로에 대해서는 구체적으로 알지 못하거나, 밝히지 않는다는 점이다. 초기 분석 과정에서 이들이 남한에 체류하고 있는 북한이탈주민과 비교하여 상대적으로 북한에서의 경험에만 초점을 두고 자신을 소개하고 있다는 점이 두드러졌다.

또한 K씨 등의 난민 관련 활동가들은 이들이 독일 사회에 안정적으로 정착하기 위해 필요한 제도적 조건과 일상 문화를 안내하는 역할을 헌신적으로 수행했으나, 이에 대한 구술자들의 평가와 태도는 차이가 있었다. 예를 들어 구술자들에 대한 의료 지원 및 독일어 수업 외에 2014년 6월 독일 천주교 성당에서 거행된 탈북 난민들의 영세식은 이들이 독일 시민사회로 들어가는 데 힘이 될 수 있는 종교적 인정의 과정이기도 했다. 또 구술자 4, 5, 6, 그리고 7이 수행했던 병원과 독일 회사에서의 인턴 활동은 독일 시민사회에 대한 자원봉사 활동으로서 이후 취업뿐만 아니라 난민 심사 과정에서 긍정적인 평가를 받도록 하기 위한 노력이었다. 그러나 구술자들은 이러한 활동을 활동가들과 다른 관점에서 경험한 것으로 보인다. K씨가 독일 시민사회의 규범과 질서라는 관점에서 '난민'인 구술자들의 독일 사회참여를 기대한 반면, 구술자들은 대한민국 국민이자 탈북 난민이라는 자신들의 복합적인 체험 속에서 이러한 활동을 이해한 것이다. 예를 들어 K씨의 안내로 독일어를 배우며 독일 사회의 제도와 규정을 조금씩 이해하던 구술자 5와 6의 부부는, 독일 사회보장제도의 혜택을 기대하며 독일로 왔으나 최소한의 독일어 능력과 노동 없이 독일 사회에서 '공짜로 사는 것'이 불가능하다는 사실을 알게 되자 자신이 이미 시민권을 가지고 있던 남한 사회로 돌아갈 것을 결정했다.

난민이 된 국민: '벌거벗은 생명'에서 자본주의적 신용을 가진 개인으로

2014년 한국으로 귀국한 필자는 9월 초에 가족과 함께 한국으로 '돌아왔다'는 구술자 12의 연락을 받았다. 2014년 6월 독일에서 진행한 필자와의 인터뷰에 의하면, 구술자 12와 13 부부는 모두 20대 중반의 나이로 수년 전 탈북하여 중국의 한 벌목장에서 우연히 만나 함께 살게 되었다고 소개했다. 2012년 딸이 출생한 후 미래에 대해서 고민하던 중 친절한 한국인 선교사의 도움으로 독일로 이주하게 되었다고 했으나, 이주의 구체적인 과정에 대해서는 밝히지 않았다. 한국에 도착하여 필자에게 연락한 구술자 12는 남편인 구술자 13이 귀국 당시 인천공항 소속 경찰의 검문을 받았으며, 경찰에 출두해야 하는 사정이라고 밝혔다. 사례 분석에 의하면 구술자 12와 13은 독일에서의 인터뷰 내용과 달리 2010년 중국에서 남한으로 입국하였으며, 그 이전에 남한으로 와 있던 구술자 13의 고모와 함께 생활하였다. 시고모의 일상적인 간섭이 심했을 뿐만 아니라, 고모가 엄청난 빚을 지게 되자 고민하던 두 사람은 인터넷을 통해서 알게 된 브로커의 말을 믿고 독일행을 결심하게 되었고, 이 과정에서 상당한 금액을 금융회사로부터 대출받았다.

브로커가 "외국이 살기 좋다"는 이야기를 해서 "가고 싶지만 무슨 돈으로 거기를 가냐"고 하자 "돈 문제는 걱정할 필요가 없다"며 C 캐피탈에 가서 예-예만 하면 된다고 했다. 그래서 ○○이 아빠(구술자 13)가 시키는 대로 이름 쓰고 도장을 찍었다. **우리도 아주 모르지는 않았지만**(필자 강조) 자기들이 다 알아서 한다고 해서 그냥 그렇게 했다. 알고 보니 브로커가 4천만 원짜리 아우디 자동차를 ○○이 아빠 이름으로

할부로 사 가지고 팔아 버렸고, 우리는 차는 보지도 못하고 그중에서 8백만 원을 받았다. 그 돈으로 1인당 2백만 원씩 브로커 비용 내고, 비행기 티켓을 사라고 해서 두 사람 비행기 표를 샀다. 그리고 한국에서 프랑스로 도착한 뒤 프랑스에서 벨기에로 이동할 때 택시비로 5~6백 유로를 각자 자기 돈으로 내고 벨기에로 간 뒤, 다시 기차와 택시 등을 서너 번 갈아타고 독일로 입국했다.'(구술자 12의 전화 인터뷰, 2014 II/1)

위의 내용에서 짐작할 수 있는 바와 같이 두 사람은 2013년 여름 독일로 출국하면서 자동차 구입 등의 명목으로 최소 4천만 원의 비용을 대출받았으며, 1년 뒤인 2014년 8월 말 귀국 당시 금융 사기로 수배되어 있던 구술자 13이 인천공항에서 경찰의 약식조사를 받게 된 것이다. 구술자 12는 귀국 직후부터 소위 '외국에 갔다 온 북한 사람들'에게 연락하여 대출 사기를 무마하기 위한 방법을 알아보던 중 필자에게 도움을 요청했던 것이다. 이후 우호적인 변호사들의 도움으로 구술자 13은 C 금융회사와 적은 금액으로 합의하게 되었고, 수사를 담당했던 관할 경찰서에서도 이들의 상황을 감안하여 혐의 없음으로 처리하였다.

구술자 13의 금융 사건이 마무리될 무렵인 2014년 10월 구술자 4가 한국에서 필자에게 연락했다. 자신 또한 구술자 13과 비슷하게 금융회사의 빚을 지고 출국하여 현재 경찰 조사를 받고 있는 형편이라고 했다. 이후 변호사를 통해 확인한 구술자의 금융 사기사건에 대한 자료에 의하면, 구술자는 A와 B 캐피탈을 통해 자동차를 할부로 구입한 후 브로커를 통해 되파는 것을 묵인한 것 외에도, 개인적으로 카드 대출을 한 금액까지 합쳐 전체 7천여만 원의 신용 대출 건을 정리하지 않은 채로 출국하였다(구술자 4의 구속적부심사청구서,

2014/2). 필자에게 연락하기 전 이미 경찰에 출두하여 강경한 태도로 조사를 받았던 구술자는 결국 구속 상태에서 재판을 받게 되었다. 독일 B시를 방문했던 필자와 상당한 '신뢰 관계'를 형성했던 구술자 4는 2014년 4월 필자와의 첫 만남에서 북한 사회에서 성실히 생활 하였으나 식량난 시기 군대의 민간인 약탈에 반항하다가 수년의 교화소 생활 중 중상을 입고 독일로 탈출한 전직 북한 군인으로 자신을 소개하였다. 그러나 2014년 10월 변호사들에 의해 작성된 자료에 의하면 구술자는 2008년 이미 중국으로 탈북하여 건물 인테리어 노동을 하던 중 2011년 사고로 왼손에 심각한 상처를 입었다. 그 직후 대한민국에 입국하여 종교 기관의 지원으로 여러 차례 수술을 받기도 했다. 구술자 4는 독일 생활 중 자신과 의형제가 되었던 한 독일 교수와 활동가 K씨 등의 탄원서 및 변호사들의 적극적인 활동으로 집행유예를 선고받고 2015년 4월 가석방되었다.

사례 분석에 의하면 독일에서 난민 신청을 했던 구술자들의 해외 이주의 첫 번째 과정은 북한에서 중국으로 가는 국경인 두만강을 불법으로 건너는 월경과 중국 사회에서의 체류 경험이다. 90년대 중반 북한의 식량난 시기 월경자들 대부분은 '자신의 몸'으로 혹은 몸/생명을 담보로 국경을 넘었다.[29] 남성 성인들의 경우 자신이 익숙한 지형을 이용하여 국경 너머 중국의 친척을 찾아가서 먹을 것을 구해 돌아오는 방식으로 식량난에 대처하기도 하였다. 이후 중국과 북한 사이의 국경을 넘게 해 주는 '중개인들'이 등장하기 시작하였다. 이

---

[29] 1990년대 중반 상대적으로 이른 시기에 자력으로 월경했던 경험은 다음의 자료 중 해당 사례를 참고하라. 좋은 벗들, 《두만강을 건너온 사람들: 중국 동북부지역 2,479개 마을 북한 '식량난민' 실태 조사》, 정토출판, 1999a; 《사람답게 살고 싶소: 북한난민 1,855명 증언》, 정토출판, 1999b.

주의 역사에 의하면 국경이 요새화될수록 불법 이주의 위험이 커지고, 이에 비례하여 중개 조직이 더욱 확장됨과 동시에 중개 비용은 높아진다.[30] 이 연구의 6명의 여성 구술자 중 4명(사례 2, 3, 5, 12) 또한 중개인을 통해 중국으로 탈북했으며, 이 과정에서 매매혼 또는 인신매매를 경험했다.[31] 구술자 3은 2009년 중국으로 가는 것을 '도와주겠다'고 한 남자의 말을 믿고 중국 장백현 쪽으로 월경하였으나, 그 남자는 구술자를 중국 대방에게 8천~1만 위안의 돈을 받고 팔았으며, 구술자가 중국에 도착하자 이들은 여자를 구하는 한족 남자에게 3만 위안을 받고 되팔았다(구술자 3의 구술 녹취록, 2014/4). 이처럼 북한 국경을 넘어서 중국으로 온 적지 않은 북한 여성들의 경험은, 자신을 보호해 줄 국가권력(국적의 효력)을 상실했으며 오직 '자신의 몸'밖에 팔 것이 없는 사람, 즉 '벌거벗은 생명' 그 자체로서의 존재 위치를 시사한다.[32] 앞의 사례에서 서로 다른 주체에게로 교환되는 몸이 바로 그것이다. 주목할 점은 폐쇄적이고 수령에 대한 믿음을 토대로 위계화된 사회주의 체제에서 정치적 · 물질적 보상을 받으며

---

30 아프가니스탄 전쟁 난민들의 이주를 소재로 한 마이클 윈터보텀 감독의 2002년 영화 〈인 디스 월드〉는 이와 같은 현실을 사실성에 기초하여 보여 준다.
31 초기 북한 여성들의 인권 침해에 주목한 기존 연구의 대부분이 매매혼을 경험한 북한 여성들의 사례에 주목하였다. 나아가 북한 여성들의 매매혼이 갖는 다층적 의미 등에 주목한 사례 연구로는 다음을 참조하라. 이희영, 〈새로운 시민의 참여와 인정투쟁: 북한이탈주민의 정체성 구성에 대한 구술 사례연구〉, 《한국사회학》 44/1, 2010, 201~241쪽; 〈탈북-결혼이주-이주노동의 교차적 경험과 정체성의 변위: 북한 여성의 생애사 분석을 중심으로〉, 《현대사회와 다문화》 2/1, 2012b, 110~148쪽. 북한 여성들의 도강과 탈북을 둘러싼 복합적인 삶에 대한 자전적 문학 자료로는 다음이 있다. 김유경, 《청춘연가》, 웅진지식하우스, 2012; 최진이, 《국경을 세 번 건넌 여자, 최진이》, 북하우스, 2005.
32 조르조 아감벤, 《호모 사케르》, 박진우 옮김, 새물결, 1995/ 2008.

집단적으로 생활하던 북한 주민들이,[33] 중국으로 가는 불법 월경을 통해 스스로의 몸/생명을 타자(중개인/조직)에게 내맡기게 되고, 따라서 철저히 개별적인 삶/존재로 전환하게 된다는 것이다.

다음으로 북한 주민들이 중국에서 제3국을 거쳐 대한민국으로 입국하게 되는 과정에서는 북한이탈주민에 대한 지원법에 근거하여 지급되는 다양한 지원금을 담보로 중개인들의 도움을 받고 있다. 북한의 주권적 보호에서 벗어난 개인들이 대한민국의 주권적 질서 속에 등록되는 대가로 지불되는 탈북자 지원금을 매개로 '선'을 타게 되는 것이다. 나아가 대한민국의 보호탈북자가 된 구술자들은 유럽 각국으로 출국하기 전 많은 경우 대한민국 국민인 자신들의 '신용'을 활용하여 중개인이 상당한 금액의 돈을 대출받도록 묵인 또는 동조하였고, 이 중 일부를 받아서 해외 이주 비용으로 충당하였다.[34] 주목할 점은 이미 대한민국 국적을 취득한 북한이탈주민들이 더 이상 자신의 생명/몸을 담보로 할 필요가 없는 자본주의적 신용의 주체가 된 것이다. 이들은 각자의 손으로 '서명'하는 것을 통해 자본주의적 거래가 가능하다는 사실을 인지하고 있으며 이것이 해외로의 이주를 가능하게 하는 경제적 토대가 되고 있다.

대한민국 국민으로서의 여권과 신용 대출로 마련한 여행 자금을 가지고 유럽에 도착한 이들은 해당 국가의 난민 신청소를 찾아가 대

---

33 권헌익 · 정병호, 《극장국가 북한: 카리스마 권력은 어떻게 세습되는가》, 창비, 2013.

34 해외로 출국하였다가 대한민국으로 재입국한 탈북자들 중 상당수는 경찰의 조사를 받은 적이 있으며, 구술자 4와 같이 검찰의 조사를 거쳐 구속되어 재판을 받은 경우도 적지 않다. 개인적으로 합의한 금액을 변제하기 위해 현재 심각한 경제적 어려움을 겪고 있기도 하다.

한민국 여권 대신 북한 신분증[35] 또는 북한 주민을 입증하는 자기고
백을 통해 탈북 난민으로 인정받고자 하였다. 국제 난민 인정에 관
한 규정에 따르면 이들은 이미 안전한 제3국인 대한민국을 거쳐서
유럽으로 왔을 뿐만 아니라, 대한민국 국적을 취득한 적이 있으므로
탈북 난민으로 인정받을 가능성이 희박하다. 따라서 유럽 각국에 도
착한 이들은 대한민국 국민으로서의 정체성을 숨기는 대신 탈북 난
민으로서의 정체성을 '증식'한다.[36] 다시 말해 이들은 유엔 북한인권
위원회 등이 공통으로 주장하고 있는 '전 사회적 차원에서 주민에
대한 인권 침해'가 이루어지고 있는 북한 사람으로서의 흔적들(신
체, 북한식 언어, 차림새, 습속과 문화에 대한 지식 등)을 동원하여 스스로를
'탈북 난민'으로 재현한다. 앞에서 소개한 바와 같이 대부분의 구술
자들은 북한에서 경험한 극심한 빈곤과 기아, 군대에서의 인권 침해
혹은 종교적인 이유로 인한 박해 등 난민 인정 과정에서 중요하게
여겨지는 자신들의 체험을 강조하는 반면, 그 외 중국 및 대한민국
에서의 경제활동 및 생활에 대해서는 축소하거나 언급하지 않음으
로써 '인권 침해를 경험한 탈북 난민'으로 자신을 재현하는 것이다.

국제 인권장치와 반전하는 위물성

2015년 2월 필자는 독일의 B지역에 대한 2차 현장 조사를 하였다.
2014년 여름 대부분의 구술자들이 한국으로 돌아간 뒤, 마지막으로

---

35 사례 10과 11은 자신들의 북한 공민증을 가지고 이주하였으며, 이를 독일 난민 신
   청소에 제출하였다.
36 이와 관련된 사례 연구로는 다음을 참고하라. 이희영, 〈(탈) 분단과 국제이주의 행
   위자 네트워크: '여행하는' 탈북 난민들의 삶과 인권에 관한 연구〉, 355~393쪽.

구술자 8과 9도 한국으로 귀국한 상태였다.[37] 필자는 난민소 B(1)와 C에 남아 있던 구술자 7과 10을 만나 2차 인터뷰를 하였다. 2014년 1차 인터뷰 당시 두 구술자는 독일에 난민 신청을 한 북한 사람으로서 남한 출신의 연구자인 필자를 만났으며, 이들이 필자에게 들려준 비극의 서사는 한편으로 자신들의 남한 체류 사실을 드러내지 않으면서, 다른 한편으로 독일 사회에서 난민 자격을 획득하는 데 필수적인 자신의 경험들(극심한 빈곤, 종교적, 이념적 억압 등)을 소개하는 것이었다. 이에 비해 2015년 초의 두 번째 만남에서는 자연스럽게 자신들의 남한 체류 사실을 전제로 북한과 남한, 그리고 독일로 이어지는 자신들의 체험을 돌아보고, 특히 남한을 떠나 독일 사회로 오게 된 배경에 대해 소개하였다.

구술자 10은 50대 초반으로 어린 시절 소아마비를 앓으면서 두 다리에 장애를 갖게 되었으나 가족들의 지원과 북한 당 조직의 배려로 시계수리공 교육을 받았다. 고등중학교 졸업 후 편의봉사 관리소의 시계수리공으로 일하며 구술자 11의 생모와 결혼하여 상대적으로 윤택한 생활을 했던 것으로 보인다. 1차 인터뷰에서 구술자는 주로 고위층들을 상대로 시계 수리를 하며 북한 사회의 고급 정보들을 공유하던 '교양 있는 북한 사람'으로 자신을 소개하였다. 7개월 뒤인 2015년 2월 구술자는 남한 체류 경험을 중심으로 자신을 소개했다.

---

37 구술자 10은 지인인 구술자 8과 9 부부가 한국으로 돌아가는 것을 공항에서 배웅했다고 했으며, 구술자 7은 한국에 잘 도착했다는 구술자 8의 전화를 받았다고 했으나 이는 사실이 아니었다. 독일 B지역 개신교 목회자 등에 의하면 구술자 8과 9 부부는 독일 당국으로부터 출국 명령을 받고 한국으로 돌아간다고 주변에 알린 후 독일의 다른 도시 E에 머물고 있었다. 2013년 벨기에에서 추방 명령을 받고 독일에 왔던 이들 부부는 수년째 유럽에 체류하고 있는 상황이다.

사례 분석에 의하면, 구술자의 부인이 2011년 먼저 중국을 거쳐 한국으로 왔고, 그로부터 3개월 뒤 구술자 10과 딸인 구술자 11이 태국을 거쳐 한국으로 왔다. 누구나 열심히 노력하면 잘살 수 있다는 '하나원에서의 교육' 등을 믿고 2012년 사회교육을 받고, 수차례에 걸쳐 우수한 성적으로 직업전문학교, 직업수련원 등을 졸업했지만, 장애인이기 때문에 고용할 수 없다는 말을 공공연히 하는 남한 사회의 위선적인 현실을 경험했다(구술자 10의 구술녹취록, 2015/2). 결국 구술자는 장기 실직으로 집안에 고립되었으며, 부부 사이의 힘 관계가 역전되는 경험을 했다. 어려웠던 북한에서의 삶을 벗어나 새로운 삶을 살기 위해 남한으로 온 구술자는 북한이탈주민 지원법에 따라 임대주택과 사회 정착을 위한 형식적인 지원은 받았으나, 실질적으로는 사회적 인정과 가족 내에서의 신뢰를 모두 상실하는 경험을 하게 된 것이다. 결국 구술자는 네덜란드로 이주한 북한 출신의 지인을 통해 브로커를 소개받았으며, '유럽에 가면 잘사는 나라이기 때문에 손 하나 까딱하지 않고 살 수 있다'는 말을 믿고 인천공항에서 독일 프랑크푸르트행 비행기를 탔다. 당시 브로커는 "당신 인생을 바꿔 주는 돈"이라고 주장하며 한화 3백만 원을 유로로 환전한 금액을 받아 갔다. 2015년 2차 인터뷰 당시 구술자는 해외로 나온 탈북자들 대부분이 해외 브로커들의 희생자이며, 대부분의 브로커들이 북한 사람들이고, 이런 경험을 한 사람들이 다시 브로커가 된다고 했다. 몇 달 후 필자는 B지역의 활동가들을 통해 구술자 10이 새로 독일에 입국하는 탈북 난민들을 공항에서 마중하고 있으며, 이들을 칼스루에 난민 신청소까지 안내하는 '브로커' 활동을 하고 있다는 소식을 들었다.

구술자 7은 2014년 인터뷰에서 북한 사회 전반에 대해서만 언급하던 태도와 달리, 2015년에는 독일 난민소 생활의 답답함과 더불어 자신의 남한 체류 경험을 구체적이고 열정적으로 토로하였다. 그는 2000년대 초에 러시아로 파견되어 일하던 중 미국 국적을 가진 한국인 선교사 등을 통해 2008년 한국에 입국했다. 생활의 터전을 마련하고자 임대주택으로 이사한 지 3일 만에 아파트 가스 배관 일을 시작했으나 얼마 되지 않아 허리를 다쳐 인근 병원에 입원하였다. 각종 검사를 한 후 수술을 해야 한다는 담당 의사의 '강력한 권유'를 믿고 척추 수술을 했다. 그런데 수술 후 왼쪽 다리 마비로 걷지 못하는 증상이 나타나 수개월간 진통제를 맞으며 지냈고 결국 심각한 후유증을 안게 되었다. 한동안 경제활동을 하지 못하던 구술자는 생계를 위해 러시아에서의 경험을 살려 공사 현장의 중장비 기사로 취직하여 노후한 장비들을 자신의 손기술로 고쳐 가면서 헌신적으로 일했으나, 최소한의 휴식 공간도 없는 열악한 조건과 비인간적인 대우에 분개하여 월급도 제대로 받지 못하고 그만두는 일이 반복되었다. 그는 "북한 사람이기 때문에 월급을 적게" 받아야 하는 현실을 반복하여 겪어야 했고, 이에 격분하였다. 또한 구술자 7의 경험에서 두드러진 것은 컴퓨터 수리를 도와주던 중 몸싸움에 휘말려 피해자였던 자신이 오히려 벌금 170만 원을 내게 된 것, 2012년 수원 지역 IT직업전문학교를 다니던 중 건달의 시비로 몸싸움을 하게 되면서 법원으로부터 벌금 및 압류 통지서를 수차례 받게 된 것이었다. 남한의 '재판소가 어떻게 돌아가는지' 전혀 알지 못하는 구술자로서는 왜 피해자였던 자신이 벌금을 내야 하는지 이해할 수 없을 뿐만 아니라, 재산 압류 통지까지 받는 상황에 대해 분노와 무력감을 동시에 느낀 것으로 보인다. 2012년 임대주택을 정리하고 그동안 모은 돈을 북한에 있는 딸과 아내에게 송금한 구술자는 같은 직업전문학교에 다니던 구술자 10의 권유로 독일로 오게 되었다고 했다. 구술자는 "정말 한번 잘살아 보겠노라고 생각했으나 여지없이 무너졌다"고 자신의 남한 생활을 평가했다(구술자 7의 녹취록, 2015/10).

위에서 살펴본 두 구술자의 체험에서 공통적인 것은 남한 사회의 '위선적'이며, 진실이 통하지 않는 현실에 대한 경험이었다. 자본 축적 과정의 소외(K. Marx)로 발생하는 전 사회적 차원의 물화 과정과 위선적 특성, 즉 위물성偽物性은 한국 사회의 예외적 현상이 아니지만, 탈북 난민들의 경우 북한 사회주의 체제의 경험 속에서 이에 직면한다는 점에서 주목할 만하다. 구술자 10은 신체장애에도 불구하고 자신의 '손'으로 가족을 책임질 수 있었던 북한 사회에서와 달리, 새로운 삶을 꿈꾸며 이주한 남한 사회에서 사회적 배제와 고립에 직면했다. 구술자는 북한이탈주민 지원법이 북한이탈주민의 실질적인 사회 정착과 안정적인 삶을 목표로 하기보다는 정교하게 기획된 위선적인 지원 프로젝트라는 현실을 간파하게 된 것이다. 취업을 위한 일정 기간의 학원비와 자격증 취득 후의 인센티브가 책정되어 있지만, 취업을 보장하지는 않는다. 결국 구술자는 탈북자 지원법에 명시된 인센티브라도 수령하기 위해서 일정 기간의 기술 교육을 반복적으로 수료하고, 서너 개의 자격증을 취득하였다. 실제 취업할 목적의 기술이 아니지만. 그것 이외에 신체장애를 가진 구술자가 남한 사회에서 할 수 있는 '경제활동'은 발견할 수 없었던 것이다. 2000년대 말 러시아에서 남한으로 입국한 구술자 7은 위선적인 의료체계, 관행적인 노동 착취와 인권 침해, 나아가 가해자와 피해자의 반전을 묵인하고 인정하는 사법체계로 인한 피해와 고통을 몸으로 체험하며 유럽으로 '탈출'하였다. 절실한 삶의 요구에는 귀 기울이지 않고, "밥이나 먹고 치약이나 주는" 위선적인 남한 사회가 아니라 성실한 노동의 대가를 인정받을 수 있는 새로운 사회를 찾아 또다시 국경을 넘었다.

또한 2013년 구술자 7과 10은 다른 사례들과 마찬가지로 대한민국 국적 및 신용 거래를 토대로 국경 이동의 자격과 비용을 마련하였다.[38] 앞에서 살펴본 바와 같이 해외 탈북을 중개하는 집단 또는 개인들은 이들의 해외 이주 자금을 마련하기 위해 신용 대출을 권유 및 중개하고 있다. 2004년 미국의 북한인권법, 2006년 유럽의 북한인권법 제정을 계기로 미국과 유럽으로 이주했던 개인들이 자신의 가족과 지인을 데려오기 위해 형성되었던 개인적 네트워크가 급속히 국제 탈북 네트워크로 확장된 것으로 짐작된다.[39] 그런데 대한민국의 북한이탈주민 지원법이 탈북자들에 대한 생활지원금을 보장한 반면, 미국과 유럽의 북한인권법은 이들의 '난민 지위'에 대한 정당성 외에 경제적 보상은 하지 않는다. 다시 말해 미국과 유럽으로 이동하기 위한 실질적인 자원이 보장되지 않은 것이다. 따라서 북한이탈주민들의 해외 탈북을 위한 자금 조달 방식으로 대한민국 시민으로서의 신용 대출 제도가 '활용'되고 있는 것으로 보인다.

나아가 한국 사회의 위선적 현실을 피해 독일로 갔던 구술자 7과 10은 2015년 현재 스스로의 해외 이주 경험을 토대로, 다른 북한이

---

[38] 2006~2007년 영국에서 난민 신청을 했던 대규모의 북한 국적자들 중 많은 경우가 대한민국 국적을 취득했던 보호탈북자들로 이러한 과정을 통해 북한, 중국, 한국 및 유럽으로 이어지는 초국적 네트워크를 형성한 것으로 추정된다. 이희영, 〈(탈)분단과 국제이주의 행위자 네트워크: '여행하는' 탈북 난민들의 삶과 인권에 관한 연구〉, 2013; 정병호, 〈냉전 정치와 북한 이주민의 침투성 초국가 전략〉 2014.

[39] 지인 및 가족들의 정보와 도움을 통해 영국으로 이주했던 초기 사례로는 다음을 참고하라. 이희영, 〈(탈)분단과 국제이주의 행위자 네트워크: '여행하는' 탈북 난민들의 삶과 인권에 관한 연구〉, 372~378쪽.

탈주민들에게 해외 탈북을 중개하는 역할을 하고 있다. 1년이 넘게 독일 난민소에 머물고 있는 두 구술자는 독일 정부가 제공하는 최저생계비 외에 다른 수입이 없으며, 언어 장벽 등으로 인해 경제활동을 하지 못하고 있다. 대신 SNS를 통해 한국에 있는 북한이탈주민들에게 '멋진 해외의 모습'을 선전하여 해외로 나오도록 함으로써 중개료를 받고 있는 것이다.[40] 처음 자신의 몸/생명을 담보로 북·중 국경을 넘었던 이들은 대한민국의 국적과 신용 대출을 얻었고, 또 다른 국경을 넘어 재이주하는 과정에서 위선적인 자본주의적 거래의 대상이 되기도 하고, 그것의 주체가 되기도 하는 경험을 하게 된다. 즉, 자본주의 사회의 위물성을 체현하거나, 적극적으로 전유하는 행위자가 되기도 하는 것이다. 이러한 과정은 북한 주민 혹은 대한민국 국민이었던 이들의 정체성이 복수로 '증식'되거나 착종되어 진짜가 가짜가 되기도 하고, 가짜가 진짜로 반전되기도 하여 더 이상 둘을 구분할 수 없는 혼종적이며 유동적인 삶을 만들어 가는 과정이기도 하다.

탈북 난민에서 유럽 사회의 국민으로

지금까지 살펴본 사례 재구성 과정에서 드러나는 구조적 특징을 살펴보면 첫째, 북한 주민들이 북·중 국경을 넘는 과정은 자신의 몸/생명을 담보로 한 직접교환의 과정이자, 자본주의적 질서로의 세

---

[40] 이들뿐만 아니라 구술자 1도 유럽에 체류하는 동안 한국의 가족과 지인들에게 '외국의 잘사는 모습'을 SNS로 소개하고 이들의 해외 이주를 중개하였다. 필자에게 구술자 1을 소개한 지인도 이를 통해 해외 이주를 경험했다.

속화secularization 과정이라고 할 수 있다. 탈북 난민들에 대한 초기 연구들이 집중적으로 고찰한 이들의 '비극적인 경험들(인신매매, 매매혼, (성)폭력, 아사에 가까운 빈곤, 이산 등)'은 수령 중심의 계획경제 체제 속에서 당과 직접 결합되었던 가장 낮은 위치의 개인들(특히 여성들)이 국가주권의 영역인 국경 넘기를 시도함으로써 '희생'되는 현실들을 보여 준다. 동시에 이 과정은 자본을 가진 적이 없던 이들이 존재 그 자체인 몸/생명을 희생함으로써 스스로가 원초적인 매개의 형식이 되는 것으로, 이후 이러한 자신들의 존재가 물화된 형태인 제도(탈북자 네트워크)의 생성을 추동한다.

둘째, 대량 탈북 이후 중국의 동북 3성 등의 탈북 난민 집단을 중심으로 형성된 인권장치의 특징은 남북 분단과 낡은 체제 갈등을 토대로 한다. 중국과 북한 사이의 정치적 연대에 따라 탈북자들의 난민 지위를 인정하지 않은 중국과 달리 남한 정부는 '북한이탈주민에 대한 지원법'을 개정하여 탈북자들의 인권 보호를 위한 물질적 지원을 보장했다. 대한민국 정부가 제공하는 탈북자 지원금은 탈북 난민들의 생명이 물화된 '대표적인 제도'로, 이를 둘러싸고 다중적 차원의 매개집단(브로커 조직)들이 탄생하게 된 것이다. 이주가 발생하는 전 세계의 지역과 공간에는 매개집단이 활동하고 있으며, 이주와 매개집단은 공생적 사건이다. 그러나 탈북 난민들의 이주 네트워크는 개인이 아닌 국가의 지원금에 근거하여 형성되었다는 점에서 주요한 차이를 갖는다.[41] 대한민국 정부가 사후적으로 지불하는 북한

---

[41] 이주와 이동이 발생하는 전 세계 모든 곳에서는 (불법) 중개 조직이 형성된다. 그러나 아프리카, 중동, 아시아 등에서 유럽으로 향하는 이주의 네트워크에는 국가지불금이 작동하지 않는다. 아프리카에서 유럽으로의 이주, 관광, 중개 조직 등이 결합된 현실에 대해서는 다음을 참조하라. Holert, Tom; Terkessidis, Mark, *Flieh Kraft*.

이탈주민에 대한 정착금을 담보로 북한-중국-남한 사이의 이주 네트워크가 급속히 형성됨과 동시에 탈북 난민들의 '비극의 서사(1)'가 구성된다. 앞서 살펴본 바와 같이 북·중 국경 넘기의 과정은 몸/생명이라고 하는 존재 그 자체가 교환되는 것으로 '입'을 통한 서사가 매개할 수 있는 대상이 없다. 그러나 중국 및 제3국을 통한 남한 입국의 과정에서는 탈북 난민의 몸/생명이 탈북자 지원금으로 매개되고 있으며, 이러한 매개를 통해 탈북 난민과 대한민국의 자본주의 국가 체제가 긴밀히 결합되고 있다. '비극의 서사'는 비극적인 경험 그 자체가 아니다. 자신의 존재에 대한 재현 형식으로서의 서사는 비극적 경험에 대한 '거리'를 통해서 재구성된다. 북한의 주권적 보호로부터 벗어난 중국 체류 북한 주민들은 아감벤의 용어를 빌리자면 '벌거벗은 생명'으로서 누구에게든 죽임(인권 침해에 해당하는 각종 유린 등)을 당할 수 있는 존재임과 동시에 벌거벗은 생명의 담보로 형성된 국가주권의 실체를 드러내는 존재이기도 하다. 따라서 제3국을 통한 대한민국으로의 입국은 자신들의 자연적 존재를 대한민국의 법적·정치적 질서에 등록하는 행위이며, 자신의 몸/생명이 대한민국 국민으로서의 인권 보장 및 정착지원금과 교환되는 과정이다. 이런 관점에서 대한민국 입국 과정에서 탈북 난민들이 자신들의 비극적인 경험들을 토대로 구성하는 '비극의 서사(1)'는 국민국가 질서로 통합되기 위한 커밍아웃이라고 할 수 있다.[42] 입국 과정에서 이

Gesellschaft in Bewegung von Migranten und Touristen. Köln: Kiepenheuer & Witsch, 2006.

42 2015년 칸영화제 황금종려상을 받은 자크 오디아르 감독의 영화 〈디판Dheepan〉에서도 스리랑카 내전을 피해 망명을 결심한 주인공이 브로커에게 디판이라는 남자 신분증을 사고, 낯선 여성과 아이를 자신의 가족으로 위장한 뒤 프랑스 국경을 넘

루어지는 통합 심문에서 각 개인은 자신의 존재를 커밍아웃해야 하는 압력에 직면하고, 이전 시기의 체험 중 북한 정권의 다양한 억압으로 인한 고난과 위험을 중심으로 비극의 서사를 구성하게 된다. 이로써 북한 정권의 억압을 피해 남한 사회로 온 '북한이탈주민'으로 인정을 받고, 대한민국의 '보호탈북자'로 등록된다. 난민의 인권을 외면하는 국민국가 체제에서 국경을 넘어 이주한 탈북 난민들의 '비극의 서사'와 각종 위장 행위들은 국민국가의 시민적 규범인 '진짜-가짜의 구도'만으로 재단하기 힘든 삶의 위기와 타협의 흔적들이다.

셋째, 대한민국의 시민권을 획득한 '보호탈북자'들은 일상생활 속에서 개인의 생존을 위한 무한경쟁과 사적 소유(권)에 의해 존재가 결정되는 현실을 경험하게 된다. 이전 시대의 종교 혹은 이념의 자리를 대신한 사적 소유권 혹은 자본의 권력이 인권을 무력화하고, 사물의 배타적 사용을 가능하게 하는 신자유주의 한국 사회에서 보호탈북자들은 3등 시민으로의 낙인과 구조적 주변화를 절감하는 것으로 짐작된다. 결국 수령이라고 하는 일반적 등가물을 중심으로 작동하던 전체주의적 북한 사회의 배급체제가 가치를 상실하게 되는 상황(고난의 행군 등)에서 자본주의 사회의 개인이 된 이들은 악화가 양화를 구축하고(위선적 고용과 거래), 가짜와 진짜가 무한히 반전(위계적 권력관계의 실현 등)하는 현실의 대상이자 주체로서 새로운 국경 넘기를 시도한다. 대한민국의 국민으로 신용거래의 주체가 된 이들

으며, 이후 시민권을 얻기 위해 겪는 갈등과 협상을 보여 준다. 이 과정에서 수없이 거짓말을 하고 스스로를 위장해야 하는 사정들이 등장하고 관객들은 이를 암묵적으로 받아들이게 된다.

은 자신들의 '손/서명'을 담보로 새로운 삶을 마련하기 위해 필요한 최대치의 자본을 대출받는다. 각종 금융기관을 통한 대출금을 토대로 투기를 하는 것이 '자연스러운' 한국 사회에서 이들이 행하는 대출 구매는 새로운 삶을 위한 투기/투자로 이해되기도 한다. 위선적인 거래가 양식화된 사회에서 '사기 행위'는 하나의 사건일 뿐이다. 일상화된 사기 행위들은 이와 같은 가짜 거래가 사회적으로 제도화되고 있음을 시사한다. 대한민국 여권과 유럽 사회로의 비행기 티켓을 가진 국민이자 난민이기를 희망하는 개인으로서 이들은 또 다른 국경을 넘어간다. 이 현장 연구는 2014년 남한에 정착했던 보호탈북자로 독일에 난민 신청을 했던 3명의 구술자 외에 중국에서 독일로 왔다고 한 구술자 7명, 그리고 러시아 파견노동 중 독일로 왔다고 소개한 구술자 3명에 대한 인터뷰와 참여관찰에 기초하고 있다. 그러나 앞의 사례 연구 결과가 보여 주는 바와 같이, 2013년 여름 독일에

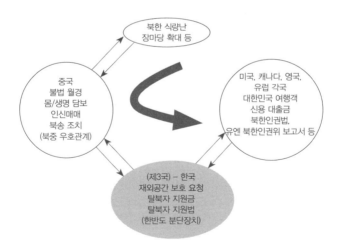

〈그림 1〉 탈북 난민과 국제 인권장치

난민 신청을 했던 북한 국적의 구술자들은 모두 한국 사회의 시민권을 가졌던 개인들로 한국에서 독일로 간 사례들이었다.

넷째, 북한 국경을 넘어온 탈북 난민들의 미국, 캐나다 및 유럽 사회로의 국제 이주가 현실화된 계기는 '북한 인권문제'를 국제적 의제로 제기하기 시작한 미국이 2004년 북한인권법North Korean Human Rights Act of 2004을 제정하고,[43] 탈북 난민의 수용 의지를 선언한 것이라고 할 수 있다. 이를 계기로 일본과 유럽에서 북한인권법이 제정되는 등 국제 인권장치가 재구성되고 탈북 난민의 국제 이주 네트워크가 다규모적 차원에서 형성된 것으로 짐작된다. 미국의 북한인권법 제정은 부시 정권의 북한 핵개발 정책에 대한 대응이라는 맥락 속에서 이루어진 것으로, 당시 북한의 핵실험을 억지하기 위해 북한 인권문제를 '정치화'한다는 비판이 제기되기도 하였다.[44] 초안의 수정을 거쳐 최종적인 입법 목적으로 북한 내에서의 인권 존중과 보호 증진, 북한 난민에 대한 보호 및 민주적인 정부 하에서의 한반도 평화적 통일 과정을 증진하는 것 등을 제시하였으나, 사실상 탈북 난민에 대한 보호 조치[45] 외에 실질적인 효과는 확인되지 않고 있다. 그런데 이 법에 의하면 미국은 탈북 난민들이 대한민국에서 시민권을 부여받을 가능성에도 불구하고 미국으로의 난민 신청을 거부하

---

[43] 한시법으로 제정되었던 이 법은 2008년 재연장되었으며, 2012년 '북한인권법 재승인법안'이 가결되어 2017년까지 연장되었다.

[44] 미국의 북한인권법 제정의 배경과 구체적인 내용에 대해서는 다음을 참고하라. 김수암, 〈부시행정부의 대북인권정책: 북한인권법과 민주주의증진법을 중심으로〉, 《한국 정치외교사논총》 27권 2호, 2006, 345~372쪽.

[45] 〈미국의 소리〉, 〈자유아시아 방송〉 등의 자료에 의하면 2006~2013년에 미국이 난민으로 받아들인 탈북 주민은 최대 159명으로 캐나다 및 유럽 각국과 비교하여 상대적으로 적은 수치이다. 또 〈표 1〉의 국제난민기구 통계에서는 48명에 불과하다.

지 않는다고 밝힘으로써, 사실상 탈북 난민의 재이주를 가능하게 하는 법적 토대와 정당성을 제공하였다. 즉, 북한을 극도의 인권 침해를 자행하는 '비정상국가'로 전제하는 미국의 북한인권법과 유엔 북한인권위원회의 활동 등은 한편으로 미국 중심의 인권 관련 가치를 세계 보편적인 질서로 작동하게 하는 동시에, 구체적인 대상으로 북한의 주권적 범위를 벗어난 개인들을 '난민으로 인정'하도록 요청하는 국제 인권장치의 행위자로 작동하고 있다. 결국 북한 국경을 넘어온 개인들 혹은 중국 체류 중인 탈북 난민들에게 '국제 난민'으로서의 지위를 획득할 수 있는 국제적 정당성을 제공하였으며, 이를 토대로 유럽과 미국, 캐나다로의 국제 이주의 초국적 네트워크가 급속히 형성되었다. 이것은 또한 대한민국의 보호탈북자들이 신용 대출과 대한민국 여권으로 출국하여 유럽의 각국에서 '비극의 서사(2)'를 재구성함으로써 새로운 국민으로 '환생'할 수 있는 제도적 장치로 작동하고 있다. 이러한 관점에서 탈북 주민들의 재이주는 기존의 국민국가 체제로의 등록을 재구성하는 것이자, 국제 인권장치로의 결합을 강화하는 현실을 보여 준다.

국제 인권장치와 초국적 탈북 난민의 탄생

현대사회에서 난민은 예외적인 현상이 아니다. 근대국가의 수립과 해체, 각종 전쟁과 자연재해 및 사회적 갈등으로 인해 매년 천만 명 이상의 난민들이 삶의 터전을 떠나 살 곳을 찾아 세계를 떠돌고 있으며, 미국과 유럽을 비롯한 각 국가들은 난민들이 자국의 국경에 접근하지 못하도록 각종 정책과 제도를 시행하고 있다. 이런 관점에서 국민과 난민은 현대 자본주의 국가 체제를 공동으로 구성하는 주요 행위자라고 할 수 있다. 20세기 말 북한 사회의 경제적 어려움을 계기로 북·중 국경을 넘어온 탈북 난민들은 21세기 국제 인권장치의 주요한 대상이자 적극적 행위자로서 전 세계로의 국제 이주를 시도하고 있다.

이 사례 연구는 국제적 '탈북 난민'의 형성 과정에서 대한민국의 북한이탈주민에 대한 지원 제도 및 이를 통한 대한민국 체류가 매개적 역할을 하고 있음을 보여 준다. 몸/생명을 담보로 국경을 넘었던 탈북자들이 남북 분단의 산물인 지원법에 근거하여 대한민국에 체류하게 됨으로써 세계 이주의 통행증과 신용거래에 의한 물적 자원을 전유하게 된다. 결국 이들에게 대한민국은 '국제 탈북 난민'의 지위를 형성하기 위한 중간 기착지가 되고 있다. 남한 체류를 통해 확보한 시민권과 자금을 가지고 국제 탈북이 준비되고 있다는 점에서 그러하다. 지금까지의 사례 연구에 의하면 중국과 남한 이외에 체류하고 있는 대부분의 탈북 난민들은 대한민국을 경유한 개인들이라고 추정해 볼 수 있으며, 한반도의 분단장치와 국제 인권장치의 상호적 형성을 통해 탈북 난민의 초국적 네트워크가 역동적으로 (재)조직되고 있는 것으로 추정된다.

이런 과정을 통해 형성되는 초국적 '탈북 난민'이란 인권의 주체(人)인 동시에 국민국가의 국민(民)이라는 '새로운 개인'으로서의 특성을 보여 준다. 이들은 북한 탈출이라는 원형적 경험을 토대로 '세계 이주의 통행권'을 부여받은 개인인 것처럼 보인다. 이런 관점에서 '탈북 난민'이라는 새로운 개인들은 '국제 인권장치'의 적극적 행위자이자 결과라고 할 수 있다. 주목할 점은 이들이 머무는 각 국가에서 자신들의 권리를 요구하기 위해 '원형적 탈북 경험'을 반복하게 된다는 것이다. 자신들이 횡단하는 중국, 남한, 캐나다, 영국, 독일

등의 국가적 차원에서뿐만 아니라, 각 국가 내에서도 자신들의 반전하는 정체성을 (재)구성하고 실현하기 위해 끊임없이 '비극의 서사'를 구현하고, 이에 부응하는 다양한 행위 양식들을 실천한다. 이를 통해 일상 속에서 연쇄적 '탈북'이 시도되고 있으며, 이들이 거치는 곳곳에서 '탈북 경험'이 반복적으로 수행되고 있는 것이다.

21세기 냉전시대의 이념이 가치를 상실한 시대에, 미국과 유엔 등으로 상징되는 국제질서 속에서 서구적 의미의 '인권'이 국경이 없는 보편적 가치로 (재)호출되는 것으로 보인다. '북한 인권문제'는 이 사례 연구 속에서 마치 그들과 우리를 구별하는 새로운 범주로 여겨지는 듯하다. 이를 인정하고 옹호하는 다수의 자본주의 국가와 그 외의 국가를 구별함으로써 21세기 지구화 시대의 '정상/비정상 구조'를 만들어 내는 경향을 드러낸다. 근대 국민국가 체제의 패러다임 속에서 개인의 인권이 국민-비국민 구도의 종속적 가치가 된 반면, 21세기 신자유주의 체제에서 미국 및 유엔을 중심으로 한 국제 인권장치는 이념적 갈등을 대체하는 '정상적인' 존재 양식으로 제시되는 경향이 있다.

참고문헌

강영숙,《리나》, 문학동네, 2011.

권헌익 · 정병호,《극장국가 북한: 카리스마 권력은 어떻게 세습되는가》, 창비, 2013.

김유경,《청춘연가》, 웅진 지식하우스, 2012.

박명규 외,《노스 코리안 디아스포라: 북한주민의 해외탈북이주와 정착사례》, 서울대학교 통일평화연구소, 2011.

북한인권사회연구센터 편,《유엔 인권메커니즘과 북한인권》, 통일연구원, 2013.

서보혁,《북한인권: 이론 · 실제 · 정책》, 한울아카데미, 2007.

_____,《코리아 인권—북한 인권과 한반도 평화》, 책세상, 2011.

이영형,《러시아의 극동개발과 북한노동자》, 통일연구원, 2012.

조르조 아감벤,《호모 사케르》, 박진우 옮김, 새물결, 1995/ 2008.

조르조 아감벤,《목적 없는 수단》, 김상운 · 양창렬 옮김, 난장, 1996/2009.

조르조 아감벤,《장치란 무엇인가? 장치학을 위한 서론》, 양창렬 옮김, 난장, 2006/2010.

조해진,《로기완을 만났다》, 창비, 2011.

좋은 벗들,《두만강을 건너온 사람들: 중국 동북부지역 2,479개 마을 북한 '식량난민' 실태 조사》, 정토출판, 1999a.

_____,《사람답게 살고 싶소: 북한난민 1,855명 증언》, 정토출판, 1999b.

최진이,《국경을 세 번 건넌 여자, 최진이 》, 북하우스, 2005.

통일연구원,《2014 유엔인권위원회 북한인권조사위원회 보고서. Report of the commission of inquiry on human rights in the Democratic People's Republic of Korea》, 통일연구원 북한인권자료집, 2014.

황석영,《바리데기》, 창비, 2007.

고기복, 〈EU 국가의 난민인정제도〉,《한 · 독 사회과학논총》17/1, 2007, 37~69쪽.

김수암, 〈부시행정부의 대북인권정책: 북한인권법과 민주주의증진법을 중심으로〉,《한국정치외교사논총》 27/2, 2006, 345~372쪽.

박순성, 〈북한 인권 문제와 한반도 분단체제: 〈유엔 인권이사회 북한인권조사
위원회보고서〉에 대한 비판적 독해를 중심으로〉,《북한연구학회보》 18/2,
2014, 281~309쪽.

송영훈, 〈해외탈북이주 현상의 현황과 쟁점〉,《JPi 정책포럼》, 10, 2012, 1~24쪽.

이수정 · 이우영, 〈영국 뉴몰든 코리아타운 내 남한이주민과 북한난민 간의 관계
와 상호인식〉,《북한연구학회보》 18/1, 2014, 137~174쪽.

이희영, 〈새로운 시민의 참여와 인정투쟁: 북한이탈주민의 정체성 구성에 대한
구술 사례 연구〉,《한국사회학》 44/1, 201~241쪽.

_____, 〈아날로그의 반란과 분단의 번역자들: 남한 드라마 시청의 행위자 네
트워크를 중심으로 〉,《경제와 사회》 94, 2012a, 39~79쪽.

_____, 〈탈북-결혼이주-이주노동의 교차적 경험과 정체성의 변위: 북한 여성
의 생애사 분석을 중심으로〉,《현대사회와 다문화》 2/1, 2012b, 110~148쪽.

_____, 〈(탈) 분단과 국제이주의 행위자 네트워크: '여행하는' 탈북 난민들의
삶과 인권에 관한 연구〉,《북한연구학회보》 17/1, 2013, 355~393쪽.

정병호, 〈냉전 정치와 북한 이주민의 침투성 초국가 전략〉,《현대북한연구》 17/1,
2014, 49~100쪽.

헤이즐 스미스, 〈북한은 반인도적 범죄국가인가—식량권 침해에 대한 '상식'화된
가설 분석〉,《창작과 비평》 41/3, 2013, 490~515쪽.

Arendt Hannah, *Elmentare und Ursprünge totaler Herrschaft. Antisemitismus,*
Imperialismus, totale Herrschaft. F/am M.: Europäische
Verlagsanstalt, 1955.

Carey, Sabine C.; Gibney, Mark; Poe, Steven C. *The Politics of Human Rights:*
The Quest for Dignity. Cambridge University Press, 2010.

Foucault, Michel, *Dispositive der Macht. Ueber Sexualitaet, Wissen und*
Wahrheit. Berlin: Merve Verlag, 1978.

Holert, Tom; Terkessidis, Mark, *Flieh Kraft. Gesellschaft in Bewegung von*
Migranten und Touristen. Köln: Kiepenheuer & Witsch, 2006.

Lee, Chaimun, "Gastarbeiter Dynamics: The North Korean Labor Forces in
the Russian Far East",《슬라브학보》, 19/2, 2004, pp. 763-795.

Marx, Reinhard, "Flüchtlingsschutz oder Menschenrechtsschutz?", Franz-
Josef Hutter/Anja Mihr/ Carsten Tessmer(Hrsg.), *Menschen auf der
Flucht*, Leske + Budrich: Opladen, 1999, pp. 265-282.

Park, Sungsong, "Human Rights in North Korea and U.S. Policy",《북한연구학
회보》9/1, 2005, pp. 339-385.

Treibel, Annette, *Migration in modernen Gesellschaften. Soziale Folgen von
Einwanderung, Gastarbeit und Flucht.* Weinheim & Muenchen: Juventa,
2011.

Yi, Hee-Young; Shin, Hyo-Eun, "Grenzgänger als Potenzialitäten in
globalisierten Gesellschaften", Chang-Gusto, Y. ; Han, N. ; Kolb, A. (Hg.),
*Unbekannte Vielfalt. Einblicke in die koreanische Migrationsgeschichte in
Deutschland.* DOMid: Berlin, 2014.

기타 자료

Harden, Blaine.《*Flucht aus Lager 14. Die Geschichte des Shin Dong-hyuk, der
im nordkoreanischen Gulag geboren wurde und entkam*》, DVD, Spiegel
Buchverlag 2012.

서울 지하철 모빌리티와 여성 경험:

근대적이고도, 전근대적인

방희경 · 류지현

이 글은 《한국언론정보학보》 제83호(2017.6)에 게재된 원고를 수정 및 보완하여 재수록한 것이다.

지하철 공간에 대한 '어젠더/어젠다a-gender/agenda'

　나의 일상은 다른 사람들의 그것과 크게 다르지 않을 것이다. 아침이 밝으면 알람을 끄고 일어나 넋이 나간 표정으로 앉아 있다가 시간을 확인하고는 분주하게 움직인다. 치열한 삶의 교전 현장으로 이동할 채비를 마치면, 마을버스나 택시를 타고 지하철로 향한다. 근대modernity가 사회의 다양성과 이종성을 획일화하고 유동하는 인간의 욕망을 표준화했듯, 지하철은 획일적이고 표준화된 경로를 통과하여 나를 일터로 옮겨 놓는다. 일터에 도착하면서부터 밀린 일들을 처리하고 쏟아지는 업무 속에 긴 하루를 보내고 나면, 나는 다시 만원 지하철에 무거운 몸뚱이를 욱여넣고 집으로 향한다. 이처럼 반복되는 일상everyday life은 근대적 삶의 특징이며, 지하철은 근대적 삶으로서의 일상을 재생해 내는 중추적 시스템이다. 지하철은 거의 정체 없이 도시 주체를 노동 장소로 이동시키고 또 그들이 에너지를 축적할 수 있도록 다시 주거지로 옮겨 놓는다. 내가 살고 있는 서울 도시에서의 일과 잠의 단색적·기계적 삶은 빠르고 정확한 대중교통 수단인 '지하철'에 크게 의존한다.

　일상을 창출하게 된 도시화·산업화 과정은 대중교통 수단의 발전과 분리해서 생각할 수 없다. 서울에서의 대중교통 수단은 일제 식민 시기인 1899년에 처음 등장한 '전차'로부터 출발했다(전규찬, 2010). 전차는 1950년까지 서울의 주도적인 대중교통 수단으로 자리 잡으며 근대적 생활양식의 단초를 마련했다. 이후 60~70년대 근대화·산업화·도시화가 본격적으로 진행되는 동안에는 '버스'가 주도적 대중교통 수단의 위치를 차지한다(전규찬, 2010). 대량의 수송 능력과 낮은 요금 체계에 덧붙여 노선의 유동성까지 갖춘 버스는 도시 공간을 물리적·지각적 차원에서 확장시켰고, 도시 노동자들을 자본주의 생산 현장으로 실어 나름으로써 도시화·산업화의 리듬을 주조하고 또 조율했다. 점차 도시 인구가 늘어나고, 도로 위의 교통체증이 심화되면서 지하철이 등장했다. 1971년 서울시는 인구 증가와 도시 개발로 지상地上이 과부하 상태에 이르렀다고 판단하고, 미개척지로서의 지하地下에 새로운 수송 수단을 설치하기 시작한다. 사람들은 지하철을 통해 실질적·감각적 생활의 리듬을 더욱 촘촘하게 배치하고 바쁜 일상을 보다 효율적으로 지배할 수 있게 되었다. 1980년부터는 지하철이 서울의 대표적인 대중교통 수단으로 자리를 잡는다.

지하철은 시공간을 압축시키는 수단이면서도, 그것의 의미는 '수송'에 한정되지 않는다. 존 어리John Urry(2007)는 걷기라는 육체적 이동부터 기차를 통한 대규모 이동, 메신저를 통한 가상 이동에 이르기까지 현대사회의 특징인 '이동성'에 주목하며, 근대 인간의 삶이 이동성이라는 '모빌리티mobility'에 의해 구성되었다고 주장한다. 어리는 기존의 사회과학 연구 방식이 국가 단위의 계급 또는 지리적으로 근접한 공동체와 같은 고정된 대상에 기반을 두고 있다고 비판하면서 모빌리티 패러다임을 통해 현대사회를 해석할 것을 제안한다. 특히 어리는 자신의 저서 《모빌리티mobility》에서 모빌리티와 사회적 불평등 사이의 관계를 탐색한 바 있다. 나는 어리가 제안하고 있는 모빌리티 개념에 주목하면서 이를 지하철 모빌리티로 구체화해 논의를 이어가 보고자 한다. 그러나 어리가 모빌리티와 사회적 불평등 사이의 관계를 논의하면서 접근성을 네트워크 자본 개념에 연결하고 있는 것과 달리, 지하철 모빌리티가 발생시키는 세부적인 공간에서 이루어지는 일상에 초점을 두어 보고자 한다. 지하철은 나의 일상이 이루어지는 '공간space'을 제공한다. 역사驛舍에 들어선 상점과 편의시설, 그리고 흔들림이 크지 않은 객차, 나는 지하철 공간에서 그 특성에 맞는 경험들을 이루어 낸다. 그리고 그 경험으로부터 도시 삶과 일상이 피어오른다.

사실상 이 글은 홀로 작성된 것이 아니라 두 명의 저자가 공동으로 참여한 결과이다. 두 저자는 현재 서울에 거주하고 있는, 한국 국적의 40대 중반과 20대 후반의 여성으로, 각각 1990년 중반과 2000년 후반부터 본격적으로 서울 지하철 공간을 경험하기 시작했다. 이 연구는 처음부터 끝까지 두 명의 저자가 개인적 기억을 떠올리고 긴밀한 대화를 나눈 결과이다. 두 명의 저자는 각자의 지하철 경험을 소환하면서 자료를 수집하고 대화를 이어 갔고, 이론적 고민과 성찰의 과정을 공유하면서 합의에 도달했다. 하지만 글을 쓰는 과정에서 제1저자인 내가 좀 더 앞으로 나서서 '화자話者'의 역할을 맡기로 했다. 이런 결정은 연륜과 무관하게 이루어진 것이었지만, 내가 서울의 근대화·산업화·도시화 과정 속에서 발생하는 모순을 보다 오랫동안 경험했다는 점에서 내린 결정이기 때문에 연륜과 완전히 무관하다고 할 수는 없다.

이 연구를 함께 진행한 동료 연구자는 2000년 후반에 상경해 대학 생활을 시작하면서 지하철 정기 이용자가 되었고, 현재는 직장 생활과 박사과정을 병행하며 지하철을 통해 모빌리티 능력을 확장하고 있다. 나는 1990년 중반 지하철이 중추적 대중교통 수단으로 자리를 잡던 그 시기 서울로 올라와 출퇴근을 위해 지하철을 이용하기 시작했고, 지금은 몇몇 대학에서 시간강의를 이어 가며 이동 공간을 확장하는 데 이용하고 있다. 지하철이 빠른 속도로 이동 공간의 범위를 확장시킴과 동시에 심리적 거리를 축소시킴으로써 도시 시민인 우리 연구자들의 일상생활을 효율적으로 조직하고 있는 셈이다. 하지만 나의 동료 연구자의 지하철 모빌리티 경험이 나의 것과 완전히 동일하다고 할 수는 없다. 그럼에도 우리는 지하철에서 많은 경험들을 공유하고 있음을 확인했고, 특히 '여성'이라는 공통의 정체성을 기반으로 한 경험의 동일성이 존재할 것이라고 신뢰하기 시작했다.

물론 15년이라는 나이 차와 개인적 특성을 모두 뛰어넘을 만큼 '여성'을 보증할 수 있는 고정된 형식이나 과정, 행위는 존재하지 않는다. '여성'이란 유연한 범주를 갖는다. 여성은 연령과 국적, 계급, 섹슈얼리티, 지역 등에 따라 복수적이고 다양한 경험'들'을 지닌다. 외국인 여성과 노인 여성의 지하철 경험이 나의 그것과 동일하지 않은 것처럼, 동료 연구자가 지닌 경험 역시 나의 경험과 완전히 동일하지는 않다. 하지만 한국 사회 내에 이원적 젠더 구분에 대한 신념이 존재하고, 여성성과 남성성을 구축하는 다양한 사회적 실천들이 재생산되고 있다는 점에서, 서울에 거주하며 한국 국적을 가진 나와 내 동료 연구자를 한데 묶을 수 있는 경험이 존재한다고 판단했다. 결국 이 연구는 20~40대 한국 국적의 비장애인 여성이 서울 지하철을 정기적으로 이용하면서 무엇을 경험하는지, 또 그 경험을 통해 지하철 공간을 어떻게 인식하는지를 살펴봄으로써, 궁극적으로 지하철이 우리와 비슷한 여성들에게 어떠한 '장소place'로 구성되는가를 규명해 보려는 목적을 지닌다.

기존에 소수의 연구들이 서울 지하철에 주목한 바 있으나(강내희, 1995; 마정미, 2006), 이 연구들은 해당 매체가 창출하는 공간이 어떻게 자본주의에 종속되어 왔는가를 살펴보는 데 초점을 두었다. 물론 지하철 공간에서 이용자들이 자본주의 체제와 벌이는 협상 혹은 저항에 주목한 연구도 있었다(전규찬, 2009). 이 연구들은 근대 이후 인간의 삶이 모빌리티 능력을 확장하면서 계속해서 재조직되고 있는 사회현상에 주목하고 있다는 점에서 모빌리티 패러다임을 제안한 어리의 논의와 중첩되는 지점들을 갖는다. 그러나 해당 연구들은 지하철 공간에서의 '여성' 주체를 괄호 안에 묶어 버림으로써 '어젠더a-gender(몰젠더)'적 시각을 견지하고 있다는 점에서 아쉬움을 남긴다. 지하철 공간이 자본주의 체제에 종속되는 양상을 살피고 있으나 가부장체제와 벌이는 공모적 관계에는 눈감고 있으며, 지하철 공간에서 발생하는 새로운 인간관계에 주목하면서도 젠더 관계를 살펴보는 일을 누락시켰다는 것이다. 따라서 우리 연구자들은 지하철에 주목한 기존 연구들이 괄호 안에 묶어 버린 '여성' 주체를 괄호 바깥으로 꺼내어, 그들의 구체적인 경험을 살펴보고자 한다. 다시 말해 우리 연구자들은 기존 연구들이 공통적으로 지니고 있던 어젠더적 시각에 의문을 제기하면서 지하철 공간에 대해 젠더적 관점에서 접근하는 방식을 하나의 '어젠다agenda'로 설정해 보려는 것이다.

서울 지하철 공간은 산업화·도시화로 구체화되는 근대화 과정 속에서 탄생해 소비자본주의로 설명되는 후기 근대 혹은 탈근대화 과정을 관통하면서 변화의 과정을 거쳤다. '여성'으로서의 나는 약 20년 전부터 지하철을 이용하면서 도시의 삶과 근대화된 시스템에 대한 로망을 충족시킬 수 있었다. 그러나 아이러니하게도 현재 나는 지하철 공간에 대해 이중적 태도를 가지고 있다. 편리하고 효율적인 운송 수단의 공간으로 생각하면서도, 그 공간에 대한 거리낌이 늘 나에게 존재한다. 이런 이유로 '나는 왜 지하철을 싫어하는가?'라는 질문을 이 연구의 중심에 놓았다. 하지만 이 연구를 자기기술지auto-ethinography 형식으로 진행시키겠다는 결정을 한 후, 나는 곧 이 연구의 중심에 놓아 둔 질문이 잘못되었다는 점을 깨달았다. 자기기술지 방법론을 깊이 있게 성찰하고 있는 주형일(2007)은 "나는 왜 스파이더 맨을 좋아하는가?"라는 제목의 논문에서 해당 방법론이 인과관계를 밝히는 데 적합한 것이 아님을 명시하고 있다. 자기기술지는 인과관계를 밝히고 "왜"라는 질문에 답할 수 있는 결론을 도출할 수 있는 방법론이 아니다. 따라서 이 연구의 중심에 놓인 질문은 '나는 어떻게 지하철을 싫어하게 됐는가?'로 수정되었다.

자기기술지 auto-ethnography 방법론

본 연구가 시작된 것은 우리 두 명의 연구자가 이야기를 나누면서부터다. 대학 캠퍼스 내 야외에 마련된 휴게 공간에서 선후배 사이인 우리 연구자들이 우연히 만났고 '지하철 모빌리티'와 '여성', 이 두 가지 키워드를 가지고 일상적인 대화를 시작했다. 대화는 전혀 학술적인 것이 아니었으며, 지하철에서 마주쳤던 취객들에 대한 일상적인 것이었다. 동료 연구자는 늦은 시간 지하철 객차에서 마주쳤던 한 취객에 대한 이야기를 늘어놓았고 그 취객이 계속 무언가를 중얼거리면서 자신을 뚫어져라 쳐다보아 불편하고 불안하게 느꼈다고 덧붙였다. 나 또한 좌석을 한껏 차지하고 누워 코를 골며 잠들어 있던 취객을 몇 차례 목격한 바 있었다. 그런데 이 취객들은 모두 '남성'이라는 공통점을 가지고 있었다. 특정 젠더를 스테레오타입화하는 것은 옳지 않다고 생각하지만, 우리는 지하철 공간에서 남성과 여성의 경험이 다를 것이라는 가설에 어렵지 않게 도달할 수 있었다. 우리는 해당 가설을 뒷받침하는 사례들로 대화를 이어 갔고, 그동안 우리가 '여성'이기 때문에 겪어야 했던 불편과 불안을 분명하게 인식하게 되었다. 이후 여름방학이 지났다. 날씨가 조금 쌀쌀하게 느껴질 즈음 우리 연구자들이 같은 장소에서 다시 만났다. 물론 우연이었다. 그러나 이번에는 이전에 나눈 일상적 대화를 객관성을 확보할 수 있는 학술적 논의로 바꾸어 보자는 의견을 교환했고, 곧 그렇게 하자는 결론에 이르렀다.

우선 우리의 '경험experience'과 '일상everyday life'을 연구의 중심에 놓기 위해 자기기술지를 방법론으로 선택했다. 자기기술지는 민속지학ethnography에 대한 성찰적 태도에서 발원한 방법론이다. 민속지학에서 연구자는 연구 주체로서의 자신을 연구 대상과 엄격하게 분리시키며 스스로 우월한 지위를 갖는다. 반면, '자기 민속지학'이라고도 불리는 자기기술지 방법론은 연구자 자신을 연구의 주체이자 대상으로 삼아, 연구 주체와 대상 사이에 설정된 작위적인 위계의 문제를 해결한다는 특징을 지닌다. 자기기술지는 연구자의 일상과 삶에 각인되어 있는 기억과 정서, 그리고 체험에서 우러나오는 자전적인 목소리와 감정에 귀를 기울이는 방법론이다. 연구자의 경험을 되돌아보며, 특정 순간에 본인이 왜 그렇게 생각했고, 또 어떠한 기준으로 판단했으며, 어떠한 사회적·개인적 맥락에서 그러한 판단이 가능했는가를 성찰적으로 사유하는 방법론인 것이다(주형일, 2007). 우리 연구자들은 이러한 자기기술지 방법론을 이용해 그동안 미디어 연구자들이 충분히 주목하지 못했던, 지하철이라는 모빌리티 매체가 제공하는 공간에서 여성들이 어떠한 일상을 경험하는지에 주목해 보기로 했다.

그러나 모든 결정이 무모한 야심에서 비롯됐다는 것을 깨닫는 데까지 그리 오래 걸리지 않았다. 나는 이내 자기기술지가 매우 두렵고 부담스러운 방법론이라는 점을 깨달았다. 연구가 시작되자, 나의 사적 경험을 공개하는 것이 얼마나 어려운 일인지를 깨달았다. 공적 공간에서 뜻하지 않게 일어난 사적 경험을 공개하는 순간, 나 자신이 누군가에 의해 관찰되고 판단당할 수 있다는 사실이 나를 두렵게 했다. 나는 자기기술지를 연구 방법론으로 선택하자는 동료 연구자의 제안에 즉각적으로 동의했지만, 나의 동의는 방법론에 대한 충분한 이해와 성찰을 바탕으로 하고 있지 않았다. 연구 대상을 우리 자신의 경험으로 삼아 보겠다는 단순한 생각만을 가지고 자기기술지를 방법론으로 선택하는 어리석음을 보였던 것이다. 내가 얼마나 연구에 대한 지식과 경험이 부족했는가를 깨닫는 순간이었다. 하지만 지하철 공간이 여성의 관점에서 매우 문제적인 매체임에도 불구하고 그동안 학술적 논의가 전혀 이루어지지 않았다는 사실이 나로 하여금 이 연구를 그만둘 수 없게 했다.

연구 진행의 초기 단계에서는 자기기술지를 이용한 연구의 결과가 사회과학의 한 분야인 미디어학 혹은 커뮤니케이션학 내에서 크게 환영받을 수 없다는 점을 우려하기도 했다. 자기기술지 방법론은 연구자 자신의 성찰적 목소리에 기반을 두고 진행되기 때문에, 경험적 실증주의empirical-positivism 전통의 연구가 주류를 차지하고 있는 사회과학 분야에서는 객관성을 확보할 수 없다는 평가를 받는다. 주류의 연구 전통은 연구자의 가치를 철저하게 배제하고 3인칭의 관점에서 연구 대상에 접근함으로써 과학적 타당성과 객관성을 보장받을 수 있다고 믿는다(이기형, 2013: 이기홍, 2015). 그러나 엄밀하게 말하면, 모든 연구는 연구자의 의도 및 사회적 관습, 이데올로기 등과 접합되어 이루어질 수밖에 없으며, 주류 연구의 과학적 타당성과 객관성 역시 동료 학자들의 동의consent에 의해 결정된다(이기홍, 2015). 이런 관점에서 보자면, 주류 전통의 연구에조차 이미 특정 가치가 개입되어 있다고 말할 수 있으며, 자기기술지 방법론이 평가절하될 이유는 없다. 오히려 대안적 방법론으로서, 우리 삶의 중심을 구성하면서도 주류 전통에 의해 배제되거나 억압되어 온 '경험'과 '일상'을 소환해 낼 수 있는 요긴한 방법론이 될 수 있었다.

하지만 나의 주관적 경험과 일상, 그로부터 발생하는 감정과 인식이 그대로 학술적인 의미를 가질 수 있는 것은 아니다. 나의 경험과 일상이 학술적인 의미를 갖기 위해서는 '맥락'에 대한 성찰을 통해 객관성을 확보해야 한다. 자기기술지 방법론을 이용해 지하철 공간에서의 여성 경험을 드러내기 위해서는, 내가 지하철 공간에서 겪었던 일들을 내 선택의 결과가 아니라, 나의 성별과 연령, 계급적 요소들, 당시의 사회적 맥락 등이 중첩되어 발생시킨 결과라는 점을 인식해야 한다. 자기기술지는 "자전적인 체험이나 감정 그리고 목소리〔의〕 표출"에 초점을 두지만, 사유와 성찰을 통해 자전적인 경험이 사회적 맥락과 맞닿을 수 있는 지점들을 발견해야 하는 방법론인 것이다(이기형, 2013, 30쪽). 즉, 자기기술지를 이용하는 데 있어 중요한 것은 특정 개인의 경험과 얽힌 사회적 요인들을 드러내는 것이다. 연구자는 특정 개인이 늘 사회적 맥락 속에 놓여 있다는 점을 인식하고, 개인의 경험이 발생하게 된 사회적 맥락들을 짚어 내야 한다. 바로 이 경우에만 특정 개인의 경험은 함께 같은 시대를 살아가는 타인의 경험으로도 이해될 수 있고, 자기기술지를 이용한 연구의 결과는 객관성을 확보할 수 있다. 결국 자기기술지 방법론은 연구 대상과 거리를 둠으로써 일정 정도의 객관성을 확보할 수 있다고 믿는 전통적인 사회과학의 사고 틀에서 벗어나 있지만, 여전히 나름의 방식으로 객관성을 추구하는 방법론인 셈이다.

자기기술지 방법론을 이용해 연구를 진행하는 동안, 우리 연구자들은 또한 '일상'에 대한 연구가 연구 범위를 정하는 일에서 만만치 않다는 점을 알게 되었다. 어디부터 어디까지, 언제부터 언제까지, 또 누구의 경험을 연구 범위로 정해야 하는지가 문제였다. 지하철은 40년 이상 운행을 이어 오면서 노선을 지속적으로 확대시켰다. 동료 연구자와 나는 오랜 기간 그러한 지하철 모빌리티 공간을 경험했으며 수많은 에피소드가 그 경험을 구성하고 있다는 점을 알게 되었다. 이걸 어떻게 연구할 것인가? 나와 동료 연구자는 무작정 기억의 창고에서 주변화되었던 지하철 모빌리티 경험들을 소환하여 공유하기 시작했다. 나는 20년 전부터 시작된 지하철 경험을 소환하여 재구성하는 데 분명한 한계를 느꼈다. 경험들은 가볍고 일상적이며 반복적이고 평범했다. 물론 동료 연구자가 소환해 낸 기억들도 시간적·공간적 순서를 갖고 있지 않았고 파편적이었다. 우리 연구자들은 소환된 기억과 경험들 가운데 개인의 특별한 경험을 제외시켰고, 제외하고 남은 경험들을 낯설게 보려고 노력했다.

쓰고 지우기를 반복하다가, 결국 이 글에는 90년대 중반 내가 지하철 공간을 본격적으로 이용하면서 겪었던 경험들이 최종적으로 남았다. 바로 이러한 경험들은 내가 "어떻게 지하철을 싫어하게 됐는가?"라는 질문에 대한 대답일 뿐 아니라, 내 동료 연구자를 포함해 우리와 비슷한 계층에 속한 20~40대 한국 국적의 비장애인 여성이 지하철 공간에서 겪을 수 있는 일들일 것이라고 생각했다. 동료 연구자는 내가 기억을 더 구체화하고 정리해 낼 수 있도록 모든 작업을 함께 진행해 주었다.

지하철 등장과 변화의 사회구조적 배경

지하철은 60~70년대 경제 발전을 주도하던 국가의 기획으로 탄생한 모빌리티 시스템이다. 지하철은 자신의 정치적 권력을 정당화하고자 했던 군사정부가 자본의 생산성을 높이기 위해 기획한 시스템이었던 셈이다. 60년대 급속하게 이루어진 근대화·산업화·도시화 과정은 이촌향도로 이어졌고 서울 도로는 점차 복잡해졌다. 60년대 말 정부는 도심의 인구·교통난 해소를 위한 중요한 방책으로 지하철 건설에 착안한다. 인구 증가와 도시 개발로 지상이 과부하 상태에 이르렀다고 판단하고, 미개척지로서의 지하에 새로운 수송 수단을 설치하여 교통 체증 문제를 해결하려고 시도했던 것이다. 1970년 초반 정부는 지하철 노선과 구간을 선정하고 굴착하여, 버스보다 더 많은 인원을 수용할 수 있는 모빌리티 시스템을 건설하기 시작한다. 수직 방향의 공간을 확장하여 수평 방향의 공간을 압축하려는 기획이었다. 1971년 착공을 시작했고, 정부와 시정의 성과주의적 열망으로 공사도 빠르게 진척되었다. 결국 1974년에는 1호선이, 1980년과 1985년에 각각 2호선과 3·4호선이 개통되었다. 정확히, 2호선 순환선은 1984년에 완성되었다.[1]

---

[1] 1970년 8월 서울시는 지하철 건설 및 운영을 위한 '서울지하철본부'를 발족하여 1·2호선을 건설했다. 이후 1980년 민간자본 유치를 위해 '서울지하철건설(주)'을 조직했지만 1981년 돌연 해산하고, 지하철 경영을 전담하는 공공기관으로서 '서울지하철공사'를 설립했다. 1994년 점차 노선이 늘어나면서는 '서울도시철도공사'가 별도로 설립되었다. 서울지하철공사와 서울도시철도공사는 건설 시기에 따라 분리된 지하철 1기(1·2·3·4호선)와 2기(5·6·7·8호선)를 각각 독립된 방식으로 운영했으며, 2005년 서울지하철공사가 '서울메트로'로 이름을 바꾸면서 서울메트로·서울 도시철도공사의 이중 구조가 유지됐다. 2017년 서울시는 경영효율성 증대라는 명분 하에 이 두 기관을 합병한 '서울교통공사'를 출범시켰다. 한편, 9호선은 독특한 운영 구조를 갖는다. 9호선 개화 – 신논현을 잇는 1단계 구간은 민간자본으로 건설되었기 때문에 민간회사 '서울시메트로 9호선'이 30년 동안 사업권을 가지며, 신논현 – 종합운동장 – 보훈병원을 연결하는 2, 3단계 구간은 서울시가 건설했기 때문에 서울시가 사업권을 갖는다.

지하철은 자본주의 생산과정에서 파생된 만큼 근대적 생활양식에 기초를 두고 있었다. 우선 표준 노동시간에 맞추어 운행을 시작했다. 평일 기준으로 평균 오전 5시 30분에서 오후 12시까지 운행하고, 배차 간격은 출퇴근 시간 평균 3.5분으로 설정했다. 극심한 교통 정체에 시달리는 도로로부터 완벽하게 분리된 지하 세계에서 열차는 시속 70~80킬로미터로 시간을 압축시키고 공간의 경계를 허물었다. 지하철은 체증 없이 레일 위를 달리면서 승객들을 단 2분 만에 다음 역으로 이동시켰다. 첫 승차요금은 30원으로 책정했고, 통근자에게는 30퍼센트를, 통학생에게는 50퍼센트를 할인한 '정기승차권'(한 달 기준 60회 사용 가능)을 판매했다. 낮은 요금 체계는 대중의 일상 속으로 빠르게 침투해 들어가는 촉매제가 되어 주었다. 지하철 이용에 필요한 시간도 점차 줄여 나갔다. 1984년까지는 매표소에서 종이승차권을 구매하고 개찰구에서 승무원에게 검표 받은 후 승강장으로 이동할 수 있었지만, 1986년 마그네틱 승차권과 자동화기기를 도입하면서부터는 검표 과정을 생략할 수 있었다. 이용객도 빠르게 증가했다. 1978년 연간 3,100만 명 수준이었던 수송 인원은, 3·4호선이 개통된 1985년에 5억 1,100만 명으로 늘어났다. 80년대부터 지하철은 수송분담률에 있어 버스를 앞섰으며 대표적인 대중교통 수단으로서 도시 노동자 생계를 위한 필수 요소로 자리를 잡는다.[2]

나는 90년대 중반부터 지하철을 본격적으로 이용하게 되었다. 지하철 승차는 내가 근대화와 도시화의 중심으로 들어가는 첫 번째 단계였다. 나는 70년대 중반 평택의 작은 마을에서 태어나 그곳에서

---

[2] 2013년 기준 지하철의 수송분담률은 38.8퍼센트, 버스는 27.1퍼센트로 지하철은 현재까지 주도적 대중교통 수단으로 자리 잡고 있다(서울연구원, 2015, 7, 13).

고등학교를 마칠 때까지 지냈다. 초등학생 시절에는 집과 학교 사이에 대중교통편이 없어 나의 작은 걸음으로 1시간 가까이를 걸었다. 학교에서 집으로 돌아오는 길에 가끔 뱀을 보고 놀라 도망치곤 했는데, 그런 날엔 통학 시간을 20분쯤 단축시킬 수 있었다. 고등학생 시절에는 시내로 나가는 버스를 이용했다. 배차 간격이 1시간이나 되었고, 그러면서도 버스는 늘 시간을 제대로 지키지 않았기 때문에 버스를 이용하는 데에는 많은 인내심이 필요했다. 버스 도착 시간을 실시간으로 알려주는 서비스는 상상조차 하기 어려운 시절이었다. 신작로에 서서 무작정 버스를 기다리다 보면, 지나가던 승용차들은 태워다 주겠다며 여지없이 내 앞에 멈춰 서곤 했다. 내가 살던 동네 혹은 옆 동네에 사는 사람들이 지나다니는 길목이었기 때문에, 나는 의심 없이 그 차에 올라탈 수 있었다. 위협감이나 경계심을 느끼지는 않았던 것 같다. 그렇게 차를 얻어 타고 평택 시내에 다다르면, 나는 차에서 내려 목적지로 가는 버스로 갈아타곤 했다. 내가 그리 뻔뻔스러운 인간이 아니었기 때문에, 평택 시내까지 태워 준 분들께는 깊이 숙인 감사 인사로 승차요금을 대신했다.

1995년 내가 스물세 살이 되던 해, 나는 숙부의 소개로 강남에 있는 작은 무역회사에 일자리를 얻었고 서울로 올라왔다. 당시 나는 신림동에 있던 숙부 댁에 머물렀다. 아침 출근 시간 집을 나서면 아파트 단지 끝에 두세 대의 마을버스와 네다섯 대의 택시가 늘 대기하고 있었다. 나는 보통 마을버스를 타고 서울대입구역으로 이동했고, 거기서부터는 지하철을 타고 다시 양재동으로 옮겨 갔다. 내가 다니던 회사는 양재역 5번 출구에 소재하고 있었다. 평택의 한 작은 마을에서는 배차 간격이 1시간이 되어 버스가 늘 붐볐지만, 이곳에서는 마을버스와 지하철이 수시로 운행되었으면서도 늘 많은 사람들이 그 사이에서 복잡다단하게 움직였다. 치열한 삶의 교전 현장으로 이동하고 있던 서울 도시의 승객들은 대개 무표정했고 아무런 말이 없었다. 내가 회사에 도착하면 항상 사장님이 먼저 출근해 계셨는데, 나는 그의 구겨진 옷을 보며 회사에서 주무신 것이 아닌가 하는 의심을 하기도 했다. 회사에서 내가 맡은 일은 문서 작성과 경리 업무였지만, 막내 직원이었기 때문에 선배 직원들의 잔심부름도 도맡았다. 회사는 늘 바빴고 수선스러웠으며, 나의 업무는 필요에 따라 달라졌다. 그래도 나는 지하철 정기승차권을 지갑에 넣고 다니는 '서울 사람'이었다.

나는 줄곧 출퇴근 시간대에 지하철을 이용했다. 지하철은 늘 같은 모습인 듯했지만, 조금씩 달라졌다. 우선 노선이 점차 복잡한 형태를 띠어 갔다. 1988년부터 서울지하철공사가 시작했던 노선 확장 공사가 점차 마무리 지어졌다. 1995년에는 5호선이, 1996년에는 7·8호선이, 2000년에는 6호선이, 그리고 2009년에는 김포에서 신논현역까지를 잇는 9호선이 추가로 개통되었다. 또한 안전과 편의시설도 확대되었다. 90년대 후반 서울지하철공사가 개통 이래 끊이지 않던 안전 문제를 보완·해결하고 이용객을 위한 편의시설을 확대하겠다고 발표했다. 곧 남자화장실에 비해 공간적으로 비좁고 변기 수가 부족했던 여자화장실 문제를 개선했다. 지하로 이어지는 계단은 에스컬레이터로 바뀌었고, 교통 약자를 위한 엘리베이터가 곳곳에 마련되었다. 2000년대 중반 안전사고가 많았던 승강장에는 스크린도어를 설치했다. 또 편안하고 청결한 공간을 만든다며 걸인과 잡상인, 예언자, 부랑자를 단속했는데, 이렇게 보면 지하철은 평등하고 민주주의적인 공간이 아니라 배제를 통해 정의된 공간이다. 그러면서도 지하철은 더 많은 사람들을 끌어들이려는 노력도 보였다.

'서울 88올림픽' 당시에는 객차 내에서 영어 안내방송을 시작했고, 2002년 '한·일 월드컵' 시기부터는 일어와 중국어로 서비스를 확대했다.

변화한 것은 지하철뿐이 아니었다. 서울 생활을 시작하면서 내 모습도 크게 달라졌다. 나는 강남로를 거닐며 화려한 풍경에 자주 매료되었다. 높은 건물과 넓은 도로, 고가의 자동차, 우아하고 매력적인 옷차림의 사람들, 서울이라는 도시의 외형들이 내 눈에 먼저 들어왔다. 어린아이가 상징계에 들어서기 전 거울단계를 거치며 이미지에 매료된다는 라캉의 이론처럼, 나도 서울 삶의 상징계보다는 상상계와 먼저 마주했다. 나 자신도 화려한 외형을 갖추고 남들 앞에 전시되고 싶은 욕구도 생겨났다. 당시 나는 최신 유행의 옷가지들을 마련하기 위해 아케이드를 찾곤 했는데, 유동인구가 많은 강남역과 고속터미널역 등에는 대규모의 아케이드 상가가 마련되어 있었다. 서울시는 1971년 지하철 착공 당시부터 공사비 부담을 해결하기 위해 지하철 상가 개발을 계획했고 이를 곧 실행시켰다(경향신문, 1972. 5. 3). 처음에는 신문과 음료를 판매하는 가판대가 지하철 승강장에 설치되었고, 곧 역사에 점포가 들어섰으며, 유동인구가 많은 역에는 지하아케이드가 마련되었다. 지하아케이드는 거대한 규모를 이루고 최신 유행 제품을 모두 갖추었으며 상대적으로 저렴한 제품들을 취급했기 때문에 나는 그곳을 선호했다. 특히 평택에서 올라온 친구들과 만날 때면, 우리는 지하아케이드에서 옷과 가방, 화장품 등을 함께 구매했다. 하루 종일 상가를 돌고 나서 배가 꺼지고 나면 역내 분식점에 들러 배를 채우기도 했다. 우리는 식비를 아껴 남은 돈으로 옷가지들을 더 사려고 했는데, 이는 아마 나와 비슷한 계급적 지위를 가진 젊은 여성들의 공통적인 경험일 거라고 생각한다.

내가 상경했을 당시부터 지하철 공간은 이미 자본의 공세를 받고 있었지만, 이후로는 더욱 전투적인 공세가 이어졌다. 나는 90년대 중반 지하아케이드를 이용하면서 큰 부담 없는 저가 상품들을 구매했고, 가끔은 잠실역이나 사당역에서 행사 제품이나 '재고 처분' 제품들을 구경하기도 했다. 당시 나에게 물건을 팔던 상인들은 대부분 분식과 의류를 취급하던 영세 상인들이었던 것으로 알고 있다. 그러나 2000년대 중반부터는 지하철 역사에 세련되고 말끔한 인테리어로 장식된 브랜드 매장이 들어서기 시작한다(김은진, 2011. 2. 20). 물론 브랜드 매장이라 해도 지하철 역사에는 보통 편의점과 여성 유동인구를 타깃으로 한 저가 화장품 브랜드점이 들어섰기 때문에 상대적으로 저렴한 제품들이 계속해서 취급되고 있긴 하나, 브랜드 매장의 등장은 영세 상인의 퇴장으로 이어졌고 2010년대에 이르면서 프랜차이즈 브랜드가 지하 상권을 장악하게 된다.

자본의 신속한 회전을 위해 공간 장벽이 소멸되고 있다는 데이비드 하비David Harvey(1983, 2001)의 주장처럼, 대형 쇼핑몰도 지하철에 적극적으로 연결되었다. 90년대 초부터 신촌역은 그레이스백화점(현 유플렉스)과 연결되었고, 잠실역은 롯데백화점 · 롯데월드몰 · 롯데마트라는 거대한 쇼핑센터 군과 연결되었다. 2000년에는 대형 쇼핑몰 코엑스가 삼성역과 추가로 연결되었으며, 현재 대부분의 지하철역은 소비 공간으로 이어지는 징검다리 역할을 하고 있다. 지하철에서 쇼핑몰로 이어지는 통로는 감각적인 풍경을 연출하며 소비 욕망과 쾌락을 더욱 극적으로 자극하고 있는데(강내희, 1995), 이는 하비(1983, 2001)가 제시한 '거리 마찰의 감소diminution in the friction of distance'라는 개념을 떠올리게 한다. 과거에도 지하철의 개통이 아파트 수요와 주변 상권을 크게 늘리며 부동산 개발의 호재로 이어졌고(전규찬, 2008), 특히

2009년 개통된 지하철 9호선의 경우 그 일대 공간의 부동산 가격을 폭등시켰다는 점(황준호, 2009. 1. 8)은 지하철 공간이 얼마나 자본주의의 발전과 공조의 관계를 유지해 왔는가를 엿볼 수 있게 한다.

현재 지하철 공간은 강력하게 소비 욕구를 자극하고 행위를 추동하는 광고 이미지 전달 수단으로도 이용되고 있다. 지하철이 개통될 당시 지하철공사는 열차 내부에 상업광고를 제한적으로 허가했지만, 1996년 재정 적자 문제가 부각되자 상업광고를 본격적으로 허용한다. 이내 역사와 열차 내에 광고를 위한 TV 모니터가 비치되고, 승객의 시선이 향하는 곳곳에 광고 전단지가 나붙기 시작했다. 지하철 열차 외부에도 광고가 도배됐다. 스크린도어는 안전을 이유로 설치가 결정됐지만, 스크린도어가 가장 먼저 설치된 곳은 안전사고가 가장 빈번하게 일어났던 역이 아니라 유동인구가 많은 '사당역'이었다. 우리 사회에서 안전에 대한 감수성은 광고판을 찾아 헤매는 자본의 욕망을 절대 이기지 못한다.[3] 2003년에는 지하철 공간에서 1천억 원에 육박하는 치열한 광고 경쟁이 벌어지게 된다. 이를 두고 마정미(2006)는 지하철이 소비자본주의의 '징표'가 됐다고 해석하며 광고 이미지로 도배된 지하철이 '소비사회의 혈맥'으로 기능하게 되었다고 비판한 바 있다.

결국 지하철 공간은 근대화·산업화·도시화 과정에서 노동력을

---

[3] 2016년 구의역에서 비정규직 스무 살 청년의 사망 사고가 발생하면서 많은 사람들을 안타깝게 한 일이 있었다. 당시 청년은 스크린도어를 수리하다 열차가 진입하는 것을 확인했으나 스크린도어에 부착된 광고판 때문에 밖으로 빠져나오지 못했다. 서울메트로는 뒤늦게 2호선 4개 역 스크린도어를 전면 재시공하겠다는 방안을 내놓았고, 서울도시철도공사는 5~8호선 82개 역 스크린도어에 부착된 광고판 1,093개를 철거하고, 2020년까지 고정문 6,215개를 탈출 가능한 비상문으로 바꾼다는 계획을 내놓았다.

수송하기 위해 국가의 기획으로 등장했고, 자본주의의 발전에 크게 공조하는 면모를 보였다. 지하철 공간이 쾌락과 욕망을 자극하면서 "후기산업주의, 포스트포디즘, 그리고 포스트모더니즘에 의해 발생한 문화적 환경"(Turner, 1996, p. 70)의 일부로 기능하게 된 것이다. 소비 중심의 후기자본주의는 지하철 공간을 통해 사람들의 실천 범위를 조정하고, '노동하는 몸'을 '욕망하는 몸'(Turner, 1996, p. 2)으로 전환시키고 있었다. 여기에서 지하철 공간은 하비(2001)가 제안한 '공간적 픽스spatial fix' 개념을 상기시킨다. 하비는 현 자본주의 도시 공간이 유통의 속도를 높여 특정 공간으로 자본을 집적시키는 '고정자본화'와, 잉여가치를 위해 토지와 인력을 찾아 끊임없이 공간을 확대하는 '공간 조정'이라는 두 가지 상반되는 경향에 의해 특징 지어진다고 보았다. 이때 '픽스fix'가 '고정'과 '조정'이라는 두 가지 의미를 갖는 것처럼, 지하철 공간은 근대적 논리가 침투된 공간으로 '고정'되면서도, 이미지와 소비, 쾌락과 유희가 유동하는 후기근대적 풍경을 도입했다. 이런 지하철 공간을 이용하면서 나는 노동력을 활용할 수 있었고, 또 의식하지는 못했지만 자연스레 소비 욕망을 확대하면서 근대화·산업화·도시화된 삶의 중심으로 들어가고 있었다.

특성 없는 공간, 특성 없는 인간

어리에 의하면 모빌리티 공간은 일반적으로 관계를 매개하고 연결하는 '사이공간in-between space'적 특징들을 갖는다(Urry, 2007). '사이공간'은 모빌리티 공간을 그저 경유만 하는 기능적인 곳으로 이해하는 것이 아닌, 유기적 상호작용이 이루어지는 사회적 공간으로 간주하는 개념이다. 그러나 지하철은 이동과 흐름으로 채워진 모빌리티 공간임에도 사이공간적 특징을 적게 보이며, 오히려 마르크 오제 Marc Augé(1995)가 말하는 '비장소non-place적 공간'의 모습을 보인다. 오제(1995)는 '비장소'라는 개념을 제안하면서 현대 자본주의 사회에서는 비장소가 '장소'를 대체하고 있다고 주장한 바 있다.

장소lieu는 도시 고유의 정체성을 담보하는 특별한 의미를 지닌 공간인 반면, 비장소는 동일한 '기능'을 가진 특성 없는 공간을 말한다. 오제에게 장소는 "나와 너, 우리 집과 이웃집 사이에 공동체의 온기가 흐르고, 공동의 체험으로 누적된 기억들이 녹아들어 있는 공간"이며, "언어 · 지역성 · 삶의 방식에서 비롯된 공동의 정체성을 통해 역사의 지속성과 정서적 안정감을 느끼게 해 주는 공간"이다(p. 52). 마치 어린 시절의 나에게 공짜로 수송 수단을 제공함으로써 공동체의 온기를 느끼게 했던 평택의 작은 마을이 바로 오제가 말하는 '장소'에 해당할 것이다(물론 내가 과거와 시골을 낭만화한다는 혐의를 피할 수는 없겠지만 말이다). 오제는 오로지 편리한 기능만을 가지는 비장소가 현대 자본주의 사회의 특징이 되어 버렸다고 지적하며, 이곳에서 개인의 사회적 정체성은 '고객', '여행객'과 같은 일시적 정체성으로 대체되고 개인은 익명으로 거래와 상호작용에 참여한다고 보았다. 비장소에서 필요한 것은 개인의 특별한 정체성이 아니라 오직 (신용카드의 개인 확인번호나 여권번호 등의) 식별번호이다. 이런 관점에서 보면 도시 교통수단으로 기능하는 지하철 공간은 '비장소'에 해당한다.[4]

---

4 오제와 콘리(Augé & Conley, 2002)는 자신들의 저서 《In the Metro》에서 프랑스 지하철을 역사성이 중첩되는 대표적인 공간, 즉 '장소'라고 말한 바 있다. 프랑스 지하철의 루브르 리볼리Louvre-Rivoli와 아베쎄Abbesses를 비롯한 대부분의 역은 고유한 역사성을 지니고 있다는 것이다. 그러나 서울 지하철의 경우는 구룡, 장승배기, 광흥창, 학여울, 먹골역을 제외하고는 식민역사로 인해 단절된 역사성을 반영하며,

그러나 지하철이 비장소라면, 비장소로서의 지하철 공간에서 '경험'이 존재할 수 있을까? 내가 객차 내에서 단지 하나의 승객으로만 존재하고, 역사에 설치된 상점 내에서도 익명화된 흐름으로 존재한다면, 나의 경험은 어떻게 의미를 가질 수 있을까? 만약 지하철 공간에서 나의 경험이 구체화될 수 없다면, 우리 연구자들은 어떻게 여성들이 느끼고 인식하는 지하철 공간의 장소성을 규명할 수 있을까? 나는 지하철 공간이 비장소인지 혹은 장소성을 가질 수 있는지에 대한 판단을 잠시 유보하고, 내가 출근길 지하철 공간에서 구체적으로 어떤 경험들을 구축했고 또 그 경험들은 나를 어떠한 방식으로 바꾸어 놓았는지를 먼저 살펴보기로 했다.

지하철역에 다다르면, 나는 우선 역사 안으로 들어서는 계단을 마주했다. 계단은 지상과 지하를 매개하는 경로이다. 서울대입구역과 양재역에는 많은 사람들이 동시에 이동할 수 있는 넓은 폭의 계단이 존재했다. 계단의 숫자는 매우 많았고, 상향과 하향, 양방향으로 이용되었기 때문에 나는 '좌측통행'의 원칙을 지켜야 했다(지금은 '우측통행'이 권고된다). 계단을 타고 내려가면서는 중간에 멈춰 서지 않아야 하는데, 다른 사람의 통행에 방해가 되지 않아야 하고 또 나의 안전을 위해서도 중요했기 때문이다. 계단을 타고 내려가 역사에 다다르면 매표소에서 5백 원짜리 승차권을 구입했고, 잔돈이 있을 때에는 기다리는 시간이 짧은 매표기를 이용했다. 매표소의 존재는 요금을 지불한 후에야 합법적으로 열차에 탑승할 수 있음을 의미하고, 가는 길에 태워 주겠다는 낯선 사람의 호의를 기대할 수 없다는 점도 말해 준다. 정기승차권을 가진 경우에만, 매표 절차를 생략할

근대 행정구역의 이름을 가지는 등 기능에만 초점을 두는 비장소적 특징을 보인다.

수 있었다. 개찰구는 무단승차를 걸러 내는 장치인 동시에 내 신체에 질서를 부여하는 장치였다. 나는 반드시 오른손으로 승차권 투입구나 카드리더기를 이용해야 했고, 한 사람씩 차례를 지키지 않으면 개찰구를 통과할 수 없다는 점도 알고 있었다.

개찰구를 통과하고 다시 계단을 타고 내려가면 승강장에 다다른다. 여기에선 안내방송을 통해 선로 가까이에 가는 것은 위험한 일이니 노란 안전선 바깥에서 대기하라는 내용을 전달받았다. 선로 가까이에 가는 것은 위험한 일인데, 신속한 승하차를 위해 지하철 승강장은 높이를 조절해 두었기 때문이었다. 계단을 타고 객차로 올라가야 하는 기차와 달리, 지하철은 별도의 계단 없이 승하차할 수 있도록 승강장을 높여 두었고, (스크린도어가 설치되기 전에는) 승강장에서 추락 등의 안전사고가 빈번하게 일어났다. 나는 안전선 바깥 출입문 표시선의 양 끝에 두 줄 혹은 네 줄로 서서 대기하고, 승강장에 열차가 도착해 출입문이 열리면 열차 내 승객들이 하차하기를 기다린 후 승차했다. 승강장과 열차의 간격이 넓은 역에서는 발이 빠지지 않게 조심했고, 무리하게 열차에 타지 말라는 안내방송을 따르기도 했다.

열차 내에 들어서면, 벽면을 따라 롱시트long seats 방식의 의자가 설치되어 있다. 버스의 경우에는 크로스시트cross seats가 설치되어 있는데, 이는 좌석수를 상대적으로 늘릴 수 있지만 앞좌석과 뒷좌석 사이에 다리를 뻗을 수 있는 공간이 필요하고 좌석과 좌석 사이의 통로가 좁아져 입석 승객을 제한할 수밖에 없다. 지하철은 좌석의 수가 적은 대신 통로 공간을 넓히고 더 많은 입석 승객을 수용할 수 있는 롱시트 방식을 채택하고 있다. 롱시트는 지하철 열차 1량당 43센티미터 폭의 좌석을 54석 제공하고, 3백 명(최대 350~380명)가량의 입석 승객을 수용할 수 있게 한다. 이는 크로스시트를 채택한 무궁화호와 비교했을 때 수용 인원에서 무려 2배 이상 차이 나는 구조다.

아침 출근 시간에는 공간공학적으로 계산된 수용 인원의 숫자는 아무런 의미를 갖지 않았다. 내가 지하철을 정기적으로 이용하던 90년대에는 지하철 이용객이 급증했고, 이는 곧 승차난으로 이어졌다. 열차가 도착해도 수용 인원 초과로 열차에 올라타지 못하는 일이 빈번해졌다. 당시 서울시는 승차난을 해결하기 위해 혼잡도가 심한 지하철역에 '푸시맨push-man'을 배치하기도 했는데, 이는 근대화·도시화 과정에서 탄생한 지하철 공간이 얼마나 승객들을 잔혹하게 취급했는지를 보여 준다. 푸시맨은 승강장에서 승객을 전동차 안으로 밀어 넣는 역할을 맡았다. 나의 몸뚱이 또한 언제나 푸시맨의 손에 의해 열차 안으로 욱여넣어졌고, 양팔로 몸을 감싼 채 옴짝달싹할 수 없던 나는 조용히 숨을 몰아쉬며 한시 바삐 목적지에 도착하기를 바랐다.

그런 가운데에서도 열차 내에서는 또다시 지켜야 할 규칙들이 안내방송을 통해 전달되었다. 사고의 위험이 있으니 출입문에 기대어 서지 말고, 혼잡한 열차 안에서는 간혹 소지품을 잃어버리거나 불쾌한 신체 접촉이 생길 수 있으니 주의하라는 내용을 주로 전달받았다. 좌석에 앉게 되면 책상다리를 하거나 다리를 꼬지 않아야 하며, 신문을 볼 때는 반으로 접어서 봐야 한다는 내용도 있었다. 종이신문이 대중성을 잃어버린 후부터는 그에 대한 안내가 사라졌고, 2000년대부터 휴대전화 벨소리를 진동으로 전환하고 부득이하게 통화할 시에는 작은 목소리로 용건만 간단히 하라는 내용이 추가되었다.[5]

---

5 이외에도 카세트, 동영상 청취는 다른 사람에게 들리지 않도록 해야 하고, 의자에 누

열차 내에서는 여러 표지판을 통해서도 지하철 안전지침이 전달되었는데, 사고 발생 시에는 출입문 옆에 설치된 레버를 이용해 수동으로 출입문을 열 수 있으며, 열차 양 끝 출입문 옆에 비치된 작은 망치는 사고 발생 시 창문을 깨고 밖으로 나가는 용도로 사용하라는 내용이다. 객차 양 끝에 비치된 소화기는 화재 발생 시에 이용해야 한다는 내용도 덧붙여졌다.

결국 지하철 공간에서는 수많은 규칙과 규율이 편재해 있다. 지하철 공간은 걷는 방법과 서는 방법, 앉는 방법을 모두 통제의 대상으로 삼는다. 물론 통제의 근거는 '효율'과 '안전'이다. 나는 근대화의 핵심이 되는 이 두 요소를 받아들였고 그에 맞추어 나의 신체적 움직임을 표준화시켰으며 일사불란하게 움직였다. 마치 근대화 과정에서 탄생한 컨베이어 벨트처럼 나의 신체는 효율적이고 안정적인 형태로 바뀌어 갔다. 규칙을 수용하고 지켜 나가는 과정은 모두 무의식적 차원에서 이루어졌기 때문에, 내가 내 신체적 변화를 감지하거나 인식하지는 못했다. 기술적 무의식technological unconscious 속에서 육체적 수행performance이 자연스럽게 실천된 것이다(Urry, 2007). 나의 신체적 움직임은 다른 승객들의 시선에 의해 감시당했으며, 2000년대 중후반부터는 열차 내에 본격적으로 설치된 감시카메라CCTV[6]에

위서도 안 된다. 반려견이나 반려묘를 동반해 열차에 탑승할 수 없으며, 음료수 컵을 들고 타거나 음식물을 섭취할 수도 없다. 어린이를 동반할 때에는 열차 안에서 뛰어다니지 않도록 각별한 주의를 기울여야 하며, 옆 칸으로 이동할 때는 문을 꼭 닫아야 한다. 쓰레기는 열차 안에 버릴 수 없으며 목적지에 도착해 승강장에 비치된 쓰레기통을 이용해야 한다.

6 감시카메라는 성추행 등의 지하철 범죄를 예방하기 위해 설치되었다. 이전에는 지하철 역사에만 설치되어 있었으나, 2007년 서울시 도시여성공간정책인 '여행 프로젝트'가 시행되면서 객차 안으로 확대하여 설치되었다. 현재 열차 내에는 앞뒤에 각각 1대씩 총 2대의 감시카메라가 비상벨과 함께 설치되어 있다. 하지만 감시카메라

의한 감시가 일상화되었다. '감시'는 보통 안전사고의 예방과 범죄의 방지를 위해 시행된다고 믿어지지만, 주체의 행위와 움직임을 늘 '정상' 범주에 머무르도록 하는 효과를 발휘한다. 감시가 일상화된 환경에서 나는 규칙과 규율들을 의식적·무의식적으로 신체에 내재화internalize시켰으며, 또 스스로 검열의 주체가 되어 나 자신의 움직임과 행동을 계획하고 통제했다. 또한 같은 방식으로 타인을 감시하고 통제하기도 했다.

지하철 공간은 이처럼 '통제'의 공간이었지만, 동시에 '해방'을 경험하도록 하는 역설적인 공간이기도 했다. 지하철 공간은 나의 신체를 통제하면서도, 동시에 익명성을 부여함으로써 관계에 대한 책임과 의무로부터 해방시키는 곳이었다. 그곳에서 나는 늘 낯선 사람들과 마주한다. 다른 장소에서 우리는 사회적 관계를 확대하고 유지하기 위한 실천들을 이루어 내지만, 지하철 공간에서는 익명의 사람들이 완벽한 타인으로 존재한다. 우리는 사회적 관계를 욕망하면서도 바로 그 관계에 포박당하기도 한다. 하지만 지하철 공간에서는 누구에게도 공손히 인사를 할 필요가 없으며, 웃음을 지어 보일 필요도, 어색하게 눈을 마주칠 필요도 없다. 이곳에서는 승차요금만 지불하면 승차의 권한이 허락되고 사회적 관계에 대한 책무가 면제되는 것이다. 특별한 일이 발생하지 않는 한, 지하철 공간에서는 타인과 대화를 시도할 필요가 없다. 지하철은 '고독'이 존중받는 장소이며 '무관심'이 미덕인 공간이다. 지하철 출구를 빠져나와 마을버스로 발걸

는 끊임없이 논란의 대상이 되어 왔다. 성추행 사건 등은 주로 복잡한 시간에 발생하기 때문에 실효성을 거두지는 못하고 있으며, 도리어 인권 침해의 문제를 일으킨다는 것이다. 현재에는 비상벨이 울리는 위급 상황에서만 객실 내부를 모니터링하는 형태로 운영하고 있다.

음을 옮기면서도, 방금 내린 지하철에서 옆자리에 나란히 앉아 있었던 사람이 누구였는지, 여자였는지 남자였는지, 어떤 표정을 짓고 있었는지, 아니면 누가 앉아 있기는 했었는지에 관한 기억이 떠오르지 않는 것도 바로 이런 이유 때문이다.

지하철은 나에게 '의미 없는' 존재이기를 요구한다. 지하철 공간은 나의 정체성을 삭제하고, 민첩하고 조용한 몸동작만을 기대하는 것이다. 지하철 공간이 나의 신체에 미친 영향을 생각할 때, 나는 로베르트 무질Robert Musil(1996)의 소설《특성 없는 인간The Man without Qualities》을 떠올린다. 무질은 이 소설을 통해 20세기 근대화가 진행되는 동안 전통적 방식의 수공업 경제가 공장 중심의 경제구조로 재편되면서 공장에 적합한 노동규율과 숙련기술, 임금 관계, 그리고 그에 맞는 인간성이 창출되고 있음을 묘사한 바 있다. 소설 속 주인공 울리히는 공장의 엔지니어로 근무하게 되면서 기계를 다룰 수 있는 지적 능력을 갖추게 되고, 기계처럼 생각하고 행동하며 공장 외부에서도 공장 생활에 맞는 인간관계와 주체성을 보인다. 그리고는 "기계가 아닌, 자신들의 생각대로 담대함을 발휘해 보라는 요구를 받게 되면, 마치 망치로 사람을 죽여보라는 부당한 요구를 받은 것처럼" 반응한다(pp. 64-65). 지하철 공간이 나에게 요구하는 것 또한 안전과 효율성을 위해 개성과 의미를 삭제한 '특성 없는 인간'이다. 이런 공간은 오제(1995)가 그리워하는 '오랜 기억과 관계', '정서', '체험'이 드리워진 '장소'와는 거리가 먼 것이다.

전규찬(2009)은 자신의 연구를 통해, 자본권력이 서울지하철에 관철되고 있다고 비판한 마정미(2006)의 주장과 거리를 둔 바 있다. 전규찬은 지하철에서 "교제의 가능성"을 발견하며, "상호적인 교제"와 "다채로운 교통 관계"를 창출할 수 있다고 주장한다. 이로써 전규찬은 지하철 공간을 "마주침의 공간", "접촉의 공간", "대화의 공간", 최소한 "우울함과 즐거움의 혼성공간"으로 개념화하려고 시도한다(5쪽). 지하철 공간은 체제기능적이지만 동시에 체제전복적이기도 하다는 것이 그의 생각이다. 하지만 나는 전규찬의 주장이 그다지 설득력이 있다고 생각하지 않는다. 전규찬의 연구는 지하철 공간 속 대중들의 생기를 과장하고 낭만화하고 있다는 혐의로부터 자유롭지 못하다. 지하철은 낯선 사람들과의 대화가 부재한 공간이다. 물론 2016년 스무 살 비정규직 청년이 안타깝게 사망하는 사건이 일어났을 당시, '애도의 포스트잇'이 구의역을 가득 메운 일이 있었고, 이는 따뜻한 공동체 공간의 이미지를 상기시켰다. 하지만 이 일이 대대적인 연대와 변화의 움직임으로 이어지지는 않았다. 지하철 공간에서는 상호작용이 최소한으로 축소되고, 그 최소한의 상호작용마저 기계와의 거래나 일방적인 안내방송으로 대체되어 드러난다. 지하철 공간 내에 설치된 기계들은 우리를 하나의 숫자나 통계로 취급하고, 지하철 공사 직원이나 지하 경찰대는 어떤 문제나 일탈행위가 발생할 때에만 우리에게 관심을 갖는다. 지하철에서 노약자, 장애인, 임산부 배려석은 교통 약자에게 양보되지만, 이 또한 안내방송과 표지판을 통해 표준화된 규칙이 받아들여진 결과이지, "안정된 정서와 고취된 공동체 의식"에서 도출된 것으로 보기는 어렵다.

짐멜George Simmel(2011)은 도시 거주자가 더 이상 특정 개인으로 살아가는 것이 아니라, '객관적 서비스'에 의지해 살아가고 있음을 지적한 바 있다. 이때 객관적인 서비스는 교환가치를 가지며 화폐로 거래되는 상품을 말한다. 다시 말해, 도시에서는 개개인의 구체적 속성이 무관심의 대상이 되고, 우리는 '상호적 탈개인화'의 상태로 존재한다. 즉, 짐멜은 도시에서 문화가 '인격적 간섭'에서 '시민적 무관심civil inattention'으로, 그리고 '시민적 무관심'에서 '예의 바른 무관심'으로 진화해 왔다고 본다. 하지만 짐멜이 도시의 삶에 대해 갖는 태도는 오제의 그것과 차이를 보인다. 오제는 이동성이 증가하고 있는 현대사회에서 비장소가 확대되면서 우리를 몰인간화한다고 한탄하는 입장을 취한다. 비장소들로 인해 우리 내면의 삶이 각박하고 빈곤해지며 공간에 대한 책임 의식도 약화된다는 것이 오제의 생각이다. 반면에 짐멜은 이러한 현상 앞에 절망하지 않는다. 그는 시골 마을의 공동생활이 개인의 사적 영역에 개입하는 영향력을 부정적으로 평가하며, 오히려 도시의 공간에서 개인이 독립과 해방의 기반을 마련할 수 있게 되었다고 보았다. 도시적 삶을 살아가는 개인이 마을 주민 및 이웃의 사회적 통제로부터 해방되어 멀리 떨어져 사는 사람들과도 관계를 맺을 수 있게 되었다는 점에 주목한 것이다. 이처럼 짐멜과 오제는 도시 공간에 대해 서로 다른 견해를 보이지만, 자본주의가 확대되고 발전하는 도시에서 '상호적 탈개인화'의 '비장소'가 창출된다는 점에는 같은 시각을 공유한다. 지하철 공간을 통해 변화해 가고 있는 내 모습에 대해 서로 다른 견해가 있을 수 있지만, 내가 점차 도시에 적합한 '상호적 탈개인화'된 인간이 되어 왔다는 사실을 부인할 수 없듯이 말이다.

서울 지하철, 여성의 경험, 그리고 장소

지하철 공간은 산업화·도시화로 설명되는 근대화 과정에서 탄생했다. 나는 90년대 중반부터 이 공간을 이용하기 시작하면서, 전근대적 생활양식과 논리로부터 어느 정도 벗어날 수 있을 거라고 믿었다. 나의 부모님께서는 '여성'인 내가 계속해서 평택에서 생활하길 바라셨고 또 그 생활이 가부장제의 원리를 재생산하는 쪽으로 향하길 바라셨기 때문에, 나는 더욱 간절하게 전근대적 사고와 생활방식에서 벗어난 생활방식에 로망을 품었다. 평택에 없던 지하철을 타고 출퇴근을 한다는 사실은 나에게 근대화된 도시에서 생활하고 있다는 사실을 상기시켰다. 실제 지하철은 나를 비롯해 상당수의 여성들이 갖고 있던 근대적 생활양식에 대한 욕망을 충족시키는 데에 크게 기여했을 거라고 생각한다.

  90년대를 기점으로 한국 경제가 서비스산업 중심으로 재편되면서 여성들이 임금노동시장에 대량으로 유입되는 계기가 마련되었다. 이때 지하철 여성 이용객 숫자가 급속하게 증가했는데, 이런 사실은 여성이 경제 발전의 원동력으로 새롭게 위치 지어지는 데에 지하철이란 결정적 인프라infrastructure가 자리하고 있었음을 말해 준다. 지하철 여성 이용객 숫자는 90년대를 관통하면서 꾸준히 증가했다. 특히, 1997년 IMF 경제 위기 동안에 경영 혁신을 근거로 남성으로 구성된 기업의 고위 간부들이 명예퇴직을 당하는 일이 있었고, 이로써 '남성=생계부양자'라는 이데올로기가 약화되었다(신경아, 2014). 남성들이 일자리를 잃게 되자 누구라도 일자리를 얻고 가족의 생계를 부양해야 한다는 인식이 확대되면서, 더욱 많은 여성들이 노동시장으로 진입하게 된 것이다. 이러한 사회경제적 구조의 변화를 배경으로 지하철의 여성 이용객 숫자는 점차 증가했고, 2000년대에 이르면 2·4호선의 여성 이용객 숫자가 남성 이용객의 숫자를 넘어선다(최여경, 2006, 12, 20).[7]

---

7 서울시 지하철 2호선과 4호선의 경우 여성 승객이 각각 57.2퍼센트, 52퍼센트로, 남성 승객 42.8퍼센트, 48퍼센트에 비해 더 많은 것으로 나타났다(최여경, 2006, 12, 20).

하지만 내가 근대화를 동경하는 일관된 태도를 고수해 온 것은 아니다. 나는 근대화된 삶의 방식을 동경하면서도, 그에 대해 매우 복잡하고 다중적이며 변덕스러운 감정을 가지고 있었다. 때에 따라서 나는 요금을 지불함으로써 합법적으로 승차를 승인받아야 하는, 승차요금 외에 아무런 요구도 하지 않는, 그 무심한 지하철 공간의 질서를 혐오하기도 했다. 사회가 늘 그랬듯, 나 역시도 근대화에 대해서는 양가적 입장을 견지했다. 그러면서도 나는 1995년부터 1997년까지 매일 아침 서울대입구역에서 열차에 올라탔다. 그리고 최소한 지하철 공간에서만큼은 승차요금만 지불하면 모두 평등한 대접을 받을 수 있을 거라는 점을 의심하진 않았다.

내가 탄 열차는 사당역을 지날 때마다 열차의 수용 인원이 늘 최고치에 달했다. 그곳에서는 많은 인원의 승객이 하차했지만, 곧이어 또 다른 승객들이 끝도 없이 밀려들어 왔다. 이곳에서는 늘 '대중★※'이라는 용어의 의미가 명확히 다가왔다. 연대감이 사라진 익명의 다수, 그들이 존재했고 나 또한 그들의 일원이었다. 나는 그곳에서 간혹 '인간의 존엄성'에 대해 질문하기도 했는데, 내 팔다리는 늘 뒤틀려 몸의 형체가 왜곡되었으며 정체성이 사라지는 것처럼 느꼈기 때문이다. 하지만 그것은 내 느낌뿐이었다. 지하철은 (다른 건 몰라도) '젠더 정체성'만큼은 분명히 확인시켜 주는 장소다.

지하철 공간에서는 젠더를 뚜렷하게 구분하는 가부장제 논리가 강력히 작동하고 있었다. '비장소', 즉 이방인이 집합하는 공적 공간이라는 특징과 높은 혼잡도가 악용되면서, 지하철 공간에서 가부장제 논리는 더욱 폭력적인 형태를 띠고 있었다. 지하철 공간에서는 다양한 범죄가 발생했는데, 지하철에서 발생하는 범죄의 절반은 성추행이고 성추행 가해자의 대부분은 남성으로 드러나고 있었다.[8] 성추행은 분명 '젠더'라는 사회적 정체성을 둘러싸고 벌어지는 범죄이다. 특성 없는 공간에서 특성 없는 인간이 특성 없는 인간을 향해서, 아니 '특성 없는 남성'이 '특성 없는 여성'을 대상으로 폭력을 휘두르고 있었다. 지하철 성범죄는 80년대 후반부터 주목받기 시작했는데, 당시 한국형사정책연구원은 '민생치안의 실태와 대책' 세미나를 주최하고 지하철 성추행·성폭력 실태 설문조사 결과를 발표하면서 "총 2,290명의 여성을 대상으로 조사를 시행한 결과 76.4퍼센트가 버스나 지하철 등에서 가벼운 접촉 추행을 당했다"고 보고한 바 있다(동아일보, 1989. 12. 1). 1992년 서울시립 도시행정과 연구팀에서도 지하철 여성 승객 중 78.8퍼센트가 성추행을 당한 경험이 있다는 조사 결과를 발표했다. 물론 이런 통계자료는 성추행을 당한 여성의 피해를 양적으로 축소시키고, 또 질적으로도 누락시킨다.

유독 지하철에서 높은 건수의 성범죄가 발생했던 데에는 이유가 있었던 것 같다. 다른 대중교통 수단인 버스에서도 성범죄가 빈번하게 발생했던 것은 사실이지만, 90년대 서울 지하철이 '성범죄'로 특징 지어졌던 데에는 '지옥철'이라고 불릴 만큼 혼잡도가 높았다는 점에서 첫 번째 단서를 찾을 수 있다. 국토교통부는 지하철 적정인원을 1제곱미터당 승객 3명으로 보고, 객차 1량당 160명이 탑승했을 때 혼잡도를 100퍼센트로 계산하는데, 출퇴근 시간 기준 지하철 혼잡도는 흔히 200퍼센트를 넘어섰다.[9] 또한, 범행 후 도주가 용이하다

---

8   2014년 서울 지하철 성추행 사건의 가해자로 검거된 949명은 모두 남성이었다. 지하철에서 성추행이나 몰카 범죄를 당한 1,356명의 피해자 중 대부분이 여성이었고, 몇몇의 경우 어린 남성들도 포함되었다(임주현, 2015. 5. 27).
9   2013년 기준 혼잡도가 높았던 곳은 사당~방배 구간으로 출근 시간(오전 8시 10분~8

는 특징도 지하철 공간을 범죄 현장으로 만드는 데 기여한다. 버스의 경우 운행의 책임을 맡고 있는 운전기사의 도움을 받는다면 범죄자를 검거하는 일이 상대적으로 용이하지만, 지하철의 경우는 기관사와 이용객의 공간이 분리되어 있고 2분마다 지하철 출입문이 자동으로 열리게 되어 있어 범행 후 도주를 용이하게 하는 구조를 가지고 있다. 그런 이유로 출구 계단으로 이어지는 4번째, 7번째 칸에서 범죄가 더욱 빈번하게 발생한다고 보고되고 있다(정동권, 2005. 5. 8).[10]

90년대 나는 출근길 지하철 공간에서 내 몸에 손을 뻗친 성추행범을 잡을 뻔했던 적이 있다. 당시 객차에는 발 디딜 틈 없이 사람들이 가득했다. 낌새가 이상해서 팔을 밑으로 내렸다가 어떤 손 하나와 부딪혔고, 그걸 덥석 잡아 버린 것이다. 나도 예상치 못했던 일이라 당황했지만, 이번만큼은 이 일을 반드시 해결하고 싶었다. 그러나 무엇을 어떻게 해결해야 할 것인가. 그래, 우선 소리를 지르자. 그런데 희한하게도 입에서는 아무런 소리도 나오질 않았다. 나는 다시, 이 손이 누구의 것인지를 먼저 확인해야겠다고 생각하고 주변을 둘러보았다(다행히 나는 그날 하이힐을 신고 있었던 것 같다. 그렇지 않으면 혼잡도 높은 지하철 열차 내에서는 주변을 둘러볼 수조차 없다). 그런데 내가 눈길을 돌려 살펴봐도 누구 하나 나의 시선에 반응하는 사람이

시 40분) 혼잡도는 202퍼센트, 2014년 기준 출퇴근 시간 1~4호선에서는 전체 평균 1.7배에 가까운 인원이 탑승하고 있다고 보도되었다(김보미, 2014. 10. 20). 2015년 9호선 급행열차의 혼잡도는 염창역 기준 출근 시간대(오전 8~9시) 233퍼센트로 측정되었으며, 이는 호흡 곤란을 일으킬 수 있을 정도의 혼잡도라고 보고된다(메트로신문, 2016. 10. 4).

10 2011년 6월 서울시는 '지하철 범죄 안전대책'을 발표하고, 성범죄 방지 보안관을 투입하기 시작했다. 하지만 성범죄 방지를 위해 채용된 보안관들은 계약직으로 고용되어 있고, 사법권이 주어지지 않는 까닭에 실제 큰 역할을 하지 못하고 있다는 평가가 이어지고 있다(최고운, 2011. 6. 10).

없었다. 나는 그 손이 누구의 것인지 전혀 감을 잡을 수 없었다. 남성의 손만은 분명했다. 다시 소리를 지르고 싶었지만, 정말 아무 소리도 나오질 않았다. 이 낯선 사람들, 혹시 범인을 알고 있지만 시치미를 떼고 있는 것이 아닐까? 그 순간 내가 붙잡고 있던 손이 내 손을 뿌리치려고 했고, 나는 그걸 놓치지 않으려고 최선의 노력을 기울였다. 그러다 열차가 다음 역에 도착했고, 이내 출입문이 열렸다. 사람들이 출입문 밖으로 몰려 나가기 시작했다. 나는 인파에 떠밀리면서 결국 그 손을 놓치고 말았다. 그런데 군중에 묻혀 문 밖으로 나가던 한 중년 남성이 잠시 뒤를 돌아봤고, 나와 눈이 마주쳤다. 나는 저 사람의 손이었다는 확신이 들었다. 나와 거리가 그리 가깝지 않아 놀라웠다. 가까스로 손을 뻗어 추행만 할 수 있는 거리. 화가 치밀었다. 저렇게 도망가도록 놔둘 수가 없어, 나는 주먹을 '불끈' 쥐고 그 남성의 뒤통수를 향해 힘껏 날렸다. 그러나 남성은 이미 출입문을 빠져나간 후였고, 내 주먹은 허공만 갈랐다. 그렇게 범인이 사라졌다.

이런 일들을 겪으며 나는 왜 지하철 성범죄는 늘 '가해자=남성', '피해자=여성'이라는 구도로 설정되는지를 질문했다. 이런 구도가 설정되는 것은 '여성성의 열위劣位를 전제한 가부장제'(Laner, 2000; Mulvey, 1975; Scott, 1986) 논리가 작동한 결과이다. 한국 사회에는 젠더에 대한 이원적이고 위계적인 차이를 재생산하는 가부장제가 작동하며, 이 논리는 여성을 남성보다 열등한 존재로 위치시키고 남성에게 권력과 우월한 지위를 부여한다. 이런 전근대적인 가부장제 논리가 지하철 공간으로 스며들어 여성을 성범죄의 피해자로, 남성을 가해자로 설정하고 있는 것이다. 나는 지하철 성추행에 대해 생각하면서, 왜 남성들이 공적 장소에서, 그것도 동의를 얻지 않은, 불특정의 대상에게 성적 욕구를 발현하는가도 질문했었다. 그들의 성적 욕구는 어떠한 원리로 충족되는 것일까? 왜 그들은 공적 공간에서 성적 욕구를 느끼는 것일까? 그러던 어느 날, 나는 육체적 욕구와 성범죄 사이에 큰 연계성이 존재하지 않는다는 한 연구 결과를 발견한다(내가 발견한 연구 결과는 권현숙(1993)에 소개되어 있다). 해당 연구에 따르면, 성추행은 전적으로 성적 욕구가 분출되어 나타나는 행위가 아니라, 성적 욕구와 '권력', 그리고 '우월감'이 합치되어 표출된 산물이다. "가해 남성의 상당 비율이 피해 여성을 겁주고 비인간화했을 때에만 성적으로 흥분할 수 있고, 성적 행위 그 자체는 여성을 비하하는 것보다 오히려 덜 중요하다"는 다소 충격적인 연구 결과였다(권현숙, 1993, 230쪽).

국·내외의 여성주의 학자들에 따르면, 가부장제는 여성 및 여성과 관련된 특성을 비이성적이고 감정적이며 의존적이고 사적인 것, 그리고 문화보다 자연에 더 근접한 것으로 규정함으로써 남성중심적 질서들을 (재)생산해 낸다(McDowell, 1999/2010). 반면, 남성 및 남성과 관련된 특성은 이성적이고 과학적이며 독립적이고 공적이며 문화적인 것과 연결한다. 가부장제 질서를 유지하고 있는 사회는 여성이 자신의 몸body과 감정에 휘둘리는 존재라고 규정하는 반면, 남성은 몸과 감정의 천박한 속성을 초월한 존재로 규정함으로써 정신mind이라는 상징을 부여한다. 이처럼 여성의 주체성을 삭제하고 그들에게 '몸body'이라는 상징을 부여하고 또 그들을 '하체下體'로 취급하는 가부장제의 논리가 바로 지하철 공간에서 '가해자=남성'과 '피해자=여성'이라는 이항대립 구도를 만들어 내고 있던 것이다.

90년대 중반 지하철 성범죄는 사회적 문제로 부각되었다. 나는 이따금씩 TV에 전문가들이 출연해, 여성이 치한의 습격을 받는 순간 재빨리 '인격'을 드러내 보이라고 충고했던 장면을 기억한다. 전문가들은 여성이 성추행이나 성희롱을 당할 때 침묵하거나 피하는 것은 여성의 세계를 위협하고 축소하는 결과에 이른다고 주장한다. 여성 스스로 남성중심적 질서 내에서 삭제된 여성 주체성을 확립해야만, 여성의 세계를 확장할 수 있다는 것이다. 하지만 전문가들의 말처럼 지하철 공간에서 성추행을 당한 여성이 즉각 소리를 지르는 것은 쉬운 일이 아니다. 혼잡도가 높은 지하철 공간에서 가해자가 누구인지 가려내기 어렵다는 문제가 있고, 인격을 드러냈을 때 역시 낯선 사람들로부터 지지를 받을 수 있다는 확신이 서지 않는 문제도 있다. 무엇보다, 여성에게 '정숙貞淑'과 '바른 행실' 등을 강조하는 전통적인 성관습은 피해를 입은 여성들에게 입을 닫을 수밖에 없도록 하는 가장 강력한 억압적인 장치다. 내가 자기기술지 방법론을 이용해 지하철 공간 경험을 연구하겠다고 결정한 후에도, 또 지하철 공간에서 성추행범의 손을 잡고 소리를 지르려고 했을 때에도 가장 부담스럽고 두려웠던 것이 바로 이 부분이었다. 누군가가 '정숙'과 '바른 행실' 등을 여성의 가치로 내세우며 나를 판단하고 심판하는 것이 가장 무서웠다. 따라서 나는 남성중심적 질서에 대한 근본적인 문제 제기를 생략한 채, 성범죄 피해 여성에게 '인격'을 드러내 보이라고 하는 전문가들의 충고는 현실적인 요소를 충분히 고려하지 않은 것이라고 생각한다. 전문가들의 충고는 피해 여성에게 직접적으로 전달되어야 할 것이 아니라, 가부장제와 남성중심적 질서에 대한 근본적인 문제 제기를 반드시 경유해야 했다.

나는 지하철 성범죄의 경험이 시간적·공간적으로 한정되는 것이 아니며, 또 특정 여성에게 제한된 문제가 아니라고 믿는다. 가령 과거에 피해를 입었다고 해도, 과거의 피해 경험은 현재의 '나'에게 영향을 미치고 현재의 행동 방식을 제한할 거라고 생각한다. 실제 나는 지금도 혼잡한 시간에 지하철을 이용할 때면 경계 태세를 갖추게 된다. 붐비는 열차 내에서 내 주변에 있는 사람들이 어떤 젠더 정체성을 가졌는지 확인하고, 그들이 남성일 경우 촉각을 곤두세우고 방어 작전에 돌입하는 것이다. 몸의 각도를 비스듬히 하여 상대와 나 사이에 공간을 확보하고, 때에 따라서는 가방을 앞쪽으로 고쳐 메어 거리를 두려고 노력한다. 또한 주변에서 어떤 움직임이 감지될 때마다 반사적으로 팔로 몸을 감싸거나 웅크리기도 한다. 직접적으로 피해를 입지 않았더라도, 지하철 공간에서 여성의 신체가 남성의 그것과 다른 방식으로 취급되고 있다는 사실을 인식하게 되면 불안을 경험하고 행동을 제한하게 될 수도 있다. 나와 대학원을 함께 다닌 한 동료 여성은—나는 그 여성이 성범죄를 직접 경험했는지의 여부를 알지 못한다—지하철에서 좌석이 비어 있더라도 낯선 남자와 어깨를 맞닿아야 한다면 불편을 감소하고서라도 입석을 선택한다고 말한 적이 있다. 그녀는 '지하철' 하면, 늘 '성추행'이란 단어가 떠오른다고도 덧붙였다.

혼잡도가 높지 않은 시간에도 나는 여지없이 지하철 타기에 앞서 주저하곤 했다. 당시에는 내가 지하철을 꺼리는 이유를 명쾌하게 설명하기 어려웠다. 그런데 엉뚱하게도, 영화를 보는 남성 관객이 느끼는 '시각적 쾌락scopophilia'에 대해 쓴 로라 멀비Laura Mulvey(1975)의 글을 읽으며, 지하철 공간을 꺼렸던 이유가 여성의 신체가 남성들의 관음증적 시선gaze의 대상이 되기 때문이라는 사실을 깨달았다. 같은 대중교통 수단이지만 버스의 경우 사람들의 시선은 밖을 향한다. 지하철의 경우는 벽면을 따라 롱시트가 설치되어 있기 때문에 좌석에 앉은 승객의 시선이 열차 내부를 향하고, 또 반대편 출입문으로 들어서는 승객을 즉각적으로 구경할 수 있는 구조이다. 특히 창밖으로 내다볼 수 있는 것이 아무것도 없기 때문에 시선은 더욱 내부를 향하게 되어 있다. 요즘 많은 사람들이 지하철 공간에서 스마트폰에 열중하는 것도, 출입문 앞쪽의 공간이 입석 승객에게 명당처럼 느껴지는 것도 시선 처리가 쉽지 않다는 공간적 구조 때문일 것이다. 지하철 공간에서 시선은 언제나 부담스러운 것이다.

내가 스물대여섯 정도의 나이를 먹었을 즈음이었던 것 같다. 나는 늦은 시간 열차에 올라탔고 자리를 잡고 앉아 잡지책을 들여다보고 있었다. 나는 그때 내 앞에 서 있던 여성이 갑자기 상기된 얼굴을 하고는 그 자리를 떠나 옆 칸으로 이동하는 것을 미세하게 감지할 수 있었다. 그 여성이 떠난 자리는 그 뒤에 있던 남성이 다시 차지하게 되었다. 취객으로 보이던 그 남성은 천장에 달린 두 개의 손잡이를 잡고 매달려 그네를 타듯 몸을 앞뒤로 움직이고 있었다. 노골적인 시선을 보내고 있었기에 신경이 쓰였지만, 나는 애써 무시하며 보던 잡지책에서 눈을 떼지 않았다. 그런데 이 남성이 얼굴을 뒤쪽으로 크게 제쳤다가 앞쪽으로 내밀며 내 얼굴 가까이로 깊이 숙여 왔다. 내가 어이가 없어 고개를 들자, 나에게 윙크를 날리는 것이다. 난 그 순간 모든 것을 깨달았다. 내 앞에 있던 여성이 왜 상기된 얼굴로 다급하게 그 자리를 떴는지를. 이 남성이 그 여성 바로 뒤에서 무언가를 했을 거란 생각이 어렵지 않게 들었다. 주변에 빈 공간이 있는데도 굳이 그 여성의 뒤에 서 있었고, 지금은 내 앞에 서 있었다.

그때 내가 왜 그런 '행위'를 했는지는 누구에게도 설명해 본 적이 없다. 나는 무릎에 놓여 있던 두꺼운 잡지책을 들고 일어나 그를 두들겨 패기 시작했다. 팔과 어깨, 나는 가리지 않고 그를 두들겼다. 그는 나를 무례하게 쳐다보았고, 무엇인가를 상상하고 있었으며, 이로써 나를 열등한 존재로 격하시키고 있었기 때문에, 나는 그에 대한 처벌을 그에게 내리고 있었다. 내 앞에 서 있다 옆 칸으로 이동한 여성을 위로하고자, 나는 두들김의 강도를 높였다. 나의 행위는 분명 '의분義憤(정의라는 개념에 비추어 반하는 행동을 규탄하고 격분하는 강한 감정)'에 근거를 둔 것이었다. 이는 매우 인간적인 것인데, '처벌'은 인간만이 할 수 있는 행위이기 때문이다. 동물에게 공격은 존재하나 처벌은 존재하지 않는다. 나는 곧 열차 안의 모든 시선이 나에게 쏠려 있음을 감지했고, 내가 '난동'을 부리고 있는 것으로 보일 수 있다고 생각했다. 나는 신속히 가방을 챙겨 들고 옆 칸 열차로 옮겨 갔다. 모든 일이 순식간에 벌어져 당황스럽기도 했지만, 묘하게도 '통쾌함'이 느껴졌다.

누군가는 나에게 왜 '여성전용칸'을 이용하지 않았냐고 물어볼 수도 있겠다. 여성전용칸 제도는 서울지하철공사가 지하철 성범죄를 예방하기 위해 1992년부터 2003년까지 10년간 시행한 제도다(김태훈, 2007. 10. 31). 2018년 현재에는 부산 지하철에서 제한적으로 시행되고 있지만, 내가 지하철을 정기적으로 이용하던 90년대 중반에는 분명 여성전용칸이 서울 지하철에도 있었다. 그럼 왜 이용하지 않았을까? 나는 이 질문에 세 가지 답변을 가지고 있다. 첫째, '여성전용칸'은 열차의 양 끝에 배치되어 있어, 여성들이 이를 이용하려면 불편함을 감수해야 한다. 난 아침 출근길에 늘 지하철역으로 헐레벌떡 들어가 승강장에 다다르면 도착하는 열차로 뛰어드는 편이었다. 일단 열차에 오르고 나면 그 붐비는 인파를 뚫고 여성전용칸으로 이동하는 것은 불가능했다. 둘째, 통제와 관리의 대상이 되어야 하는 것은 남성들의 비뚤어진 욕망과 태도이지, 여성들의 신체가 아니다. '남성전용칸'이 아니라 '여성전용칸'을 만들겠다는 발상 자체가 이미 남성을 공적 공간의 '보편'적인 존재로, 그리고 지하철의 '표준' 승객으로 상정하는 남성중심적 사고에 기반을 두고 있다. 여성전용칸은 궁극적으로 여성이 온전히 공적 공간을 향유할 수 있는 자유를 제약하는 제도이고, 나는 그러한 성차별적 제도에 협조할 생각이 없었다. 셋째, 여성전용칸 제도는 여성의 신체가 생물학적으로 남성의 신체에 비해 열세하다는, 그래서 보호받아야 한다는 인식을 확대하기 때문에 바람직한 것으로 볼 수 없다.

물론 내가 지하철 공간에서 경험한 모든 일들을 지하철 공간의 논리로 환원할 수는 없을 것이다. 이미 많은 학자들이 지적해 왔듯, 우리의 신체뿐 아니라 행동과 몸동작은 사회적 실천과 담론이 각인되어 나타난 결과이다(Bourdieu, 1984; Foucault, 1977/2016). 한국 사회에서 성장해 온 주체들은 가부장제 하에서 관습화된 몸동작과 자세를 의식적·무의식적으로 학습하고 내재화하며 또 표현해 낸다. 지하철 공간에서 여성들은 좌석에 앉을 때 다리를 다소곳이 오므리거나 가방을 무릎에 올려 허벅지를 가리곤 하는데, 이러한 몸동작과 행동은 여성에게 '조신한 몸가짐'을 강조해 온 가부장제 원리가 자기규율 체계를 통해 드러난 것이다. '지하철 쩍벌남'이란 신조어가 등장했지만 여성에 관한 카운터파트 용어가 등장하지 않은 것도, 남자 화장실에 존재하지 않는 '에티켓 벨'이 지하철 여자 화장실에만 존재하는 것도 우리 신체를 규율하는 가부장제 원리가 지하철 공간에서도 작동한 결과이다. 즉, 지하철 공간은 사회와 독립된 논리를 갖는 것이 아니라, 사회와 끊임없이 연동하면서 공간의 논리를 구축해 간다. 지하철 공간이 일반 시민에게 해방감과 고독의 자유를 주면서도 여성의 신체를 더욱 억압하고 축소하고 있었다면, 그것은 물론 사회의 중심 논리가 그런 방식으로 작동하고 있기 때문이다.

그러나 문제의 근원이 한국 사회의 남성중심적 질서라고 해서, 나는 지하철 공간에 면죄부를 주고 싶지는 않다. 지하철 공간은 모든 승객들에게 평등한 권리를 부여하는 민주적인 공간으로 보이지만, 사실상 소수자들에게 충분히 주목하지 않았고 전근대적 가부장제 논리와 남성중심적 질서를 저항 없이 수용하여 여성 억압적인 공간 논리를 구축하고 있다. 지하철 공간은 근대화 과정에서 탄생해 나의 신체로 하여금 근대화 논리에 맞추어진 규칙과 규율들을 내재화하도록 했지만, 젠더 평등 원리를 강조하는 교육에 관심을 두지 않았고 성범죄 예방 캠페인이나 처벌 문제에 적극적인 태도를 보이지도 않았다. 오히려 '여성전용칸'이라는 "해외토픽적 제도"(권현숙, 1993)를 만들어 여성이 공적 공간을 자유롭게 향유할 수 있는 권리를 제한하려고만 했다. 지하철 성범죄는 지금까지 끊이지 않고 이어지고 있다. 오히려 수법이 변화했고, 범죄 장소도 객차에서 승강장, 계단, 화장실 등으로 확대되었다. 2000년대부터는 초소형 카메라를 이용해 여성의 몸을 파편화시키고 프레임 속에 가두어 버리는 방법들까지 나타났다(강건택, 2006, 1, 17). 이 정도면 '내가 왜 혹은 어떻게 지하철을 싫어하게 됐는가?'에 한 답변이 되지 않았을까.

앞서 나는 지하철 공간이 오제(1995)가 제시한 '비장소'에 해당한다고 해석한 바 있다. 지하철 공간은 요금을 지불한 승객에게 합법적으로 승차를 승인하고 그 외에 어떠한 요구도 하지 않는다고 보았기 때문이다. 어떤 지하철 역사나 열차 등의 공간에서 우리가 비슷한 경험을 한다면, 지하철 공간만의 고유한 정체성은 존재하지 않는다. 그러나 나는 지금 남성의 그것과는 다른, 지하철 공간에서의 여성 경험을 발견하면서, 지하철 공간을 비장소로 보았던 나의 판단을 정정한다. 여성은 지하철 공간에서 남성들과 달리 성범죄에 대한 공포감을 느끼며, 낯선 남성에 대한 경계 태세를 갖추고, 자신의 신체를 확장하기보다 축소하는 경험을 하고 있다. 이런 점에서 나는 지하철이 단순히 비장소로 규정되는 것이 아니라, 특정 경험을 보유하는 장소place로 규정되어야 한다고 생각한다. 여기에서 나는 오제가 정의하는 의미의 '장소' 개념을 이용하고 있지는 않다. 오제에게 장소란 '개인의 경험과 기억이 녹아 있고, 고유의 정체성을 간직하고 있는 공간'을 의미하지만, 보다 일반적인 차원에서 '장소'란 '주체가 감각과 감정을 가지고 구체적인 일상과 경험을 축적하는 공간'으로 정의된다(장민지, 2015; Massey, 1994; McDowell, 1999/2010; Relph, 1976/2005; Smith, 1993; Tuan, 1977/2011). 즉, '장소'란 공간을 x, y, z 축으로 이루어진 균질적인 매트릭스로 이해하는 것이 아니라, 주체가 감정과 감각을 가지고 구체적인 일상과 경험을 축적하는 공간을 의미한다. 이런 '장소' 개념을 이용하면서, 나는 지하철 공간이 여성이 일련의 억압들을 경험하도록하는 '여성 억압적 장소'로 규명해 보려는 것이다.

물론 특정 공간은 복수의 성격과 정체성을 갖는다. 다시 말해 특정 공간은 다층적인 장소성을 갖는다. 장소는 공간을 점유하고 이용하는 사회적 주체들에 따라 다르게 경험되고 인식되기 때문에, 복수적이고 다양하고 가변적인 경계들로 정의된다. 장소를 정의하는 경계는 늘 "유동적이고 불확실"하다(McDowell, 1999/2010, 25쪽). 동일한 공간이라도, 그곳을 점유한 사람들은 자신의 사회적 조건과 위치에 따라 아주 다른 '장소'를 경험할 수 있으며, 지하철 공간 역시 누군가에게는 불편하고 공포스럽고 위험한 장소일 수 있지만, 또 다른 누군가에게는 해방과 탐험의 장소일 수 있다. 하지만 1995년부터 1997년까지 3년간 정기적으로 서울대입구역과 양재역을 오간 나의 경험에 근거할 때, 또 그 경험이 현재에도 내 몸 안에 각인되어 있다는 점을 고려할 때, 지하철 공간은 남성중심의 질서와 공모의 관계를 유지하며 여성 억압의 논리를 재생산하는 장소이다. 지하철 모빌리티 공간에서 여성은 충분한 권리를 보장받지 못하며, 해당 공간이 약속하는 것처럼 보였던 근대화의 논리는 아직까지 완전하게 현실화되지 않았다.

지하철 모빌리티 공간과 여성 주체성

우리 연구자들이 대학 캠퍼스 내 야외 휴게 장소에서 '지하철 공간'과 '여성'이라는 두 가지 키워드를 가지고 대화를 나누기 시작한 지 한 학기가 지났다. 그동안 나는 20년 전에 있었던 지하철 공간에 대한 기억을 떠올렸다. 20년 전 기억을 소환하여 재구성하는 것은 쉽지 않았다. 오래전 일이었던 탓보다, 지하철 공간에 대한 경험, 즉 모빌리티에 대한 경험이란 게 뚜렷한 인식 영역의 바깥에 존재하기 때문인 것 같다. 지하철 모빌리티 공간의 경험은 지하철 안내방송과 닮아 있다. 지하철 공간에서 안내방송은 끝없이 이어진다. 승강장에서의 열차 도착 여부에서부터 객차 내에서의 다음역과 종착역에 관한 정보, 그리고 안전수칙에 이르기까지 수많은 내용들이 안내방송을 통해 전달된다. 하지만 우리는 보통 그 내용을 정확히 기억하지 않으며 목소리의 주인공이 여성이라는 점도 잘 인식하지 못한다. 지하철 모빌리티 경험도 그랬다. 아니, 모빌리티 경험 자체가 그런 것일지 모른다. 일상 속에서 반복적으로 발생하는 수많은 모빌리티 경험들이 우리를 구성하고 또 재구성하지만, 우리는 그러한 경험들을 인식조차 하지 못한다. 이런 점에서 어리(2007: 2014)가 '모빌리티'라는 개념을 통해 패러다임적 전환을 제안한 것은 획기적이며 의미 있는 시도라고 할 수 있다.

지하철 모빌리티 공간은 산업화·도시화로 요약되는 근대화 과정에서 국가 기획에 의해 탄생했으며, 나에게 노동력을 이용할 수 있는 기회를 제공하는 동시에 소비의 주체로 호명하는 체제 기능적 공간이었다. 지하철 공간은 근대화 과정에서 탄생한 만큼, 공동체의 따뜻한 온정보다는 승객들의 움직임과 행동을 통제하는 수많은 규칙과 규율을 가지고 있었다. 따라서 나는 지하철을 이용하면서 안전과 효율성을 위해 점차 질서 정연하고 일사불란하게 움직였다. 지하철 모빌리티 공간은 '통제'의 공간이었지만, 그와 동시에 '해방'의 공간이기도 했다. 나는 지하철에서 늘 낯선 사람들과 마주했으며 그들에게 무관심을 보이며 그들과 관계를 맺지 않음으로써 소외와 동시에 해방감을 경험하기도 했다. 이로써 나는 점차 근대화에 맞추어진 존재가 되어 갔다. 결국 특성 없는 공간으로서의 지하철은 나에게 근대화 과정에 적합한 '특성 없는 인간'이 되도록 요구하고 있었다.

나는 20년 전 경험했던 지하철 공간에서의 일상을 떠올리긴 했지만, 지하철 공간이 '여성 억압적 장소'임을 인식하는 일이 쉽지는 않았다. 다른 지하철 연구자들처럼, 나 역시도 여성의 경험을 괄호 안에 묶어 버리고 어젠더ª-gender(몰젠더)적 태도를 취하고 있었던 것 같다. 따라서 나는 이 글을 쓰면서 뤼스 이리가레Luce Irigaray(1985)가 제시한 '검경speculum' 개념을 자주 떠올렸다. 이리가레에 따르면, 우리는 대상을 바라볼 때 대상을 있는 그대로 인식한다고 생각하지만, 사실상 그것은 오해이다. 우리의 시선은 이미 가부장적 그물망을 통과한 것이기에 남성중심적 질서에 종속되어 있기 때문이다. 남성중심적 질서 아래 여성 주체성은 사라지고, 그런 이유로 남성중심적 질서를 제대로 보고 읽어 낼 수 있는 '시선'이 존재하지 않는다는 것이다. 남성중심 질서를 전복하기 위해서는 우선 여성성, 즉 여성적 시선이 복원되어야 하는데, 이리가레는 바로 '검경'이라는 개념을 제시하여 이 문제를 극복하고자 했다.

이리가레가 제시한 검경은 라캉의 '거울'이라는 정신분석학적 개념을 비틀어 수용한 것으로, 라캉의 남성중심적 한계를 지적하는 비판적 은유로 사용된다. 라캉은 아이가 거울을 보며 자신의 주체성의 틀을 마련한다고 말한다. 이때 거울은 자아 인식에 있어 없어서는 안 될 필수적인 것이다. 그런데 아이가 마주하는 거울은 평면적인 거울로 남성의 페니스만을 비추며, 비가시화된 여성의 성기를 비추지는 못한다. 평면적인 거울은 여성의 성차를 무시하고, 여성을 타자화하며, 결핍 혹은 부재의 상태로 정의한다. 즉, 남성중심의 정신분석학에서는 거울 속에 비치지 않는 것, '보이는 것이 없음'을 '차이'로 인정하기보다는 결핍과 부재로 가치절하하는 것이다(황주영, 2008). 남성의 페니스만 가시화하는 평면거울과 달리, 검경은 여성의 자궁과 자궁의 안쪽에 빛을 집중시켜 여성의 성기를 가시화한다. 이리가레는 이와 같이 검경이라는 은유적 개념을 이용해 여성의 자리를 되찾는다. 이는 여성이, 남성성의 결핍이 아닌, 온전히 여성의 정체성과 여성적인 것을 가질 수 있음을 의미한다.

나는 이리가레가 제시한 '검경'이라는 개념을 상기하며 지하철 모빌리티 공간에서 경험했던 일상을 보다 성찰적으로 보려고 노력했다. 그 결과 여성으로서의 내가 결핍된 존재가 아니며, 단지 차이 difference를 갖는 존재라는 점이 보다 뚜렷해졌다. 여성으로서의 나는 남성과는 다른, 온전한 주체성을 가진 존재이다. 나는 지하철 공간에서, 아니 그 어떤 공간에서도 누군가가 함부로 쳐다보고 윙크를 하거나 만질 수 있는 대상object이 아니다. 나는 범인을 지목하고, 주먹을 날리며, 언제든 잡지책을 들고 일어설 수 있는 주체인 것이다. 나는 또한 '특수'한 존재가 아니라 '보편'적인 지하철 승객으로서,

여성전용칸에 몸을 숨기며 공간을 누릴 자유를 제한할 필요가 없는 존재다. 결국 자기기술지를 통해 수행된 이 연구는 나에게 여성으로서의 주체성을 재고해 보는 계기가 되었다. 이 연구가 진행되는 동안 나와 동행하며 기억의 자극제가 되어 주었던 동료 연구자에게도 똑같은 기회가 주어졌을 거라고 믿는다.

이 연구를 마칠 즈음, 나는 최근에 이루어진 지하철 모빌리티 공간 경험을 20년 전의 그것과 비교해 보려고도 시도했다. 2018년의 지하철 모빌리티 공간은 물리적인 측면에서 차이가 존재하고 있었다. 무엇보다 여성을 위한 편의시설과 안전시설이 확대되어 있다. 서울 지하철은 건설 단계에서부터 산업화의 주체로 여겨졌던 남성을 주요 이용객으로 상정하고 그들에게 맞추어 공간 배치를 결정했지만, 2007년 서울시가 도시여성공간정책을 실시하면서 이를 지하철 공간에도 적용한 것이다. 당시 서울시는 성평등권gender equality을 '여성의 도시권right to the gendered city' 개념과 통합하여 도시여성공간정책인 '여성이 행복한 도시 프로젝트'(이하 '여행女幸 프로젝트')를 고안·추진했다.[11] 여행 프로젝트가 지하철에 적용되면서부터 객차 내

---

11 당시 서울시는 도시 공간의 물리적 개선을 통해 여성의 접근성과 편의성, 안전성을 증진시키고자 했다. 서울시는 주차장에 여성전용 주차 공간을 마련하고 여성의 색깔로 분류되는 분홍색으로 표시했다. 인도에는 하이힐이 박히지 않는 바닥재를 사용하면서 여성들의 편의를 도모하고자 했다. 그러나 여행 프로젝트는 사회구조적 변화를 꾀한 것이 아니라, 오세훈 서울시장의 가시화된 정책만을 우선시하는 정치적 전략에서 기인했다는 비판에서 자유롭지 못했다(원숙연, 2011; 조미, 2009; 조미·김창연·백경재, 2008). '하이힐 신기 편한 거리'와 '핑크 빛 주차장'을 이용하는 여성은 시간적·경제적 여유가 있는 중산층 여성이 대부분이었다. 8시간 이상 서서 일을 해야 하는 비정규직 노동자나 저임금의 육체 (이주) 노동자, 빈곤층 여성, 미혼모, 노인을 돌보는 여성들은 하이힐을 신고 길을 걷거나 여성 전용 주차장을 이용할 수 있는 여력이 되지 않는 경우가 많다(조영미, 2009).

부에 임산부 배려석을 마련했고, 기존에 170센티미터 남성 신장에 맞춰져 있던 손잡이를 10센티미터 낮추어 (객실당 16개씩) 설치했다. 역사 내에는 수유실을 별도로 마련했고, 여자 화장실에는 기저귀 교환대와 유아용 보호의자, 아이와 함께 쓸 수 있는 화장실, 그리고 파우더룸 등을 마련했다. 안전시설도 확대했는데, 성추행 등의 성범죄를 막기 위한 감시카메라CCTV와 비상버튼을 객차 내에 설치했고, 여성전용칸 제도를 부활시켜 지하철 5~8호선에서 시범적으로 운영하기도 했다.[12]

물론 이러한 편의와 안전시설들은 목적에 맞는 서비스를 제공하는지의 여부에 따라 실효성을 평가받게 될 것이다. 그러나 나는 젠더 이원론적 공간 분리 정책의 실효성 차원보다, 이리가레의 '검경' 개념을 떠올리며 주체 생산 효과 차원에 대해 논의할 필요가 있다고 생각한다. 나는 20년 전으로 되돌아가 지하철 공간에서 어떤 경험들을 했는지를 떠올리면서, 가벼워 보이던 '일상everyday life'이 얼마나 숭고한sublime 것인지를 깨달았기 때문이다. 나는 어쩌면 일상적으로, 반복적으로, 그리고 단색적으로 일어나는 일들을 별일이 아니라고 생각했었다. 하지만 나는 20년 전 경험했던 일상적인 사건들 때문에 지금도 지하철 공간에서 공포감을 느끼고 경계 태세를 갖추며 신체를 확장하기보다 축소하고 압축하는 경험을 하고 있다는 점을 알아냈다. 따라서 나는 새로운 시설들이 여성에게 어떠한 일상을 경험

---

12 지하철 공간에 적용된 여행 프로젝트 사업을 정리하면 다음과 같다.

구분	구성
편의	객차: 임산부석 · 손잡이, 역사: 수유실, 여자 화장실: 유아용 변기 · 기저귀대 · 파우더룸
안전	객차: CCTV, 비상버튼, (여성전용칸)

하도록 하는지, 또 그 경험을 통해 주체가 어떤 성향을 보이게 되는지의 문제는 반드시 논의의 대상이 되어야 한다고 생각한다. 여성을 위해 마련된 시설들이 평등을 실현하기 위한 것인지, 충분히 높은 상상력에 기반을 둔 것인지, 혹은 그동안 여성을 억압하는 근본 원리로 작동해 온 가부장제 논리에 기반을 두고 지금까지 지하철 공간 안에서 억압을 경험한 여성들을 다시 배제하고 있지는 않은지의 문제를 여성들의 구체적인 경험들을 통해 주목해야 한다고 생각했다.

캠퍼스 내 야외 휴게 장소에 찬바람이 불기 시작했다. 이제 우리 연구자들도 장소를 옮겨야 했다. 우리는 그동안 '자기기술지' 방법론을 통해 사회과학 연구를 얼마나 효과적으로 수행할 수 있는지의 여부를 살펴보려고 시도했고, '지하철 공간'을 모빌리티 미디어로 이해하면서 미디어 연구 영역을 확장시키는 데 기여해 보려고 노력하였으며, 더욱 중요하게는 한국 사회의 근대화 과정에서 등장한 지하철 공간이 여성 억압적 공간이었음에도 불구하고 성찰의 대상에서 배제되었던 점을 어젠다로 제기해 보려고 했다. 그러나 연구를 마무리 짓기로 결정한 시점에 우리 연구자들의 마음속에 아쉬움이 없었던 것은 아니다. 특히 40세의 나이를 훌쩍 넘겨 버린 지금 나는 지하철에 설치된 '계단' 때문에 부담감을 느끼는 편이라, 나이가 든 여성들은 같은 지하철 공간에서 나오는 다른 일상과 모순을 경험하고 있을 거란 생각도 들었다. 또한 20대의 연령대를 차지하는 내 동료 연구자의 지하철 경험이 20년 전 나의 경험과 구분된다고 할 수 있을 만큼의 독특한 특성을 찾지 못한 점도 아쉬움으로 남았다. 즉, 장소는 복수적이고 다양하고 가변적인 경계들로 정의되기 때문에, 지하철 모빌리티 공간의 장소성을 규명해 보려는 연구는 언제나 마무리 짓지 못한 채로 마무리 짓게 될 것 같다.

참고문헌

강내희, 《공간, 육체, 권력》, 문화과학사, 1995.

원숙연, 〈성 – 주류화 기반으로서 공공정책 영역의 현실〉, 이재경 편, 《국가와 젠더: 성 주류화의 이론과 실천》, 한울아카데미, 2010, 140~165쪽.

윤준병, 《(서울을 바꾼) 교통 정책 이야기》, 21세기북스, 2014.

권현숙, 〈지하철 치한에 관한 한 보고서〉, 《세계작가》 5권 3호, 1993, 208~233쪽.

마정미, 〈근대의 상품광고와 소비, 그리고 일상성〉, 《문화과학》 45호, 2006, 209~223쪽.

신경아, 〈신자유주의시대 남성 생계부양자의식의 균열과 젠더관계의 변화〉, 《한국여성학》 30권 4호, 2014, 153~187쪽.

안은희, 〈주거에서 발생하는 공간 · 권력에 대한 담론 연구: 푸코와 라깡의 후기구조주의 담론을 중심으로〉, 《한국실내디자인학회 논문집》 20권 4호, 2011, 37~45쪽.

유승호, 〈후기 근대와 공간적 전환: '사회적 공간'으로서의 공간〉, 《사회와 이론》 23호, 2013, 75~104쪽.

이기형, 〈소통과 감응을 지향하는 학문적 글쓰기를 위한 문제의식과 대안의 추구: '자기민속지학'과 대안적인 학술 글쓰기의 사례들을 중심으로〉, 《한국언론학회》 9권 2호, 2013, 250~302쪽.

이기홍, 〈사회과학에서 가치와 객관성〉, 《한국사회학》 50권 2호, 2015, 123~164쪽.

장민지, 〈젠더/무의식과 장소: 20~30대 여성청년 이주민들의 '집'의 의미〉, 《미디어, 젠더 & 문화》 30권 4호, 2015, 41~87쪽.

전규찬, 〈공적 공간 서울지하철의 문화정치적 읽기〉, 《한국방송학회 세미나 및 보고서》, 2008, 155~181쪽.

전규찬, 〈지하철이라는 매체에 대한 대중서가 따라잡기〉, 《한국언론정보학회 학술대회》, 2009, 157~174쪽.

전규찬, 〈지하철이라는 현대적 대중교통의 탄생: 교통양식론적 관점에서 살펴본 서울 지하철의 역사〉, 《언론과 사회》 18권 1호, 2010, 153~188쪽.

조영미, 〈여성 친화 도시 만들기 정책의 실제와 과제: 서울시 여행 프로젝트를 중심으로〉, 《서울시여성가족재단 연구사업보고서》, 2009, 51~69쪽.

조영미 · 김창연 · 백경재, 〈여행(女幸) 프로젝트 발전방안〉, 《서울시 여성가족재단 연구사업보고서》, 2008, 1~206쪽.

주형일, 〈왜 나는 스파이더맨을 좋아하는가: 자기민속지학 방법의 모색〉, 《언론과 사회》 15권 3호, 2007, 2~36쪽.

황주영, 〈이리가레의 스펙쿨룸: 성차와 여성의 정체성〉, 《진보평론》 35호, 2008, 10~33쪽.

강건택, 〈카메라폰 '지하철 몰카' 급증〉, 《연합뉴스》, 2006년 1월 17일. URL: http://news.naver.com/main/read.nhn?mode=LSD&mid=sec&sid1=102&oid=001&aid=000119816

《경향신문》, 1972년 5월 3일, 〈지하철 정류장6곳 민자유치상가확정〉, 네이버 뉴스 라이브러리. URL: http://newslibrary.naver.com/viewer/index.nhn?articleId=1972050300329206002&edtNo=1&printCount=1&publishDate=1972-05-03&officeId=00032&pageNo=6&printNo=8181&publishType=00020

김보미, 〈서울 지하철9호선 염창역~당산역, 국내 최악 '지옥철'〉, 《경향신문》, 2014년 10월 20일. URL: http://news.khan.co.kr/kh_news/khan_art_view.html?artid=201410201134191&code=620101

김성현, 〈위기의 '지하철', 숨 못쉬는 혼잡도에 내진설계 부진까지〉, 《메트로신문》, 2016년 10월 4일. URL: http://www.metroseoul.co.kr/news/newsview?newscd=2016100400155#cb

김은진, 〈지하철 상권에 부는 고급화 바람〉, 《파이낸셜뉴스》, 2011년 2월 20일. URL: http://www.fnnews.com/news/201102181502033163?t=y

김태훈, 〈지하철 여성전용칸, 男에겐 '시선의 감옥'?〉, 《세계일보》, 2007년 10월 31일. URL: http://www.segye.com/newsView/20071031004877

《동아일보》, 1989년 12월 1일, 〈여성절반 「성희롱」 경험〉, 네이버 뉴스 라이브러리. URL: http://newslibrary.naver.com/viewer/index.nhn?articleId=1989120100209215003&edtNo=2&printCount=1&publishDate=1989-12-01&officeId=00020&pageNo=15&printNo=20975&publishType=00020

서울연구원, 〈광복70년 서울은 어떻게 변했을까〉, 《서울인포그래픽스》 제145호, 2015년 7월 13일.

임주현, 〈서울 지하철 성범죄Top3 '사당 · 서울 · 강남역'〉, 《KBS NEWS》, 2015년

5월 27일. URL: http://news.kbs.co.kr/news/view.do?ref=A&ncd=3083535

정동권, 〈'서울 지하철수사대24시' 동행취재기… 성추행·소매치기범 검거 하루가 짧다〉, 《국민일보》, 2005년 5월 8일. URL: http://news.naver.com/main/read.nhn?mode=LSD&mid=sec&sid1=102&oid=005&aid=0000204095.

최고운, 〈[수도권] 성범죄 막아라…'지하철 보안관' 검토〉, 《SBS NEWS》, 2011년 6월 10일. URL: http://news.sbs.co.kr/news/endPage.do?news_id=N1000928411&plink=OLDURL

최여경, 〈(서울)지하철2.4호선승객 여〉 남〉, 《서울신문》, 2006년 12월 20일. URL: http://www.seoul.co.kr/news/newsView.php?id=20061220009015

황준호, 〈역세권 뉴타운 개발, 뜨는 아파트는?〉, 《아시아경제》, 2009년 1월 8일. URL: http://www.asiae.co.kr/news/view.htm?idxno=2009010715090309669

Augé, M., *Non-place: Introduction to an anthropology of supermodernity*, J. Howe, Trans., London & New York: Verso, 1995.

Augé, M., & Conley, T., "In the Metro", *Minneapolis*, T. Conley, Trans., MN: University of Minnesota Press, 2002.

Bauman, Z., Work, *consumerism and new poor, Buckingham*, UK: Open University Press, 2005.

Bennett, T., *The birth of museum*, London, UK: Routledge, 1995.

Bourdieu, P., *Distinction: A social critique of the judgement of taste*, London, UK: Routledge, 1984.

Foucault, M., *Discipline and punish: The birth of the prison*, 1977.(오생근 옮김, 《감시와 처벌: 감옥의 탄생》, 나남, 2016.)

Grosz, E., *Volatile bodies: Toward a corporeal feminism*, Bloomington, IN: Indiana University Press, 1994.

Harvey, D., *The urbanization of capital*, MD: Johns Hopkins University Press, 1983.

Harvey, D., *Globalization and spatial fix*, Geographische Revue, 2, 2001, pp. 23-30.

Irigaray, L., *Speculum of the other woman*, G. C. Gill, Trans., Ithaca, NY: Cornell University Press, 1985.

Massey, D. B., *Space, place and gender*, Minneapolis, MN: University of Minnesota Press, 1994.

McDowell, L., *Gender, identity and place: Understanding feminist Geographies*, 1999. (김현미 외 옮김,《젠더, 정체성, 장소, 페미니스트 지리학의 이해》, 한울, 2010).

Musil, R., *The man without qualities*, vol. 1 (S. Wikins, Trans.). New York, NY: Vintage.heory (pp. 58-69). New York, NY: New York University Press, 1996.

Relph, E., *Place and placelessness*, 1976.(김덕현 옮김,《장소와 장소상실》, 논형, 2005).

Sennet, R., *The fall of public man*, New York, NY: WW Norton & company, 1992.

Simmel, G., *The philosophy of money*, T. Bottomore & D. Frisby, Trans., (D. Frisby, Ed.), London, UK: Routledge, 2011. (Original work published 1990).

Smith, N., "Homeless/global: Scaling place", In J. Bird, B. Curtis, T. Putnam, & L. Tickner(Eds.), *Mapping the futures: Local cultures, global change*, London, UK: Routledge, 1993.

Tuan, Y. F., *Space and place: The perspective of experience*, 1977. (구동회 · 심승희 옮김,《공간과 장소》, 대윤, 2011.)

Turner, B., *The body and society: Explorations in social theory*, London, UK: Sage, 1996.

Urry, J., *Mobilities*, Cambridge: Polity, 2007. (강현수 · 이희상 옮김,《모빌리티》, 아카넷, 2014)

Laner, M., "Sex versus gender: A renewed plea", *Sociological Inquiry* 70(4), 2000, pp. 462-474.

Massey, D. B., "A global sense of place", *Marxism Today*, June, 1991, pp. 24-29.

Scott, J., "Gender: A useful category of historical analisys", *American Historical Review* 91, 1986, pp. 1053-1075.

Mulvey, L., Visual pleasure and narrative cinema, 1975, In S. Thornham (Ed.), *Feminism film*, 1999.

모빌리티의 생성과 모빌리티 렌즈로 보는 세상 읽기:

광주에서 오키나와로의 이동을 중심으로

이용균

광주에 사는 A씨는 7시에 일어나 **아내**와 함께 쓰레기를 버리고 청소를 하고 짐을 챙기고 **아이들**을 깨운다. **차**에서 아침 대용으로 먹을 고구마, 귤, 주스를 챙겨 넣고, 아파트의 **번호키**를 잠그고 **엘리베이터**를 통해 **지하 주차장**에 도착한 후 8시 50분 주차장을 출발한다. 전날 장거리 운전에 대비하여 **차량 정비**를 마친 상태라 차는 부드럽게 나간다. 10분 후 **제2순환도로**에 진입하여 **하이패스**로 1,200원을 지불하고 바로 시속 90킬로미터의 속도로 달리기 시작한다. 일요일 오전이라 차는 막히지 않고 불과 몇 분 만에 제2순환도로는 **호남고속도로**로 이어진다. **여산휴게소**에 잠간 정차하여 화장실에 다녀오고 물을 산 뒤 하이패스에 10만 원을 **충전**한다. 충전하는 데 1분 정도의 시간을 소요한 후, 바로 고속도로를 달려 **천안-논산 고속도로**에 접어든다. 시속 110킬로미터의 속도로 달리다 경부고속도로에 합류하기 전 **다차로 하이패스 인식 시스템**으로 속도를 크게 줄이지 않으면서 요금을 자동으로 납부하고, **경부고속도로**에 진입한 후 **신탄진휴게소**에 잠시 정차한다. 11시 신탄진휴게소를 출발한 차량은 속도 50~110킬로미터의 불규칙한 주행을 반복하다, 11시 40분에 **신갈 IC**에 도착하여 **영동고속도로**에 진입하고 인천 방향으로 차를 달린다. 일요일이라 차량이 크게 밀리지 않는 상태에서 시속 90~100킬로미터의 속도로 **인천대교**에 진입하여 하이패스로 통행료를 지불한다. 인천공항까지 100킬로미터의 속도를 유지하다 12시 30분에 **장기 주차장** 입구에 진입하고 3분간의 노력 끝에 겨우 주차할 공간을 찾는다. 장기 주차장에서 짐을 내려 **셔틀버스**를 타고 5분 후에 **공항**에 도착하여 엘리베이터로 3층 **국제선**에 도착한다. **항공권** 발권을 위한 긴 행렬 속에 20분을 보낸 뒤, 어린이를 동반한 고객으로 분류되어 **항공사**로부터 넓은 좌석을 이용할 수 있는 혜택을 부여받는다. 어린이를 동반하였기에 **패스트 트랙**fast track 전용 출국장을 통해 단 2분 만에 모든 **출국 수속**이 완료된다. 예정보다 1시간 먼저 탑승 수속을 마치고 **면세점**에서 주류 가격을 확인하고 남성용 화장품을 하나 사고, **롯데리아**에서 가벼운 점심을 먹는다. 20분 후 식사를 마치고 **휴대전화 로밍**을 마치고 **12번 게이트**gate로 이동한다. 15시 30분 **오키나와** 출발 비행기는 항공사(공항) 사정으로 40분 늦게 탑승하게 된다. 1시간 이상 기다리는 동안 이곳저곳을 보면서 **아이패드**로 가족들과 사진을 찍고 **던킨 도너츠**에서 커피를 마시고 잠시 애들이 조용한 틈을 타서 책을 본다. 16시로 예정되었던 탑승은 지연되어 비행기는 16시 50분에 **이륙**한다. 기내에서 간단한 **식사**를 제공받고 아이에게 좌석에 비치된 **모니터**를 통해 **뽀로로**를 보여 주고 책을 잠시 본다. 이륙은 원래 예정 시간보다 1시간이 지연되었으나 **나하공항**에는 예정 시간보다 25분 늦은 18시 20분에 **착륙**한다. 비행기 도착 후 10분 후에 **입국 수속**을 마치고, 15분 후에 **짐**을 찾아 **출구**로 나와 OST **렌터카**에서 마중 나온 직원으로부터 공항 옆에 주차된 회사의 **전용 버스**로 안내를 받고, 10분 후 버스는 어둠을 헤치고 출발한다. 공항에서 10분을 더 달려 OST 렌터카 회사에 도착한다. 간단히 **보험**과 **운전**에 대한 주의사항을 듣고 **캠리 하이브리드 차량**에 승차하여 한국인 직원으로부터 **내비게이션**의 작동 방법을 설명 듣는다. 설명이 끝나자 19시 30분 **몬테레이 호텔**로 이동한다. 낯선 **교통 상황**과 어두운 밤 거리에 익숙해지는 데 약간의 시간을 보낸 후, **왼쪽 주행**에 신경을 쓰면서 **고속도로**에 진입하고 시속 80킬로미터의 속도로 20분을 달린다. 잠시 후 내비게이션의 안내를 받아 고속도로에서 빠져나오고 일본의 하이패스인 ETC **카드**가 정착되지 않는 차량이라 일반 출입문을 통해 관리자에게 통행료를 지불하고 고속도로를 빠져나온다. 2차선의 좁고 한산한 도로를 10분간 더 달려 호텔 몬테레이에 도착하고 **주차 안내원**의 안내를 받아 가족은 1

층 로비에 하차하고 차는 지하 주차장으로 진입한다. 지하 주차장에 대기 중인 안내원을 통해 주차할 곳을 배정받고 엘리베이터를 통해 호텔 로비에 도착한다. 호텔 종업원의 안내를 받으면서 바다가 보이는 **호텔 방**에 20시 30분에 도착하고, 짐을 풀고 내일 일정을 확인하면서 부족한 저녁 식사를 보충하고 애들 간식을 사러 걸어서 5분 거리에 있는 **편의점**으로 향한다. 1월 20℃의 바닷가에서 불어오는 바람을 맞으면서 앞으로 3박 4일간 왼쪽 주행을 걱정하면서 편의점에 들어선다(이용균, 2017a: 103-104, 강조 추가).

교통과 통신기술이 발달하면서 전 세계는 하나로 연결되었다(Castells, 1996: 박행웅 역, 2009). 물론, 과거에도 세계가 단절된 것은 아니었으나 현재와 같은 연결은 아니었다. 교통과 통신의 발달에 힘입어 금융과 자본은 전 세계를 하나의 장field으로 통합하였고, 인터넷은 지구적 정보 교류에서 핵심적 역할을 수행하게 되었다. 로컬과 로컬이 전 지구적 차원에서 연결되면서 사람, 사물, 정보, 자본의 이동은 더욱 증가하고 있다. 우리의 일상은 점점 복잡해지는 사회적 관계(들)에 연루되고, 이러한 관계는 수많은 이동을 생성하고 있다. 현재의 우리는 움직이거나 이동하는 것의 영향 속에 살아간다.

모빌리티mobility는 어떤 실체(인간, 사물, 정보, 자본 등)가 서로 연결되고 움직이고 이동하는 현상, 이들 연결·움직임·이동이 구성되는 관계, 그리고 이러한 관계가 작동되는 질서의 메타포metaphor를 의미한다(이용균, 2017a). 모빌리티 연구는 세상의 모든 대상(생물과 무생물)이 서로 어떻게 연결(연루)되며, 이러한 연결이 대상의 움직임과 이동에 어떤 영향을 미치고, 연결-움직임-이동에 담긴 의미가 무엇인지를 밝히고자 한다. 즉, 모빌리티 연구는 어떻게 움직임(이동:

movement)과 이동하는 것mobile이 구성되고 실천되는지를 규명하려는 새로운 패러다임이다(이용균, 2015).

사물이 그냥 이동하는 것처럼 보이나, 사실 이동의 원인과 목적이 있기에 사물이 이동하는 것이며, 따라서 모든 사물의 이동에는 의미가 존재한다(Cresswell, 2006). 바람이 그냥 부는 것은 아니다. 바람은 기압의 차에 의해 발생하는데, 기압이 높은 곳에서 낮은 곳으로 공기가 이동하는 것이 바로 바람이다. 우리는 바람이 비를 몰고 올 것인지, 아니면 추위를 몰고 올 것인지를 경험적으로 느낀다. 또한, 집에 도착한 택배도 이동의 원인과 목적이 있고, 택배에 담긴 의미가 있다. 그 의미를 이해하는 것이 바로 모빌리티로 세상을 보는 시각이다.

부르디외Pierre Bourdieu는 인간의 이동, 실천, 관습에 의해 사회적 규범과 가치가 형성된다고 보았는데, 이를 아비투스hatitus라 하였다(최종철 역, 2006). 그는 사회의 규범과 가치가 모빌리티에 의해 생성되고 변화하는 것으로 인식했던 것이다. 부르디외에 앞서, 짐멜Georg Simmel은 사물의 의미는 사물들 사이의 관계에 의해 형성되며, 관계의 상호작용에 의해 사물의 의미가 파악될 수 있다고 보았다(강현수 · 이희상 공역, 2014). 우리의 일상을 구성하는 공간(소비공간, 생산공간, 사이버공간, 작업공간, 주거공간 등)은 고정되거나 불변적인 것이 아니라 인간과 사물의 상호작용(즉, 실천과 수행)에 의해 생성되는 것이다(Thrift, 2004). 이처럼 모빌리티 연구는 개인과 집단을 아우르는 모든 사회적 실체가 다양한 형태의 이동과 관련된다고 인식하며, 인간 사회와 물질 세계가 다양한 관계에 의해 구성된다고 인식하는 새로운 패러다임이다 (Cresswell, 2010; Sheller, 2011).

앞의 인용문에서 강조된 단어들은 모두 모빌리티와 관련된 것들이다. 모빌리티가 발생하기 위해서는 이동하는 대상, 이동할 수 있는 능력, 그리고 이동하는 장소가 필수적이다(강현수 · 이희상 공역, 2014). 인용문에 제시된 것은 이동하는 주체, 이동 수단(엘리베이터, 자동차(도로), 비행기), 이동을 위한 정박지(공항, 호텔, 편의점, 식당), 이동할 수 있는 능력(자가용, 국제여행, 호텔, 렌트카), 이동 통제(출입국 심사, 하이패스), 정보통신 수단(인터넷, 내비게이션) 등에 대한 것이다. 즉, 여행은 다양한 연결과 이동으로 구성(또는 생성)되고 실천되는 복잡한 사건(들)과 현상(들)이다.

이 연구는 모빌리티의 생성과 모빌리티 렌즈로 세상을 바라보는 방식을 이해하고자, 광주광역시에서 일본의 오키나와로 이동하는 과정에서 직면하는 다양한 이동과 흐름을 통해 모빌리티를 이해하고자 고안되었다. 여행의 감정과 여행지의 특성, 도로 · 자동차 · 항공의 모바일 특성, 모빌리티의 증강과 통제, 여행의 발생에서 호텔과 편의점의 역할 등을 중심으로 모빌리티가 일상에 미치는 영향을 살펴보고자 한다.

모빌리티의 생성

여행은 다양한 사회적 관계에 의해 발생한다. 여행에 대한 열망, 휴식과 여가의 필요성, 가족 · 친척 · 친구 관계, 사업 등 다양한 원인과 목적에 의해 여행이 발생한다. 흔히 모빌리티는 이동과 흐름이란 '비-장소non-place적 특성(예: 도로, 통신, 항공)'으로 이해하기 쉬우나(Augé, 1995), 사실 이동이란 하나의 로컬에서 다른 로컬로의 움직임이다. 이동이 발생하기 위해서는 로컬의 연결성connection, 접근성accessibility, 그리고 개방성openness이 필요하다.

예를 들어, 런던이란 장소는 다른 장소와의 연결성과 개방성, 그리고 런던이 갖는 접근성의 이점에 의해 세계도시로 발전할 수 있었다. 식민시대의 유산(공공 기관, 문화재, 대학 등)과 중심지로서의 영향력(산업, 서비스, 시장)은 런던이 영국과 세계를 대상으로 정보, 자본, 사람, 아이디어의 이동을 발생시키는 데 지대한 영향력을 미쳤고, 이는 다시 런던의 교통, 통신, 그리고 제도의 발전을 가져왔다(Massey, 2013). 이처럼 모빌리티는 비-장소보다는 장소적 특성, 특히 장소의 개별성individuality을 토대로 생성된다.

여행지로서 오키나와는 여행객을 유치하는 여러 특징을 가질 것이다. 온화한 겨울, 조용하고 깨끗한 이미지, 비싸지 않고 혼잡하지 않는 이미지, 청정한 자연환경, 호텔과 리조트의 신선함 등은 여행자를 유입시키는 오키나와의 매력일 수 있다. 또는 친구와 친척을 만나거나 오키나와의 문화와 사회를 조사하기 위해서도 이동은 발생한다. 이처럼 이동을 유발함에 있어 로컬의 장소적 특징은 매우 중요하고, 또한 우리나라와 오키나와 간 항공 연결은 이동을 유발하는 데 중요한 요소이다.

여행에 대한 정동affect은 여행을 계획하고 여행지를 선택하고 여행의 부류를 결정함에 있어 매우 중요한 요소이다(Sheller and Urry, 2006). 여행지에 대한 감정, 여행을 하려는 욕망과 목적, 이동 수단이 주는 느낌, 이동하면서 바라보고 느끼고 이해하는 장소의 감정, 그리고 현실의 도피적 수단으로 여행이 주는 의미, 다음 여행에 대한 생각, 이전 여행이 주었던 경험과 기억 등 여행은 감각이 작동하는 모빌리티의 실천이다. 여행에 대한 기대는 현실의 일상을 잊도록 하지만, 여행의 현실은 기대와는 다를 것이다(정영목 역, 2011). 외국에서 만나는 장소의 매력은 새로움이란 관념에서 비롯된 것이다. 여행 안내책자에는 여행지에서 볼 것과 행동할 것을 상세히 제시하고 있어, 여행자를 수동적 수행자로 전락시킬 수 있다(정영목 역, 2011). 먼저 온 사람들은 나중에 올 사람들이 여행지에서 무엇을 할지를 미리 규정하기도 한다. 여행의 기쁨은 여행지에서보다 여행을 한다는 심리에 좌우되는 경향이 있다. 출발지의 공항으로 돌아오는 순간, 여행의 힘듦과 고생은 잊고 새로운 여행을 희망하는 것은 여행에 담긴 정동의 힘일 것이다.

광주에서 인천국제공항으로, 그리고 오키나와 여행지에서의 이동은 자동차와 도로 네트워크에 의존한다. 자동차가 연출한 모바일 세계의 특성은 다음과 같다. 자동차는 1만 개 이상의 부품으로 구성된 조립 생산물이다. 자동차는 세계 석유 소비의 50퍼센트, 고무 소비의 50퍼센트, 유리 소비의 25퍼센트, 철강 소비의 15퍼센트를 담당한다는 점에서(구양미 외 공역, 2014), 자동차 생산 자체가 모빌리티의 구성이다. 자동차의 생산과 소비는 엄청난 부품, 서비스, 전문지식의 이동에 의존하는 것이다.

자동차는 인간이 소유하려는 상품 중에서 최고의 품목이며, 자동차를 통해 활동 공간(집, 일터, 시장, 레저, 여행 등)으로 이동이 가능하고, 자동차를 통해 자신의 이미지와 사회적 지위를 표출하게 된다(구양미 외 공역, 2014). 자동차는 인간, 사물, 정보의 모빌리티를 증대시키는 데 일대 혁신을 가져온 발명품이다. 특히, 여행의 다양성 측면에서 자동차가 미친 영향은 막대한데, 가족 단위의 여행이 증가하였고, 자동차-도보, 자동차-자전거, 자동차-기차, 자동차-항공 등의 다양한 연계 여행이 발달하게 되었다. 최근 자율주행 자동차가 개발되고 있어, 기술의 진보와 함께 자동차의 모빌리티는 증가할 것으로 보인다.

하지만 자동차가 처음 개발되었을 때 자동차의 이동성이 주목을 받았던 것은 아니다. 독일의 G. 다임러가 1886년 시속 15킬로미터로 달리는 네 바퀴의 가솔린 자동차를 발명하고, 같은 해 K. 벤츠가 자동차를 만들어 엔진에 대한 특허를 받았을 때만 하더라도 자동차에 대한 사회적 가치는 크지 않았다(강준만, 2012). 1890년대 뉴욕시에는 6만 마리의 운송용 말이 있었는데, 말의 배설물로 도로는 큰 문제를 앓고 있었을 정도로 이동 수단으로서 자동차의 위상은 높지 않았다.

1910년대부터 미국은 세계 최고의 자동차 생산국이 되었고, 1910년 뉴욕주에서 최초로 운전면허제가 실시되었다(강준만, 2012). 1934년 미국 뉴욕의 롱아일랜드에서 최초의 자동차 전용도로가 건설되었고, 독일에서 아우토반이 건설되면서 자동차의 모빌리티가 주목을 받게 되었다. 1950년대 이후 미국을 비롯한 세계 각국에서 자동차 이동을 위한 도로가 건설되고, 교외화가 진전되고, 주요 도로변을 따라 상가가 들어서면서 이동 수단으로서 자동차의 가치는 매우 커졌고, 현대인의 일상에서 가장 중요한 필수품이 되었다.

도로는 인류의 역사에서 모바일 세계를 가져왔던 가장 중요한 수단이었다. 로마의 도로, 실크로드, 차마고도茶馬古道 등은 도로가 움직임과 이동, 그리고 인류 발전에 미친 영향을 잘 보여 준다. 역사적으로 도로의 확충은 모빌리티의 증대를 위한 것이었으며, 특히 자본주의가 고도화되면서 도로는 경제 성장과 국가 통치권 강화를 위한 주요 수단이 되었다. 고속도로는 자동차 전용도로라는 기계공간machine space의 출현을 가져왔다(최병두, 2010). 경부고속도로의 건설은 모빌리티의 증대라는 점에서 막대한 영향을 미쳤는데, 고속도로 네트워크에 포함된 지역과 배제된 지역 간 불균등 발전이 심화되었고, 네트워크에 포함된 지역 간에도 결절(성)의 차이에 의한 불균등 발전이 나타났다(최병두, 2010). 경부고속도로에서 배제된 지역의 연결을 도모하기 위해 호남고속도로를 비롯한 여러 고속도로가 건설되었다. 비록 고속도로의 건설이 국토의 균형 발전을 위한 것이었지만, 결과적으로 수도권 중심의 발전을 가져오게 되었다. 이처럼 모빌리티의 차이에 따라 지역의 발전 수준이 달라지게 된다.

고속도로의 건설은 이동의 속도를 고려한 비-장소 프로젝트의 대표적 사례에 해당한다(최병두, 2010). 고속도로의 운전자들은 빠른 속도로 질주하기 때문에 주변 경관을 지켜볼 여유 없이 교통의 방향, 표지판의 기호, 기상, 차량 흐름 파악 등 단조로운 경관 읽기를 실천한다. 즉, 고속도로는 사회적 결속이나 감정이 창출되지 않는 비-장소non-place의 공간이며, 인간보다 자동차에 우선권이 부여되는 기계공간이다(최병두, 2010). 비록 도로가 기계공간의 특성으로 비난받기도 하지만, 향후 자동차를 중심으로 한 모빌리티의 중요성은 쉽게 감소할 것 같지 않다. 왜냐하면, 고속도로를 포함한 대부분의 도로는 자동차의 이동에 가장 큰 주안점을 두고 개발되기 때문이다.[1]

한편, 공항은 국제 여행에서 서로 다른 국가의 장소를 연결하는 출입구이며, 시공간의 압축과 통합이 전개되는 현장이다. 다른 국가의 공항과 연결되는 곳이 공항이란 점에서, 공항은 관문gateway이자 전환공간transition space에 해당한다(강현수·이희상 공역, 2014). 베르그송Henri Bergson은 부동적으로 보이는 것도 사실 활성을 갖거나 변화의 과정으로 인식하는데(Adey, 2010), 공항은 스스로 움직이지 않지만 다른 이동을 발생시키는 촉매제 역할을 한다. 부동적인 공항 시설과 공항에서 일하는 서비스 종사자를 통해 사람, 물자, 정보의 모빌리티가 발

---

[1] 그린시티green city는 친환경적 도시를 지향하면서 자동차의 통행을 줄이고, 자전거와 대중교통의 통행을 강조한다. 유럽을 중심으로 그린시티 운동은 많은 호응을 얻고 있으나, 그럼에도 불구하고 장소 간의 연결에서 자동차 전용도로와 고속도로의 건설은 증가하고 있음을 부인하기 힘들다.

생하고, 공항은 만남, 운송, 이동, 소비, 사건, 경험의 장소가 된다.

　다른 곳과의 연결성이 높을수록 공항은 공항이 위치한 도시를 더욱 의미 있는 공간으로 만든다. 세계적 자본과 표준화된 복합교통의 결절 지역에서 세계적 공항이 발전하고, 세계적 공항은 도시의 역동성과 품격을 높인다(강현수·이희상 공역, 2014; Sassen, 2002). 세계적 수준의 공항은 은행, 호텔, 비즈니스 서비스(광고, 디자인, 법률, 회계, 마케팅, 컴퓨터 등), 공공기관, 복합교통시설, 소비공간, 병원, 리조트 등이 집적된 도시 형태로 발전하고 있다(Fuller and Harley, 2005).

　공항은 복합교통의 결절지이며(Pascoe, 2001),[2] 또한 공항은 현대 도시를 규정하는 대표적 공공 공간이다(Sudjic, 1999). 인천국제공항에는 출입국 심사, 항공권 발급, 수화물 운반, 검색대 등과 관련된 일반적 시설물 이외에 다양한 부대시설이 갖춰져 있다[3]. 인천국제공항은 2018년 현재 2개의 터미널이 운영되며, 2015년 12월 기준 90개 항공사, 54개국, 186개 도시로 취항하고 있다(인천국제항공공사, 2016). 약 3백 개에 달하는 식당, 커피숍, 스낵 코너 등이 있으며, 공항 면세점 매출은 세계 1위(2조 3,300억 원)를 기록하고 있다. 인천국제공항은 세계 항공교통의 핵심으로 부상하고 있는데, 2017년 기준 항공기 운항 36만 회, 여객 6,208만 명, 화물 2,921천 톤, 매출 2조 4천억 원, 세계 국제

2　인천국제공항과 연결되는 대중교통으로는 지하철, 도심철도, 버스(시외), 택시 등이 있다. 자동차 이용자를 위한 주차장(단기, 장기)이 구비되어 있고, 물품을 공급하는 교통 시설이 마련되어 있다.

3　인천국제공항의 부대시설에는 다음과 같은 것이 포함된다. 주차장, 공항철도, 버스 승강장, 택시, 렌터카, 호텔, 라운지, 관광정보센터, 면세점, 브랜드 상점, 병원, 약국, 유아 휴게실, 은행, 환전, 영화관, 사우나, 마사지실, 종교실, 공항 사무실, 병무청, 인터넷존, 휴대전화 로밍센터, 택배 사무실, 보험사, 흡연실, 키즈존, 동식물검역소, 출입국사무소, 세관사무실, 검역소, 유실물 보관소, 대피소, 세탁소, 식당, 커피숍, 선물가게, 서점, 한국전통문화센터, 전시실 등이 있다.

여객 부문 7위, 세계 국제화물 부문 3위이며, 상주 직원만 6만 명에 이른다(인천공항공사, 2018). 이들 수치는 모빌리티 공간으로서 인천국제공항의 위상을 보여 준다.

공항은 그 자체가 매우 복잡한 모빌리티를 구성한다. 공항에 서 있는 대형 비행기는 대당 3천억 원에 이르는 최첨단 기술의 집적체이다(Botton, 2009). 비행기는 기술의 상징임과 동시에 부와 욕망의 상징이다. 비행기가 할당된 게이트에 도착하면, 승객용 통로가 연결되고 승객은 터미널로 이동하고, 화물은 짐 찾는 곳으로 이동된다. 자동 체크인 장소에 줄을 선 승객은 컴퓨터로 작동되는 최첨단 기술에 의해 검문과 검색을 받는다. 터미널 스크린의 비행기 일정은 세계를 연결하는 정보를 제공한다. 비행기 티켓을 받고 짐을 부치는 공간은 컴퓨터와 코드화된 첨단 시설에 의해 작동된다. 터미널은 식당을 비롯한 각종 소비가 발생하는 공간이기도 하다.

이와 함께, 공항의 주요 기능 중의 하나는 환승이다. 인천국제공항을 통해 연간 732만 명이 환승한다. 공항은 세계 주요 공항을 연결하는 환승의 공간으로 여러 문화가 혼종되는 공간이다(강현수 · 이희상 공역, 2014). 대기실은 이동에 의해 발생하는 혼종 문화의 공간이다. 출발과 도착 정보는 여러 사람들이 잠시 동행하기 위해 한 곳에 모이고, 이

〈그림 1〉 인천국제공항의 흐름과 이동(사진: 저자 촬영)

동할 장소와 이동해 온 장소를 알려 주는 메시지를 제공한다. 공항을 통해 여행, 휴가, 사업, 전염(병), 국제 범죄, 인신 매매 등이 결집되고 생성된다.

공항은 숙박을 비롯한 다양한 회의 장소로 변화하고 있다. 인천국제공항 제1여객터미널에는 캡슐호텔 다락휴(60개 객실)·환승호텔 동편(96개 객실)·환승호텔 서편(96개 객실)이, 제2여객터미널에는 캡슐호텔 다락휴(60개 객실)·환승호텔(객실 50개)이 있다. 이 밖에 제1여객터미널 인근에 그랜드하얏트인천호텔(1,024개 객실)를 비롯한 여러 호텔이 존재하고 있다. 바야흐로 공항은 고급 호텔과 국제회의의 장소가 되고 있으며, 이는 영국 히드로공항을 비롯한 세계적 수준의 공항도 비슷한 추세이다.

공항 시스템에서 간과할 수 없는 것은 계급의 작동이다. 일등석, 비즈니스석, 이코노미석은 과거 카스트 제도의 단면을 보여 준다(정영목 역, 2015). 상류계층의 여행 방식이 회원제로 적용되는 것이 최근 공항 시스템의 특징이다. 우선권 부여, 빠른 속도, 편리함이 현대 상류계층이 공항에서 누릴 수 있는 혜택이다(강현수·이희상 공역, 2014). 일등석 승객을 위한 라운지는 편안하고 고급스러운 분위기를 자아내고 음식과 음료 등의 서비스가 제공된다. 인천국제공항은 대한항공 라운지(퍼스트, 마일러 클럽, 프레스티지 웨스트), 아시아나 라운지(비즈니스), 스카이허브 라운지, 대한항공 라운지(외항사), 마티나 라운지, 우리은행 비즈니스 라운지, 아시아나 한사랑 라운지(휠체어 고객 서비스) 및 기타 항공사 라운지가 있다. 비즈니스 클래스 이상을 위한 라운지는 고급화된 실내 이미지와 편안한 분위기, 다과와 음료, 비즈니스 업무(인터넷, 컴퓨터 사용과 인쇄 등)를 제공한다. 반면에 일반 이코노미 승객은 많은 사람들이 통과하는 곳에 마련된 의자에 앉거나 커피숍,

스낵 바 등에 앉아 시간을 보내야 한다.

음식은 여행의 의미와 즐거움을 더하고 또 다른 이동을 발생시키는 요인이다. 기내식은 해외여행에서 기대되고 마주치는 하나의 일정으로 항공사의 서비스 수준과 여행의 품격을 판단하는 기준이 되기도 한다. 기내식은 공항 주변의 별도의 장소에서 만들어져 공항을 거쳐 기내로 반입된다. 런던의 히드로공항은 아침, 점심, 저녁으로 약 8만 개의 기내식이 필요하다(정영목 역, 2015). 기내식은 주로 이주자로 구성된 저임금 노동자들의 땀으로 만들어진다. 국경을 가로지른 모바일 이주자가 또 다른 이동(이주)을 발생시키기 위해 기내식을 만드는 것이다. 2018년 7월 아시아나 항공은 기내식 대란으로 사회적 비난에 직면하였는데, 항공 이동에서 안정적인 기내식 공급이 얼마나 중요한지를 보여 주는 사건이었다. 주요 항공사는 대략적으로 1일 2~3만 개의 기내식을 필요로 한다.

모빌리티의 원동력인 기술은 자체적으로 생명력을 갖는 것이 아니라, 기술이 사회적으로 개발되고 채택되는 과정에서 그 중요성이 나타난다(안영진 외 공역, 2011). 군사적 통신기술을 실생활에 응용한 인터넷은 사회와 공간 전체에 막대한 영향을 미쳤다. 종이 신문을 디지털 뉴스로 전환시켰고, 종이 지도를 전자 지도로 대체하였고, 재래시장과 소비 형태를 온라인과 모바일 쇼핑으로 전환시키고 있다. 여행지 정보는 인터넷이 제공하는 블로그를 활용하게 되고, 항공권 · 숙박 · 레저 · 렌터카 등이 인터넷을 통해 예약되고 구매된다. 모바일 시스템은 일상의 많은 부분에서 변화를 가져왔고, 앞으로 인공지능과 사물인터넷이 더욱 발전하면서 모빌리티가 사회에 미치는 영향은 더욱 증가할 것으로 보인다.

모바일 기술이 발달하면서 비행기의 항공 시스템도 더욱 정교화될 것으로 예상된다. 비행기는 컴퓨터와 인터넷 기술에 의존하는 모바일 시스템이라 할 수 있는데, 예를 들어 보잉 777 기종은 약 400만 회선의 코드와 79개의 슈퍼컴퓨터가 내장되어 있으며(Dodge and Kitchin, 2004), 인터넷 시스템과 연결된 다양한 정보에 의존하여 실제 비행(이·착륙, 비행 항로, 기상 정보, 승객과 화물 정보 등)이 이루어진다. 이런 점에서 여행은 인간의 거대하고 복잡한 모바일 환경, 자연-장소, 그리고 모바일 시스템이 결합된 것이다.

모빌리티 렌즈로 세상 읽기

이동하고 변화하는 사회-자연의 질서에 적합한 메타포를 개발하고, 이동을 구성하는 행위자와 관계의 연결·접합이란 맥락에서 사회(변화)를 이해하려는 관점을 '모빌리티 렌즈mobility lens'라 한다(강현수·이희상 공역, 2014). 즉, 모빌리티 렌즈란 세상을 바라보는 새로운 시각을 의미하는 것으로, 만물은 서로 연결되어 관계를 맺고 생성과 변화를 거듭하는 것으로 이해하는 것이다. 이는 사회의 현상과 관계를 서로 독립적으로 작용하는 개체의 주관성에 의한 것으로 이해할 것이 아니라, 다양하고 상호 교차하는 관계로서 이해하자는 것이다(이용균, 2017b). 이러한 모빌리티 렌즈의 관점은 공간을 관계적 구성으로 인식했던 학자들의 견해를 통해 이해할 수 있는데, 대표적으로 아인슈타인은 공간, 그리고 공간을 구성하고 공간에 존재하는 사물이 서로 분리된 상태로 존재하는 것이 아니라, 항상 움직이면서 상호 간 영향을 미치는 관계적 질서 속에 존재한다고 주장하였다(Schroer, 2006). 이러한 관계적 질서, 즉 모빌리티 시스템이 일상의 이동, 만남, 관계를 구성하는 것이다.

모빌리티 사회에서 이동(통근, 이주, 여행, 택배 등)에 대한 통제, 즉 '모빌리티 통제mobility control'는 사회와 국가의 안전을 담보하는 필수적 요소로 간주된다(Popescu, 2011). 공항의 출입국 관리는 컴퓨터에 의해 작동되는 시스템을 통해 입국자의 정보를 파악하고, 휴대하고 있는 물품의 안전성을 파악하고, 문제 있는 사람(추방 대상, 테러리스트 등)을 걸러 내는 역할을 한다. 공항의 출입국 센터는 모빌리티를 통제하는 장소이자, 소속과 시민권이 작동하는 경계이며, 신체 감시가 작동하는 생명정치bio-politic의 현장이다.

9 · 11 사건은 비행기가 테러에 활용되는 수단으로 인식되었고, 자유로운 모빌리티에 대한 담론이 붕괴되는 계기가 되었다(Appadurai, 2006: Little, 2006).[4] 비행기 테러는 상호 연결된 물질 세계의 시스템이 위험의 원천이 될 수 있음을 보여 주었다. 인천국제공항은 2001년 2월 폭발물처리반을 창설하여 2018년 11월 현재 3만 회 무사고 출동의 기록을 세웠다(인천국제항공공사 보도자료, 2018.11.27). 의심 물질로 인식되는 물건을 검사하기 위해 연평균 1,764회 1일 평균 4.8회 출동하는 셈이다. 출입국 센터는 걸어서 통과하는 개인정보의 확인 장소에서 신체 수색과 감시가 작동하는 통제 센터가 되었다. 생체인식 시스템을 비롯한 다양한 모빌리티 통제 시스템은 현대 공항의 필수적 조건이 되었다. 이와 함께, 미국을 비롯한 유럽의 여러 국가들은 신체의 이동을 지속적으로 모니터링하는 모빌리티 지도를 구축하고 있다(Popescu, 2011).

---

4 9 · 11은 반-테러 정서가 확대되는 계기가 되었다. 잠재적 자살 테러리스트(예: 무슬림)는 주류 사회의 가치관을 해치는 존재로 담론화 되었다. 자살 테러는 평범한 시민의 모습이 잠재적 폭발물이 될 수 있다는 긴장감을 조성하였고, 공공 장소를 통과하는 개인의 신체는 통제가 필요한 대상이 되었다(이용균, 2017).

기술의 발전은 신체 감시를 더욱 강화시키고 있다. 신체란 경계가 새겨지는 공간이다(Anderson, 2010). 신체 식별 시스템은 개인별 검색을 통해 전체 이동의 흐름을 빠르게 하는 특징을 갖는다. 개인별 검색이 진행되는 과정에서 통행하는 사람들의 흐름은 중단되지 않으며, 공항 전체에 걸쳐 모니터링은 지속적으로 이루어진다. 공항은 디지털 판옵티콘의 세계가 되었고, 개인 신체는 '위협'을 기준으로 포함과 배제가 작동하는 경계로 작동하게 되었다. 또한 신체는 경계로만 작용하는 것이 아니라, 국경이 신체에 착근하게 되었다(Sassen, 2006). 국경을 가로지르는 무수한 개인 신체가 없다면, 국경의 존재도 의미가 없을 것이다.

지문, 홍채, 디지털 여권 등을 인식하는 생체 인식 시스템은 모바일의 증가와 함께 출입국 감시에서 더욱 많이 활용되고 있다(Popescu, 2011). 국경을 통과한다는 것은 개인정보가 디지털 방식으로 읽히고 관리됨을 의미한다. 미국을 비롯한 선진국이 요구하는 디지털 여권 인식 시스템은 전 세계가 따라야 할 규칙이 되었다. 이를 통해 디지털화 감시 네트워크는 이동하는 신체에 대한 출입국 정보, 체류 기간, 방문지, 비용 지불 방법 등을 기록한다.[5] 인천국제공항은 가상현실VR 관제 도입을 추진 중에 있는데, 이는 인공지능AI을 활용한 안면 생체정보 시스템을 통해 여권 없는 출입국 시스템을 구축하려는 것이다.

---

5 인천국제공항은 AI 딥 러닝 시스템을 통해 얼굴의 미세한 굴곡을 포착하여 3D로 인식하는 시스템 구축을 계획하고 있으며, 안면인식기술을 활용하여 방문자가 어떤 동선으로 움직이면서 어떤 물건을 구입하고, 특정 장소에 얼마나 머물고, 얼마나 자주 재방문하는지 등에 대한 정보를 파악하고자 한다. 이제 신체는 단순한 감시를 넘어 관리의 대상이 되고 있다.

신체 감시를 통과한 여행자의 신체는 탑승구를 통해 비행기로 이동하게 된다. 비행기는 하늘을 가로지르는 자유롭게 움직이는 물체가 아니라 엄격한 통제를 통해 이동하는 대상이다(정영목 역, 2015). 하늘을 나는 모든 비행기에는 코드가 부여되고, 신호 체계에 따라 정해진 항로를 비행해야 하며, 항로에서 이탈하는 것은 엄격히 통제된다. 공항의 관제탑(또는 공군 기지)은 항로를 따라 이동하는 비행기의 위치를 모니터링한다. 즉, 비행한다는 것은 엄청나게 복잡한 모빌리티의 통제를 받는 것이다.

공항과 마찬가지로 도로도 모빌리티의 통제를 강화하고 있다. 하이패스는 고속도로 톨게이트에서 자동차의 흐름을 빠르게 하기 위해 도입된 기술이다. 천안-논산고속도로에 설치된 다차로 하이패스 시스템은 경계석을 없애고 속도를 줄이지 않은 상태에서 차량 통과가 가능하다. 스마트톨링은 빠르게 통과하는 차량 정보를 인식하는 무인자동 요금수납 시스템으로 교통의 흐름을 방해하지 않는 첨단 톨게이트에 해당한다. 이처럼 하이패스는 차량의 이동과 흐름을 통제하는 시스템이며, 통과하는 차량의 정보는 정밀하게 분석되고 저장된다.

이동의 사회적 과정은 언어나 문화 자체가 아니라 이들을 매개하는 관계에 의한 것이다(Adey, 2014). 렌터카는 자동차 이용의 확대에 따라 공항에서 자동차를 빌려주는 서비스로 시작하였고, 항공권, 숙박, 관광지 등과 연계하여 차량 임대 서비스가 제공되고 있다. 렌터카는 단순히 차를 빌려주는 것이 아니라 알찬 여행을 제공하는 수단으로, 다양한 여행에 적합한 모빌리티 서비스로 변화하고 있다. 해외여행에서 렌터카 이용의 증가는 내비게이션의 대중화에 큰 영향을 받았다. 현재의 내비게이션은 다국어를 지원하고 있다. 일본 여행에서 렌터카 이용의 증가는 한국어를 지원하는 내비게이션의 영향이 큰데, 일본의 내비게이션은 지리 정보가 상당히 정교하며, 외국어 지원 수준이 높은 편이다. 이처럼 내비게이션은 과거의 종이 지도를 대체하였고, 유비쿼터스 사회의 대표적 상징물이 되었다. 유비쿼터스는 현대의 모빌리티를 작동시키는 전제 조건인데(Thrift, 2004), 이는 모바일과 기술이 서로 불가분의 관계로 작동하면서 서로 독립적으로 존재할 수 없음을 보여 준다.

모빌리티는 리듬, 속도, 경로를 포함한다(Söderström and Crot, 2010). 호텔 방에 대한 기대감과 같은 정동affect은 호텔에서 느끼는 감각적 현상이다. 호텔에 도착하면, 안내원의 안내를 받아 체크인하고, 방으로 이동한다. 호텔은 다른 장소와 분리된 경계를 갖는데(해변, 주택, 상가 등), 경계 획정은 인위적으로 설정된 사회적 행위이다. 이러한 경계 설정은 호텔의 이미지, 즉 정동을 강화시키는 요소로 작용하며, 이를 통해 호텔은 다른 경관의 장소로 표상된다. 특히, 고급 호텔은 호화로움, 편리함, 격조 있는 서비스를 통해 호텔이 지향하는 이미지와 고객의 기대에 부응하는 장소적 표상이 된다(양지윤 역, 2007). 모빌리티가 증가하면서 호텔은 숙박 서비스와 함께 여가, 레저, 식당, 회의, 사교, 소비를 지향하는 공간이 되었다. 호텔은 항공사, 여행사, 광고, 각종 대행사(회의, 식음료 공급 등) 등과 연결되는 (글로벌) 네트워크를 통해 운영된다. 호텔은 체인으로 운영되는 경향이 있지만, 그럼에도 불구하고 현지의 문화와 이미지가 호텔 운영에 내재한다. 호텔은 인접한 장소와 고립된 상태에서 존재하면서도 장소를 닮아 가는 모습을 보인다.

이처럼 우리의 일상은 모빌리티로 구성되며, 모빌리티는 시간-공간의 관계를 변모시키고 있다. 모빌리티를 활용하여 편의점은 소비자를 위해 공간을 24시간 개방하는 판매 전략을 사용했다는 점에서 시간-공간 관계의 일대 변혁을 가져왔다. 라이프 스타일이 변하고, 고객의 소비 패턴이 변할 때, 이에 가장 잘 대응한 판매 유형이 편의점이다. 편의점은 정교한 물품 공급 시스템을 통해, 소비자가 원하는 제품과 서비스를 빠르고 편리하게 제공한다는 점에서 이동-공간 movement-space의 상징으로 부상하였다. 빠르게 공급되는 물건과 수시로 드나드는 고객은 편의점이 생성하는 이동의 일면이다.

편의점은 간단한 음식, 식품, 일상용품을 판매할 뿐만 아니라 ATM과 같은 서비스를 제공한다. 1인 가구(2015년 기준 우리나라 1인 가구의 비율은 27.2퍼센트, 일본은 32.7퍼센트)의 증가는 라이프 스타일의 변화와 함께 편의점 이용의 증대를 가져오고 있다(이용균, 2018).[6] 일본은 편의점의 왕국으로 현대판 일본 문화와 경관을 이해할 수 있는 대표적 상징이 바로 편의점이다. 1970년대부터 운영된 일본의 편의점은 2017년 5만 8,359개의 점포를 갖고 있다(이진희 · 이정재, 2018). 수요의 변화에 빠르게 대처하는 것이 일본 편의점의 대표적 특징으로, 차별화되고 다양한 상품을 구매하려는 1일 평균 편의점 방문자는 2017년 기준 약 5백만 명에 이르며, 편의점당 1일 평균 843명의 소비자가 방문한다.

여행지의 편의점은 방문자를 위한 다양한 상품을 판매한다. 휴대가 편한 식사와 간식, 과일은 여느 편의점과 다를 바 없지만, 여행지의 이미지가 넘치는 매장의 분위기와 여행용 상품은 편의점이 표준

---

6 2015년 기준 주요 국가의 1인 가구 비율을 살펴보면, 노르웨이 37.9퍼센트, 영국 28.5퍼센트, 미국 28퍼센트로 나타나고 있다. 2003년 기준, 영국 런던의 1인 가구 비율은 60.5퍼센트로 매우 높은 편이다.

화된 동일한 상품을 판매하는 것만이 아니라 로컬화된 상품과 이미지를 판매함을 알 수 있다. 또한, 일본의 편의점도 한국과 큰 차이가 없는 상품과 서비스를 제공한다는 점에서, 국제적으로 표준화된 소비 공간의 면모를 보이기도 한다.

모빌리티 렌즈로 세상을 바라볼 때 더 이상 시간과 공간은 분리되어 존재할 수 없음을 알게 된다(박경환 외 공역, 2016). 사물은 시간을 통하여 공간을 가로지르지만, 사실 여행 전과 후의 오키나와는 여행자의 경험으로 구성된다는 점에서 '여행으로서의 모빌리티'는 시간과 공간을 일체화된 것으로 이해하게 한다. 여행지의 경험은 친구들과의 대화 속에 현존하고present, 과거의 경험은 현재의 정보, 지식, 추억으로 표상되면서 공현존하게co-present 된다.

'오키나와로의 여행'은 공시적·통시적 관계로 상호 결합되는 사건과 수행의 결합체로 인식될 수 있다. 여행은 인터넷으로 항공권, 호텔, 렌터카를 예약하고, 도보-도로-항공이 결합된 이동 수단을 통해 이동하고 체류하는 수행performance이며, 여행(지)의 기억과 경험을 과거-현재의 시간적 차원에서 공유하는 공현존의 실천이다. 이런 점에서 여행이란 단순한 이동이 아니라, 여행을 둘러싼 감각의 영역(즉, 정동: 여행하고 싶음, 여행지의 만족도 등), 여행할 수 있음(항공 노선, 우호적 국가 관계, 개인의 이동 가능성) 등이 복합적으로 작동한 것이다. 따라서 여행이란 모빌리티는 무수히 많은 감정(여행에 대한 호기심, 취향, 가치관 등), 이동 수단의 결합, 개인의 위치성, 여행지의 조건 등이 상호작용하는 관계의 산물이다(Cresswell, 2006, 2010).

모빌리티 연구는 인문사회과학의 제 분야에서 많은 관심을 받고 있고, 이론적 토대를 정립하는 중이다(강현수·이희상 공역, 2014). 하지만, 아직도 모빌리티 패러다임의 학문적 위상에 대한 논란이 제기되는 것도 현실이다(장세용, 2012). 모빌리티를 연구하는 목적은 무엇이며, 모빌리티는 현 세계의 궁금증을 파악하는 데 어떤 역할을 할 수 있을까? 아마도 호모 모빌리쿠스의 존재와 가치를 이해하는 것이 모빌리티 연구의 지향점일 것이다. 이런 맥락에서 인간의 존재 이유를 역사적, 철학적, 사회학적으로 접근한 아렌트의 '인간의 조건'은 호모 모빌리쿠스의 존재와 가치를 인식하는 데 차용될 수 있을 것 같다.

아렌트는 인간의 조건을 이루는 근본 활동을 노동labor, 작업work, 행위action로 보았다(이진우 역, 1996). 첫째, 노동은 인간 신체의 생물학적 과정으로, 인간 삶 자체라는 것이 아렌트의 인식이다. 모빌리티는 기술과 문화의 연대를 통하여 새로운 노동, 노동 형태, 노동 환경을 창출하였다는 점에서 모빌리티는 아렌트의 노동 개념에 상응한다. 둘째, 아렌트가 제시한 작업은 인간 실존의 비자연적 부분의 활동(즉, 호모 파베르)으로, 도구와 기계를 활용한 인공적 사물(도구, 기계 등)의 제작을 통해 인공 세계를 구성하는 것을 의미한다. 모빌리티는 컴퓨터, 항공기, 자동차, 공항 등 다양한 도구와 기계에 의존하는 시스템이다. '작업'의 기능으로서 모빌리티는 개인의 삶을 세계의 다른 문화나 삶들과 마주치게 하고, 자본, 지식, 욕망이 지배하는 불평등한 세계를 구성한다는 점에서 아렌트의 작업의 개념과 상응한다. 셋째, 행위는 사물이나 물질의 매개 없이 인간 사이에서 발생하는 활동으로, 말과 행위를 통해 세계를 공유하는 것이라 아렌트는 인식한다. 친구와의 교제, 업무상 만남, 낯선 사람과의 마주침, 동호인의 네트워크 등은 휴대전화, 인터넷, 자동차 등과 같은 모빌리티에 의존하지 않고서는 불가능하다는 점에서 행위의 개념은 모빌리티와 상응한다. 이처럼 인간 삶을 조건 지우는 노동 · 작업(도구와 기계를 통한 일) · 행위에 해당한다는 점에서, 모빌리티는 현 인류가 걸

어 온 역사의 투영이며, 현 사회의 특성을 반영하는 기호와 코드이
며, 미래의 삶과 마주치는 통로이다.

참고문헌

강준만, 《자동차와 민주주의: 자동차는 어떻게 미국과 세계를 움직이게 되었는 가》, 인물과 사상사, 2012.

이용균, 〈모빌리티의 구성과 실천에 대한 지리학적 탐색〉, 《한국도시지리학회지》, 18(3), 2015, 147~159쪽.

이용균, 《글로벌 이주: 이동, 관계, 주변화》, 전남대학교출판문화원, 2017a.

이용균, 〈이주의 관계적 사고와 이주자 공간의 위상 읽기: 관계, 위상 및 아상블라 주의 관점을 중심으로〉, 《한국도시지리학회지》, 20(2), 2017b, 113~128쪽.

이용균, 《인구와 사회》, 전남대학교출판문화원, 2018.

이진희 · 이정재, 〈한국과 일본의 소매점 변화〉, 《일본문화연구》 67, 2018, 277~292쪽.

인천국제항공공사, 《인천국제항공공사 연차보고서》, 2016.

인천국제항공공사, 《Smart, Art & Green Airport 2018》, 2018.

인천국제항공공사 보도자료, 〈인천공항 폭발물 처리반, "무사고 3만회 출동" 大기 록 달성〉, 2018년 11월 27일.

장세용, 〈공간과 이동성, 이동성의 연결망: 행위자—연결망 이론과 연관시켜〉, 《역사와 경계》 84, 2012, 271~303쪽.

최병두, 〈경부고속도로: 이동성과 구획화의 정치경제지리〉, 《한국경제지리학회 지》 13(3), 2010, 312~334쪽.

Adey, P., *Mobility*, Routledge, London, 2010.

Adey, P., "Mobilites: politics, practices, places, in Cloke", P, Crang, P., and Goodwin, M. (eds.), *Introducing Human Geographies* (3rd Ed.), Routledge, London, 2014, pp. 791-805.

Arendt, H., *THe Human Condition*, University of Chicago, Chicago, 1958.(이 진우 옮김, 《인간의 조건》, 한길사, 1996.)

Augé, M., *Non-Places*, Verco, London, 1995.

Botton, A., *The Art of Travel*, Vintage, 2002.(정영목 옮김, 《여행의 기술》, 청미래,

2011.)

Botton, A., *A Week at the Airport: Heathrow Diary*, Profile Books, London, 2009.(정영목 옮김, 《공항에서의 일주일: 히드로 다이어리》, 청미래, 2015.)

Bourdieu, P., *La Distinction: Critique Sociale du Jugement*, Les Éditions de Minuit, 1979.(최종철 옮김, 《구별짓기: 문화와 취향의 사회학》, 새물결, 2006.)

Castells, M., *The Rise of Network Society*, Blackwell Publishers, Oxford, 1996.

Castells, M., *The Network Society: a Cross-cultural Perspective*, Edward Elgar, Cheltenahm, 2009.(박행웅 옮김, 《네트워크 사회: 비교문화 관점》, 한울, 2009.)

Coe, N., Kelly, P., and Yeung, H., *Economic Geography: a Contemporary Introduction*, Blackwell Publishing, Oxford, 2007.(안영진 · 이종호 · 이원호 · 남기범 공역, 《현대경제지리학 강의》, 푸른길, 2011.)

Cresswell, T., *On the Move: Mobility in the Modern Western World*, Routledge, London, 2006.

Cresswell, T., "Towards a politics of mobility", *Environmental and Planning D: Society and Space*, 28, 2010, pp. 17-31.

Dicken, P., *Global Shift: Mapping the Changing Contours of the World Economy*, Sage, London, 2011.(구양미 · 안영진 · 이병민 · 이승철 · 정수열 공역, 《세계경제공간의 변동》, 시그마프레스, 2014.)

Dodge, M. and Kitchin, R., "Flying through code/space: the real virtuality of air travel", *Environmental and Planning A*, 36, 2004, pp.195-211.

Fuller, G. and Harley, R., *Aviopolis: a Book about Airports*, Black Dog Publishing, London, 2005.

Gelezéau, V., *Les Grands Hôtels en Asie: Modernité, Dynamiques Urbanes et Sociabilité*, Publications de la Sorbonne, 2003.(양지윤 옮김, 《도시의 창, 고급 호텔: 아시아 고급호텔의 현대성, 도시 역동성, 사교 문화》, 후마니타스, 2007.)

Little, S., Twin towers and amoy gardens: mobilities, risks and choices, in Sheller, M. and Urry, J. (eds.), *Mobile Technologies of the City*, Routledge, London, 2006.

Massey, D., *For Space*, Sage, London, 2005.(박경환 · 이영민 · 이용균 공역, 《공간을 위하여》, 심산, 2016.)

Massey, D., *World City*, Polity Press, Cambridge, 2013.

Pascoe, D., *Airspaces*, Reaktion, London, 2001.

Popescu, G., *Bordering and Ordering the Twenty-first Century: Understanding Borders*, Rowman & Littlefield, Lanham, 2011.(이영민 · 이용균 · 이현욱 · 김수정 · 이종희 · 이진선 · 장유정 공역, 《국가 · 경계 · 질서》, 푸른길, 2018.)

Sassen, S. (ed.), *Global Networks, Linked Cities*, Routledge, London, 2002.

Schroer, M., *Räume, Orte, Grenzen: Auf dem Weg zu einer Soziologie des Raums*, Suhrkamp, Frankfurt, 2006.(정인모 · 배정희 공역, 《공간, 장소, 경계》, 에코, 2010.)

Sheller, M., *Mobility*, Scociopedia.isa, 2011, 1-12.

Sheller, M. and Urry, J., The new mobility paradigm, *Environment and Planning A*, 38, 2006, 207-226.

Söderström, O. and Crot, I., "The Mobile Constitution of Society: Rethinking the Mobility-Society Nexus", *MAPS Working Paper* 7, 2010.

Sudjic, D., Identity in the city, *The Third Megacities Lecture*, the Hague, 1999.

Thrift, N., Driving in the city, *Theory, Culture and Society*, 21(4-5), 2004, 41-59.

Urry, J., *Mobilities*, Polity Press, Cambridge, 2007.(강현수 · 이희상 공역, 《모빌리티》, 아카넷, 2014.)

모빌리티와 생활세계의 생산

2019년 2월 28일 초판 1쇄 발행

지은이 | 김수철 · 윤신희 · 전규찬 · 박성우 · 김한상
         이광석 · 이희영 · 방희경 · 류지현 · 이용균
펴낸이 | 노경인 · 김주영

펴낸곳 | 도서출판 앨피
출판등록 | 2004년 11월 23일 제2011-000087호
주소 | 우)07275 서울시 영등포구 영등포로 5길 19(양평동 2가, 동아프라임밸리) 1202-1호
전화 | 02-336-2776 팩스 | 0505-115-0525
블로그 | bolg.naver.com/lpbook12
전자우편 | lpbook12@naver.com

ISBN 979-11-87430-57-5 94300